AF114136

Eberhard Guhe

Einführung in das klassische Sanskrit

Eberhard Guhe

Einführung in das klassische Sanskrit

Ein Lehrbuch mit Übungen

2008
Harrassowitz Verlag · Wiesbaden

Umschlagabbildung: Die Śivasūtrāṇi des Pāṇini.

Bibliografische Information der Deutschen Nationalbibliothek
Die Deutsche Nationalbibliothek verzeichnet diese Publikation in der Deutschen Nationalbibliografie; detaillierte bibliografische Daten sind im Internet über http://dnb.dnb.de abrufbar.

Bibliographic information published by the Deutsche Nationalbibliothek
The Deutsche Nationalbibliothek lists this publication in the Deutsche Nationalbibliografie; detailed bibliographic data are available in the internet at http://dnb.dnb.de.

Informationen zum Verlagsprogramm finden Sie unter
http://www.harrassowitz-verlag.de

Gedruckt auf alterungsbeständigem Papier.
Druck und Verarbeitung: docupoint, Barleben
Printed in Germany
ISBN 978-3-447-05807-0

Yi

in Liebe

zugeeignet

त्वमसि मम भूषणं त्वमसि मम जीवनं त्वमसि मम भवजलधिरत्नम्।
भवतु भवतीह मयि सततमनुरोधिनी तत्र मम हृदयमतियत्नम्॥

ॐ

Inhaltsverzeichnis

Vorwort xv

1. Lektion: Schrift und Aussprache 1
1.1 Das Devanāgarī-Alphabet 1
1.2 Vokale in nachkonsonantischer Position 3
1.3 Ligaturen 4
1.4 Sekundäre Lautzeichen 7
1.5 Interpunktions- und Lesezeichen 9
1.6 Zahlzeichen 9

2. Lektion 11
2.1 Die Pausaform 11
2.2 Satzsandhiregel: -म् + Konsonant 12
2.3 Das Präsens Parasmaipada thematischer Wurzeln 12

3. Lektion 16
3.1 Satzsandhiregeln: अः mit स्-Visarga + stimmhafter Laut 16
3.2 Das Kasussystem: Die Deklinationen und der Aufbau eines Deklinationsparadigmas 16
3.3 Die Deklination der Maskulina und Neutra auf -अ 17
3.4 Die Kasusfunktionen 19

4. Lektion 25
4.1 Der Ablaut 25
4.2 Satzsandhiregeln: a) einfacher Vokal + ähnlicher Vokal, b) -अ oder -आ + unähnlicher Vokal, c) Tenuis + x (s. auch 10.1) 25
4.3 Regeln für Getrennt- und Zusammenschreibung 28

5. Lektion 31
5.1 Wortsandhiregeln: Diphthong + Vokal 31
5.2 Die finiten Verbformen im Überblick 31
5.3 Die thematischen Präsensklassen 34
5.4 Das Präsens Ātmanepada thematischer Wurzeln 36

6. Lektion 38
6.1 Satzsandhiregeln: a) Visarga + stimmloser Verschlußlaut oder Zischlaut, b) -आः mit स्-Visarga + stimmhafter Laut, Wortsandhiregeln: न्- und स्-Retroflexionsregel 38
6.2 Die Verbalkomposita 39
6.3 Die Kausativa 41
6.4 Die Denominativa 43
6.5 Die Deklination der Feminina auf -आ 44

7. Lektion **47**

7.1 Satzsandhiregeln: a) Visarga nach Nicht-अ-Vokal + stimmhafter Laut, b) र्-Visarga nach अ-Vokal + stimmhafter Laut . . . 47
7.2 Die besonders schwache Stufe einer Wurzel . . . 47
7.3 Das Passiv: Der Passivstamm und das Präsens Passiv . . . 48
7.4 Die Deklination der Maskulina auf -इ . . . 51
7.5 Die Deklination der Maskulina auf -उ . . . 51

8. Lektion **54**

8.1 Satzsandhiregeln: a) Einfacher Nicht-अ-Vokal + unähnlicher Vokal, b) Diphthong + Vokal . . . 54
8.2 Die wörtliche Rede . . . 55
8.3 Die Koordination von Wörtern, Phrasen und Sätzen mit च („und“) . . . 56
8.4 Das Imperfekt thematischer Wurzeln (Parasmaipada, Ātmanepada und Passiv) . . . 57
8.5 Das historische Präsens . . . 58
8.6 Die Deklination der Feminina auf -इ . . . 58
8.7 Die Deklination der Feminina auf -उ . . . 59
8.8 Die Deklination der Neutra auf -इ . . . 59
8.9 Die Deklination der Neutra auf -उ . . . 59

9. Lektion **62**

9.1 Satzsandhiregeln für auslautende Nasale (s. auch 2.2) und für सः und एषः . . . 62
9.2 Das Personalpronomen der 3. Person, Possessivpronomen und Demonstrativpronomen तद् . . . 63
9.3 Die Demonstrativpronomina एतद् und एनद् . . . 64
9.4 Das Relativpronomen यद् . . . 65
9.5 Relativsätze . . . 65
9.6 Der Optativ thematischer Wurzeln (Parasmaipada, Ātmanepada und Passiv) . . . 66
9.7 Die Deklination der einsilbigen Feminina auf -ई . . . 68
9.8 Die Deklination der einsilbigen Feminina auf -ऊ . . . 69

10. Lektion **72**

10.1 Satzsandhiregeln: a) Tenuis + ह्-, b) Kurzvokal, मा („nicht“) oder आ („zu“) + छ् . . . 72
10.2 Das Interrogativpronomen किम् . . . 72
10.3 Die Indefinitpronomina किंचिद् etc. . . . 73

10.4 Die Indefinitadverbien क्वापि etc. 73
10.5 Der Imperativ thematischer Wurzeln (Parasmaipada, Ātmanepada und Passiv) 73
10.6 Die Deklination der mehrsilbigen Feminina auf -ई 76
10.7 Die Deklination der mehrsilbigen Feminina auf -ऊ 76

11. Lektion **79**
11.1 Wortsandhiregeln: Die allgemeine Behandlung des Falles „Konsonant + Konsonant“ und Ausnahmeregeln (BARTHOLOMAEsches Aspiratengesetz etc.) für Suffixe, die mit त्-, थ्- oder ध्- anlauten 79
11.2 Der Bindevokal 80
11.3 Der Infinitiv 81
11.4 Die Deklination der maskulinen Nomina Agentis auf -तृ 82
11.5 Die Deklination der neutralen Nomina Agentis auf -तृ 83

12. Lektion **85**
12.1 Das Absolutivum 85
12.1.1 Das Absolutivum I 85
12.1.2 Das Absolutivum II 86
12.1.3 Das Absolutivum III 87
12.2 Die Verwendungsweise des Absolutivums 87
12.3 Die Deklination der maskulinen Verwandtschaftwörter auf -ऋ 89
12.4 Die Deklination der femininen Verwandtschaftwörter auf -ऋ . 89
12.5 Die Deklination von नृ m. („Mann“) 90

13. Lektion **92**
13.1 Das Partizip Präteritum Passiv (PPP) 92
13.2 Der Locativus absolutus 95
13.3 Der Genitivus absolutus 95

14. Lektion **97**
14.1 Wortsandhiregeln: a) -ज्, -श्, -ष् oder -ह् + स्-, b) -स् + स्- in einigen Fällen (wie z.B. im einfachen Futur, s. auch 25.1 b)), c) -म् oder -न् + Zischlaut, d) Das GRASSMANNsche Gesetz . . 97
14.2 Das einfache Futur (Parasmaipada, Ātmanepada und Passiv) . 97
14.3 Das Personalpronomen der 1. Person मद्/अस्मद् 100
14.4 Das Personalpronomen der 2. Person त्वद्/युष्मद् 100

15. Lektion **103**
15.1 Die Reduplikation 103
15.2 Das Desiderativum 104

15.3 Desiderative Adjektive . . . 105
15.4 Das Konditional (Parasmaipada, Ātmanepada und Passiv) . . 106
15.5 Die Deklination der diphthongischen Stämme . . . 108

16. Lektion **110**
16.1 Das Gerundivum . . . 110
16.2 Weitere Interrogativpronomina und Pronominaladjektive . . . 113

17. Lektion **116**
17.1 Komparative auf **-तर** und Superlative auf **-तम** . . . 116
17.2 Das Intensivum oder Frequentivum (s. auch 29.2) . . . 116
17.3 Die Demonstrativpronomina **इदम्** und **अदस्** . . . 117

18. Lektion **121**
18.1 Wortsandhiregel: Wurzelhafte **-र्** oder **-व्** mit vorhergehendem **-इ-** oder **-उ-** + Konsonant . . . 121
18.2 Das Endungsschema der konsonantischen Deklination . . . 121
18.2.1 Einstämmige konsonantisch auslautende Nomina mit regelmäßigen Paradigmata . . . 121

19. Lektion **127**
19.1 Einstämmige konsonantisch auslautende Nomina mit unregelmäßigen Paradigmata . . . 127
19.2 Mehrstämmige Nomina . . . 128
19.2.1 Die Verteilung der Stämme auf die Kasus . . . 128
19.2.2 Die Lexikalisierung mehrstämmiger Nomina . . . 129
19.2.3 Die Typen zweistämmiger Nomina . . . 129
19.2.3.1 Die Adjektive auf **-मत्** oder **-वत्** . . . 129

20. Lektion **132**
20.1 Weitere zweistämmige Nomina, ihre Deklination und ihre Verwendungsweise . . . 132
20.1.1 **महत्** („groß“) . . . 132
20.1.2 **भवत्** („du, mein Herr“) . . . 132
20.1.3 Das Partizip Präsens Parasmaipada thematischer Wurzeln . . . 132
20.1.4 Das Partizip Futur Parasmaipada . . . 134
20.1.5 Das Partizip Präteritum Aktiv (PPA) . . . 135
20.2 Das Partizip Präsens Ātmanepada thematischer Wurzeln, das Partizip Präsens Passiv und das Partizip Futur Ātmanepada . 136

21. Lektion **139**
21.1 Komparative auf -(ई)यस् und Superlative auf -(इ)ष्ठ 139
21.2 Richtungsadjektive auf -आच् 140
21.3 पद् („Fuß“) als seltener Einzelfall eines zweistämmigen Nomens 141

22. Lektion **144**
22.1 Wortsandhiregel: -च् oder -ज् + न्- 144
22.2 Die Typen dreistämmiger Nomina 144
22.2.1 Die Deklination der Stämme auf -अन्, mit Ausnahme derer, die auf „Konsonant + -मन्“ oder „Konsonant + -वन्“ auslauten 144
22.2.2. Die Deklination der Stämme, die auf „Konsonant + -मन्“ oder „Konsonant + -वन्“ auslauten 145
22.2.3 Das Partizip des Perfekts Parasmaipada auf -वस् . . . 146
22.2.4 Richtungsadjektive auf -अच् 147

23. Lektion **149**
23.1 Unregelmäßige dreistämmige Nomina 149

24. Lektion **154**
24.1 Die Zahlwörter 154
24.1.1 Die Kardinalzahlwörter 154
24.1.2 Die Ordinalzahlwörter 159
24.1.3 Die Zahladverbien 160

25. Lektion **162**
25.1 Wortsandhiregeln: a) -इ/-ई oder -उ/-ऊ + Vokal, b) -स् + Personalendung -सि oder -से 162
25.2 Die athematischen Präsensklassen und ihre grundlegenden Konjugationsmerkmale 162
25.2.1 Die Verteilung des starken und des schwachen Präsensstamms auf die Formen in den vom Präsensstamm gebildeten Tempora und Modi 162
25.2.2 Die primären und sekundären Personalendungen (thematisch vs. athematisch) 163
25.2.3 Der Optativ in der athematischen Konjugation 164
25.3 Die 2. Präsensklasse 165
25.3.1 Regelmäßige Konjugationsbeispiele 166

26. Lektion **173**
26.1 Unregelmäßige Wurzeln der 2. Präsensklasse 173

27. Lektion **181**
27.1 Die 3. Präsensklasse 181
27.1.1 Regelmäßige Konjugationsbeispiele 182
27.1.2 Unregelmäßige Wurzeln der 3. Präsensklasse 183
27.2 Die 5. Präsensklasse 186
27.2.1 Regelmäßige Konjugationsbeispiele 187
27.2.2 Unregelmäßige Wurzeln der 5. Präsensklasse 188

28. Lektion **190**
28.1 Wortsandhiregel: Nasalassimilationsregel für Wurzeln der 7. Präsensklasse 190
28.2 Die 7. Präsensklasse 190
28.2.1 Regelmäßige Konjugationsbeispiele 191
28.3 Die 8. Präsensklasse 192
28.3.1 Unregelmäßige Wurzeln der 8. Präsensklasse 193
28.4 Die 9. Präsensklasse 194
28.4.1 Regelmäßige Konjugationsbeispiele 195
28.4.2 Unregelmäßige Wurzeln der 9. Präsensklasse 196

29. Lektion **198**
29.1 Das Partizip Präsens Parasmaipada und das Partizip Präsens Ātmanepada athematischer Wurzeln 198
29.2 Das Intensivum oder Frequentivum 199
29.3 Das Perfekt 199
29.3.1 Die Personalendungen des Perfekts 200
29.3.2 Der Perfektstamm 201
29.3.2.1 Der Reduplikationsvokal 201
29.3.2.2 Veränderungen des Wurzelvokals im Perfekt ohne Stammabstufung 202

30. Lektion **206**
30.1 Das Perfekt mit Stammabstufung 206

31. Lektion **219**
31.1 Unregelmäßige Bildungen und Verwendungsweisen von Perfektformen 219
31.2 Das periphrastische Perfekt 221
31.3 Das Partizip des Perfekts 222
31.3.1 Das Partizip des Perfekts Parasmaipada 222
31.3.2 Das Partizip des Perfekts Ātmanepada 223
31.4 Das periphrastische Futur 223

32. Lektion **226**
32.1 Nominale Komposita (allgemeine Bildungsregeln) 226
32.1.1 Das Dvandva 227
32.1.2 Determinative Komposita (Kasus-Tatpuruṣas und Karmadhārayas) 228
32.1.2.1 Der Kasus-Tatpuruṣa 228

33. Lektion **232**
33.1 Der Karmadhāraya 232
33.2 Der Avyayībhāva 235

34. Lektion **238**
34.1 Der Bahuvrīhi 238
34.2 Präpositionale Komposita 240

35. Lektion **243**
35.1 Der Aorist 243
35.1.1 Der Wurzelaorist 243
35.1.2 Der thematische Aorist 244
35.1.3 Der reduplizierte thematische Aorist 245

36. Lektion **250**
36.1 Der athematische s-Aorist 250
36.2 Der athematische iṣ-Aorist 251
36.3 Der athematische siṣ-Aorist 253
36.4 Der sa-Aorist 253

37. Lektion **256**
37.1 Der Aorist Passiv 256
37.1.1 Sonderregel für die Bildung der 3. Sg. Aorist Passiv . . 256
37.1.2 Alternative Bildungsweise des Aorists Passiv, außer in der 3. Sg. 256
37.2 Der Injunktiv Aorist 257
37.3 Der Prekativ oder Benediktiv 257

Anhang **263**
1 Tabellarischer Überblick über den Satzsandhi 263
2 Komprimierter grammatischer Index 265
3 Glossar zu den Übungsstücken 267

Vorwort

Das vorliegende Buch ist aus ergänzenden Lehrmaterialien hervorgegangen, die der Verfasser für seine Sanskrit-Einführungskurse am indologischen Institut der Universität Mainz und im Studium Generale der Universität Stuttgart erstellt hat. Als Basis zur Vermittlung des grammatischen Stoffs diente A. F. STENZLERs „Elementarbuch der Sanskritsprache" (verb. Nachdr. Berlin [17]1980), das jedoch – wie praktisch alle älteren deutschsprachigen Sanskrit-Lehrbücher – von den Studierenden heutzutage kaum noch verstanden wird. Insbesondere Leser ohne Latein- oder Altgriechisch-Kenntnisse dürften z.B. mit STENZLERs spärlichen Angaben zur Verwendungsweise von Absolutiva oder Partizipien wenig anfangen können.

Ähnliche Hürden sind auch beim Studium von G. BÜHLERs „Leitfaden für den Elementarkursus des Sanskrit" (Nachdr. der 2. von J. NOBEL durchges. Aufl. Darmstadt 1981) zu überwinden, das im deutschsprachigen Raum bis heute vielfach für den Sanskrit-Unterricht verwendet wird. Durch seinen in Lektionen unterteilten Aufbau hat es gegenüber STENZLERs Lehrbuch zwar einen deutlichen Vorteil, doch die Darstellungsweise ist insgesamt noch chaotischer und stenographischer als bei STENZLER, s.d. auf BÜHLERs „Leitfaden" bei der Formulierung grammatischer Regeln im vorliegenden Lehrbuch weniger zurückgegriffen wurde.

Trotz aller Kritik an STENZLER und BÜHLER darf aber nicht übersehen werden, daß beide in der überaus komplexen Formenlehre des Sanskrits fast alles berücksichtigen, was man zur Lektüre der Originalliteratur unbedingt wissen muß, ohne dabei den Rahmen einer Minimalgrammatik zu sprengen. Daher wurde versucht, in der Formenlehre vom Umfang des zu behandelnden Stoffs her an STENZLER und BÜHLER anzuknüpfen, wobei in der Darstellungsweise eine größere Nähe zu dem – zumindest im Vergleich zu BÜHLER – systematischer konzipierten STENZLER angestrebt wurde. Wer bisher nach STENZLER unterrichtet hat, dürfte somit leicht auf das vorliegende Lehrbuch umsteigen können. Allerdings sah sich der Verfasser auch genötigt, viele didaktische Mängel bei STENZLER zu beseitigen, sachliche Fehler zu korrigieren und Elemente der Sanskrit-Grammatik, die bei STENZLERs einseitiger Betonung der Formenlehre zu kurz gekommen sind, zu ergänzen oder zu vertiefen.

Zu den didaktischen Verbesserungen gehört insbesondere, daß grammatische Formen wie z.B. das Gerundivum, die Partizipien oder das Absolutivum definiert werden und neben der wörtlichen (kontextunabhängigen) Übersetzung, die auch STENZLER angibt, die Verwendungsweise im Kontext erklärt und anhand von Beispielen mit Übersetzungen demonstriert wird. Insgesamt wurde auf ausformulierte Erklärungen großer Wert gelegt. Demgegenüber stößt das Stenzler-Lehrbuch nicht zuletzt wegen seiner stenographischen Kürze bei vielen Studierenden auf Ablehnung.[1]

Andererseits können aber kompakte Darstellungsformen wie Formeln, Tabellen oder Diagramme (wovon Stenzler – außer im Falle von Paradigmata – keinen Gebrauch macht) für mehr Übersichtlichkeit und Anschaulichkeit sorgen. Sandhiregeln werden daher in dem vorliegenden Lehrbuch nicht nur verbalisiert, sondern ggf. auch noch in Form einer Gleichung ausgedrückt. Tabellarische Darstellungen geben z.B. Aufschluß über die Verteilung der Stämme auf die Kasus bei der Deklination mehrstämmiger Nomina (vgl. 19.2.1), über die verschiedenen Arten der Bildung von Perfektstämmen (vgl. 29.3.2.2 und 30.1) oder über die Satzsandhiregeln (vgl. Anhang 1). Ein didaktisches Hilfsmittel, das hier erstmals eingesetzt wird, sind Pfeil-Diagramme, die veranschaulichen, wie man vorgeht, um von athematischen Wurzeln finite Formen in den Tempora und Modi des Präsens zu bilden (vgl. z.B. 25.3.2).

Welche Paragraphen in Stenzlers Grammatik in sachlicher Hinsicht verbessert (bzw. ergänzt) werden müßten, zeigt die folgende Liste, in der die am Ende eines jeden Kritikpunktes mit „vgl." angefügten Kennziffern die entsprechenden Stellen im vorliegenden Lehrbuch angeben, wo die Verbesserungen durchgeführt sind:

1.) §9: Der Anusvāra erscheint auch vor Halbvokalen und Nasalen, s.d. auch für diese Fälle die Ausspracheweise erläutert werden muß (vgl. 1.4.1.2).

2.) §17: „Erlaubt ist (im absoluten Auslaut, Anm. des Verfassers) die Verbindung r + Konsonant: ..." Dann müßte (unter Berücksichtigung von §42) der Nominativ Singular von गिर् („Wort") *गीर्स् (statt गीः) lauten (vgl. 2.1.1).

3.) §18 II: An dieser Stelle muß auch die Verwandlung des palatalen Nasals in den velaren gefordert werden. Sonst würde die maskuline Form des Nominativs Singular von प्राच् („östlich") *प्राञ् (statt प्राङ्) lauten (vgl. 2.1.2).

4.) §25: Auch Vokale im Auslaut von Interjektionen werden i.a. nicht verändert bewirken keine Elision (vgl. 4.2.1 und 8.1).

5.) §44 und §48f.: Wenn es außer den in §48f. erwähnten keine weiteren Ausnahmen zu §44 gäbe, blieben immer noch die folgenden Probleme:

a) Der Lokativ Plural von गिर् („Wort") müßte *गिःषु oder *गिष्षु (statt गीर्षु) lauten (vgl. 11.1.2).

[1] Vgl. z.B. §123 bei Stenzler: „1, 6 lauten mit 20 fg. एक, षड् (षट्), 4, 5, 7, 9 wie bei 14 fg.; ..."

b) Bei der Bildung der 2. Person Plural Präsens Aktiv von भिद् („spalten") müßte der Stamm भिन्द्- (unter Berücksichtigung von §17) in भिन्- verwandelt werden, s.d. sich die Form *भिन्थ (statt भिन्त्थ) ergäbe (vgl. 28.1).

c) Der Infinitiv von प्रछ् („fragen") würde *प्रक्तुम् (statt प्रष्टुम्) lauten (vgl. 11.1.2.5).

d) Die 3. Person Singular Präsens Aktiv von द्विष् („hassen") müßte nach §44 (unter Berücksichtigung von §18 III) *द्वेक्ति oder *द्वेट्टि (statt द्वेष्टि) lauten (vgl. 11.1.2.7).

6.) Vor dem Anfügen der mit -त्-, -थ्- oder -ध्- anlautendenden Personalendungen an den schwachen Präsensstamm einer Wurzel der 7. Klasse wie z.B. युज् („anspannen", schwacher Präsensstamm: युञ्ज्-, 2. Person Plural Präsens Aktiv: युङ्क्थ), tritt eine Nasalassimilation auf, für die STENZLER keine Wortsandhiregel angibt (vgl. 28.1).

7.) §45: Nach der न्-Retroflexionsregel wird ein -न्- u.a. dann in -ण्- verwandelt, wenn ihm in einer durch Flexion oder Worbildungsprozesse entstandenen Lautumgebung ein Vokal, -न्-, -म्-, -य्- oder -व्- (nicht notwendigerweise -न-, -म-, -य- oder -व-) folgt. Daher lautet z.B. der Dativ Singular der fiminінen Form von वैरिन् („feindlich") वैरिण्यै (vgl. 6.1.4).

8.) §47: Diese Regel könnte leicht so verstanden werden, daß sie die Retroflexion des dentalen Zischlautes einschließt. Doch der Lokativ Plural von द्विष् („Feind") lautet nicht *द्विट्षु, sondern द्विट्सु (vgl. 11.1.1).

9.) §87: Die Regel, daß dreistämmige Nomina im mittleren Stamm angesetzt werden, ist auch im Falle von अहन् (§100, mittlerer Stamm: अहस्-), अप् (§102, mittlerer Stamm: अत्-) und °हन्- (§107, mittlerer Stamm: °ह-) nicht anwendbar (vgl. 23.1.2, 23.1.4 und 23.1.7).

10.) §96: Nomina auf -इन् klassifiziert man (so wie allgemein üblich) besser als einstämmig (vgl. 19.1.2).

11.) §126: Die Zahlwörter für 100, 1000, 10000 und 100000 können auch im Dual oder Plural erscheinen (vgl. 24.1.1.1 und 24.1.1.4).

12.) §132: In der 2. Person Singular Imperativ Aktiv ist neben -धि auch -हि als athematische Personalendung möglich, wie STENZLER in §145 selbst bemerkt (vgl. 25.2.2).

13.) §137: Man unterscheidet i.a. 10 (und nicht 9) Präsensklassen, wie STENZLER in §251 selbst bemerkt (vgl. 2.3).

14.) §138: Der Themavokal wird auch vor der Endung -मि der 1. Person Singular Präsens Aktiv verlängert (vgl. 2.3). Um diesen Fall bei der Formulierung der Bedingungen für die Verlängerung des Themavokals noch mit zu erfassen, darf man STENZLERs Regel übrigens nicht dahingehend verallgemeinern, daß der Themavokal vor allen mit -म्- oder -व्- anlautenden Personalendungen verlängert wird, denn vor der Endung -म् der 1. Person Singular Imperfekt Aktiv bleibt er kurz.

15.) §180: Die 2. Person Singular Imperativ Aktiv von हिंस् („schädigen") lautet nicht *हिन्धि, sondern हिन्द्धि (vgl. 28.2 und 28.2.1).

16.) §186 a): Zu ergänzen ist, daß bei der Bildung des Präsensstamms von einer Wurzel der 9. Klasse wie z.B. पॄ („füllen", पृणी-/पृणा-) auch ein auslautendes -ॠ verkürzt wird (vgl. 28.4).

17.) §199: चिन्त् („denken") ist auch eine prosodisch lange konsonantisch an- und auslautende Wurzel. Aber das Perfekt wird hier nicht wie bei den Verben mit einförmigem Perfektstamm gebildet, sondern periphrastisch (vgl. 29.3.2.2).

18.) §201 a): Ein Gegenbeispiel ist die Wurzel त्रस् („zittern"), deren schwacher Perfektstamm neben तत्रस्- auch त्रेस्- lauten kann und die STENZLER in §203 nur im Zusammenhang mit Ausnahmen zu §201 c) erwähnt (vgl. 31.1).

19.) §201 c): Ein Gegenbeispiel ist die Wurzel जन् („geboren werden"), deren schwacher Perfektstamm nicht *जेन्-, sondern जज्ञ्- lautet (vgl. 30.1 (vii)).

20.) §219: Wenn man Perfektstämme wie पेच्- (vgl. §201 c)) als unredupliziert betrachtet, sollte man konsequent bei der synchronen Betrachtungsweise bleiben und auch अनेशम् nicht als reduplizierten thematischen Aorist, sondern als thematischen Aorist charakterisieren (vgl. 35.1.2).

21.) §227: Ausschlaggebend für die Verwandlung des Suffixes -ध्वम् in -ढ्वम् ist nicht, daß „die Wurzel mit einem Halbvokal oder -ह् schließt“. Die Retroflexion im Anlaut der Endung tritt vielmehr dann ein, wenn dem -इ- des Stammsuffixes -इष्- ein Halbvokal oder -ह्- vorausgehen. Die 2. Person Plural iṣ-Aorist Ātmanepada von लू („schneiden“) kann daher neben अलविध्वम् auch अलविढ्वम् lauten. Die Form अलविढ्वम् fehlt in STENZLERs Paradigma (vgl. 36.2 und 36.2.1).

22.) §247: Um einen Aorist Passiv in einer anderen als der 3. Person von der Form für die 3. Person Singular Aorist Passiv zu bilden, kann man die Endungen des iṣ-Aorists nicht direkt an die Form für die 3. Person Singular Aorist Passiv anfügen (vgl. 37.1.2).

23.) §251: Nach dieser Stammbildungsregel müßten die Präsensstämme von स्पृह् 10. („eifern um“) und रच् 10. („verfertigen“) eigentlich *स्पर्हय- (statt स्पृहय-) bzw. *राचय- (statt रचय-) lauten (vgl. 5.3.4).

24.) §271: „Suffix वस् (§98) tritt an den schwachen St. des Perf. Ist der schwache Perfektstamm einsilbig (...), so tritt das Suffix, außer im schwächsten Deklinationsstamm, mit dem Bindevokal इ an: ...“ Tatsächlich tritt aber im schwächsten Deklinationsstamm nicht das Suffix -वस् an den schwachen Perfektstamm an, sondern das Suffix -उष् (vgl. 31.3.1). -वस् ist keines der Stammsuffixe des Partizips des Perfekts, sondern das Suffix der Lexemform, aus dem sich – sprachgeschichtlich betrachtet – das Suffix -उष् entwickelt hat (vgl. 22.2.3).

25.) §273: Auch das Partizip Präteritum Passiv eines transitiven Verbs kann in seltenen Fällen aktivische Bedeutung haben (vgl. सुभाषित – „schön redend, redegewandt“). Von intransitiven Verben gebildete Präteritum-Passiv-Partizipien, die einen Zustand bezeichnen (vgl. स्थित – „stehend“), haben keine präteritale, sondern präsentische Bedeutung (vgl. 13.1.2).

26.) §296 3.: Auch die femininen Formen des Partizips Präsens Parasmaipada eines Denominativums können vom starken oder vom schwachen Stamm gebildet werden (vgl. 20.1.3.1).

27.) §315: Komposita mit einem Negationspräfix als Vorderglied sind Karmadhārayas und keine Kasus-Tatpuruṣas (vgl. 33.1.1 (v)).

28.) §317: Auch die Glieder eines Kasus-Tatpuruṣas können nach der Auflösung der Glieder im gleichen Kasus erscheinen (vgl. z.B.: राजकन्यायाः शोभा = राज्ञः कन्यायाः शोभा – „die Schönheit der Königstochter"). Das Kriterium zur Unterscheidung zwischen Kasus-Tatpuruṣas und Karmadhārayas muß daher anders lauten (vgl. 33.1).

29.) §317 a): सु- und कु- sind in den Komposita सुपुत्र und कुपुरुष keine Adverbien, sondern Partikeln (vgl. 33.1.1 (v)).

30.) §317 d): In Komposita wie नेत्रकमल, कन्यारत्न oder कालहरिण ist das Schlußglied i.S. von STENZLERs Übersetzungen eine Metapher für das Vorderglied. Dennoch beschreibt er das Verhältnis der Glieder als Vergleich (vgl. 33.1 und 33.1.1.2).

Zur Korrektur dieser Fehler und zur Vertiefung der Teile der Sanskrit-Grammatik, die bei STENZLER weniger ausführlich behandelt werden (wie z.B. das Perfekt, der Aorist, die Zahlwörter und die Komposita), wurde insbesondere folgende Fachliteratur herangezogen:

- M. COULSON, „Sanskrit", Oxford [7]1988
- F. KIELHORN, „Grammatik der Sanskrit-Sprache", Berlin 1888
- M. MAYRHOFER, „Sanskrit-Grammatik", Berlin/New York 1978
- J. S. SPEIJER, „Sanskrit Syntax", Leiden 1886
- P. THOMI, „Sandhi", Wichtrach 1979
- A. THUMB/R. HAUSCHILD, „Handbuch des Sanskrit. Eine Einführung in das sprachwissenschaftliche Studium des Altindischen", Heidelberg, Bd. I 1 (Einleitung, Lautlehre) 1958, Bd. I 2 (Formenlehre) 1959, Bd. II (Texte und Glossar) 1953
- J. WACKERNAGEL, „Altindische Grammatik", Göttingen, Bd. I (Lautlehre) 1896, 2. Aufl. (Introduction générale, bearb. v. L. RENOU, Neudruck der Lautlehre, Nachträge v. A. DEBRUNNER) 1957, Bd. II 1 (Einleitung zur Wortlehre, Nominalkomposition) 1905, 2. Aufl. (mit Nachtr. v. A. DEBRUNNER) 1957, Bd. II 2 (Die Nominalsuffixe, von A. DEBRUNNER) 1954, Bd. III (Nominalflexion – Zahlwort – Pronomen, mit A. DEBRUNNER) 1930, Register v. R. HAUSCHILD 1964

- Ch. H. Werba, „Verba Indoarica. Die primären und sekundären Wurzeln der Sanskrit-Sprache“, Ps. I (Radices Primariae), Wien 1997

- W. D. Whitney, „Sanskrit Grammar“, Nachdr. Delhi 1983

Die Beispielsätze, die in den Grammatik-Teilen des vorliegenden Lehrbuchs erscheinen, hat der Verfasser meist selbst formuliert, statt auf Original-Beispiele aus der Sanskrit-Literatur zurückzugreifen, da diese oft sprachlich so anspruchsvoll sind, daß man als Anfänger(in) das gerade zu behandelnde grammatische Phänomen leicht aus den Augen verlieren kann. Für die Übungen zu jeder Lektion wurde dagegen i.w. auf den Fundus an Zitaten und Kunstsätzen älterer Lehrbücher zurückgegriffen, insbesondere auf Stenzler und Bühler, auf V. S. Apte, „The Student's Guide to Sanskrit Composition“, Varanasi ^{25}1963, und auf J. Gonda, „Kurze Elementar-Grammatik der Sanskrit-Sprache“, Leiden ^{2}1943. Nur einige wenige Übungssätze stammen vom Verfasser selbst.[2] Das Beispiel neuerer englischsprachiger Sanskrit-Lehrbücher zeigt nämlich, daß es sehr riskant sein kann, selbst Übungsstücke (etwa in Form von Nacherzählungen von Werken der klassischen Sanskrit-Literatur) zu formulieren. Es ist zum einen fraglich, ob bei diesen Versuchen, das Übungsmaterial interessanter zu gestalten, idiomatisch korrektes Sanskrit herauskommt. Zum anderen ist angesichts der Komplexität dieser Sprache von vornherein mit einer beträchtlichen Fehlerquote (falsche Sandhis etc.) zu rechnen. Daher erschien es dem Verfasser des vorliegenden Lehrbuchs sinnvoller, Altbewährtes zu übernehmen. Dadurch mögen die Übungen (so wie bei Stenzler und Bühler) manchmal etwas langweilig geraten sein, aber sie sind ja auch nur als Trainingsprogramm gedacht, das man rasch (innerhalb von zwei Semestern) absolvieren sollte. Wer nach literarischem Genuß strebt, muß sich anschließend ohnehin dem Studium der Original-Literatur widmen.

[2]Die Bedeutungsangaben zu den Vokabeln in den Übungsstücken sind i.w. dem „Sanskrit-Wörterbuch in kürzerer Fassung“ von O. Böhtlingk (3 Bde., St. Petersburg 1879 - 1889, Nachdr. Graz 1959) entnommen, zuweilen auch dem von O. Böhtlingk und R. Roth verfaßten „Sanskrit-Wörterbuch“ (7 Bde., St. Petersburg 1852 - 1875). Dort, wo die Bedeutungsangaben in beiden Werken zu reichhaltig waren, verhalfen das „Sanskrit-Wörterbuch“ von C. Capeller (Straßburg 1887) und M. Mayrhofers „Kurzgefaßtes etymologisches Wörterbuch des Altindischen“ (4 Bde., Heidelberg 1953 - 1980) zu einer beschränkten Auswahl.

1. Lektion: Schrift und Aussprache

1.1 Die für das Sanskrit üblicherweise verwendete Schrift, die „Devanāgarī“ (manchmal auch nur einfach kurz „Nāgarī“ genannt), ist eine rechtsläufige Silbenschrift, für die es eine Standard-Transkription mit lateinischen Buchstaben in Verbindung mit bestimmten Diakritika gibt. Die Schriftzeichen werden entsprechend der altindischen Grammatikertradition nach der Artikulationsart der zugehörigen Laute folgendermaßen alphabetisch geordnet:

Einfache Vokale
अ/अ[3] *a*, आ/आ *ā*, इ *i*, ई *ī*, उ *u*, ऊ *ū*, ऋ/ऋ *ṛ*, ॠ/ॠ *ṝ*, ऌ *ḷ*

Diphthonge
ए *e*, ऐ *ai*, ओ/ओ *o*, औ/औ *au*

Konsonanten

1. Velare (Gutturale)
   क *ka*, ख *kha*, ग *ga*, घ *gha*, ङ *ṅa*
2. Palatale
   च *ca*, छ *cha*, ज *ja*, झ/झ *jha*, ञ *ña*
3. Retroflexe (Cerebrale)
   ट *ṭa*, ठ *ṭha*, ड *ḍa*, ढ *ḍha*, ण/ण *ṇa*
4. Dentale
   त *ta*, थ/थ *tha*, द *da*, ध *dha*, न *na*
5. Labiale
   प *pa*, फ *pha*, ब *ba*, भ *bha*, म *ma*
6. Halbvokale
   य *ya*, र *ra*, ल/ल *la*, व *va*
7. Zischlaute (Sibilanten)
   श *śa*, ष *ṣa*, स *sa*
8. Hauchlaut
   ह *ha*

[3] Die hinter dem Schrägstrich angefügten Zeichen sind Schreibvarianten.

Bemerkungen[4]

1.1.1 Einfache Vokale und Diphthonge werden im folgenden zusammenfassend als „Vokale“ bezeichnet.

1.1.2 Mit einem Querstrich transkribierte Vokalzeichen stehen für lange Vokale. Die Vokallänge kann bedeutungsunterscheidende Funktion haben (vgl. *mala* = „Schmutz“ vs. *mālā* = „Kranz“).

1.1.3 *ṛ*, *ṝ* und *ḷ* sind silbentragende Approximanten wie in manchen slawischen Sprachen (vgl. serbokroatisch „S̏rb“ = „Serbe“ und tschechisch „vlk“ = „Wolf“). Entgegen der ursprünglichen Ausspracheweise werden diese Laute heute von indischen Gelehrten unter dem Einfluß ihrer jeweiligen neuindischen Muttersprachen oft mit einem „i“-Nachklang artikuliert, der sich auch in älteren Transkriptionen (wie z.B. *ṛi*, *ṛī* und *lṛi*) niedergeschlagen hat.

1.1.4 Die Diphthonge sind immer lang und können aus der Sicht der altindischen Grammatikertradition folgendermaßen als zusammengesetzte Laute interpretiert werden: *e* = *a* + *i*, *ai* = *ā* + *i*, *o* = *a* + *u*, *au* = *ā* + *u*

1.1.5 Jedes Konsonantenzeichen steht für einen Konsonanten mit nachfolgendem *a*.

1.1.6 Die Palatale sind am vorderen Teil des Gaumens artikulierte Verschlußlaute. Einen gewissen Anhaltspunkt für die Aussprache bieten im Deutschen das „tsch“ in „klatschen“ (als Entsprechung zu *c*) und im Englischen das „ j“ in „ just“ (als Entsprechung zu *j*). Diese sind jedoch – im Gegensatz zu *c* und *j* – Affrikate, s.d. ihnen die für Verschlußlaute typische abrupte Verschlußlösung fehlt. Retroflexe werden artikuliert, indem man die Zungenspitze zum Gaumendach hin umbiegt und den dadurch entstandenen Verschluß sprengt. Die Aussprache der aspirierten Verschlußlaute (*kh*, *gh* usw.) unterscheidet sich von der der nicht aspirierten nur dadurch, daß die Verschlußlösung von einem unmittelbar nachstürzenden Hauch begleitet ist.

Der Halbvokal *y* wird wie „ j“ im Deutschen (vgl. „ jung“) ausgesprochen. *r* und *l* sind (ebenso wie *ṛ*, *ṝ* und *ḷ*) Approximanten, allerdings ohne silbentragende Funktion. *r* wird genauso wie *ṛ* ausgesprochen, *l* genauso wie *ḷ* und *v* wie „w“ im Deutschen (vgl. „weiß“). Die Bezeichnung „Halbvokale“ weist auf die enge Beziehung zu den Vokalen *i*, *u* und *ṛ* hin, die sich in der Formenbildung dergestalt äußert, daß oft *ya* in *i*, *ra* in *ṛ* und *va* in *u* verwandelt wird (vgl. 7.2).

ś ist ein palataler stimmloser Zischlaut, der einem deutschen „sch“ in heller Umgebung gleichkommt (vgl. „mischen“). Dagegen wird das ebenfalls

[4]Genauere Angaben zur Aussprache findet man bei D. KILLINGLEY, „Beginning Sanskrit“, 3 Bde., München/Newcastle [2]1997 (Bd. I, p. 1 - 68 und p. 177 - 178). Die Linienführung beim Schreiben der Devanāgarī-Schrift wird in W. H. MAURER, „The Sanskrit Language“, 2 Bde., Nachdr. Richmond, Surrey 2001 (Bd. I, p. 24 - 46) ausführlich erklärt.

stimmlose *ṣ* mit retroflexer Zungenposition artikuliert. *s* ist ein stimmloser dentaler Zischlaut.

Der Hauchlaut *h* wird stimmhaft ausgesprochen, ähnlich wie ein intervokalisches „h" im Englischen (vgl. „behind").

1.1.7 Stimmhaft sind die Vokale, jeweils die letzten drei Konsonanten der Konsonantenreihen 1. - 5., die Halbvokale (6.) und der Hauchlaut (8.). Alle anderen sind stimmlos.

1.1.8 Die Konsonantenreihen 1. - 5. haben einen einheitlichen Aufbau, der sich am Beispiel der ersten Konsonantenreihe folgendermaßen verdeutlichen läßt:

Verschlußlaute (Plosive)				Nasal
stimmlos (tonlos)		stimmhaft (tönend)		stimmhaft (tönend)
nicht aspiriert	aspiriert	nicht aspiriert	aspiriert	
क	ख	ग	घ	ङ
Tenuis (Pl.: Tenues)	stimmlose Aspirata (Pl.: Aspiratae)	Media (Pl.: Mediae)	stimmhafte Aspirata	

1.1.9 Die Bezeichnungen „Gutturale" (i.S. von „Velare"), „Cerebrale", „tönend" und „tonlos" sind in der Sprachwissenschaft nicht mehr gebräuchlich und werden hier nur als Orientierungshilfe für das Studium älterer Sanskrit-Lehrbücher mit aufgeführt.

1.1.10 Jedes Devanāgarī-Schriftzeichen besitzt einen oberen Horizontalstrich, der bei ध und भ (und in gewissen Schreibvarianten einiger anderer Schriftzeichen) durchbrochen ist. Viele Schriftzeichen besitzen zudem einen Vertikalstrich. Was unterhalb des Horizontalstrichs steht, wird zuerst geschrieben, wobei man i.w. von links nach rechts und von oben nach unten schreibt und ggf. mit dem Vertikalstrich aufhört. Dann werden graphische Elemente oberhalb des Horizontalstrichs (wie z.B. im Falle von औ) ergänzt. Den Horizontalstrich fügt man zuletzt hinzu. Auch im Falle unmittelbar aufeinanderfolgender Schriftzeichen, aus denen sich einzelne oder mehrere zusammengeschriebene Wörter ergeben, kann man zuerst alles hinschreiben, was unterhalb und oberhalb des Horizontalstrichs steht, und diesen dann als letztes hinzufügen.

1.2 Vokale in nachkonsonantischer Position:

1.2.1 Der sogenannte „Virāma" (्) bezeichnet vokallose Konsonanten. Z.B.: क = *ka*. Aber: क् = *k*

1.2.2 Die oben dargestellten Vokalzeichen werden nur gebraucht, wenn kein Konsonant unmittelbar vorausgeht, d.h. am Satzanfang oder am Wortanfang nach vorausgehendem Vokal. In Verbindung mit vorhergehendem Konsonanten liegt *a* schon im Konsonantenzeichen. Die übrigen Vokale werden auf folgende Weise bezeichnet (dargestellt am Beispiel von „क् + Vokal“): क् + आ = का (*kā*), क् + इ = कि (*ki*), क् + ई = की (*kī*), क् + उ = कु (*ku*), क् + ऊ = कू (*kū*), क् + ऋ = कृ (*kṛ*), क् + ॠ = कॄ (*kṝ*), क् + ऌ = कॢ (*kḷ*), क् + ए = के (*ke*), क् + ऐ = कै (*kai*), क् + ओ = को (*ko*), क् + औ = कौ (*kau*)

Besonders zu merken sind: दृ (*dṛ*), दॄ (*dṝ*), रु (*ru*), रू (*rū*), र्ऋ (*rṛ*), र्ॠ (*rṝ*), शु/शु/शु (*śu*), शू/शू/शू (*śū*), शृ/शृ/शृ (*śṛ*), शॄ/शॄ/शॄ (*śṝ*), हृ (*hṛ*), हॄ (*hṝ*)

1.3 Ligaturen (Konsonantenkombinationszeichen):

Wenn zwei oder mehrere Konsonanten unmittelbar aufeinanderfolgen, werden sie oft zu einem Konsonantenzeichen (einer sogenannten „Ligatur“) verbunden. Dabei gelten für die Verbindung von zwei Konsonanten folgende Grundregeln:

I) Wenn das erste der zu verbindenden Zeichen mit einem senkrechten Strich rechts abschließt, verliert es diesen und wird vorgesetzt. Z.B.: ग् + द = ग्द (*gda*), न् + त = न्त (*nta*) etc.

II) Wenn das erste der zu verbindenden Zeichen nicht mit einem senkrechten Strich rechts abschließt, wird das zweite unter Verlust des waagerechten Strichs untergesetzt. Z.B.: ङ् + क = ङ्क (*ṅka*), क् + व = क्व (*kva*) etc.

Ausnahmen zu I) und zusätzliche Besonderheiten, abgesehen von den Fällen, in denen र zweites Glied der Ligatur ist: ख्न (*khna*), घ्न (*ghna*), च्च/च्च (*cca*), च्ञ (*cña*), ज्ञ/ज्ञ (*jña*), ञ्च (*ñca*), ञ्ज (*ñja*), ण्ण/ण्ण (*ṇṇa*), त्त (*tta*), त्न (*tna*), ध्न (*dhna*), न्न (*nna*), प्त (*pta*), प्न (*pna*), प्ल (*pla*), ब्ब (*bba*), भ्न (*bhna*), म्न (*mna*), म्ल (*mla*), ल्ल/ल्ल (*lla*), व्न (*vna*), श्च (*śca*), श्न (*śna*), श्ल (*śla*), श्व (*śva*), ष्ट (*ṣṭa*), ष्ठ (*ṣṭha*), स्न (*sna*)

Bemerkungen:

1.3.1 Doppelkonsonanten (wie z.B. च्च) spricht man wie einen einfachen lang angehaltenen Konsonanten aus.

1.3.2 Die Ligatur ज्ञ wird „dschnja“, „dnja“ oder „gnja“ ausgesprochen.

1.3.3 Außer ल्ल sind alle Ligaturen mit dem Schriftzeichen für *l* als erstem Glied regelmäßig (i.S. von I)), wenn man die Schreibweise ल् (statt ल्) zugrunde legt.

1.3.4 Im Gegensatz zu den oben angegebenen Ligaturen, die mit dem palatalen Zischlaut beginnen, sind श्म und श्य regelmäßig gebildet.

Ausnahmen zu II) und zusätzliche Besonderheiten, abgesehen von den Fällen, in denen र् erstes Glied der Ligatur ist: क्ख (*kkha*), क्त (*kta*), क्थ (*ktha*), क्म (*kma*), क्य (*kya*), क्ष/क्ष (*kṣa*), ङ्म (*ṅma*), छ्य (*chya*), ट्य (*ṭya*), ठ्य (*ṭhya*), ड्य (*ḍya*), ढ्य (*ḍhya*), द्द (*dda*), द्ध (*ddha*), द्न (*dna*), द्भ (*dbha*), द्म (*dma*), द्य (*dya*), फ्य (*phya*), ह्ण (*hṇa*), ह्न (*hna*), ह्म (*hma*), ह्य (*hya*), ह्ल (*hla*), ह्व (*hva*)

र् **als erstes Glied einer Ligatur** wird in Form eines Häkchens über das Zeichen für den nachfolgenden Konsonanten gesetzt. Z.B.: शर्कर (*śarkara*), तर्कित (*tarkita*) etc.

Folgt aber auf den an र् angehängten Konsonanten unmittelbar ein Vokal, der in Form von ा (für *ā*), ी (für *ī*), ो (für *o*) oder ौ (für *au*) notiert wird, so setzt man das Häkchen über das Vokalzeichen. Das Häkchen steht also immer möglichst weit rechts. Am Beispiel von „र् + क् + Vokal" läßt sich dies folgendermaßen verdeutlichen: र् + क = र्क (*rka*), र् + का = र्का (*rkā*), र् + कि = र्कि (*rki*), र् + की = र्की (*rkī*), र् + कु = र्कु (*rku*), र् + कू = र्कू (*rkū*), र् + कृ = र्कृ (*rkṛ*), र् + कॄ = र्कॄ (*rkṝ*), र् + कॢ = र्कॢ (*rkḷ*), र् + के = र्के (*rke*), र् + कै = र्कै (*rkai*), र् + को = र्को (*rko*), र् + कौ = र्कौ (*rkau*)

र **als zweites Glied einer Ligatur** wird als Schrägstrich links unten angefügt. Z.B.: प्र (*pra*), ह्र (*hra*), द्र (*dra*) etc.
Besonders zu merken sind: त्र (*tra*), श्र (*śra*)

Bemerkungen:
1.3.5 An die auf diese Weise erzeugten Ligaturen mit zwei Gliedern kann man nach den angegebenen Regeln noch weitere Glieder anfügen, wenn man mehr als zwei Konsonanten zu einer Ligatur verbinden will. Z.B.: त्म्य (*tmya*), ग्र्य (*grya*), द्भ्य (*dbhya*), न्द्ध (*nddha*) etc.
1.3.6 Die gebräuchlichsten Ligaturen sind in der folgenden Liste in alphabetischer Reihenfolge zusammengestellt:

- क्क (*kka*), क्ख (*kkha*), क्त (*kta*), क्त्य (*ktya*), क्त्र (*ktra*), क्त्व (*ktva*), क्थ (*ktha*), क्न (*kna*), क्म (*kma*), क्य (*kya*), क्र (*kra*), क्र्य (*krya*), क्ल (*kla*), क्व (*kva*), क्ष (*kṣa*), क्ष्ण (*kṣṇa*), क्ष्म (*kṣma*), क्ष्म्य (*kṣmya*), क्ष्य (*kṣya*), क्ष्व (*kṣva*)

- ख्न (*khna*), ख्य (*khya*)

- ग्द (*gda*), ग्ध (*gdha*), ग्ध्व (*gdhva*), ग्न (*gna*), ग्न्य (*gnya*), ग्भ (*gbha*), ग्भ्य (*gbhya*), ग्म (*gma*), ग्य (*gya*), ग्र (*gra*), ग्र्य (*grya*), ग्ल (*gla*), ग्व (*gva*)

- घ्न (*ghna*), घ्म (*ghma*), घ्य (*ghya*), घ्र (*ghra*)

- ङ्क (*ṅka*), ङ्क्त (*ṅkta*), ङ्क्ष (*ṅkṣa*), ङ्क्ष्व (*ṅkṣva*), ङ्ख (*ṅkha*), ङ्ख्य (*ṅkhya*), ङ्ग (*ṅga*), ङ्ग्य (*ṅgya*), ङ्ग्र (*ṅgra*), ङ्घ (*ṅgha*), ङ्घ्र (*ṅghra*), ङ्ङ (*ṅṅa*), ङ्म (*ṅma*)

- च्च (*cca*), च्छ (*ccha*), च्छ्र (*cchra*), च्छ्व (*cchva*), च्ञ (*cña*), च्म (*cma*), च्य (*cya*)

- छ्य (*chya*), छ्र (*chra*)

- ज्ज (*jja*), ज्ज्ञ (*jjña*), ज्ज्व (*jjva*), ज्झ (*jjha*), ज्ञ (*jña*), ज्ञ्य (*jñya*), ज्म (*jma*), ज्य (*jya*), ज्र (*jra*), ज्व (*jva*)

- ञ्च (*ñca*), ञ्छ (*ñcha*), ञ्ज (*ñja*), ञ्श (*ñśa*)

- ट्क (*ṭka*), ट्ट (*ṭṭa*), ट्य (*ṭya*), ट्व (*ṭva*), ट्स (*ṭsa*)

- ठ्य (*ṭhya*), ठ्र (*ṭhra*)

- ड्ग (*ḍga*), ड्ड (*ḍḍa*), ड्य (*ḍya*)

- ढ्य (*ḍhya*), ढ्र (*ḍhra*), ढ्व (*ḍhva*)

- ण्ट (*ṇṭa*), ण्ठ (*ṇṭha*), ण्ड (*ṇḍa*), ण्ढ (*ṇḍha*), ण्ण (*ṇṇa*), ण्म (*ṇma*), ण्य (*ṇya*), ण्व (*ṇva*)

- त्क (*tka*), त्त (*tta*), त्त्य (*ttya*), त्त्र (*ttra*), त्त्व (*ttva*), त्थ (*ttha*), त्न (*tna*), त्न्य (*tnya*), त्प (*tpa*), त्फ (*tpha*), त्म (*tma*), त्म्य (*tmya*), त्य (*tya*), त्र (*tra*), त्र्य (*trya*), त्व (*tva*), त्स (*tsa*), त्स्न (*tsna*), त्स्न्य (*tsnya*), त्स्य (*tsya*), त्स्व (*tsva*)

- थ्य (*thya*)

- द्ग (*dga*), द्ग्र (*dgra*), द्द (*dda*), द्द्य (*ddya*), द्द्र (*ddra*), द्द्व (*ddva*), द्ध (*ddha*), द्ध्य (*ddhya*), द्ध्व (*ddhva*), द्न (*dna*), द्ब (*dba*), द्ब्र (*dbra*), द्भ (*dbha*), द्भ्य (*dbhya*), द्म (*dma*), द्य (*dya*), द्र (*dra*), द्र्य (*drya*), द्व (*dva*), द्व्य (*dvya*)

- ध्न (*dhna*), ध्म (*dhma*), ध्य (*dhya*), ध्र (*dhra*), ध्व (*dhva*)

- न्त (*nta*), न्त्य (*ntya*), न्त्र (*ntra*), न्त्स (*ntsa*), न्थ (*ntha*), न्द (*nda*), न्द्ध (*nddha*), न्द्र (*ndra*), न्ध (*ndha*), न्ध्य (*ndhya*), न्ध्र (*ndhra*), न्न (*nna*), न्न्य (*nnya*), न्म (*nma*), न्य (*nya*), न्र (*nra*), न्व (*nva*), न्स (*nsa*)

- प्त (*pta*), प्त्य (*ptya*), प्न (*pna*), प्म (*pma*), प्य (*pya*), प्र (*pra*), प्ल (*pla*), प्स (*psa*)
- फ्य (*phya*)
- ब्ज (*bja*), ब्द (*bda*), ब्ध (*bdha*), ब्ध्व (*bdhva*), ब्ब (*bba*), ब्भ (*bbha*), ब्य (*bya*), ब्र (*bra*)
- भ्न (*bhna*), भ्य (*bhya*), भ्र (*bhra*), भ्व (*bhva*)
- म्न (*mna*), म्प (*mpa*), म्प्र (*mpra*), म्ब (*mba*), म्ब्य (*mbya*), म्भ (*mbha*), म्य (*mya*), म्र (*mra*), म्ल (*mla*)
- य्य (*yya*), य्व (*yva*)
- ल्क (*lka*), ल्ग (*lga*), ल्प (*lpa*), ल्म (*lma*), ल्य (*lya*), ल्ल (*lla*), ल्व (*lva*), ल्ह (*lha*)
- व्न (*vna*), व्य (*vya*), व्र (*vra*)
- श्च (*śca*), श्च्य (*ścya*), श्न (*śna*), श्म (*śma*), श्य (*śya*), श्र (*śra*), श्र्य (*śrya*), श्ल (*śla*), श्व (*śva*), श्व्य (*śvya*)
- ष्क (*ṣka*), ष्क्र (*ṣkra*), ष्ट (*ṣṭa*), ष्ट्य (*ṣṭya*), ष्ट्र (*ṣṭra*), ष्ट्र्य (*ṣṭrya*), ष्ट्व (*ṣṭva*), ष्ठ (*ṣṭha*), ष्ठ्य (*ṣṭhya*), ष्ण (*ṣṇa*), ष्ण्य (*ṣṇya*), ष्प (*ṣpa*), ष्प्र (*ṣpra*), ष्म (*ṣma*), ष्य (*ṣya*), ष्व (*ṣva*), ष्ष (*ṣṣa*)
- स्क (*ska*), स्क्र (*skra*), स्ख (*skha*), स्त (*sta*), स्त्य (*stya*), स्त्र (*stra*), स्त्व (*stva*), स्थ (*stha*),स्थ्य (*sthya*), स्न (*sna*), स्प (*spa*), स्फ (*spha*), स्म (*sma*), स्म्य (*smya*), स्य (*sya*), स्र (*sra*), स्व (*sva*), स्स (*ssa*)
- ह्ण (*hṇa*), ह्न (*hna*), ह्म (*hma*), ह्य (*hya*), ह्र (*hra*), ह्ल (*hla*), ह्व (*hva*)

1.4 Sekundäre Lautzeichen:
1.4.1 Der Anusvāra steht entweder stellvertretend für einen der Nasale in den Konsonantenreihen 1. - 5. oder er bezeichnet die Nasalierung eines Vokals.
1.4.1.1 Im *Wortauslaut* spricht man den Anusvāra wie den labialen Nasal (म) aus. Nach einer der sogenannten „Sandhiregeln“ (vgl. 2.2) erscheint der Anusvāra immer anstelle eines म्, wenn ein Wort auf den labialen Nasal auslautet und das folgende Wort konsonantisch anlautet. Man notiert den Anusvāra mit einem Punkt am rechten oberen Ende der Silbe, die er abschließt. In der Umschrift wird er mit *ṃ* oder *ṁ* bezeichnet. Z.B.: तं (*taṃ*), तें (*teṃ*), तों (*toṃ*) etc.

1.4.1.2 Im *Wortinlaut* wird der Anusvāra ...

- vor Halbvokalen, vor Zischlauten und vor dem Hauchlaut wie ein „n“ im Französischen ausgesprochen, d.h. er bezeichnet die Nasalierung des Vokals, der dem jeweiligen Halbvokal oder Zischlaut oder dem Hauchlaut vorangeht. Z.B.: संसार (*saṃsāra*), संयोग (*saṃyoga*), सांवत्सर (*sāṃvatsara*) etc.

- vor Verschlußlauten und Nasalen wie der Klassennasal ausgesprochen, z.B. wie der velare Nasal in सांख्य (*sāṃkhya*) oder wie der dentale Nasal in संधि (*saṃdhi*) oder संनम् (*saṃnam*).

Der Anusvāra erscheint im Inlaut in der Regel, wenn das Vorderglied eines Kompositums ursprünglich auf ein -म् auslautet, das durch die oben erwähnte Sandhiregel für den labialen Nasal zum Anusvāra geworden ist. Neben संधि (s.o.) ist auch die Schreibung सन्धि gebräuchlich.

Außerdem wird der Anusvāra bei Vulgärschreibweise als bloßer Stellvertreter für den jeweiligen Klassennasal verwendet, wie z.B. in dem Wort अंत (*aṃta*), das kein Kompositum ist und normalerweise अन्त (*anta*) geschrieben wird.

1.4.2 Der Anunāsika drückt vor einem anlautenden ल्- die Nasalierung eines auslautenden -ल् incl. des vorhergehenden Vokals aus und wird mit ँ bzw. ˜ (in der Umschrift) bezeichnet. Man setzt ँ über das Zeichen für das auslautende -ल् oder über das vorhergehende Vokalzeichen, wenn dieses in der Form ा (für *ā*), ी (für *ī*), ो (für *o*) oder ौ (für *au*) erscheint. Das nasalierte -ल् (-लँ्) und das ल्- im Anlaut des folgenden Wortes werden dabei als Ligatur (-ल्ल्-) geschrieben. Z.B.: ताल्ँलोकान्/ताँल्लोकान् (*tāl̃ lokān*)[5]

1.4.3 Der Visarga ist ein stimmloser Hauchlaut und wird wie „ch“ oder „h“ (aber stimmlos!) ausgesprochen. Im Falle der zweiten Aussprachevariante läßt man den vorhergehenden Vokal leise nachklingen. Bei vorhergehendem *ai* oder *au* klingen *i* bzw. *u* nach. Bezeichnet wird der Visarga mit ः bzw. *ḥ* (in der Umschrift). Z.B.: अश्वः (*aśvaḥ*) – sprich: „aschwach“/„aschwah[a]“, अश्वैः (*aśvaiḥ*) – sprich: „aschwaich“/„aschwaih[i]“

Der Visarga kann auch mitten in einem Wort auftreten. Dann wird in der Devanāgarī-Schrift der Horizontalstrich über dem Zeichen ः unterbrochen. Z.B.: दुःख (*duḥkha*)

[5] Warum man hier in der Umschrift getrennt schreibt, wird in 4.3 erklärt.

1.5 Interpunktions- und Lesezeichen:

1.5.1 Der Daṇḍa (।) erscheint am Ende eines Satzes oder am Ende einer Verszeile, der Doppel-Daṇḍa (॥) am Ende eines Satzes am Abschnittsende oder am Ende einer Strophe.

1.5.2 Der Avagraha, der mit ऽ bzw. ’ (in der Umschrift) bezeichnet wird, erscheint manchmal anstelle eines anlautenden अ- und zeigt an, daß das अ- nicht gesprochen wird. Nach einer bestimmten „Sandhiregel“ (vgl. 8.1.2) tritt dieser Fall unter gewissen Voraussetzungen ein, wenn das vorhergehende Wort auf -ए oder -ओ auslautet. Z.B. wird अपि (*api*) zu ऽपि (*’pi*), wenn das Wort ते (*te*) vorausgeht (ते ऽपि).

1.5.3 Das Abkürzungszeichen (°) wird an die Stelle des weggelassenen Teils links oder rechts oben am Horizontalstrich des verbleibenden Teils angefügt, also z.B. in der Form आ° (wenn das, was folgt, weggelassen wird) oder in der Form °गम् (wenn das, was vorhergeht, weggelassen wird).

1.6 Die Zahlzeichen:

०	१/१	२	३	४/४	५/५/५	६/६	७	८/८	९/९/९
0	1	2	3	4	5	6	7	8	9

Mit diesen Zahlzeichen können auch Zahlen ≥ 10 in der gewohnten Dezimalschreibweise ausgedrückt werden. Z.B.: १४ = 14, १९१४ = 1914 etc.

Übung

1.) Transkribieren Sie:

a) आदर, अथ, इह, ईश, उदक, ऊढ, ऋण, एक, फल, भरत, रस, समय, कमल, नगर, गण, घट, शश, खग, वचन, जन, झर, पठन, कण, यम, वन, डमर, छल, रथ, धन, बल, भष, पर

b) सीता, शिव, गृह, चौर, दृढ, क्लृप्, पिबति, यूथ, नखविलेखन, कोश, मातॄणाम्, सूत, भूषण, रूप, पशु, अवाङ्, हृदय, मरुत्, गुरु, विष, वैशेषिक

c) आत्मन्, पञ्चन्, मित्र, धर्म, दृष्ट, दारिद्र्य, मत्स्य, इन्द्र, अद्भुत, इच्छा, आकाङ्क्षा, स्वरूप, ऐकाग्र्य, उत्फुल्ल, ऊर्ध्व, धर्म्य, उच्छ्वसन, उत्कण्ठ, उपपत्ति

d) या निशा सर्वभूतानां तस्यां जागर्ति संयमी।
यस्यां जाग्रति भूतानि सा निशा पश्यतो मुनेः ॥

श्रेयान् स्वधर्मो विगुणः परधर्मात् स्वनुष्ठितात्।
स्वधर्मे निधनं श्रेयः परधर्मो भयावहः॥
सर्वाणीन्द्रियकर्माणि प्राणकर्माणि चापरे।
आत्मसंयमयोगाग्नौ जुह्वति ज्ञानदीपिते॥

2.) Schreiben Sie in der Devanāgarī-Schrift:

a) *abala, āsana, iva, uta, ūna, ṛta, odana, auṣadha, khara, gaja, ghana, chadana, racana, yavana, nara, vaśa, saphala*

b) *ghoṣana, daiva, śarīra, bāhu, yogī, kṛpā, pīḍayati, pūjā, tṛṣā, hitopadeśa, mūṣika, laukika, bhūtala, kolāhala, ghṛta, īdṛśa, upagam, ṛṣi, ūḍha, corayāmi, dātṝn, khalu, udāṅ, mahābhārata, taru, eva, itihāsa, sīdati, jhaṭiti, paṭhati, vīṇā, nīḍa, sādhu, vihāra, path*

c) *naddha, aṇḍa, jñāna, viṣaṇṇa, mantra, ukta, mleccha, sneha, tiṣṭhati, udyāna, kṣaya, mañjarī, daṇḍya, vārttika, āhnika, niścita, kārtsnyena*

d) *karma brahmodbhavaṃ viddhi brahmākṣarasamudbhavam* |
tasmāt sarvagataṃ brahma nityaṃ yajñe pratiṣṭhitam ||
paritrāṇāya sādhūnāṃ vināśāya ca duṣkṛtām |
dharmasaṃsthāpanārthāya saṃbhavāmi yuge yuge ||
apāne juhvati prāṇaṃ prāṇe 'pānaṃ tathāpare |
prāṇāpānagatī ruddhvā prāṇāyāmaparāyaṇāḥ ||

2. Lektion

2.1 Die Pausaform ist die Form eines Wortes „in pausa", d.h. vor einer Sprechpause (also z.B. am Ende eines Satzes). Für diese als „absoluter Auslaut" bezeichnete Position gelten im Sanskrit phonetische Beschränkungen, die eine vom Inlaut abweichende Behandlung des Wortauslauts bedingen.

Auch im Deutschen kann die Artikulation des Wortauslauts verschieden ausfallen, je nachdem, ob das betreffende Wort vor einer Sprechpause erscheint oder ob es mit einem Suffix versehen ist oder mitten im Satz vorkommt und zusammen mit einem nachfolgenden Wort in einem Atemzug artikuliert wird. Bei dem Wort „Tag" z.B. wird der Plural „Tage" mit stimmhaftem [g] ausgesprochen. Auch in „der Tag danach" ist der Auslaut von „Tag" stimmhaft. Das Vorkommen im absoluten Auslaut aber führt – entgegen der Rechtschreibung – zu der Aussprache [ta:k^{h}]. Diese besondere Ausspracheweise in pausa liegt an der sogenannten Auslautverhärtung im Deutschen.

Analog gilt im Sanskrit, daß die Pausaform eines Wortes – abgesehen von **-ङ्**, **-ण्**, **-न्**, **-म्**, **-य्**, **-ल्** und **-व्** – nicht auf einen stimmhaften Konsonanten auslauten darf. Anders als im Deutschen schlägt sich aber im Sanskrit die besondere Aussprache im absoluten Auslaut auch in der Schrift nieder, denn für die stimmhafte bzw. stimmlose Variante eines Konsonanten gibt es jeweils ein eigenes Schriftzeichen. Das Pronomen तद् („er/sie/es, dies-er/-e/-es") z.B. kann in den mit dem Stamm identischen Fällen Nominativ oder Akkusativ Singular Neutrum nicht in pausa vorkommen. Stattdessen erscheint im absoluten Auslaut तत्. Allgemein gelten für die Bildung der Pausaform folgende Regeln:

2.1.1 Zahl der auslautenden Konsonanten: Von zwei oder mehreren Konsonanten im Auslaut eines Wortes gehen alle bis auf den ersten verloren, der evt. nach 2.1.2 weiter verwandelt wird. Z.B. verschwindet das Suffix **-स्**, das im Nominativ Singular an मरुत् („Wind") angehängt wird, wenn man von मरुत्स् die Pausaform (मरुत्) bildet.

Erlaubt ist aber in pausa die Verbindung „र् + Konsonant", wenn beide dem Wortstamm angehören. Z.B. lautet der Nominativ Singular von ऊर्ज् („Stärkung") in der Pausaform: ऊर्क्[6]

2.1.2 Art der auslautenden Konsonanten: Die Tenues und Nasale der 1., 3., 4. und 5. Konsonantenreihe und der Visarga dürfen im absoluten Auslaut

[6] Wenn man dagegen an गिर् („Wort") die Endung **-स्** für den Nominativ Singular anfügt, bleibt die auslautende Konsonantengruppe **र्-स्** in der Pausaform nicht erhalten, da र् und स् nicht beide dem Wortstamm angehören.

erscheinen. Erlaubt sind ferner य्, ऌ् und व्, die aber – ebenso wie ण् – in pausa praktisch nie vorkommen. Alle anderen Konsonanten werden verwandelt:

- Anstelle der Mediae und Aspiratae der 1., 3., 4. und 5. Konsonantenreihe erscheinen die entsprechenden Tenues.
- Die palatalen Verschlußlaute werden in -क् verwandelt, -ज् manchmal in -ट्. Für -ञ् wird -ङ् substituiert.
- Anstelle von -ष् und -ह् erscheint meist -ट्, gelegentlich aber -क्. -श् wird in -क् oder -ट् verwandelt.
- -र् und -स् gehen nach Vokalen in den Visarga über, den wir im folgenden seinem Ursprung entsprechend als -र्- bzw. -स्-Visarga bezeichnen werden.

2.2 Sandhiregeln schreiben die An- und Auslautveränderungen vor, die Wörter im Satzzusammenhang und beim Anfügen von Affixen erfahren. (संधि bedeutet: „Verbindung, insbesondere: die Verbindung von Lauten in Wort und Satz") Entsprechend unterscheidet man zwischen Satzsandhi- und Wortsandhiregeln.

Sandhi und Pausaform hängen eng miteinander zusammen. Insbesondere gilt es zu beachten, daß alle Satzsandhiregeln von der Pausaform ausgehen, d.h. um zwei aufeinanderfolgende Wörter X und Y nach den Satzsandhiregeln miteinander zu verbinden, muß X zuerst in die Pausaform überführt werden. Dagegen gilt im Wortsandhi nicht immer, daß bei der Verbindung einer Wurzel oder eines Stamms X mit einem Präfix P oder einem Suffix S zu PX bzw. XS von P bzw. X zuerst die Pausaform gebildet werden muß.

Im folgenden führen wir alle Sandhiregeln über mehrere Lektionen hinweg schrittweise ein. Die neuen Sandhiregeln erscheinen jeweils – mit Beispielen versehen – am Anfang einer Lektion, wobei der verbalisierten Darstellung der Regel ggf. eine formalisierte Kurzfassung beigefügt ist. Wir beginnen mit der folgenden Satzsandhiregel:

-म् im Wortauslaut wird vor Konsonanten zum Anusvāra:
-m vor Konsonanten = *-ṃ*
Z.B.: तम् („diesen") + च („und") = तं च *taṃ ca* („und diesen")

2.3 Das Präsens drückt im Sanskrit die Gegenwart aus. Auch für auf die unmittelbare Zukunft bezogene Aussagen wie z.B. „Ich komme gleich" verwendet man im Sanskrit (so wie im Deutschen) das Präsens. Wir werden später schließlich noch das Präsens in seiner Funktion als historisches Präsens kennenlernen (vgl. 8.5).

Um Präsensformen zu bilden, geht man im Sanskrit von der Wurzel aus. Es handelt sich dabei um eine Art Grundform des betreffenden Verbs, die mit einem deutschen Infinitiv wiedergegeben werden kann. Die Wurzel तुद् z.B. bedeutet „schlagen". (Zwischen Wurzel und Infinitiv muß man im Sanskrit allerdings sorgfältig unterscheiden, denn ein Sanskrit-Infinitiv wird mit einem speziellen Infinitivsuffix von der Wurzel gebildet.)

Die Personalendungen für das Präsens werden nicht unmittelbar an die Wurzel angefügt, sondern an den Präsensstamm, dem die Wurzel zugrunde liegt. Die Art der Stammbildung hängt davon ab, welcher der zehn Präsensklassen des Sanskrits das betreffende Verb angehört, wobei auch eine Zugehörigkeit zu mehreren Präsensklassen möglich ist. In den als „thematisch" bezeichneten Präsensklassen, nämlich in der 1., 4., 6. und 10., wird der Präsensstamm gebildet, indem man den sogenannten „Themavokal" **-अ-** an die Wurzel anfügt.

Alle Wurzeln enthalten einen Vokal, der bei der Bildung des Präsensstamms evt. noch geändert werden muß. Es handelt sich dabei um den sogenannten „Wurzelvokal". Im Falle der Wurzel तुद्, die zur 6. Präsensklasse gehört, bleibt der Wurzelvokal **-उ-** aber erhalten. Der Präsensstamm lautet daher einfach तुद-.

An den Präsensstamm kann man die Personalendungen für das Präsens Aktiv anfügen, wobei zu beachten ist, daß bei Verben der 1., 4., 6. und 10. Klasse der Themavokal vor der Endung **-मि** der 1. Sg. und vor den Endungen, die mit **-म-** oder **-व-** anlauten, verlängert wird.

Es gibt drei Singular-Formen (1. - 3. Person: ich, du, er/sie/es), drei Dual-Formen (1. - 3. Person: wir beide, ihr beide, sie beide) und drei Plural-Formen (1. - 3. Person: wir, ihr, sie). Für die Wurzel तुद्, die wir auch im folgenden immer wieder zur Demonstration von Konjugationsparadigmata als Beispiel heranziehen werden, ergeben sich somit im Präsens Aktiv folgende Formen:

	Singular	Dual	Plural
1.	तुदामि *tudā-mi* ich schlage	तुदावः *tudā-vaḥ* wir beide schlagen	तुदामः *tudā-maḥ* wir schlagen
2.	तुदसि *tuda-si* du schlägst	तुदथः *tuda-thaḥ* ihr beide schlagt	तुदथ *tuda-tha* ihr schlagt

3.	तुदति *tuda-ti* er/sie/es schlägt	तुदतः *tuda-taḥ* sie beide schlagen	तुदन्ति *tuda-nti* sie schlagen

Bemerkungen:
2.3.1 In den Paradigmata werden Personalendungen auch im folgenden in der Umschrift stets mit Bindestrich abgetrennt.
2.3.2 Es handelt sich hier bei den Formen, die auf den Visarga auslauten, um einen **-स्**-Visarga. In Konjugations- und Deklinationstabellen erscheinen die Formen auch im folgenden stets in der Pausaform. Der Visarga im Auslaut der Pausaform konjugierter und deklinierter Formen ist meist ein **-स्**-Visarga. Nur in den Ausnahmefälle, in denen es sich um einen **-र्**-Visarga handelt, werden wir im folgenden den Ursprung des Visargas extra angeben.
2.3.3 Anstelle von „Aktiv" wird im folgenden (außer in der Bezeichnung „Partizip Präteritum Aktiv") der entsprechende Sanskritbegriff „Parasmaipada" verwendet, der von altindischen Grammatikern eingeführt wurde.

Übung

१ सदा पठथः।
२ अधुना पुनः पृच्छसि।
३ यत्र वससि तत्र गच्छामि।
४ अत्र जीवति।
५ यदा धावथ तदा पतथ।
६ क्व यजन्ति।
७ सर्वत्र पश्यावः।
८ एवं वदतः।
९ कुतः पचसि।
१० कथं तत्र चरामः।
११ इह तिष्ठामि।
१२ कुत्र चरसि।

Vokabeln

सदा = immer (Adv.)
पठ् 1.[7] = rezitieren; studieren, lesen
अधुना = jetzt (Adv.)
पुनर् = wieder, aber (Adv.)
प्रछ्/प्रच्छ् 6. = fragen (unregelmäßiger Präsensstamm: **पृच्छ-**)
यत्र = wo(hin) (Adv.)
तत्र = da, dort(hin) (Adv.)
यत्र ... **तत्र** = wo(hin) ... dort(hin)
वस् 1. = wohnen, leben, sich aufhalten
गम् 1. = gehen (unregelmäßiger Präsensstamm: **गच्छ-**)
अत्र = hier (Adv.)
जीव् 1. = leben
यदा = wann, als, wenn (Konj.)

[7] Die Ordnungszahlen hinter einer Wurzel geben die Präsensklassen an, zu denen sie gehört.

तदा = damals, dann, in dem Falle (Adv.)
यदा ...तदा = wenn ...dann, als ...da
धाव् 1. = laufen
पत् 1. = fallen, fliegen
क्व = wo(hin)? (Adv.)
यज् 1. = opfern
सर्वत्र = überall, stets, in allen Fällen (Adv.)
दृश् 4. = sehen (unregelmäßiger Präsensstamm: पश्य-)
एवम् = so (Adv.)
वद् 1. = sagen, sprechen, reden
कुतस् = woher? weshalb? (Adv.)
पच् 1. = kochen
कथम् = wie? wie kommt es, daß ...? wie kann ...? (Adv.)
चर् 1. = sich bewegen, (durch)wandern, gehen; vollziehen, ausüben; leben; weiden
इह = hier (Adv.)
स्था 1. = stehen, sich befinden, sein, (stehen) bleiben (unregelmäßiger Präsensstamm: तिष्ठ-)
कुत्र = wo(hin)? (Adv.)

3. Lektion

3.1 Die folgenden Satzsandhiregeln gelten für **-अः** im Wortauslaut der Pausaform, wenn der Visarga auf ein **-स्** zurückgeht:

3.1.1 Vor stimmhaften Konsonanten wird **-अः** in **-ओ** verwandelt:
-*aḥ* (mit *s*-Visarga) vor stimmhaften Konsonanten = -*o*
Z.B.: कुतः („weshalb") + यजसि („du opferst") = कुतो यजसि *kuto yajasi* („Weshalb opferst du?")

3.1.2 Auch vor **अ-** im Anlaut des folgenden Wortes wird **-अः** in **-ओ** verwandelt. Dabei geht das anlautende **अ-** verloren und stattdessen erscheint der Avagraha:
-*aḥ* (mit *s*-Visarga) + *a*- = -*o* '-
Z.B.: कुतः („weshalb") + अयजः („du opfertest") = कुतो ऽयजः / कुतोऽयजः *kuto 'yajaḥ* („Weshalb opfertest du?")

3.1.3 Vor anderen Vokalen als **अ-** im Anlaut des folgenden Wortes wird **-अः** in **-अ** verwandelt:
-*aḥ* (mit *s*-Visarga) vor Vokalen außer *a*- = -*a*
Z.B.: कुतः („weshalb") + आगच्छसि („du kommst") = कुत आगच्छसि *kuta āgacchasi* („Weshalb kommst du?")

3.2 Das Kasussystem der Nomina, d.h. der Substantive, Adjektive, Partizipien und Gerundiva, gliedert sich nach dem Stammauslaut in zwei Gruppen: Die Kasusformen vokalisch auslautender Nominalstämme werden nach einer der vokalischen Deklinationen gebildet, während sich die Flexion konsonantisch auslautender Nominalstämme nach der konsonantischen Deklination richtet. Pronomina, Pronominaladjektive (die auch als „Pronominalia" bezeichnet werden) und Zahlwörter haben eigene Paradigmata.

Zu den Klassifikationsmerkmalen deklinierter Formen gehören ...

- die drei Genera: Maskulinum (m.), Femininum (f.) und Neutrum (n.)[8]
- die drei Numeri: Singular (Sg.), Dual und Plural (Pl.)
- die acht Kasus: Nominativ (N.), Akkusativ (A.), Instrumental (I.), Dativ (D.), Ablativ (Ab.), Genitiv (G.), Lokativ (L.) und Vokativ (V.)

---

[8] „maskulin", „feminin" und „neutral" werden im folgenden ebenfalls mit „m.", „f." und „n." abgekürzt.

Bemerkungen:
3.2.1 Das Genus eines Substantivs ist meist willkürlich. U.a. sind Wörter für Sachen wie z.B. **देश** m. („Land") nicht immer n. Formale Indizien für das Genus sind nur ansatzweise vorhanden: Stämme auf **-अ** sind immer m. oder n., Stämme auf **-आ** immer f.[9], **-ई-** und **-ऊ-**Stämme nur in seltenen Fällen m., sonst i.a. immer f. und diphthongische Stämme m. oder f.
3.2.2 Innerhalb der vokalischen Deklination gibt es spezielle Paradigmata für die Maskulina und Neutra auf **-अ**, die Feminina auf **-आ**, die Maskulina, Feminina und Neutra auf **-इ** und **-उ**, die einsilbigen Feminina (und die wenigen analog zu deklinierenden Maskulina) auf **-ई** und **-ऊ**, die mehrsilbigen Feminina auf **-ई** und **-ऊ**, die m. und n. Nomina Agentis auf **-तृ**, die m. und f. Verwandtschaftswörter auf **-ऋ**, das Substantiv **नृ** m. („Mann") und die diphthongischen Stämme. Alle diese Paradigmata werden im folgenden über mehrere Lektionen hinweg schrittweise eingeführt.
3.2.3 Im Sanskrit ist aufgrund der Formenvielfalt die Wortstellung weniger wichtig, um Sinnbezüge eindeutig auszudrücken. Als reguläre Wortstellung, die aber nicht immer eingehalten wird, gilt „SOV" („Subjekt – Objekt – Verb").

3.3 Die Deklination der Maskulina und Neutra auf -अ ergibt sich aus den folgenden Kasusformen von **रथ** m. („Wagen") und **मुख** n. („Mund"):

	Sg.	Dual	Pl.
N.	**रथः** der (oder: ein) Wagen	**रथौ** (die) beide(n) Wagen	**रथाः** (die) Wagen
A.	**रथम्** den (oder: einen) Wagen	**रथौ** (die) beide(n) Wagen	**रथान्** (die) Wagen
I.	**रथेन** mit dem (oder: einem) Wagen	**रथाभ्याम्** mit (den) beiden Wagen	**रथैः** mit (den) Wagen
D.	**रथाय** dem (oder: einem) Wagen	**रथाभ्याम्** (den) beiden Wagen	**रथेभ्यः** (den) Wagen

[9] Vereinzelt findet man noch im Vedischen (aber nicht mehr im klassischen Sanskrit) m. **-आ**-Stämme.

Ab.	रथात् von dem (oder: einem) Wagen	रथाभ्याम् von (den) beiden Wagen	रथेभ्यः von (den) Wagen
G.	रथस्य des (oder: eines) Wagens	रथयोः der beiden (oder: beider) Wagen	रथानाम् der Wagen
L.	रथे auf dem (oder: einem) Wagen	रथयोः auf (den) beiden Wagen	रथेषु auf (den) Wagen
V.	रथ o Wagen!	रथौ o ihr beiden Wagen!	रथाः o Wagen!

	Sg.	Dual	Pl.
N.	मुखम् der (oder: ein) Mund	मुखे (die) beide(n) Münder	मुखानि (die) Münder
A.	मुखम् den (oder: einen) Mund	मुखे (die) beide(n) Münder	मुखानि (die) Münder
V.	मुख o Mund!	मुखे o ihr beiden Münder!	मुखानि o Münder!

Sonst ist die Deklination identisch mit der der Maskulina auf **-अ**.

Bemerkungen:

3.3.1 Der bestimmte oder unbestimmte Artikel, der hier in den Übersetzungen der Kasusformen erscheint, ist im Sanskrit nicht ausgedrückt, denn Sanskrit ist im Prinzip eine artikellose Sprache. Es besteht lediglich eine gewisse Bedeutungsüberschneidung zwischen dem Pronomen bzw. Demonstrativum **तद्** („er/sie/es, dies-er/-e/-es“, evt. auch: „der/die/das“) und einem betont gelesenen bestimmten Artikel (mit demonstrativem Charakter), während das Zahlwort und Pronominaladjektiv **एक** („eins, ein-er/-e/-es“) gelegentlich mit einem betont gelesenen (die Einzigartigkeit hervorhebenden) unbestimmten Artikel wiedergegeben werden kann.

3.3.2 Adjektive stimmen i.a. in Kasus, Numerus und Genus mit ihrem Bezugswort überein. Wenn ihr Stamm auf **-अ** auslautet, werden sie – je nachdem, ob das Bezugswort m. oder n. ist – wie die Maskulina oder die Neutra auf **-अ** dekliniert. Entsprechend kongruiert **शोभन** („schön“) in dem folgenden Beispielsatz mit dem Bezugswort कुसुम n. („Blume"), das hier im N. Pl. erscheint: तत्र शोभनानि कुसुमानि तिष्ठन्ति – „Dort befinden sich schöne Blumen."

3.3.3 Adjektive können ebenso wie Partizipien und Gerundiva immer substantiviert werden. Z.B. wird aus dem Adjektiv अन्ध („blind") ein Substantiv, wenn man es folgendermaßen verwendet: अन्धः स्खलति – „Der Blinde stolpert (स्खल्)."

3.3.4 Das Suffix -तस् eignet sich bei beliebigen Nominalstämmen zur Bildung eines Ab. Sg. Somit kann z.B. der Ab. Sg. von मुख auch मुखतः („vom Munde") lauten.

3.4 Die Kasusfunktionen sind den Übersetzungen der Formen in 3.3 nur ansatzweise zu entnehmen. Einen umfassenderen (aber keineswegs vollständigen) Überblick bietet die folgende Tabelle:

	Kasusfunktionen: Kennzeichnung ...	**Kontextbeispiel**	**Zugehöriges Vokabular**
N.	a) des grammatischen Subjekts und b) des nominalen Prädikats, das ohne Kopulaverb mit dem Subjekt verbunden werden kann	बालः शिष्यः – „Der Junge ist ein Schüler."	बाल m. = Junge शिष्य m. = Schüler
A.	a) des direkten Objekts	गजं पश्यामि – „Ich sehe einen Elefanten."	गज m. = Elefant
	b) des Ziels oder der Richtung (auch ohne Prä- oder Postposition)	क्षेत्रं (प्रति) गच्छामि – „Ich gehe auf das Feld."	क्षेत्र n. = Feld प्रति = nach ... hin, auf ... (zu)
	c) der angeredeten Person und dessen, was zu ihr gesagt wird, wonach sie gefragt wird, worum sie gebeten wird etc.; bei vielen Verben des Sprechens, außer z.B. bei याच् („bitten" mit Ab.)	मार्गं बालं पृच्छामि – „Ich frage den Jungen nach dem Weg."	मार्ग m. = Weg
	d) der zeitlichen und räumlichen Erstreckung	त्रीन् दिवसान् भ्राम्यामि – „Ich schweife drei Tage umher." त्रीणि योजनानि गच्छामि – „Ich gehe drei Meilen weit."	त्रीन् = A. Pl. m. von त्रि („drei") दिवस m. = Tag भ्राम्यामि = ich schweife umher त्रीणि = A. Pl. n. von त्रि योजन n. = Meile

	e) von Adverbien, die durch Anfügen der Endung für den A. Sg. n. an einen Nominalstamm gebildet werden	सुखं जीवामि – „Ich lebe glücklich."	सुख = glücklich, n.: Glück
I.	a) des Mittels oder Werkzeugs	कुन्तेन मारयामि – „Ich töte mit dem Speer."	कुन्त m. = Speer मारयामि = ich töte
	b) der Begleitung, meist in Verbindung mit der Postposition सह („mit")	बालेन (सह) गृहं गच्छामि – „Ich gehe mit dem Jungen nach Hause."	गृह m. n. = Haus
	c) der grammatischen Abhängigkeit von Wörtern, die „gleich" bedeuten (wie z.B. तुल्य)	देवेन तुल्यः – „einem Gott gleich"	देव m. = Gott
	d) des logischen Subjekts oder Agens in einer Passivkonstruktion	नृपः सिंहेन दश्यते – „Der König wird von einem Löwen gebissen."	नृप m. = König सिंह m. = Löwe दश्यते = 3. Sg. Präsens Passiv („er/sie/es wird gebissen") von दंश् („beißen")
	e) von Adverbien, die durch Anfügen der Endung für den I. Sg. an einen Nominalstamm gebildet werden	सुखेन जीवामि – „Ich lebe glücklich."	
D.	a) des indirekten Objekts	बालाय फलं यच्छामि – „Ich biete dem Jungen eine Frucht an."	फल n. = Frucht यच्छामि = ich biete an
	b) des Ziels oder Zwecks, wobei für die deutsche Übersetzung eines D. Formulierungen mit „zu(m) (Zweke)", „um ... willen" oder „gereichen zu" gewählt werden können	युद्धाय क्षेत्रं गच्छामि – „Ich gehe zum Kampf auf das Feld."	युद्ध n. = Kampf
Ab.	a) der Richtung „von ... her", des Grundes und der Ursache	वृक्षात् पतामि – „Ich falle vom Baum." क्रोधात् पुत्रं तुदामि – „Aus Zorn schlage ich den Sohn."	वृक्ष m. = Baum क्रोध m. = Zorn पुत्र m. = Sohn
	b) der (im Deutschen mit „als" ausgedrückten) grammatischen Abhängigkeit von Komparativen und Wörtern, die „ander-er/-e/-es" bedeuten (wie z.B. अन्य)	शिक्षकः शिष्यात् पटुतरः – „Der Lehrer ist klüger als der Schüler." देवेभ्यो ऽन्यः – „ein anderer als die Götter"	शिक्षक m. = Lehrer पटुतर = klüger अन्यः = N. Sg. m. von अन्य („ander-er/-e/ -es")

	c) von Adverbien, die durch Anfügen der Endung -तस् an einen Nominalstamm gebildet werden	विशेषतः – „besonders“	विशेष m. = Unterschied, besondere Art
G.	a) eines Genitivattributs, das in der Prosa vor dem Bezugswort steht und im Sinne eines Genitivus subjectivus oder eines Genitivus objectivus gemeint sein kann, wenn es von einem Verbalsubstantiv abhängt	रामस्य पुत्रः पठति – „Ramas Sohn studiert.“ सिंहस्य घसनम् – „das Verschlingen des Löwen“ (womit je nach Kontext gemeint sein kann, daß der Löwe etwas verschlingt, oder daß er verschlungen wird)	राम m. = Rāma (Eigenname) घसन n. = das Verschlingen
	b) des Benefaktiv-Partizipanten, d.h. des von einer Handlung oder einem Sachverhalt (als Nutznießer, Geschädigter etc.) Betroffenen – eine Verwendung des G., die im Deutschen mit „für“ oder mit dem D. wiedergegeben werden kann	शिष्यस्य वेदो दुर्बोधः – „Für den Schüler ist der Veda schwer zu verstehen.“ चौरस्य दण्डो ध्रुवः – „Dem Dieb ist die Strafe sicher.“	वेद m. = Veda दुर्बोध = schwer zu verstehen चौर m. = Dieb दण्ड m. = Strafe ध्रुव = sicher
	c) des Besitzers (als Spezialfall eines Benefaktiv-Partizipanten), wobei das im Deutschen durch das Verb „haben“ angezeigte Besitzverhältnis im Sanskrit mit oder ohne ein Kopulaverb wie z.B. अस् („sein“) ausgedrückt werden kann	रामस्य फलमस्ति – „Rama hat eine Frucht. (Wörtlich: Für Rāma ist eine Frucht.)“	अस्ति = 3. Sg. Präsens Parasmaipada („er/sie/es ist“) von अस् („sein“)
	d) des indirekten Objekts, insbesondere nach Verben des Sagens und Gebens	रामस्य फलं यच्छामि – „Ich biete Rāma eine Frucht an.“	
	e) des Agens eines Gerundivums oder eines Partizips Präteritum Passiv (der jedoch – so wie allgemein üblich bei Passivkonstruktionen – meist im I. erscheint)	रामस्य वेदः पठितव्यः – „Von Rāma ist der Veda zu rezitieren.“ रामस्य वेदः पठितः – „Von Rāma ist der Veda rezitiert worden.“	पठितव्यः = N. Sg. m. des Gerundivums („zu rezitieren“) von पठ् पठितः = N. Sg. m. des Partizips Präteritum Passiv („rezitiert“) von पठ्
L.	a) des Ortes und des Zeitpunktes	ग्रामे जीवामि – „Ich lebe in einem Dorf.“ मध्यंदिने रामो मन्दः – „Zur Mittagszeit ist Rāma träge.“	ग्राम m. = Dorf मध्यंदिन m. = Mittagszeit मन्द = träge, faul
	b) des Ziels und der Richtung	कुन्तं नरे क्षिपामि – „Ich werfe einen Speer auf den Mann.“	नर m. = Mann क्षिपामि = ich werfe

	c) des (zuweilen auch im G. erscheinenden) Vergleichswortes bei Superlativen	रामो बालेषु (बालानां) धीमत्तमः – „Rāma ist der klügste unter den (oder: von den) Jungen.“	धीमत्तम = klügst-er/-e/-es, am klügsten
	d) des (im Deutschen mit „an“, „zu“, „gegenüber“, „in bezug auf“ etc. ausgedrückten) Bezugspunktes	पटुत्वे रामो ऽनन्यसमः – „Rāma ist in bezug auf Klugheit unvergleichlich.“	पटुत्व n. = Klugheit अनन्यसम = unvergleichlich
V.	der Anrede	हे राम कुत्र गच्छसि – „He Rāma, wohin gehst du?“	हे = he!

Bemerkungen:
3.4.1 Prä- und Postpositionen kommen nur in Verbindung mit bestimmten Kasus vor. Das Bezugswort der Prä- und Postposition आ („bis zu“) erscheint z.B. im A. (so wie in मरणमा – „bis zum Tod“) oder im Ab. (so wie in आ समुद्रात् – „bis zum Meer“). Ähnliches gilt für die folgenden Postpositionen: विना („ohne“ mit A., I. oder Ab.), बहिस् („außerhalb“ mit Ab.), ऋते („außer“ mit A. oder Ab.) und समीपे („in der Nähe“ mit G.).
3.4.2 Auch für Substantive, die von einem Verb abhängen, sind bestimmte Kasus obligatorisch. Z.B. wird स्मृ („sich erinnern an“) mit dem G. oder A. konstruiert, क्रुध् („ jemandem zürnen“) mit dem D. und स्निह् („Zuneigung empfinden zu“) mit dem G. oder L. In Verbindung mit dem Ab. erscheinen Verben, die „sich fürchten vor“, „sich verbergen vor“, „hören von“ oder „lernen von“ bedeuten.
3.4.3 Um Adverbien von Nominalstämmen zu bilden, kann man außer den nach 3.4 dazu geeigneten Kasussuffixen auch das Suffix -वत् verwenden, das mit „nach Art von“ oder „wie“ übersetzbar ist. Z.B. bedeutet पुत्रवत् „wie ein Sohn“.

Übung

१ नृपः सैन्येन नगरं रक्षति।
२ ततः फलानि घटैः पचथ।
३ खगो नीडे न वसति।
४ लोभः पापस्य कारणम्।
५ सर्वेषु पेयेषु जलं प्रधानम्।
६ संतोष एव पुरुषस्य परं निधानम्।
७ अश्वः कृशो ऽपि शुभाय पुष्टो ऽपि न पुनः खरः।

८ युद्धे नृपाय जीवितं त्यजन्ति।
९ अश्वः पार्थिवस्य रथं नगरस्य मार्गे वहति।
१० ब्राह्मणौ यजतः।
११ हस्ताभ्यां फलानि पतन्ति।
१२ प्रायो ऽशुभस्य कार्यस्य कालहारः प्रतिकारः।
१३ ह्रदेभ्यो गृहं जलं वहामः।
१४ आचार्य पर्वत इव गजः।
१५ नृपो ब्राह्मणेन गृहं धावति।

Vokabeln

नृप m. = König
सैन्य n. = Heer
नगर n. = Stadt
रक्ष् 1. = bewahren, beschützen
ततस् = dann, darauf, daher (Adv.)
फल n. = Frucht
घट m. = Topf
खग m. = Vogel
नीड m. n. = Nest
न = nicht
लोभ m. = Gier
पाप = böse, schlimm, schlecht; n.: Böses, Übel
कारण n. = Ursache
सर्व = jed-er/-e/-es; Pl.: alle; n. Sg.: alles (Pronominaladjektiv, das in gewissen Kasus wie ein -अ-Stamm dekliniert wird)
पेय n. = Getränk
जल n. = Wasser
प्रधान = best-er/-e/-es
संतोष m. = Zufriedenheit
एव = (gerade) so; gerade, eben, kaum, nur, allein, noch, schon (Partikel zur Hervorhebung des vorhergehenden Wortes)
पुरुष m. = Mann, Mensch, Person, Diener
पर = höchst-er/-e/-es, später/-er/-e/-es; früher/-er/-e/-es; ander-er/-e/-es; entfernter, jenseitig, fremd (Pronominaladjektiv, das in gewissen Kasus wie ein -अ-Stamm dekliniert wird)
निधान n. = Schatz
अश्व m. = Pferd
कृश = mager, schlank
अपि = auch, ferner; selbst, sogar; aber
अपि ... अपि = sowohl ... als auch
शुभ = schön, angenehm; n.: Gutes, Anmut, Schönheit
पुष्ट = wohlgenährt
खर m. = Esel
युद्ध n. = Kampf
जीवित n. = Leben
त्यज् 1. = aufgeben, verlassen
पार्थिव m. = König, Fürst
रथ m. = Wagen
मार्ग m. = Weg
वह् 1. = (dahin)fahren, wehen; ziehen; tragen

ब्राह्मण m. = Brahmane
हस्त m. = Hand
प्रायस् = meist, gewöhnlich (Adv.)
अशुभ = unangenehm, schlecht, böse; n.: Unglück, Böses
कार्य n. = Sache, Angelegenheit, Geschäft, Obliegenheit; Wirkung, Produkt
कालहार m. = Zeitverlust; Zeitgewinn, Hinzögern
प्रतिकार/प्रतीकार m. = Vergeltung; Heilmittel, Abhilfe
ह्रद m. = See
गृह m. n. = Haus
आचार्य m. = Lehrer
पर्वत m. = Berg
इव = wie, gleichsam
गज m. = Elefant

4. Lektion

4.1 Der Ablaut ist ein regelmäßiger Vokalwechsel, der sich im Sanskrit – ähnlich wie im Deutschen (vgl. die Verbformen „werfen“, „warf“, „geworfen“) – bei der Flexion und in Wortbildungsprozessen äußert. Auch zur Formulierung von Sandhiregeln wird er herangezogen. Die Wirkungsweise des Ablauts im Sanskrit ergibt sich aus dem folgenden dreistufigen Schema, dem zufolge ein ablautender Vokal auf eine höhere Stufe gehoben wird, d.h. er verwandelt sich in einen anderen Vokal, nämlich den Vokal der höheren Stufe, oder er bleibt gleich, sofern auf der höheren Stufe wieder derselbe Vokal erscheint:

Tiefstufe	अ	आ	इ, ई	उ, ऊ	ऋ, ॠ	ऌ
Hochstufe (Guṇa)	अ	आ	ए	ओ	अर्	अल्
Dehnstufe (Vṛddhi)	आ	आ	ऐ	औ	आर्	आल्

Bemerkung: Ein tiefstufiges ऋ kann sich auf der Hochstufe manchmal in र verwandeln und auf der Dehnstufe in रा. Dieser Fall tritt bei den Wurzeln दृश् („sehen“) und सृज् („schaffen“) vor gewissen konsonantisch anlautenden Endungen ein (vgl. die Infinitive द्रष्टुम् und स्रष्टुम्) und auch bei der Bildung von Komparativen, die von einer Wurzel abgeleitet sind. Z.B. liegt dem Komparativ म्रदीयस् („weicher“) die Wurzel मृद् („zerdrücken“) zugrunde.

4.2 In den folgenden Satzsandhiregeln werden Vokale, die sich höchstens in der Quantität unterscheiden, als „ähnlich“ bezeichnet. Ähnlich sind also z.B. अ und आ im Gegensatz zu qualitativ verschiedenen Vokalen wie अ und इ.

4.2.1 Einfache Vokale im Wortauslaut verschmelzen mit ähnlichen Vokalen im Anlaut des folgenden Wortes zu einem Vokal, nämlich dem entsprechenden langen Vokal. Unverändert bleiben jedoch das -ई im Auslaut der Form des N. Pl. m. अमी („jene“) von अदस् („jen/-er/-e/-es“), die Dualendungen -ई und -ऊ der m., f. und n. -इ- und -उ-Stämme und i.a. auch vokalisch auslautende Interjektionen:

-a/-ā + a-/ā- = -ā-

Z.B.: न („nicht“) + अस्ति („ist“) = नास्ति *nāsti* („ist nicht“)

-i/-ī + i-/ī- = -ī-

Z.B.: देवी („eine Göttin“) + इव („wie) = देवीव *devīva* („wie eine Göttin“)

-u/-ū + u-/ū- = -ū-

Z.B.: साधु („gut") + उक्तम् („gesprochen") = साधूक्तम् *sādhūktam* („gut gesprochen")

-ī (im Auslaut von *amī*) vor Vokalen = *-ī*

Z.B.: अमी („jene") + ईशाः („Herren") = अमी ईशाः *amī īśāḥ* („jene Herren")

-ī/-ū (als Dualendungen) vor Vokalen = *-ī/-ū*

Z.B.: चक्षुषी („beide Augen") + इमे („diese") = चक्षुषी इमे *cakṣuṣī ime* („diese beiden Augen")

i (he!) vor Vokalen = *i*

Z.B.: इ („he!") + इन्द्र („Indra") = इ इन्द्र *i indra* („He, Indra!")

4.2.2 Auslautende -अ und -आ verschmelzen mit anlautenden einfachen unähnlichen Vokalen in deren Guṇaform:

-a/-ā + i-/ī- = -e-

Z.B.: न („nicht") + इह („hier") = नेह *neha* („nicht hier")

-a/-ā + u-/ū- = -o-

Z.B.: सा („sie") + उवाच („sprach") = सोवाच *sovāca* („sie sprach")

-a/-ā + ṛ- = -ar-

Z.B.: यथा („wie") + ऋषिः („ein Seher") = यथर्षिः *yatharṣiḥ* („wie ein Seher")

4.2.3 Auslautende -अ und -आ verschmelzen mit anlautenden Diphthongen in deren Vṛddhiform:

-a/-ā + e-/ai- = -ai-

Z.B.: अद्य („heute") + एव („noch") = अद्यैव *adyaiva* („noch heute")

-a/-ā + o-/au- = -au-

Z.B.: सा („dieses") + ओषधिः („Kraut") = सौषधिः *sauṣadhiḥ* („dieses Kraut")

4.2.4 Eine auslautende Tenuis in pausa bleibt im Satzsandhi nur vor anlautenden stimmlosen Konsonanten erhalten. Vor stimmhaften Lauten außer Nasalen wird sie in die entsprechende Media verwandelt und vor Nasalen in den Nasal, der derselben Konsonantenreihe angehört wie die Tenuis. Diese Regel gilt auch für ein auslautendes -त् in pausa, außer vor Palatalen, Retroflexen und ऌ- (vgl. 4.2.5):

-k in pausa vor Stimmhaften außer Nasalen = *-g*

Z.B.: दिक् („die Gegend") + अत्र („hier") = दिगत्र *dig atra* („die Gegend hier")[10]

[10]Man beachte, daß hier in der Devanāgarī-Schrift zusammen und in der Umschrift getrennt geschrieben wird. Die Regeln für Getrennt- und Zusammenschreibung werden in 4.3 erläutert.

-*ṭ* in pausa vor Stimmhaften außer Nasalen = -*ḍ*
Z.B.: षट् („sechs") + योधाः („Soldaten") = षड्योधाः *ṣaḍ yodhāḥ* („sechs Soldaten")
-*t* in pausa vor Stimmhaften außer stimmhaften Palatalen, stimmhaften Retroflexen, *l*- und Nasalen = -*d*
Z.B.: आसीत् („es war") + राजा („ein König") = आसीद्राजा *āsīd rājā* („Es war ein König.")
-*p* in pausa vor Stimmhaften außer Nasalen = -*b*
Z.B.: ककुप् („ein Gipfel") + इव („wie") = ककुबिव *kakub iva* („wie ein Gipfel")
-*k* vor Nasalen = -*ṅ*
Z.B.: वाक् („Wort") + मे („mein") = वाङ्मे *vāṅ me* („mein Wort")
-*ṭ* vor Nasalen = -*ṇ*
Z.B.: षट् („sechs") + मे („für mich") = षण्मे *ṣaṇ me* („sechs für mich")
-*t* vor Nasalen = -*n*
Z.B.: तत् („dieses") + न („nicht") = तन्न *tan na* („dieses nicht")
-*p* vor Nasalen = -*m*
Z.B.: ककुप् („ein Gipfel") + न („nicht") = ककुम्न *kakum na* („nicht ein Gipfel" bzw. „kein Gipfel")

4.2.5 Ein **-त्** in pausa wird einem anlautenden Palatal, Retroflex und **ल्-** angeglichen. Vor **श्-** wird **-त्** in pausa zu **-च्**, wobei **श्-** in **छ्-** verwandelt wird:
-*t* vor *c(h)-/j(h)-* = -*c*/-*j*
Z.B.: तत् („dieses") + च („und") = तच्च *tac ca* („und dieses")
तत् („dieses") + जलम् („Wasser") = तज्जलम् *taj jalam* („dieses Wasser")
-*t* vor *ṭ(h)-/ḍ(h)-* = -*ṭ*/-*ḍ*
अभवत् („es war") + टीका („ein Kommentar") = अभवट्टीका *abhavaṭ ṭīkā* („Es war ein Kommentar.")
-*t* vor *l*- = -*l*
Z.B.: तत् („dieses") + लभते („er/sie/es bekommt") = तल्लभते *tal labhate* („Er/Sie/Es bekommt dieses.")
-*t* vor *ś*- = -*c* vor *ch*-
Z.B.: तत् („dieses") + श्रुत्वा („ gehört habend") = तच्छ्रुत्वा *tac chrutvā* („dieses gehört habend")

4.3 Für Getrennt- und Zusammenschreibung gelten in der Devanāgarī-Schrift und in der Umschrift unterschiedliche Schreibkonventionen. Allgemein gilt, daß man in der Devanāgarī-Schrift möglichst zusammenschreibt, während man in der Umschrift zur Verdeutlichung der Wortgrenzen möglichst trennt.

In der Devanāgarī-Schrift schreibt man zwei unmittelbar aufeinanderfolgende Wörter ...

DI) zusammen, wenn ...

a) nach Anwendung der Satzsandhiregeln das erste Wort konsonantisch auslautet und das zweite vokalisch anlautet.
Z.B.: कुन्तान् („Speere") + अस्यति („er/sie/es wirft") = कुन्तानस्यति *kuntān asyati* („Er/Sie/Es wirft Speere.")
Hier ist die Zusammenschreibung besonders naheliegend, da das erste Wort auf **-न्** auslautet und das **अ-** im Anlaut des zweiten Wortes bereits Bestandteil des Konsonantenzeichens **न** ist.

b) ein Vokal im Auslaut des ersten mit einem Vokal im Anlaut des zweiten Wortes nach den Regeln 4.2.1 - 4.2.3 verschmilzt.

c) das erste konsonantisch auslautet und das zweite konsonantisch anlautet, wobei mindestens einer der beiden Konsonanten Ergebnis einer Lautveränderung aufgrund einer Sandhiregel wie z.B. 4.2.4 - 4.2.5 ist.

d) beide ein Kompositum bilden, wie z.B. im Falle des aus मेघ („Wolke") und श्याम („schwarz") bestehenden Kompositums मेघश्याम („wolkenschwarz").

DII) getrennt, wenn beide kein Kompositum bilden und ...

a) nach Anwendung der Satzsandhiregeln das erste auf einen Vokal, den Anusvāra oder den Visarga auslautet und das zweite konsonantisch anlautet.

b) das erste auf ein **-अ** auslautet und das zweite mit einem anderen Vokal als **अ-** anlautet, wobei das auslautende **-अ** durch Anwendung der Sandhiregeln 3.1.3 oder 8.1.3 aus **-अः**, **-ए** oder **-ओ** entstanden ist.

c) das erste auf ein **-आ** auslautet, das durch Anwendung der noch nicht behandelten Sandhiregeln für die Verwandlung von **-आः** oder **-ऐ** in **-आ** entstanden ist (vgl. 6.1.3 und 8.1.4).

d) das erste eine auf **-ई**, **-ऊ** oder **-ए** auslautende Dualform ist oder eine vokalisch auslautende Interjektion wie z.B. हे („he!") oder अहो („ach!") oder die Form des N. Pl. m. अमी („ jene") von अदस् („ jen/-er/-e/-es").

DIII) wahlweise zusammen oder getrennt, wenn beide kein Kompositum bilden und ...

a) das zweite aufgrund der Avagraha-Sandhiregeln 3.1.2 und 8.1.2 mit dem Avagraha beginnt.

b) das erste konsonantisch auslautet und das zweite konsonantisch anlautet, wobei keiner der beiden Konsonanten Ergebnis einer Lautveränderung aufgrund einer Sandhiregel ist. Zusammenschreibung wird aber bevorzugt.

Z.B.: गजात् („vom Elefanten herab") + कुन्तान् („Speere") + क्षिपति („er/sie/es wirft") = गजात्कुन्तान्क्षिपति / गजात् कुन्तान् क्षिपति *gajāt kuntān kṣipati* („Er/Sie/Es wirft Speere vom Elefanten herab.")

In der Umschrift schreibt man zwei unmittelbar aufeinanderfolgende Wörter ...

UI) zusammen, wenn ...

a) ein Vokal im Auslaut des ersten mit einem Vokal im Anlaut des zweiten Wortes nach den Regeln 4.2.1 - 4.2.3 verschmilzt.

b) beide ein Kompositum bilden.

UII) sonst getrennt.

Übung

१ इहर्क्षो वसति।
२ लोभान्नृपो ब्राह्मणाय दानं न यच्छति।
३ अधस्ताद्वृक्षस्य शिष्याः शिक्षकाच्छिक्षन्ति।
४ दुःखाज्जीवितं त्यजसि।
५ यदाचार्यो ग्रामं गच्छति तदा शिष्यं पश्यति।
६ क्रोधाद्ब्राह्मणो नरं शपति।
७ यज्ञेनैव स्वर्गमृच्छसि।
८ मित्रस्य भोजनायौदनं पचामः।
९ नृपेत्थं नगरं रक्षसि।

१० न लोभादधिको दोषो न दानादधिको गुणः।
११ वरमद्य कपोतः श्वो मयूरात्।
१२ सुखस्यान्तं सदा दुःखं दुःखस्यान्तं सदा सुखम्।
१३ नृपो धनानीच्छति।

Vokabeln[11]

ऋक्ष m. = Bär
दान n. = Geben, Schenken, Gabe, Spende, Freigebigkeit
यम् 1. = halten, tragen; zügeln, bändigen, hinhalten, anbieten, gewähren (unregelmäßiger Präsensstamm: यच्छ-)
अधस्तात् = unter (mit G. oder Ab.)
वृक्ष m. = Baum
शिष्य m. = Schüler
शिक्षक m. = Lehrer
शिक्ष् 1. = lernen
दुःख = unangenehm; n.: Schmerz, Leid, Unbehagen
ग्राम m. = Dorf
क्रोध m. = Zorn
नर m. = Mann, Mensch
शप् 1. 4. = verfluchen
यज्ञ m. = Opfer
स्वर्ग m. = Himmel, Aufenthalt der Seligen
ऋछ् 6. = erreichen (unregelmäßiger Präsensstamm: ऋच्छ-)
मित्र m. n. = Freund
भोजन n. = Speise, Essen, Genuß
ओदन m. n. = (Reis)brei
इत्थम् = so (Adv.)
अधिक = größer, stärker, ärger, mehr als, vermehrt um
दोष m. = Fehler, Schaden, Schuld, Laster
गुण m. = Faden, Schnur, Strick; Eigenschaft; Vorzug, Tugend
वरम् = besser als (Adv.)
अद्य = heute, jetzt (Adv.)
कपोत m. = Taube
श्वस्[1] = morgen (Adv.)
मयूर m. = Pfau
सुख = angenehm, glücklich; n.: Genuß, Freude, Glück
अन्त m. n. = Ende, Ziel, Lösung, Tod
धन n. = Geld, Gut, Vermögen, Reichtum
इष् 6. = wünschen, suchen (unregelmäßiger Präsensstamm: इच्छ-)

[11] Die hochgestellte „1" hinter dem unten angegebenen Wort श्वस् dient der Unterscheidung von dem in den Übungen zu Lektion 26 eingeführten Homonym श्वस्[2] („schnaufen, schnauben, zischen, atmen").

5. Lektion

5.1 Im Wortsandhi werden Diphthonge im Auslaut einer Wurzel oder eines Stamms vor vokalisch anlautendem Suffix verwandelt: **-ए** wird zu **-अय्**, **-ऐ** zu **-आय्**, **-ओ** zu **-अव्** und **-औ** zu **-आव्**.

Z.B. muß man bei der Wurzel **गै** 1. („singen") den auslautenden Diphthong in **-आय्** verwandeln, um den Themavokal **-अ-** zur Bildung des Präsensstamms **गाय-** anfügen zu können (vgl. 2.3).

5.2 Finite Verbformen sind im Sanskrit – im Gegensatz zu infiniten (wie z.B. dem Infinitiv) – hinsichtlich Tempus, Modus, Genus Verbi, Person und Numerus gekennzeichnet. Der folgende Überblick zeigt, wie diese Kategorien im Sanskrit strukturiert sind:

5.2.1 Die Tempora werden in zwei Gruppen eingeteilt: Präsens und Imperfekt bilden die Gruppe der sogenannten „Spezialtempora", für die in den Genera Verbi Aktiv und Medium (vgl. 5.2.3) der Präsensstamm als Grundlage der Formenbildung dient, während in den sogenannten „allgemeinen Tempora", nämlich Perfekt, Aorist, Futur und Konditional, Aktiv- und Mediumendungen jeweils an einen gesonderten Tempusstamm (den Perfektstamm, einen der Aoriststämme etc.) angefügt werden.

Verglichen mit dem Tempussystem des Deutschen stellen der Aorist und das normalerweise als Modus eingestufte Konditional[12] etwas Besonderes dar:

- **Der Aorist**, dessen Stamm auf sieben verschiedene Arten gebildet werden kann, erscheint neben Imperfekt und Perfekt als Tempus der Vergangenheit.

- **Das Konditional** war ursprünglich eine Art Vergangenheitsfutur, das verwendet wurde, um auszudrücken „that something was going to be done" (W. D. Whitney, „Sanskrit Grammar", §950). Entsprechend sind bei seiner Bildung formale Elemente des Imperfekts und des Futurs involviert und es wird daher in der Regel als Tempus und nicht als Modus betrachtet, wie man aufgrund der Bezeichnung „Konditional" eigentlich vermuten würde. Trotz der formalen Affinität zu den Tempora hat das Konditional im Sanskrit von seiner Bedeutung her modalen Charakter, weil es im Sinne eines Irrealis der Vergangenheit (seltener auch der Gegenwart) verwendet wird. Z.B. bedeutet die Konditionalform **अगमिष्यत्**: „Er/Sie/Es wäre gegangen (oder: würde gehen)."

[12] Unter „Modus" versteht man die Aussageweise des Verbs. Als „Konditional" bezeichnet man den Modus, der einen Sachverhalt als bedingt charakterisiert.

5.2.2 Der Modus einer Verbform ist als Indikativ, Imperativ, Optativ, Injunktiv Aorist oder Prekativ beschreibbar.

- **Der Indikativ** (die „Wirklichkeitsform“) ist der Modus, in dem ein auf die Vergangenheit, Gegenwart oder Zukunft bezogener Sachverhalt als gegeben dargestellt wird. Er ist ohne formales Kennzeichen mit allen Tempora verbunden, d.h. Präsensformen, Imperfektformen etc. sind per se Indikativ. Auch Konditionalformen werden als indikativisch betrachtet, obwohl dies eigentlich nur im Hinblick auf ihre ursprüngliche Bedeutung sinnvoll erscheint.

- **Imperative** wie z.B. गच्छ („Geh!“) drücken i.a. einen Befehl oder eine Bitte aus und werden im Aktiv und im Medium ohne Moduszeichen, aber nach einem besonderen Endungsparadigma, direkt vom Präsensstamm gebildet.

- **Optative** wie z.B. गच्छेत् („Er/Sie/Es möge gehen/dürfte wohl gehen.“) drücken i.a. einen Wunsch oder eine Möglichkeit aus und werden im Aktiv und im Medium vom Präsensstamm gebildet, indem man vor der Personalendung ein Moduszeichen einfügt.

- **Injunktiv Aoriste** sind verkürzte Aoristformen, die in Verbindung mit der Partikel मा („nicht“) verwendet werden, um Verbote wie z.B. मा गमः („Geh nicht!“) auszudrücken.

- **Prekative** wie z.B. गम्यात् („Er/Sie/Es möge doch gehen.“) drücken einen verstärkten (Segens-)Wunsch oder eine Bitte aus und werden im Aktiv und im Medium durch Einfügen eines Moduszeichens vor der Personalendung gebildet. Wegen seiner formalen Verwandtschaft mit Aorist und Optativ wird der Prekativ manchmal als „Optativ des Aorists“ bezeichnet. Er gilt somit als Sonderform des Optativs, wird aber – im Gegensatz zum Optativ – nicht im potentialen Sinne verwendet.

Bemerkung: Da Imperativ und Optativ im Aktiv und im Medium vom Präsensstamm gebildet werden, bezeichnet man sie auch als „Modi des Präsens“.

5.2.3 Das Genus Verbi (die „Handlungsform“) kennzeichnet eine Verbform als aktivisch, medial oder passivisch. Die Genera Verbi „Aktiv“ und „Medium“, die eine ähnliche Bedeutung haben wie im Altgriechischen, werden üblicherweise mit den von altindischen Grammatikern eingeführten (und im folgenden mit „Par.“ bzw. „Ā.“ abgekürzten) Sanskritbegriffen „Parasmaipada“ (für „Aktiv“) und „Ātmanepada“ (für „Medium“) bezeichnet.

- **Das Parasmaipada** („Wort für einen anderen“) wird insbesondere (aber nicht ausschließlich) verwendet, wenn das Subjekt die im Verb ausgedrückte Handlung zugunsten eines anderen ausführt. Bei der Übersetzung ins Deutsche spielt diese Bedeutungskomponente keine Rolle, da man Par.-Formen einfach mit entsprechenden aktiven Verbformen wiedergibt.

  Formal ist das Par. durch spezielle Par.-Personalendungen für das jeweilige Tempus bzw. den jeweiligen Modus gekennzeichnet. Z.B. wird das mit der Par.-Personalendung **-ति** (für die 3. Sg.) versehene Verb **यजति** („Er/Sie/Es opfert.“) verwendet, wenn das Subjekt ein brahmanischer Opferpriester ist, der für einen Opferherrn ein Opfer vollzieht.

- **Das Ātmanepada** („Wort für einen selbst“) hat manchmal (aber nicht immer) die Funktion, einer Verbform eine mediale Bedeutungsnuance zu verleihen, die darin besteht, daß das Subjekt die im Verb ausgedrückte Handlung im eigenen Interesse ausführt oder veranlaßt. Bei der Übersetzung ins Deutsche spielt dieser Bedeutungsunterschied im Verhältnis zum Par. keine Rolle, da man auch Ā.-Formen mit entsprechenden aktiven Verbformen wiedergibt.

  Formal ist das Ā. durch spezielle Ā.-Personalendungen für das jeweilige Tempus bzw. den jeweiligen Modus gekennzeichnet. Z.B. wird das mit der Ā.-Personalendung **-ते** (für die 3. Sg.) versehene Verb **यजते** („Er/Sie/Es opfert.“) verwendet, wenn das Subjekt ein Opferherr ist, der für sich selbst opfert bzw. opfern läßt.

- **Das Passiv** hat im Sanskrit dieselbe Bedeutung wie im Deutschen und wird mit Hilfe der Ā.-Personalendungen für das jeweilige Tempus bzw. den jeweiligen Modus gebildet, die im Falle von Präsens, Imperfekt, Imperativ und Optativ an einen Passivstamm angefügt werden. Im Falle der allgemeinen Tempora (Perfekt, Aorist, Futur und Konditional) und des Prekativs sind die Passiv-Formen i.a. identisch mit den jeweiligen Ā.-Formen, wodurch sich Mehrdeutigkeiten ergeben können.

Bemerkung: Zwischen Par. und Ā. besteht i.a. nur ein formaler Unterschied, s.d. es semantisch gesehen keine Rolle spielt, ob ein Verb im Par. oder im Ā. konjugiert wird. Z.B. sind **चिन्तयति** und **चिन्तयते** („Er/Sie/Es denkt.“) gleichbedeutend.

Für die meisten Wurzeln sind sowohl Par.- als auch Ā.-Formen belegt. Bei Wurzeln wie z.B. **लभ्** 1. („erlangen“), die (fast) nur im Ā. vorkommen, wird dies im folgenden hinter der Angabe der Präsensklasse durch „Ā.“ vermerkt.

5.2.4 Person und Numerus (1. - 3. Pers. im Sg., Dual oder Pl.) ergeben sich aus den Personalendungen. Präsens und Futur haben dasselbe Endungsparadigma, das sich aus den sogenannten „primären" Personalendungen zusammensetzt, während für Imperfekt, Aorist und Konditional das aus den sogenannten „sekundären" Personalendungen bestehende Paradigma verwendet wird, das mit kleinen Abweichungen auch für den Optativ und den Prekativ gilt (vgl. 25.2.2). Im Imperativ und im Perfekt richtet sich die Konjugation jeweils nach einem gesonderten Endungsparadigma (vgl. 25.2.2 und 29.3.1).

5.3 Die thematischen Präsensklassen (d.h. die 1., 4., 6. und 10.) sind im Unterschied zu den athematischen durch den bereits erwähnten Themavokal **-अ-** im Auslaut des Präsensstamms gekennzeichnet. Ferner haben einige primäre und sekundäre Personalendungen und einige Imperativendungen eine thematische und eine athematische Variante und auch für den Optativ gibt es eine thematische und eine athematische Flexionsvariante.

5.3.1 Die 1. Präsensklasse ist dadurch gekennzeichnet, daß bei regelmäßiger Bildung des Präsensstamms ein tiefstufiger Wurzelvokal i.a. „guṇiert" (d.h. in die entsprechende Guṇaform verwandelt) wird.

Ausnahmefälle ergeben sich aus der folgenden Grundregel der Verbalflexion: Der Wurzelvokal bleibt erhalten, wenn er lang ist und die Wurzel konsonantisch auslautet, oder wenn er kurz ist und mindestens zwei Konsonanten im Auslaut der Wurzel erscheinen.

Konsonantisch auslautende Wurzeln nennt man auch „geschlossen". Kurze Vokale mit mehreren unmittelbar darauffolgenden Konsonanten gelten ebenso wie lange als „prosodisch lang". Diese Bezeichnung wird auch auf Wurzeln mit einem prosodisch langen Wurzelvokal angewendet.

Man kann daher die soeben angesprochene Grundregel auch folgendermaßen formulieren: Wurzelvokale einer prosodisch langen geschlossenen Wurzel bleiben erhalten. Entsprechend werden z.B. die Präsensstämme von जीव् („leben") und निन्द् („tadeln") ohne Guṇierung gebildet.

Um den vollständigen Präsensstamm zu erhalten, muß man schließlich noch an die guṇierte (oder ggf. unveränderte) Wurzel den Themavokal anfügen. Z.B. haben रुह् („wachsen") und जीव् die Präsensstämme **रोह-** bzw. **जीव-**.

Wenn sich bei vokalisch auslautenden Wurzeln der Wurzelvokal durch die Guṇierung in **-ए-** oder **-ओ-** verwandelt, muß man vor dem Anfügen des Themavokals die Sandhiregel 5.1 anwenden. Z.B. haben जि („siegen") und भू („werden, sein") die Präsensstämme **जय-** bzw. **भव-**.

5.3.2 Die 4. Präsensklasse ist durch das Suffix **-य-** im Auslaut regelmäßig gebildeter Präsensstämme gekennzeichnet. Z.B. hat **तुष्** („sich freuen") den Präsensstamm **तुष्य-**.

Der Wurzelvokal wird i.a. nicht verändert. Eine Ausnahme bilden die Wurzeln **दिव्** („spielen") und **जॄ** („altern"), deren Präsensstämme **दीव्य-** (nach der Wortsandhiregel 18.1) bzw. **जीर्य-** (in Anlehnung an entsprechende in 7.3.2 behandelte Passivstämme) lauten.

5.3.3 Die 6. Präsensklasse ist dadurch gekennzeichnet, daß bei regelmäßiger Bildung des Präsensstamms der Themavokal an die i.a. unveränderte Wurzel angefügt wird. Z.B. hat **तुद्** („schlagen") den Präsensstamm **तुद-**.

Eine Ausnahme bilden auf **-ऋ** oder **-ॠ** auslautende Wurzeln, bei denen vor dem Anfügen des Themavokals **-ऋ** in **-रिय्-** verwandelt wird und **-ॠ** in **-इर्-**. Z.B. haben **मृ** („sterben") und **कॄ** („ausstreuen") die Präsensstämme **म्रिय-** bzw. **किर-**.

5.3.4 Die 10. Präsensklasse ist durch den auf **-अय-** auslautenden Präsensstamm gekennzeichnet, dessen Bildung ferner folgende Behandlung des Wurzelvokals erfordert: **-इ**, **-ई**, **-उ**, **-ऊ**, **-ऋ** und **-ॠ** im Auslaut der Wurzel werden „vṛddhiert" (d.h. in die entsprechende Vṛddhi-Form verwandelt). Bei Wurzeln mit nur einem Konsonant im Auslaut wird **-अ-** i.a. vṛddhiert und **-इ-**, **-उ-** und **-ऋ-** werden i.a. guṇiert. Daher lauten z.B. die Präsensstämme von **क्षल्** („waschen") und **चुर्** („stehlen") **क्षालय-** bzw. **चोरय-**.

Bei **पूज्** („verehren") und **चिन्त्** („denken") ist keine Veränderung des Wurzelvokals möglich (vgl. 5.3.1.), s.d. die Präsensstämme **पूजय-** bzw. **चिन्तय-** lauten. **रच्** („verfertigen") und **स्पृह्** („eifern um") haben ausnahmsweise Präsensstämme mit unverändertem Wurzelvokal, nämlich **रचय-** und **स्पृहय-**.

5.3.5 Unregelmäßige Bildungen des Präsensstamms in den thematischen Präsensklassen[13]:

गम् 1. („gehen") – **गच्छ-**
यम् 1. („zügeln") – **यच्छ-**
ऋछ् 6. („erreichen") – **ऋच्छ-**
प्रछ्/प्रच्छ् 6. („fragen") – **पृच्छ-**
इष् 6. („wünschen") – **इच्छ-**
क्रम् 1. („schreiten") – **क्राम-/क्रम-**[14]

[13]Bei Wurzeln mit mehreren Präsensstämmen sind im folgenden jeweils nur der unregelmäßige und die zugehörige Präsensklasse angegeben.

[14]Der Präsensstamm lautet im Par. **क्राम-** und im Ā. **क्रम-**.

चम् 1. („schlürfen“) – चम-/चाम-[15]
गुह् 1. („verhüllen“) – गूह-
दम् 4. („bändigen“) – दाम्य-
तम् 4. („ersticken“) – ताम्य-
भ्रम् 4. („umherschweifen“) – भ्राम्य-
शम् 4. („ruhig werden“) – शाम्य-
श्रम् 4. („sich abmühen“) – श्राम्य-
मद् 4. („sich freuen“) – माद्य-
जन् 4. („ geboren werden“) – जाय-
व्यध् 4. („durchbohren“) – विध्य-
सा 4.[16] – स्य-
शा 4. („wetzen“) – श्य-
कृत् 6. („schneiden“) – कृन्त-
मुच् 6. („befreien“) – मुञ्च-
लिप् 6. („beschmieren“) – लिम्प-
लुप् 6. („plündern“) – लुम्प-
विद् 6. („finden“) – विन्द-
सिच् 6. („begießen“) – सिञ्च-
दंश् 1. („beißen“) – दश-
भ्रंश् 4. („fallen“) – भ्रश्य-
रज्/रञ्ज् 4. („sich röten“) – रज्य-
घ्रा 1. („riechen“) – जिघ्र-
पा 1. („trinken“) – पिब-
स्था 1. („stehen“) – तिष्ठ-
सद् 1. („sitzen“) – सीद-
दृश् 4. („sehen“) – पश्य-

5.4 Die Formen des Präsens im Ā. werden gebildet, indem man die primären Ā.-Personalendungen an den Präsensstamm anfügt. In den thematischen Präsensklassen wird – so wie im Par. – vor Endungen, die mit **-म-** oder **-व-** anlauten, der Themavokal verlängert. Er verschwindet vor Personalendungen, die mit **-ए-** anlauten. Diese Behandlung des Themavokals gilt allgemein für die Par.- und Ā.-Formen thematischer Wurzeln in den vom Präsensstamm gebildeten Tempora und im Imperativ. तुद् wird somit im Präsens Ā. folgendermaßen konjugiert:

	Sg.	Dual	Pl.
1.	तुदे *tud-e* ich schlage	तुदावहे *tudā-vahe* wir beide schlagen	तुदामहे *tudā-mahe* wir schlagen
2.	तुदसे *tuda-se* du schlägst	तुदेथे *tud-ethe* ihr beide schlagt	तुदध्वे *tuda-dhve* ihr schlagt
3.	तुदते *tuda-te* er/sie/es schlägt	तुदेते *tud-ete* sie beide schlagen	तुदन्ते *tuda-nte* sie schlagen

[15] Die Variante चाम- wird in Verbindung mit dem Verbalpräfix आ- (vgl. 6.2.1) benötigt. Die präfigierte Wurzel आ-चम् bedeutet ebenfalls „schlürfen“.

[16] Diese Wurzel kommt nur in Verbindung mit Verbalpräfixen (vgl. 6.2) vor. Z.B. bedeutet व्यव-सा „sich entscheiden“.

Übung

१ पापाद्दुःखं जायते।
२ शास्त्रमधुना शिक्षामहे।
३ धनेन दानं लभध्वे यज्ञाय।
४ रामस्योद्योग आचार्येभ्यो रोचते।
५ सदा देवौ बालाः सेवन्ते।
६ शिशिराद्बालौ कम्पेते।
७ गजो वने भ्राम्यति।
८ दानेन तुष्यन्ति बालाः।
९ नरान् मार्गं पृच्छति बालः।
१० स्तेनः सुवर्णं नृपस्य गृहाच्चोरयति।
११ नृपस्य पुत्रौ क्व वसतः।
१२ बाल आचार्याय पत्रं लिखति।

Vokabeln

जन् 4. Ā. = geboren werden, entstehen

शास्त्र n. = Anweisung, Belehrung, Theorie, Lehrbuch

लभ् 1. Ā. = erlangen, bekommen, finden

राम m. = Rāma (Eigenname)

उद्योग m. = Bemühung, Anstrengung

रुच् 1. Ā. = gefallen

बाल m. = Junge, Kind

सेव् 1. Ā. = dienen, verehren

शिशिर m. n. = Kälte

कम्प् 1. Ā. = zittern

वन n. = Wald

भ्रम् 1. 4. = umherschweifen, umherirren

तुष् 4. = zufrieden sein, sich freuen über (mit I.)

स्तेन m. = Dieb

सुवर्ण n. = Gold

चुर् 10. = stehlen

पुत्र m. = Sohn

पत्र n. = Blatt, Brief

लिख् 6. = schreiben

6. Lektion

6.1 Von den folgenden Sandhiregeln gelten 6.1.1 - 6.1.3 für den Satzsandhi und 6.1.4 - 6.1.5 für den Wortsandhi.

6.1.1 Ein auslautender Visarga bleibt vor stimmlosen Velaren und stimmlosen Labialen erhalten. Vor Zischlauten kann er erhalten bleiben oder in den gleichen Zischlaut verwandelt werden, der folgt:
-ḥ vor *k(h)-/p(h)-* = *-ḥ*
-ḥ vor *ś-/ṣ-/s-* = *-ḥ* oder *-ś/-ṣ/-s*
Z.B.: हतः („erschlagen") + शेते („er/sie/es liegt") = हतः शेते *hataḥ śete* oder हतश्शेते *hataś śete* („er/sie/es liegt erschlagen")

6.1.2 Vor einem stimmlosen Palatal, Retroflex oder Dental erscheint anstelle des Visarga der entsprechende Zischlaut:
-ḥ vor *c(h)-/ṭ(h)-/t(h)-* = *-ś/-ṣ/-s*
Z.B.: देवः („ein Gott") + च („und") = देवश्च *devaś ca* („und ein Gott")
तिस्रः („drei") + टीकाः („Kommentare") = तिस्रष्टीकाः *tisraṣ ṭīkāḥ* („drei Kommentare")
देवः („der Gott") + तत्र („dort") = देवस्तत्र *devas tatra* („der Gott dort")

6.1.3 -आः im Auslaut wird vor allen stimmhaften Lauten in **-आ** verwandelt, wenn der Visarga auf ein **-स्** zurückgeht.
-āḥ (mit *-s*-Visarga) vor Stimmhaften = *-ā*
Z.B.: देवाः („die Götter") + वदन्ति („sie sagen") = देवा वदन्ति *devā vadanti* („die Götter sagen")

6.1.4 Die न्-Retroflexionsregel besagt, daß ein **-न्-** i.a. in **-ण्-** verwandelt wird, wenn sich durch Flexion oder Wortbildungsprozesse seine Lautumgebung im Wortinneren derart ändert, daß ihm **-ऋ-**, **-ॠ-**, **-र्-** oder **-ष्-** vorausgehen (wobei evt. noch Vokale, Velare, Labiale, **-य्-**, **-व्-**, **-ह्-** oder der Anusvāra dazwischenstehen) und ein Vokal oder einer der Laute **-न्-**, **-म्-**, **-य्-** oder **-व्-** folgt:
-n- in der (durch Flexion oder Wortbildungsprozesse im Wortinneren entstandenen) Lautumgebung

$$\left\{\begin{array}{c}\text{-ṛ-}\\ \text{-ṝ-}\\ \text{-r-}\\ \text{-ṣ-}\end{array}\right\}\left(\left\{\begin{array}{c}\text{-Vokal-}\\ \text{-Velar-}\\ \text{-Labial-}\\ \text{-y-}\\ \text{-v-}\\ \text{-h-}\\ \text{-ṃ-}\end{array}\right\}\right)\left\{\text{-n-}\right\}\left\{\begin{array}{c}\text{-Vokal-}\\ \text{-n-}\\ \text{-m-}\\ \text{-y-}\\ \text{-v-}\end{array}\right\} = \text{-ṇ-}$$

Z.B. hat **राम** („Rāma") den I. Sg. **रामेण**, während in **रथेन**, dem I. Sg. von **रथ** („Wagen"), wegen des **-थ्-** zwischen **-र्-** und **-न्-** keine Retroflexion erfolgt.

In Komposita kann der Geltungsbereich der **न्**-Retroflexionsregel manchmal Wortgrenzen überschreiten, wie z.B. im Falle des mit **अयन** („betreffend") als Schlußglied gebildeten Kompositums **रामायण** („Rāma betreffend").

6.1.5 Die **स्**-Retroflexionsregel besagt, daß ein **-स्-** i.a. in **-ष्-** verwandelt wird, wenn sich durch Flexion oder Wortbildungsprozesse seine Lautumgebung im Wortinneren derart ändert, daß ihm **-क्-**, **-र्-**, **-ल्-** oder ein anderer Vokal als **-अ-** oder **-आ-** unmittelbar oder nur durch Anusvāra oder Visarga getrennt vorausgehen und ein anderer Laut als **-ऋ-** oder **-र्-** folgt:
-s- in der (durch Flexion oder Wortbildungsprozesse im Wortinneren entstandenen) Lautumgebung

$$\left\{\begin{array}{c}\text{-k-}\\ \text{-r-}\\ \text{-l-}\\ \text{-Vokal}\\ \text{(außer}\\ \text{a oder ā)-}\end{array}\right\}\left(\left\{\begin{array}{c}\text{-ṃ-}\\ \text{-ḥ-}\end{array}\right\}\right)\left\{\text{-s-}\right\}\left\{\begin{array}{c}\text{-beliebiger Laut}\\ \text{(außer}\\ \text{ṛ oder r)-}\end{array}\right\} = \text{-ṣ-}$$

Z.B. wird aus dem N. Sg. m. **सः** („er, dieser") des Demonstrativums bzw. Personalpronomens der 3. Person **तद्** durch ein vorgesetztes **ए-** der N. Sg. m. **एषः** („dieser") des Demonstrativums **एतद्**.

6.2 Verbalkomposita besitzen als Schlußglied ein Verb und als Vorderglieder Präpositionen (die sogenannten „Präverben" oder „Verbalpräfixe"), Nomina, Adverbien oder Partikel.

- Z.B. ist **गम्** („gehen") in **आगम्** („kommen") und **समागम्** („zusammenkommen") mit dem Präverb **आ-** („zu … hin, herbei") bzw. mit einer Kombination der Präverben **सम्-** („mit, zusammen") und **आ-** verbunden.

- Ein Nomen als Vorderglied hat das aus **नमस्** („Verehrung") und **कृ** („machen") bestehende Verbalkompositum **नमस्कृ** („Ehre erweisen").

कृ, अस् („sein“) und भू („werden, sein“) können in Verbindung mit einem präfigierten Nominalstamm[17] „zu etwas machen“, „etwas sein“ bzw. „etwas werden“ bedeuten.

Im Auslaut der Nominalstämme solcher Verbalkomposita werden -अ und -अन् in -ई und -ऋ in -री verwandelt. -इ und -उ werden verlängert. Mit entsprechend veränderten Auslauten erscheinen z.B. स्व („eigen“), राजन् („König“), पितृ („Vater“) und शुचि („rein“) in den Verbalkomposita स्वीकृ („sich aneignen“), राजीभू („König werden“), पित्रीभू („Vater werden“) und शुचीभू („rein werden“).

- Ein Beispiel für den Kompositionstyp „Adverb + Verb“ ist die Verbindung von कृ mit पुरस् („voran“) zu पुरस्कृ („an die Spitze stellen“).
- Eine Partikel erscheint als Vorderglied z.B. in dem aus दुः („schlecht“) und चर् („leben“) bestehenden Verbalkompositum दुश्चर् („schlecht leben“).

6.2.1 Zu den (teilweise nur) als Präverben verwendeten Präpositionen gehören insbesondere:

अति- = darüber hinaus, vorbei
अधि- = darüber, auf
अनु- = nach, entlang
अन्तर्- = dazwischen
अप- = ab, weg (von), fort
अभि- = herbei, zu, gegen
अव- = ab, herab, von ... weg
आ- = zu ... hin, herbei
उद्- = auf, empor, (hin)aus
उप- = zu ... hin
नि- = nieder, hinein, in, herab
निस्- = aus, heraus
परा- = weg
परि- = um ... herum
प्र- = (her)vor, vorwärts
प्रति- = entgegen, zurück
वि- = weg, auseinander, hinaus, hindurch
सम्- = mit, zusammen

6.2.2 Der Bedeutungszusammenhang zwischen dem Präverb und dem Verb eines Verbalkompositums kann folgendermaßen aussehen:

- Das Präverb hat keinen Einfluß auf die Bedeutung des Verbs, wie z.B. im Falle von विश् („eintreten“) und प्रविश् (dass.).
- Die Bedeutung des Verbalkompositums ist die Summe der Bedeutungen von Präverb und Verb, wie z.B. im Falle von अपगम् („weggehen, fortgehen“).

[17] Im Falle mehrstämmiger Nomina, die später behandelt werden, erscheint bei zweistämmigen der schwache und bei dreistämmigen der mittlere Stamm.

- Die Bedeutung des Verbalkompositums kann nicht ohne weiteres aus den Bedeutungen von Präverb und Verb erschlossen werden, wie z.B. im Falle von अवगम् („verstehen").

6.2.3 In der Kompositionsfuge eines Verbalkompositums gilt i.a. der Satzsandhi, wobei ferner ggf. die न्- und die स्-Retroflexionsregel angewendet werden. Z.B. ist अलंकृ („schmücken") das Ergebnis der Verbindung von अलम् („genug, gehörig") und कृ („machen").

Der Einfluß der Retroflexionsregeln zeigt sich z.B. an den von नम् („sich verneigen") bzw. सद् („sitzen") gebildeten Komposita प्रणमति („er/sie/es verneigt sich") und निषीदति („er/sie/es setzt sich nieder").

Folgende Abweichungen von den Regeln des Satzsandhis und der स्-Retroflexion sind zu beachten:

- **-अस्** im Auslaut eines Vordergliedes bleibt – so wie bei नमस्कृ (s.o.) – vor stimmlosen Velaren und Labialen im Anlaut des Schlußgliedes erhalten, statt in **-अः** verwandelt zu werden.

- **-इस्** und **-उस्** im Auslaut eines Vordergliedes werden vor stimmlosen Velaren und Labialen im Anlaut des Schlußgliedes nicht in **-इः** bzw. **-उः** verwandelt, sondern in **-इष्** bzw. **-उष्**, s.d. **निस्-** z.B. mit पत् („fallen, fliegen") zu निष्पत् („hinausfliegen") verbunden wird.

- Die स्-Retroflexionsregel ist bei manchen Schlußgliedern, die mit स्-anlauten, wirkungslos. So behalten z.B. स्मि („lächeln") und सृ („eilen") in den Komposita विस्मि („erstaunen über") und अनुसरति („er/sie/es läuft ... nach") ihre ursprüngliche Lautgestalt.

- Ein **स्-** im Anlaut mancher Wurzeln verschwindet bei vorausgehendem Präverb **उद्-**, s.d. **उद्-** z.B. mit स्था („stehen") zu उत्था („sich erheben") verbunden wird.

- Mit स्- bzw. ष्-Einschub werden von कृ die Verbalkomposita संस्कृ („schmücken"), उपस्कृ (dass.) und परिष्कृ (dass.) gebildet. Im Unterschied zu उपस्कृ und परिष्कृ bedeutet उपकृ „einen Dienst erweisen" und परिकृ „(Speise) zubereiten".

6.3 Kausativa sind abgeleitete Verbformen, die das Veranlassen einer Handlung ausdrücken. Auch im Deutschen kann man z.B. von dem Verb „fallen" ein Verb mit der Bedeutung „veranlassen zu fallen" ableiten, das als Kausativum zu „fallen" aufzufassen ist, nämlich „fällen".

6.3.1 Regelmäßige Kausativstämme werden im Sanskrit – außer bei Wurzeln, die auf **-आ** auslauten – genauso gebildet wie Präsensstämme von Wurzeln der 10. Klasse, d.h. es gelten dieselben Regeln für die Behandlung des Wurzelvokals und das Stammbildungssuffix ist ebenfalls **-अय-**. Z.B. hat पत् 1. („fallen") den Kausativstamm **पातय-** („fällen").

Bei Wurzeln, die auf **-आ** auslauten, wird als Kausativzeichen meist **-पय-** suffigiert. Z.B. hat स्था („stehen") den Kausativstamm **स्थापय-** („stellen").

6.3.2 Unregelmäßige Kausativstämme:

गम् („gehen")	**गमय-** („ jemanden gehen/kommen lassen, herbeiführen")
जन् („geboren werden")	**जनय-** („erzeugen")
त्वर् („eilen")	**त्वरय-** („antreiben")
प्रथ् („ausdehnen, sich ausdehnen")	**प्रथय-** („verbreiten")
पा („trinken")	**पायय-** („tränken")
ज्ञा („kennen")	**ज्ञापय-/ज्ञपय-** („in Kenntnis setzen, mitteilen")
स्ना („sich baden")	**स्नापय-/स्नपय-** („baden")
ऋ („bewegen, aufregen")	**अर्पय-** („schleudern")
क्षि („vernichten")	**क्षयय-/क्षपय-** (dass.)
पॄ („füllen", Ā.: „sich anfüllen")	**पूरय-** („füllen, anfüllen")
प्री („sich freuen, erfreuen")	**प्रीणय-** („erfreuen")
गुह् („verhüllen")	**गूहय-** (dass.)
रुह् („wachsen")	**रोहय-/रोपय-** („wachsen lassen")
लभ् („erlangen")	**लम्भय-** („bewirken, daß jemand etwas bekommt")
अधि-इ („studieren")	**अध्यापय-** („unterrichten")
हन् („schlagen, töten")	**घातय-** („schlagen/töten lassen")

6.3.3 Vom Kausativstamm werden durch Anfügen der thematischen Personalendungen die Par.- und Ā.-Formen im Präsens, Imperfekt, Imperativ und Optativ gebildet. Die 1. Sg. Präsens Par. des Kausativums von पत् („fallen") lautet also z.B. **पातयामि** („ich fälle").

In den anderen Tempora und Modi und im Passiv wird der jeweilige Stamm (d.h. der Futurstamm, der Passivstamm etc.) eines Kausativums von dem evt. modifizierten Kausativstamm gebildet.

6.3.4 In einem Satzgefüge mit einem Kausativverb ist der handelnde (im Unterschied zum veranlassenden) Agens folgendermaßen gekennzeichnet:

- Er erscheint im A., wenn die dem Kausativverb zugrundeliegende Wurzel intransitiv ist.[18]

  Z.B.: रामो बालमुपवेशयति – „Rāma (= veranlassender Agens) veranlaßt den Jungen (= handelnder Agens), sich zu setzen (उप-विश्).“

- Wenn die Wurzel, von der das Kausativum gebildet ist, transitiv ist, so erscheint der handelnde Agens meist im I. Das Kausativum von दृश् („sehen“) ist aber mit dem A. des handelnden Agens verbunden.

  Z.B.: रामो बालेन जलं हारयति – „Rāma (= veranlassender Agens) veranlaßt den Jungen (= handelnder Agens), Wasser zu holen (हृ).“

- Im Falle von Kausativ-Konstruktionen, bei denen ein Agens veranlaßt, daß ein Agens veranlaßt, daß ein Agens handelt, steht der veranlaßte veranlassende Agens im I.

  Z.B.: नृपो रामेण बालेन जलं हारयति – „Der König (= veranlassender Agens) veranlaßt, daß Rāma (= veranlaßter veranlassender Agens) den Jungen (= handelnder Agens) veranlaßt, Wasser zu holen.“

6.4 Denominativa sind von Nomina abgeleitete Verben, deren Bedeutung sich i.a. folgendermaßen umschreiben läßt: „Das tun, zu dem werden oder machen, das wünschen oder dem gleichen, was das Nomen ausdrückt.“ Z.B. kann man von तपस् („Askese“) das Denominativum तपस्य- („Askese üben“) bilden.

6.4.1 Denominativstämme werden meist durch Anfügen von -य- an Nominalstämme gebildet. Daneben sind als stammbildende Suffixe auch -स्य-, -अस्य-, -आपय- und -काम्य- möglich.

Vor dem Anfügen dieser Suffixe muß manchmal der Auslaut des Nominalstamms verändert werden. Z.B. haben कृष्ण („schwarz“) und पुत्र („Sohn“) die Denominativstämme कृष्णाय- („schwärzen“) und पुत्रीय- („sich einen Sohn wünschen“).

[18] Nach altindischer Grammatikertradition werden auch Verben der Bewegung als transitiv (सकर्म) klassifiziert, weil sie in Verbindung mit Richtungsakkusativen vorkommen und insofern – im Gegensatz zu den intransitiven (अकर्म) Verben – ein Akkusativobjekt binden können (das auch bei Passivisierung in die Position des Subjekts rückt). Der Kasus des handelnden Agens kausativierter Verben der Bewegung wie z.B. गमय- („veranlassen zu gehen“) ist aber ebenfalls der A.

Teilweise wird auch der bloße Nominalstamm als Denominativstamm verwendet, wie z.B. im Falle von मालाति („Er/Sie/Es gleicht einem Kranz."), der 3. Sg. Präsens Par. des Denominativums von माला („Kranz").

6.4.2 Im Präsens, Imperfekt, Optativ und Imperativ Par. und Ā. fügt man die thematischen Personalendungen an den Denominativstamm an. Die 1. Sg. Präsens Par. des Denominativums von तपस् lautet also z.B. तपस्यामि („Ich übe Askese.").

In den anderen Tempora und Modi und im Passiv wird der jeweilige Stamm (d.h. der Futurstamm, der Passivstamm etc.) eines Denominativums von dem evt. modifizierten Denominativstamm gebildet. Dabei werden Denominativa, deren Stamm auf **-य-** mit unmittelbar vorhergehendem **-अ-** auslautet, genauso behandelt wie Wurzeln der 10. Klasse und Kausativa. Dies gilt also z.B. für das von अर्थ („Sache, Angelegenheit, Vorteil, Nutzen") gebildete Denominativum अर्थय- („bitten, verlangen").

6.5 Die Deklination der f. -आ-Stämme wie z.B. कन्या („Mädchen"):

	Sg.	Dual	Pl.
N.	कन्या	कन्ये	कन्याः
A.	कन्याम्	कन्ये	कन्याः
I.	कन्यया	कन्याभ्याम्	कन्याभिः
D.	कन्यायै	कन्याभ्याम्	कन्याभ्यः
Ab.	कन्यायाः	कन्याभ्याम्	कन्याभ्यः
G.	कन्यायाः	कन्ययोः	कन्यानाम्
L.	कन्यायाम्	कन्ययोः	कन्यासु
V.	कन्ये	कन्ये	कन्याः

Übung

लोभात् क्रोधः प्रभवति लोभात् कामः प्रजायते।
लोभान्मोहश्च नाशश्च लोभः पापस्य कारणम्॥१॥

दुर्जनस्य च सर्पस्य वरं सर्पो न दुर्जनः।
सर्पो दशति कालेन दुर्जनस्तु पदे पदे॥२॥[19]

[19] दुर्जनस्य und सर्पस्य sind als „Genitive des Teils" aufzufassen: „Das Bessere (वरम्) von [beiden, nämlich] ..."/„Von [den beiden, nämlich] ... ist ... besser."

३ सदा देवा जनान्मुञ्चन्ति पापात्।
४ शरान् विषेण लिम्पथ।
५ नृपा धनं लुभ्यन्ति।
६ आचार्याः शिष्याणां स्निह्यन्ति।
७ नृपो ऽश्वमारोहति।
८ नरा अक्षैस्तत्र दीव्यन्ति।
९ रामस्याश्वौ श्राम्यतः।
१० यदा विहगा व्याधं पश्यन्ति तदा सहसोड्डयन्ते।
११ देवदत्तस्य कन्यां रामः परिणयति।
१२ यदा जना गङ्गायां म्रियन्ते तदा स्वर्गं लभन्ते।
१३ छायायां प्रभूता विहगास्तिष्ठन्ति।
१४ सूतो ऽधुना स्थापयति रथम्।
१५ नृपो दुर्जनं मारयति।
१६ पुस्तकं रामेण लेखयामः।
१७ बालः कन्यायै मार्गं दर्शयति।
१८ भार्यया सह नरः कलहायते।
१९ जरा रूपं हरति।
२० वृत्तेन भवथार्यो न धनेन न विद्यया।

Vokabeln

भू[1] 1. = werden, sein, entstehen

प्र-भू[1] 1. = entstehen

काम m. = Wunsch, Liebe

प्र-जन् 4. = geboren werden, entstehen

च = und, auch; aber (Konj.)

च ... च = sowohl ... als auch

मोह m. = Verblendung, Irrtum, Mangel an klarem Bewußtsein

नाश m. = Untergang, Verderben, Verlust

दुर्जन m. = Bösewicht

सर्प m. = Schlange

वर = best-er/-e/-es, besser; m. n.: Wahl, Wunsch, Gabe, Lohn, Gnade, Segen

दंश् 1. = beißen, stechen

काल m. = Zeit

कालेन = im Verlauf der Zeit (Adv.)

तु = aber

पद n. (selten m.) = Schritt, Tritt, Spur; Stelle; Fuß; Versviertel; Wort

पदे पदे = auf Schritt und Tritt

देव m. = Gott

जन m. = Mensch, Person; Volk

मुच् 6. = befreien von (mit Ab.), freilassen, losmachen, aufgeben; Ā. oder Passiv: sich befreien von

शर m. = Pfeil
विष n. = Gift
लिप् 6. = beschmieren
लुभ् 4. = heftig begehren
स्निह् 4. = Zuneigung empfinden zu (mit G. oder L.)
रुह् 1. = wachsen
आ-रुह् 1. = besteigen
अक्ष m. = Würfel
दिव् 4. = spielen
श्रम् 4. = sich abmühen, müde werden
विहग m. = Vogel
व्याध m. = Jäger
सहसा = plötzlich (Adv.)
डी 1. 4. = fliegen
उद्-डी 1. 4. = auffliegen
देवदत्त m. = Devadatta (Eigenname)
कन्या = Mädchen, Tochter
नी 1. = führen
परि-नी 1. = herumführen; heiraten
गङ्गा = der Ganges
मृ 6. = sterben
छाया = Schatten
प्रभूत = viel, zahlreich, groß
सूत m. = Wagenlenker
पुस्तक n. = Buch, Manuskript
भार्या = Gattin
सह = mit (mit I.)
कलह m. = Streit
जरा = Alter
रूप n. = Schönheit, Gestalt
हृ 1. = (weg)nehmen, rauben, bringen, holen
वृत्त n. = (gutes) Betragen
आर्य = edel, edel geboren; m.: Ehrenmann (im V.: Herr!)
विद्या = Wissen

7. Lektion

7.1 Die folgenden Satzsandhiregeln beziehen sich auf die Verwandlung eines auslautenden Visargas, der durch die Bildung der Pausaform entstanden ist. Zur bequemeren Formulierung dieser Regeln verwenden wir den Begriff „अ-Vokal“ als zusammenfassende Bezeichnung für die Vokale अ und आ.

7.1.1 Ein auslautender **-र्**- oder **-स्**-Visarga, der auf einen Nicht-अ-Vokal folgt, erscheint vor stimmhaften Lauten – außer vor **र्-** – als **-र्**. Eine Ausnahme bildet die Vokativpartikel **भोः** („he!“), die ihren **-स्**-Visarga vor allen stimmhaften Lauten verliert:
-*ḥ* (außer Visarga nach -*a*-/-*ā*- oder im Auslaut von *bhoḥ*) vor Stimmhaften außer *r*- = -*r*
Z.B.: **कविः** („ein Dichter“) + **अपि** („auch“) = **कविरपि** *kavir api* („auch ein Dichter“)

7.1.2 Ein auslautender **-र्**- oder **-स्**-Visarga, der auf einen Nicht-अ-Vokal folgt, entfällt vor **र्-** und ein dem Visarga vorausgehender Kurzvokal wird verlängert:
-*ḥ* (außer Visarga nach -*a*-/-*ā*-) vor *r* = -∅ + Verlängerung eines vorhergehenden Kurzvokals
Z.B.: **तरुः** („der Baum“) + **रोहति** („wächst“) = **तरू रोहति** *tarū rohati* („Der Baum wächst.“)

7.1.3 Ein auslautender **-र्**-Visarga, der auf einen अ-Vokal folgt, erscheint vor stimmhaften Lauten – außer vor **र्-** – als **-र्**:
-*aḥ*/-*āḥ* (jeweils mit -*r*-Visarga) vor Stimmhaften außer *r*- = -*ar*/-*ār*
Z.B.: **पुनः** („wieder“) + **अस्ति** („ist“) = **पुनरस्ति** *punar asti* („ist wieder“)

7.1.4 Ein auslautender **-र्**-Visarga, der auf einen अ-Vokal folgt, entfällt vor **र्-** und ein dem Visarga vorausgehendes **-अ-** wird verlängert:
-*aḥ*/-*āḥ* (jeweils mit -*r*-Visarga) vor *r*- = -*ā*
Z.B.: **पुनः** („wieder“) + **रोहति** („wächst“) = **पुना रोहति** *punā rohati* („wächst wieder“)

7.2 Die besonders schwache Stufe einer Wurzel, die als Grundlage der Stammbildung vieler Verbformen dient, ist eine auf folgende Weise verkürzte Wurzelform:

- Im Anlaut und im Inlaut der Wurzel wird **(-)य-** in **(-)इ-** verwandelt, **(-)व-** in **(-)उ-** und **(-)र-** in **(-)ऋ-**. Diese Verwandlung von Halbvokalen mit nachfolgendem **-अ-** nennt man „Saṃprasāraṇa" („Auftauchen [des Vokals]").

- Ein Nasal als vorletzter Laut in der Wurzel wird getilgt.

Den Wurzeln यज् („opfern"), व्यध् („durchbohren"), वच् („sprechen"), स्वप् („schlafen"), ग्रह् („ergreifen") und बन्ध् („binden") ist somit als besonders schwache Stufe इज्, विध्, उच्, सुप्, गृह् bzw. बध् zugeordnet. Im Falle von ह्वे („rufen") lautet die besonders schwache Stufe हू.

7.3 Das Passiv wird im Präsens, Imperfekt, Imperativ und Optativ mit den jeweiligen thematischen Ā.-Personalendungen von einem Passivstamm gebildet, der auf **-य-** auslautet.

7.3.1 Meist ist die unveränderte Wurzel Träger des Stammsuffixes **-य-**. Der Passivstamm von तुद् lautet z.B. **तुद्य-**.

7.3.2 Ggf. wird die Wurzel vor dem Anfügen von **-य-** folgendermaßen verändert:

- Als Wurzelform erscheint im Passiv oft die besonders schwache Stufe, wie z.B. bei **उच्य-** und **बध्य-**, den Passivstämmen von वच् („sprechen") bzw. बन्ध् („binden").

  Aber वन्द् („preisen, ehrfurchtsvoll begrüßen") und हिंस् („schädigen") haben die Passivstämme **वन्द्य-** bzw. **हिंस्य-**.

- Anstelle von **-आ** und Diphthongen im Auslaut erscheint **-ई**, wie z.B. bei **स्थीय-** und **गीय-**, den Passivstämmen von स्था („stehen") bzw. गै („singen").

- **-इ** und **-उ** im Auslaut werden verlängert. Z.B. lauten die Passivstämme von जि („siegen") und श्रु („hören") **जीय-** bzw. **श्रूय-**.

- **-ऋ** im Auslaut wird zu **-रि-**, nach zwei Konsonanten aber zu **-अर्-**. Z.B. haben कृ („machen") und स्मृ („sich erinnern") die Passivstämme **क्रिय-** bzw. **स्मर्य-**.

- **-ॠ** im Auslaut wird in **-ईर्-** verwandelt, nach Labialen aber in **-ऊर्-**. Z.B. lauten die Passivstämme von कॄ („ausstreuen") und पॄ („füllen") **कीर्य-** bzw. **पूर्य-**.

- Für खन् („graben") und तन् („spannen") können als Passivstämme neben खन्य- bzw. तन्य- auch खाय- bzw. ताय- verwendet werden.

7.3.3 Bei Wurzeln der 10. Klasse und Kausativa wird der Passivstamm gebildet, indem man das Suffix **-अय-** im Auslaut des Präsens- bzw. Kausativstamms durch **-य-** ersetzt. Analog verfährt man mit Denominativa, deren Stamm auf **-अय-** auslautet. Z.B. haben चुर् („stehlen", Präsensstamm: चोरय-), das von कृ („machen") abgeleitete Kausativum कारय- und das von कथा („Erzählung") abgeleitete Denominativum कथय- („erzählen") die Passivstämme चोर्य-, कार्य- bzw. कथ्य-.

Bei Kausativa mit dem Stammsuffix **-पय-** erscheint das Kausativzeichen **-प-** auch im Passivstamm. Z.B. hat स्थापय- („stellen"), das Kausativum von स्था („stehen"), den Passivstamm स्थाप्य-.

7.3.4 Die Formen des Präsens Passiv stimmen mit den Ā.-Formen thematischer Wurzeln im Präsens in der Behandlung des stammauslautenden **-अ-** vor gewissen Personalendungen überein (vgl. 5.4). Dieselben Veränderungen des Stammauslauts bei der Bildung finiter Passivformen gelten auch im Imperfekt und im Imperativ.

	Sg.	Dual	Pl.
1.	तुद्ये *tudy-e* ich werde geschlagen	तुद्यावहे *tudyā-vahe* wir beide werden geschlagen	तुद्यामहे *tudyā-mahe* wir werden geschlagen
2.	तुद्यसे *tudya-se* du wirst geschlagen	तुद्येथे *tudy-ethe* ihr beide werdet geschlagen	तुद्यध्वे *tudya-dhve* ihr werdet geschlagen
3.	तुद्यते *tudya tc* er/sie/es wird geschlagen	तुद्येते *tudy-ete* sie beide werden geschlagen	तुद्यन्ते *tudya-nte* sie werden geschlagen

Bemerkung: Bei Wurzeln der 4. Klasse besteht im Präsens, Imperfekt, Imperativ und Optativ Passiv Formengleichheit mit den entsprechenden Ā.-Formen, die von dem ebenfalls auf **-य-** auslautenden Präsensstamm gebildet sind. Z.B. kann मन्यते zugleich die 3. Sg. Präsens Ā. („er/sie/es denkt") und die 3. Sg. Präsens Passiv („es wird gedacht") von der Wurzel मन् („meinen, denken") sein.

7.3.5 Der Agens eines finiten Passivverbs steht im Instrumental. Z.B.: नृपेण नगरं रक्ष्यते – „Die Stadt wird vom König beschützt.“ (Aktivisch übersetzt: „Der König beschützt die Stadt.“)

Besonders zu beachten ist die Verwendung des Passivs ...

- in sogenannten „unpersönlichen Konstruktionen“, in denen das grammatische Subjekt semantisch leer ist und im Deutschen mit „es“ wiedergegeben werden kann. Ferner besteht die Möglichkeit einer aktivischen Übersetzung (evt. mit „man“) oder auch die Möglichkeit einer Übersetzung ohne grammatisches Subjekt.

  Z.B.: युद्धे युध्यते – „Es wird gekämpft in der Schlacht.“/„Man kämpft in der Schlacht.“/„In der Schlacht wird gekämpft.“

  Im Sanskrit ist das Passiv intransitiver Verben gebräuchlicher als im Deutschen, s.d. man beim Übersetzen manchmal auf eine aktivische Formulierung ausweichen muß.

  Z.B.: रामेण क्षेत्रे स्थीयते – „Rāma steht auf dem Feld.“ (Wörtlich: „Es wird von Rāma auf dem Feld gestanden.“)

- von दृश् („sehen“) und विद् („finden“) in der 3. Pers. Diese Formen sind oft mit „es gibt“ (bzw. „es gab, es wird geben“ etc.) übersetzbar.

  Z.B.: वने ह्रदो विद्यते (दृश्यते) – „Im Wald gibt es einen See.“

- von Verben der Bewegung. Diese gelten nach altindischer Grammatikertradition als transitiv, weil sie mit Richtungsakkusativen (in der Funktion von Akkusativobjekten) verbunden werden, die im Passiv in die Position des grammatischen Subjekts rücken können.

  Z.B.: रामेण ग्रामो (ग्रामं) गम्यते – „Rāma geht ins Dorf.“

7.4 Die Deklination der m. -इ-Stämme wie z.B. कवि („Dichter"):

	Sg.	Dual	Pl.
N.	कविः	कवी	कवयः
A.	कविम्	कवी	कवीन्
I.	कविना	कविभ्याम्	कविभिः
D.	कवये	कविभ्याम्	कविभ्यः
Ab.	कवेः	कविभ्याम्	कविभ्यः
G.	कवेः	कव्योः	कवीनाम्
L.	कवौ	कव्योः	कविषु
V.	कवे	कवी	कवयः

Ausnahmen:
7.4.1 सखि („Freund") wird wie कवि dekliniert, außer in den folgenden Kasus: Sg. N. सखा, A. सखायम्, I. सख्या, D. सख्ये, Ab./G. सख्युः, L. सख्यौ; Dual N./A./V. सखायौ; Pl. N./V. सखायः
7.4.2 पति („Herr, Gatte") wird als Schlußglied eines Kompositums immer wie कवि dekliniert. Als selbständiges Wort kann पति regelmäßig dekliniert werden. In den folgenden Kasus kommt es jedoch meist zu Abweichungen: Sg. I. पत्या, D. पत्ये, Ab./G. पत्युः, L. पत्यौ

7.5 Die Deklination der m. -उ-Stämme wie z.B. पशु („Vieh"):

	Sg.	Dual	Pl.
N.	पशुः	पशू	पशवः
A.	पशुम्	पशू	पशून्
I.	पशुना	पशुभ्याम्	पशुभिः
D.	पशवे	पशुभ्याम्	पशुभ्यः
Ab.	पशोः	पशुभ्याम्	पशुभ्यः
G.	पशोः	पश्वोः	पशूनाम्
L.	पशौ	पश्वोः	पशुषु
V.	पशो	पशू	पशवः

Übung

१ ऋषिर्नृपेण मार्गं पृच्छ्यते।
२ घटौ घृतेन पूर्येते।
३ विहगाः पाशैर्बध्यन्ते।
४ जनैर्नगरं गम्यते।
५ हे शिष्या गुरुणाहूयध्वे।
६ नरैः कटाः क्रियन्ते।
७ कविभिर्नृपाः सदा स्तूयन्ते।
८ प्रभूता भिक्षा गृहस्थस्य भार्यया भिक्षुभ्यो दीयते।
९ कन्याभ्यां गीतं गीयते।
१० स्तेनैर्लोकानां धनं चोर्यते।
११ सखिभी रामो वन्द्यते।
१२ प्रभूतः काष्ठानां भारो नरेणोह्यते।
१३ पुण्येन जनास्तीर्यन्ते।
१४ हे देवौ साधुभिः सदा स्मर्येथे।
१५ सूतेनाश्वस्ताड्यते।
१६ नगरे क्षुद्राणि गृहाणि विद्यन्ते।
१७ यदा यज्ञ आरभ्यते तदा ब्राह्मणेन बलिरग्नौ क्षिप्यते।
१८ सख्युः पुत्रेण जलं पीयते।
१९ शत्रौ सान्त्वं प्रतीकारः।
२० गद्यं कवीनां निकष उच्यते।

Vokabeln

ऋषि m. = Seher

घृत n. = über dem Feuer zerlassene und wieder gestandene Butter, Schmelzbutter, Ghee

पॄ 9. 3. 6. = füllen; Ā.: sich anfüllen (unregelmäßiger 6.-Klasse-Präsensstamm: पृण-)

पाश m. = Schlinge, Fessel, Strick

बन्ध् 9. = binden; fesseln

हे = he!

गुरु = schwer; gewichtig, ehrwürdig; m.: Lehrer

ह्वे 1. = rufen

आ-ह्वे 1. = herbeirufen

कट m. = Matte

कृ 8. = tun, machen, machen zu (mit 2 A.), handeln

कवि m. = Weiser, Dichter

स्तु 2. = preisen, loben

भिक्षा = Almosen

गृहस्थ m. = Hausvater (der verheiratete und eine eigene Haushaltung führende Brahmane)
भिक्षु m. = Bettler
दा 3. = geben
गीत n. = Gesang
गै 1. = singen
लोक m. = Welt; Sg. und Pl.: Menschen, Leute
सखि m. = Freund (f.: सखी)
वन्द् 1. Ā. = ehrfurchtsvoll begrüßen; preisen
काष्ठ n. = Holzscheit
भार m. = Last
पुण्य = glücklich, günstig, schön, gut; n.: das Gute, das Rechte; Verdienst, Tugend
तॄ 1. = über ein Gewässer setzen, überschiffen, etwas überschreiten, über etwas hinübergelangen; (sich) retten
साधु = gut; m.: Ehrenmann, Heiliger
स्मृ 1. = sich erinnern; gedenken (mit A. oder G.)
तड् 2. = Kaus.: schlagen
क्षुद्र = klein, niedrig, gemein
विद्[1] 6. = finden
रभ् 1. = fassen, umfassen, ergreifen
आ-रभ् 1. = unternehmen, beginnen (auch im Passiv)
बलि m. = Abgabe, Geschenk, Huldigungsgabe, fromme Spende
अग्नि m. = Feuer
क्षिप् 6. = werfen
पा 1. = trinken (unregelmäßiger Präsensstamm: पिब-)
शत्रु m. = Feind
सान्त्व n. = Sg. und Pl.: gute, beschwichtigende Worte
गद्य n. = Prosa
निकष m. = Probierstein
वच् 2. = sprechen, sagen; (an)reden; nennen

8. Lektion

8.1 Von den folgenden Satzsandhiregeln gelten 8.1.1 - 8.1.3 nur unter Ausschluß von **-ए**, **-ई** und **-ऊ** im Auslaut von Dualformen und **-ई** im Auslaut der Form des N. Pl. m. **अमी** („jene“) des Demonstrativums **अदस्**. Bei dieser Wortgruppe wird der Auslaut grundsätzlich nicht verändert und er bewirkt auch keinen Ausfall eines **अ-** im Anlaut des folgenden Wortes (vgl. 8.1.2). Dasselbe gilt i.a. für Vokale im Auslaut von Interjektionen.

Z.B.: **अग्नी** („die beiden Feuer“) + **इमौ** („diese“) = **अग्नी इमौ** *agnī imau* („diese beiden Feuer“)

सेने („die beiden Heere“) + **इमे** („diese“) = **सेने इमे** *sene ime* („diese beiden Heere“)

हे („he!“) + **अर्जुन** („Arjuna“) = **हे अर्जुन** *he arjuna* („He, Arjuna!“)

8.1.1 Einfache Nicht-**अ**-Vokale gehen vor unähnlichen Vokalen in die ihnen entsprechenden Halbvokale über:

-i/-ī vor Vokal (außer *i-/ī-*) = *-y*

Z.B.: **यदि** („wenn“) + **एतत्** („dieses“) = **यद्येतत्** *yady etat* („wenn dieses“)

-u/-ū vor Vokal (außer *u-/ū-*) = *-v*

Z.B.: **अस्तु** („soll sein“) + **एतत्** („dieses“) = **अस्त्वेतत्** *astv etat* („dieses soll sein“)

-ṛ vor Vokal (außer *ṛ-*) = *-r*

Z.B.: **कर्तृ** („tätig“) + **अस्ति** („es ist“) = **कर्त्रस्ति** *kartr asti* („Es ist tätig.“)

8.1.2 Ein anlautendes **अ-** entfällt hinter **-ओ** und **-ए** und sein Ausfall wird durch den Avagraha bezeichnet.

-o + a- = -o ’-

Z.B.: **गुरो** („o Lehrer!“) + **अलम्** („genug“) = **गुरो ऽलम्/गुरोऽलम्** *guro ’lam* („Genug, o Lehrer!“)

-e + a- = -e ’-

Z.B.: **ते** („diese“) + **अपि** („auch“) = **ते ऽपि/तेऽपि** *te ’pi* („auch diese“)

8.1.3 Vor anderen Vokalen als **अ-** werden auslautende **-ए** und **-ओ** in **-अ** verwandelt:

-e vor Vokal (außer *a-*) = *-a*

Z.B.: **वने** („im Wald“) + **आस्ते** („sitzt“) = **वन आस्ते** *vana āste* („sitzt im Wald“)

-o vor Vokal (außer *a-*) = *-a*

Z.B.: प्रभो („o Herr!") + एहि („komm") = प्रभ एहि *prabha ehi* („Komm, o Herr!")

8.1.4 -ऐ im Auslaut wird vor Vokalen in **-आ** verwandelt:
-*ai* vor Vokal = *ā*-
Z.B.: तस्मै („diesem") + अदात् („er gab") = तस्मा अदात् *tasmā adāt* („diesem gab er")

8.1.5 -औ im Auslaut wird vor Vokalen in **-आव्** verwandelt:
-*au* vor Vokal = -*āv*
Z.B.: तौ („diese") + उभौ („beide") = तावुभौ *tāv ubhau* („diese beiden")

8.2 Die wörtliche Rede schließt mit der Partikel इति ab, die in ihrer älteren Bedeutung „so" im klassischen Sanskrit kaum noch vorkommt. Der Anfang der wörtlichen Rede ist nicht gekennzeichnet.

Z.B.: क्षीरं न पिबाम इति बाला वदन्ति – „Die Jungen sagen: ‚Wir trinken unsere Milch nicht.' "

Das Prädikat des Hauptsatzes (hier: वदन्ति) kann auch der wörtlichen Rede vorangehen.

Z.B.: बाला वदन्ति क्षीरं न पिबाम इति

Eine alternative Formulierung mit indirekter Rede steht im Sanskrit nicht zur Verfügung. In der deutschen Übersetzung kann aber statt der direkten auch die indirekte Rede verwendet werden. Der vorliegende Beispielsatz läßt sich daher auch folgendermaßen wiedergeben: „Die Jungen sagen, daß sie ihre Milch nicht trinken."

Folgende Verwendungsweisen von इति sind besonders zu beachten:

- Statt einer gesprochenen Rede kann eine इति-Phrase auch einen unausgesprochenen Gedanken beinhalten.

  Z.B.: बालाः क्षीरं पिबन्तीति रामो मन्यते – „Rāma denkt, daß die Jungen ihre Milch trinken."

- Evt. steht im Hauptsatz kein Verb des Sprechens oder Denkens, von dem die इति-Phrase abhängt. In solchen Fällen kann sie z.B. i.S. eines Zitats gemeint sein und in der Übersetzung mit Zusätzen wie „als" oder „so lautet" in den Kontext eingebunden werden.

  Z.B.: वीरो राम इति विश्रुतः – „Der Held (वीर) ist als (bzw. unter dem Namen) ‚Rāma' bekannt (विश्रुत)."

यत्र वृक्षस्तत्र जलमिति न्यायः – „‚Wo ein Baum ist, dort ist Wasser.‘ So lautet eine Regel (न्याय).“

- Bei Abwesenheit eines übergeordneten Verbs des Denkens oder Sprechens im Hauptsatz kann die इति-Phrase auch das Motiv einer handelnden Person angeben und eine Art Kausalbestimmung zum Hauptsatz bilden.

  Z.B.: पुनर्वदतीति तिष्ठन्ति – „Sie bleiben stehen, weil (bzw. insofern sie denken, daß) er wieder spricht.“

8.3 Die Koordination von Wörtern, Phrasen und Sätzen mit च („und“):

8.3.1 Wenn zwei Wörter X und Y durch च miteinander verbunden werden, so schließt sich च

i) nur an das letzte an (X Y च) oder

ii) an jedes von beiden (X च Y च).

Im Falle von ii) kann man mit „X und Y“ oder mit „sowohl X als auch Y“ übersetzen. Nach dem Muster von i) und ii) werden auch mehr als zwei Wörter mit च verbunden.

Z.B.: रामं गोपालं च ह्वयति oder रामं च गोपालं च ह्वयति – „Er ruft Rāma und Gopāla (bzw. sowohl Rāma als auch Gopāla).“

माद्यति नृत्यति च oder माद्यति च नृत्यति च – „Er freut sich (माद्यति) und tanzt (नृत्यति).“

In seltenen Fällen erscheint च nur zwischen zwei zu verbindenden Wörtern (X च Y) oder diese werden ohne च einfach aneinandergereiht (X Y).

8.3.2 Wenn zwei Phrasen oder Sätze S_1 ($= X_1\ X_2 \ldots X_n$) und S_2 ($= Y_1\ Y_2 \ldots Y_n$) mit च verbunden werden, so schließt sich च meist an das erste Wort von S_2 an ($X_1\ X_2 \ldots X_n\ Y_1$ च $Y_2 \ldots Y_n$), wobei nach S_2 noch ein weiteres च erscheinen kann. Mehr als zwei Phrasen bzw. Sätze verbindet man nach demselben Muster.

Z.B.: रामो गोपालस्य च पुत्रः oder रामो गोपालस्य च पुत्रश्च – „Rāma und Gopālas Sohn“

गृहं गच्छति तत्र च क्षीरं पिबति – „Er geht ins Haus und trinkt dort Milch.“

In seltenen Fällen kommen die Stellungen „S_1 च S_2“ und „$S_1\ S_2$ च“ vor oder zwei Hauptsätze werden ohne च koordiniert ($S_1\ S_2$).

8.4 Das Imperfekt dient zum Ausdruck von Handlungen in der Vergangenheit. Wenn diese im durativen Sinne gemeint sind, wird eher das historische Präsens als das Imperfekt verwendet (vgl. 8.5).

8.4.1 In allen Präsensklassen ist das Imperfekt durch ein dem Verbalstamm vorgesetztes **अ-** gekennzeichnet, das „Augment" genannt wird. Selten findet man in der Literatur (z.B. im Epos) auch augmentlose Imperfektformen.

Von thematischen Wurzeln wird das Imperfekt im Par. und Ā. durch Anfügen der sekundären Personalendungen (vgl. 25.2.2) an den augmentierten Präsensstamm gebildet. Im Passiv fügt man die für thematische Wurzeln bestimmten sekundären Ā.-Personalendungen an den augmentierten Passivstamm an. Z.B. sind अतुदत् („er/sie/es schlug") und अतुद्यत („er/sie/es wurde geschlagen") die Formen für die 3. Sg. Imperfekt Par. bzw. Passiv von तुद्.

8.4.2 Das Augment verschmilzt mit einem Vokal im Anlaut des Verbalstamms in dessen Vṛddhi-Form (wohingegen sich im Satzsandhi bei der Vereinigung eines auslautenden **-अ** mit einem einfachen unähnlichen Vokal dessen Guṇa-Form ergibt). Z.B. ist ऐच्छत् die 3. Sg. Imperfekt Par. von इष् („wünschen", unregelmäßiger Präsensstamm: इच्छ-).

In Verbalkomposita steht das Augment unmittelbar vor dem Verbalstamm, wobei das Präfix nach den Satzsandhiregeln an den augmentierten Verbalstamm angefügt wird. Z.B. sind अन्वगच्छत् und प्रातिष्ठत् die Formen für die 3. Sg. Imperfekt Par. von अनु-गम् („begleiten") bzw. प्र-स्था („aufbrechen").

8.4.3 तुद् wird im Imperfekt Par. und Ā. folgendermaßen konjugiert:

Par.

	Sg.	Dual	Pl.
1.	अतुदम् *a-tuda-m* ich schlug	अतुदाव *a-tudā-va* wir beide schlugen	अतुदाम *a-tudā-ma* wir schlugen
2.	अतुदः *a-tuda-ḥ* du schlugst	अतुदतम् *a-tuda-tam* ihr beide schlugt	अतुदत *a-tuda-ta* ihr schlugt
3.	अतुदत् *a-tuda-t* er/sie/es schlug	अतुदताम् *a-tuda-tām* sie beide schlugen	अतुदन् *a-tuda-n* sie schlugen

Ā.

	Sg.	Dual	Pl.
1.	अतुदे *a-tud-e* (= *a-tuda-* + *-i*)	अतुदावहि *a-tudā-vahi*	अतुदामहि *a-tudā-mahi*
2.	अतुदथाः *a-tuda-thāḥ*	अतुदेथाम् *a-tud-ethām*	अतुदध्वम् *a-tuda-dhvam*
3.	अतुदत *a-tuda-ta*	अतुदेताम् *a-tud-etām*	अतुदन्त *a-tuda-nta*

Bemerkung: Die Personalendung **-इ** für die 1. Sg. Imperfekt Ā. verschmilzt mit dem Themavokal zu **-ए**.

8.5 Das historische Präsens ist eine Verwendungsweise des Präsens, die zur lebendigen Schilderung von Handlungen in der Vergangenheit dient. Präsensformen mit der nachgestellten Partikel **स्म** sind immer im Sinne des historischen Präsens aufzufassen. Z.B.: **ग्रामे वसति स्म** – „Er/Sie/Es wohnte in einem Dorf."

8.6 Die Deklination der f. -इ-Stämme wie z.B. **मति** („Gedanke"):

	Sg.	Dual	Pl.
N.	मतिः	मती	मतयः
A.	मतिम्	मती	मतीः
I.	मत्या	मतिभ्याम्	मतिभिः
D.	मतये/मत्यै	मतिभ्याम्	मतिभ्यः
Ab.	मतेः/मत्याः	मतिभ्याम्	मतिभ्यः
G.	मतेः/मत्याः	मत्योः	मतीनाम्
L.	मतौ/मत्याम्	मत्योः	मतिषु
V.	मते	मती	मतयः

Bemerkung: Im N./A./V. Sg., im Dual und im Pl. (mit Ausnahme des A.) sind die Endungen mit denen der m. **-इ**-Stämme identisch.

8.7 Die Deklination der f. -उ-Stämme wie z.B. धेनु („Kuh“):

	Sg.	Dual	Pl.
N.	धेनुः	धेनू	धेनवः
A.	धेनुम्	धेनू	धेनूः
I.	धेन्वा	धेनुभ्याम्	धेनुभिः
D.	धेनवे/धेन्वै	धेनुभ्याम्	धेनुभ्यः
Ab.	धेनोः/धेन्वाः	धेनुभ्याम्	धेनुभ्यः
G.	धेनोः/धेन्वाः	धेन्वोः	धेनूनाम्
L.	धेनौ/धेन्वाम्	धेन्वोः	धेनुषु
V.	धेनो	धेनू	धेनवः

Bemerkung: Im N./A./V. Sg., im Dual und im Pl. (mit Ausnahme des A.) sind die Endungen mit denen der m. -उ-Stämme identisch.

8.8 Die Deklination der n. -इ-Stämme wie z.B. वारि („Wasser“):

	Sg.	Dual	Pl.
N.	वारि	वारिणी	वारीणि
A.	वारि	वारिणी	वारीणि
I.	वारिणा	वारिभ्याम्	वारिभिः
D.	वारिणे	वारिभ्याम्	वारिभ्यः
Ab.	वारिणः	वारिभ्याम्	वारिभ्यः
G.	वारिणः	वारिणोः	वारीणाम्
L.	वारिणि	वारिणोः	वारिषु
V.	वारि/वारे	वारिणी	वारीणि

8.9 Die Deklination der n. -उ-Stämme wie z.B. मधु („Honig“):

	Sg.	Dual	Pl.
N.	मधु	मधुनी	मधूनि
A.	मधु	मधुनी	मधूनि
I.	मधुना	मधुभ्याम्	मधुभिः
D.	मधुने	मधुभ्याम्	मधुभ्यः
Ab.	मधुनः	मधुभ्याम्	मधुभ्यः
G.	मधुनः	मधुनोः	मधूनाम्
L.	मधुनि	मधुनोः	मधुषु
V.	मधु/मधो	मधुनी	मधूनि

Bemerkung: Wenn das Genus eines auf -इ oder -उ auslautenden Adjektivs n. ist, können im D., Ab., G. und L. Sg. und im G. und L. Dual auch die m. Kasusendungen erscheinen.

Übung

१ यदि गङ्गाया वारिणि म्रियध्वे तदा स्वर्गं लभध्वे।
२ वसन्तस्य काले ऽलयो भ्राम्यन्ति मुखेन च मधु पिबन्ति।
३ वृथा वृष्टिः समुद्रस्य तृप्तस्य भोजनं वृथा।
४ संपत्तेश्च विपत्तेश्च दैवमेव कारणम्।
५ कवयः सभायां काव्यान्यपठन्।
६ पुस्तकं कन्याया अयच्छद्बालः।
७ यदा रामो देवदत्तश्च ग्रन्थमपठतां तदार्थं नावागच्छाव।
८ शिष्यो गुरोर्गृह प्राविशदुपाविशच्च कटे।
९ नृपतेर्बुद्ध्या क्षत्रियाणां कलहो ऽशाम्यत।
१० गुरुः शिष्यैरस्तूयत।
११ ब्राह्मणो भार्या च पुत्रमैच्छताम्।
१२ रात्र्यां स्वप्नं नालभावहि।
१३ नृपस्य धनानि स्तेनेनाचोर्यन्त।
१४ अश्वावश्राम्यतां भूमावपततां च।
१५ रामेण पुत्रावद्योपनीयेते इति श्रूयते।
१६ शत्रो ऽजीयथाः।
१७ नगर ऋषिरमार्यत।
१८ सदा देवानामस्मरः।
१९ रामो धेन्वा रथमवाहयत्।
२० सर्पेणादृश्येतां नरौ।
२१ जनानां वसून्यहरन्।
२२ यजति स्म पुरा।

Vokabeln

यदि = wenn (Konj.)

वारि n. = Wasser

वसन्त m. = Frühling

अलि m. = Biene

मुख n. = Mund, Schnauze, Maul, Rachen, Gesicht

मधु n. = Honig
वृथा = zufällig; vergebens, umsonst (Adv.)
वृष्टि f. = Regen
समुद्र m. = See, Meer
तृप् 4. = sich befriedigen, sich sättigen, genießen, sich an etwas freuen
तृप्त = befriedigt, satt (Partizip Präteritum Passiv von तृप्)
संपत्ति f. = Gelingen; Glück
विपत्ति f. = Mißlingen; Unglück
दैव n. = Schicksal
सभा = Halle, Versammlung
काव्य n. = Gedicht
ग्रन्थ m. = Knoten; Text, Abhandlung, literarisches Erzeugnis
अर्थ m. n. = Ziel, Zweck, Sinn, Bedeutung; Vorteil, Nutzen, Geld, Reichtum; Sache, Angelegenheit, Gegenstand
अव-गम् 1. = herabkommen zu (mit A. oder L.); auf etwas kommen, bemerken, erkennen, verstehen
विश्[1] 6. = eintreten
प्र-विश्[1] 6. = dass.
उप-विश्[1] 6. = herantreten an (mit A.); sich setzen
नृपति m. = König
बुद्धि f. = Einsicht, Verstand, Vernunft, Geist; Meinung, Ansicht, das Denken an (mit L.)
क्षत्रिय m. = Krieger
शम् 4. 1. = ruhig werden, nachlassen, aufhören
रात्रि f. = Nacht
स्वप्न m. = Schlaf, Traum
भूमि f. = Erde; Boden
उप-नी 1. = zuführen, herbeiführen; führen, leiten; heimführen; zu sich nehmen, aufnehmen
इति = so; Partikel zur Kennzeichnung des Endes der wörtlichen Rede
श्रु 5. = hören, erfahren; Passiv: gehört werden, bekannt sein als (श्रूयते: man hört/liest)
जि 1. = siegen, besiegen; jemanden (im A.) um etwas (im A.) bringen, jemanden (im A.) etwas (im A.) im Spiel abnehmen
धेनु f. = Kuh
वसु n. = Gut, Besitztum, Habe, Reichtum; Juwel, Edelstein, Perle
स्म = eben, gerade, ja (oft nur expletiv; steht nach Präsensformen zur Bezeichnung des historischen Präsens)
पुरा = vormals, früher, einst (Adv.)

9. Lektion

9.1 Von den folgenden Satzsandhiregeln gelten 9.1.1 - 9.1.3 für auslautende Nasale.

Der Visarga, der bei den Pronomina तद् und एतद् (vgl. 9.2 und 9.3) in der Form des N. Sg. m. सः („er, dieser“) bzw. एषः („dieser“) im Auslaut erscheint, wird nach 9.1.4 abweichend vom regulären Satzsandhi behandelt.

9.1.1 Auslautende Nasale außer -म् werden nach kurzem Vokal vor anlautendem Vokal verdoppelt:
-ṅ/*-n* nach kurzem Vokal vor Vokalen = *-ṅṅ*/*-nn*
Z.B.: प्रत्यङ् („westlicher“) + आकाशः („Himmel“) = प्रत्यङ्ङाकाशः *pratyaṅṅ ākāśaḥ* („westlicher Himmel“)
अस्मिन् („bei diesem“) + एव („nur“) = अस्मिन्नेव *asminn eva* („nur bei diesem“)

9.1.2 -न् im Auslaut wird vor anlautenden stimmhaften Palatalen, Retroflexen und vor anlautendem श्- zum Nasal dieser Klassen. Dabei kann ein anlautendes श्- auch in छ्- verwandelt werden. Vor einem anlautenden ल्- wird -न् zu -ल्ँ.
-n vor *j(h)-* = *-ñ*
Z.B.: तान् („diese“) + जनान् („Leute“) = ताञ्जनान् *tāñ janān* („diese Leute“)
-n vor *ḍ(h)-* = *-ṇ*
Z.B.: महान् („großer“) + डमरः („Tumult“) = महाण्डमरः *mahāṇ ḍamaraḥ* („großer Tumult“)
-n vor *ś-* = *-ñ* vor *ś-*/*ch-*
Z.B.: तान् („diese“) + श्रुत्वा („gehört habend“) = ताञ्श्रुत्वा *tāñ śrutvā* oder: ताञ्छ्रुत्वा *tāñ chrutvā* („diese gehört habend“)
-n vor *l-* = *-l̃*
Z.B.: तान् („diese“) + लोकान् („Welten“) = ताल्ँलोकान्/ताँल्लोकान् *tāl̃ lokān* („diese Welten“)

9.1.3 Zwischen ein auslautendes -न् und einen anlautenden stimmlosen Palatal, Retroflex oder Dental schiebt man den diesen jeweils entsprechenden Zischlaut, wobei -न् in den Anusvāra übergeht:
-n vor *c(h)-* = *-ṃś*
Z.B.: भगवान् („der Erhabene“) + च („und“) = भगवांश्च *bhagavāṃś ca* („und der Erhabene“)
-n vor *ṭ(h)-* = *-ṃṣ*

Z.B.: कुर्वन् („herstellend“) + टीकाम् („einen Kommentar“) = कुर्वंष्टीकाम्
kurvaṃṣ ṭīkām („einen Kommentar herstellend“)
-n vor *t(h)-* = *-ṃs*
Z.B.: तान् („diese“) + तु („aber“) = तांस्तु *tāṃs tu* („diese aber“)

9.1.4 सः („er, dieser“) und एषः („dieser“) verlieren ihren Visarga vor allen Konsonanten. Vor Vokalen gilt der reguläre Satzsandhi.
saḥ/eṣaḥ vor Konsonanten = *sa/eṣa*
Z.B.: सः („er, dieser“)/एषः („dieser“) + गच्छति („geht“) = स/एष गच्छति
sa/eṣa gacchati („Er/Dieser geht.“)

9.2 Das Pronomen तद् („er/sie/es, dies-er/-e/-es“) wird als Personalpronomen der 3. Person, als Possessivpronomen (im G.) und als Demonstrativum verwendet, wie die folgenden Beispiele (mit तद् im N. Sg. m. सः und im G. Sg. m. n. तस्य) zeigen:

स शस्यते – „Er/Dieser wird gepriesen (3. Sg. Präsens Passiv von शंस्).“
तस्य शिक्षकः शस्यते – „Sein/Dessen Lehrer wird gepriesen.“
स शिक्षकः शस्यते – „Dieser Lehrer wird gepriesen.“

In seiner Funktion als Demonstrativum weist तद् auf das (bereits erwähnte) dem Sprecher nicht Gegenwärtige hin und kann in diesem Sinne auch mit einem betont gelesenen bestimmten Artikel („der/die/das“) wiedergegeben werden. Die Kasusformen von तद् lauten folgendermaßen:

	Sg.			Dual		
	m.	f.	n.	m.	f.	n.
N.	सः er, dieser	सा sie, diese	तत् es, dieses	तौ sie beide, diese beiden	ते sie beide, diese beiden	ते sie beide, diese beiden
A.	तम् ihn, diesen	ताम् sie, diese	तत् es, dieses	तौ sie beide, diese beiden	ते sie beide, diese beiden	ते sie beide, diese beiden
I.	तेन mit ihm, mit diesem	तया mit ihr, mit dieser	तेन mit ihm, mit diesem	ताभ्याम् mit beiden, mit diesen beiden	ताभ्याम् mit beiden, mit diesen beiden	ताभ्याम् mit beiden, mit diesen beiden
D.	तस्मै ihm, diesem	तस्यै ihr, dieser	तस्मै ihm, diesem	ताभ्याम् beiden, diesen beiden	ताभ्याम् beiden, diesen beiden	ताभ्याम् beiden, diesen beiden

Ab.	तस्मात् von ihm, von diesem	तस्याः von ihr, von dieser	तस्मात् von ihm, von diesem	ताभ्याम् von beiden, von diesen beiden	ताभ्याम् von beiden, von diesen beiden	ताभ्याम् von beiden, von diesen beiden
G.	तस्य seiner, sein/-e, dessen	तस्याः ihrer, ihr/-e, deren	तस्य seiner, sein/-e, dessen	तयोः beider, dieser beiden	तयोः beider, dieser beiden	तयोः beider, dieser beiden
L.	तस्मिन् bei ihm, bei diesem	तस्याम् bei ihr, bei dieser	तस्मिन् bei ihm, bei diesem	तयोः bei beiden, bei diesen beiden	तयोः bei beiden, bei diesen beiden	तयोः bei beiden, bei diesen beiden

	Pl.		
	m.	f.	n.
N.	ते sie, diese	ताः sie, diese	तानि sie, diese
A.	तान् sie, diese	ताः sie, diese	तानि sie, diese
I.	तैः mit ihnen, mit diesen	ताभिः mit ihnen, mit diesen	तैः mit ihnen, mit diesen
D.	तेभ्यः ihnen, diesen	ताभ्यः ihnen, diesen	तेभ्यः ihnen, diesen
Ab.	तेभ्यः von ihnen, von diesen	ताभ्यः von ihnen, von diesen	तेभ्यः von ihnen, von diesen
G.	तेषाम् ihrer, ihr/-e, dieser, deren, derer	तासाम् ihrer, ihr/-e, dieser, deren, derer	तेषाम् ihrer, ihr/-e, dieser, deren, derer
L.	तेषु bei ihnen, bei diesen	तासु bei ihnen, bei diesen	तेषु bei ihnen, bei diesen

Bemerkung: N. und A. Sg. n. von तद् sind hier in der (auf तद् zurückgehenden) Pausaform तत् angegeben.

9.3 Die Pronomina एतद् („dies-er/-e/-es") und एनद् („er/sie/es") werden beide genauso wie तद् dekliniert. एनद् ist ein reines Personalpronomen und steht तद् bedeutungsmäßig näher als das Demonstrativpronomen एतद्, das stets auf das dem Sprecher unmittelbar Gegenwärtige hinweist.

Um एतद् und एनद् zu deklinieren, brauch man nur der entsprechenden Kasusform von तद् ein ए- vorzusetzen bzw. das त्- im Anlaut von तद् durch

एन्- zu ersetzen. Im Falle von एतद् muß ggf. noch die स्-Retroflexionsregel angewendet werden. Z.B. ist एषः der N. Sg. m. von एतद् und die entsprechende f. Form lautet एषा.

एनद् kommt nur im A. der drei Numeri vor (Sg.: m. एनम्, f. एनाम्, n. एनत्; Dual: m. एनौ, f. n. एने; Pl.: m. एनान्, f. एनाः, n. एनानि), im I. Sg. (m. n. एनेन, f. एनया) und im G./L. Dual (m. f. n. एनयोः).

9.4 Das Relativpronomen यद् („der/die/das, welch-er/-e/-es, wer/ was") wird auch genauso dekliniert wie तद्. Wenn man das त्- im Anlaut einer Kasusform von तद् durch य्- ersetzt, erhält man die entsprechende Kasusform von यद्. Das Paradigma von यद् beginnt also folgendermaßen:

	Sg.			Dual			Pl.		
	m.	f.	n.	m.	f.	n.	m.	f.	n.
N.	यः	या	यत्	यौ	ये	ये	ये	याः	यानि
A.	यम्	याम्	यत्	यौ	ये	ये	यान्	याः	यानि

9.5 Relativsätze sind durch das Relativpronomen यद् oder ein Relativadverb wie z.B. यथा („wie"), यत्र („wo") oder यदा („wann, wenn, als") an den Hauptsatz angebunden. Dort steht meist ein entsprechendes Korrelativpronomen wie z.B. तद्, एतद् oder एनद् (s.o.) oder ein entsprechendes Korrelativadverb wie z.B. तथा („so"), तत्र („dort") oder तदा („dann").

Relativsatzgefüge sind im Sanskrit durch folgende vom Deutschen abweichende Besonderheiten gekennzeichnet:

- Relativsätze erscheinen i.d.R. nicht innerhalb des Hauptsatzes, sondern meist davor, selten auch dahinter.

  Z.B.: यत्र सीता वसति तत्र गच्छामि – „Wo Sītā wohnt, dorthin gehe ich."

  यो वृक्षात् पतति तं बालं रामः पश्यति – „Rāma sieht den Jungen, der vom Baum fällt."

- Ein Nomen als Bezugswort des Relativpronomens steht oft unmittelbar hinter dem Relativpronomen, mit dem es in Kasus, Numerus und Genus übereinstimmt. Der vorhergehende Beispielsatz (mit बालम् als nominalem Bezugswort des Relativpronomens) kann daher folgendermaßen umformuliert werden:

  यो बालो वृक्षात् पतति तं रामः पश्यति (Wörtlich: „Welcher Junge vom Baum fällt, den sieht Rāma.")

- Das Relativpronomen kann in allgemeinen Aussagen „wer“, „was“, „wer auch immer“ oder „was auch immer“ bedeuten. Oft erscheinen dabei Relativ- und Korrelativpronomen jeweils im selben oder in verschiedenen Kasus zweimal hintereinander.

  Z.B.: यद्यद्रामो वदति तत्तत् क्रियते – „Was auch immer Rāma sagt, das wird gemacht.“

  यो यज्जयति तत्तस्य – „Was auch immer man gewinnt, das gehört einem.“ (Wörtlich: „Wer was gewinnt, für den ist das.“)

Bemerkung: Das Relativpronomen wird in der Form des N./A. Sg. n. यद् auch als Konjunktion i.S. von „daß“, „so daß“ oder „damit“ verwendet.

Z.B.: यन्न गुरुं वन्दसे तदयुक्तम् – „Daß du den Lehrer nicht ehrfurchtsvoll begrüßt, das ist unschicklich (अयुक्त).“

नगरं रक्षामो यन्न शत्रुणा जीयते – „Wir beschützen die Stadt, damit sie nicht vom Feind erobert wird.“

9.6 Der Optativ bezeichnet meist einen Wunsch, eine Möglichkeit oder eine Vermutung, manchmal auch eine Aufforderung, eine Pflicht, eine Vorschrift oder den Irrealis der Gegenwart oder der Vergangenheit. Im Gegensatz zum Imperativ, dem er semantisch nahesteht, ist der Optativ zum Ausdruck eines schroffen Befehls ungeeignet.

9.6.1 Thematische Verben sind im Optativ durch das Moduszeichen **-ई-** (bzw. **-ईय्-** vor vokalisch anlautender Personalendung) gekennzeichnet, das an den Präsensstamm angefügt wird. Dabei verschmilzt der Themavokal des Präsensstamms mit dem Moduszeichen zu **-ए-** (bzw. **-एय्-** vor vokalisch anlautender Personalendung). Z.B. wird im Falle der Wurzel तुद् der Präsensstamm तुद- mit dem Moduszeichen zu तुदे- (bzw. तुदेय्- vor vokalisch anlautender Personalendung) kontrahiert.

Für den Optativ gelten die sekundären thematischen Personalendungen (vgl. 25.2.2), außer in der 1. Sg. Par. (-अम्) und Ā. (-अ), in der 2./3. Dual Ā. (-आथाम्/-आताम्) und in der 3. Pl. Par. (-उः mit -र्-Visarga) und Ā. (-रन्).

Im Passiv werden die Optativ-Ā.-Endungen der thematischen Konjugation in Verbindung mit dem Moduszeichen an den Passivstamm angefügt. Die 3. Sg. Optativ Passiv von तुद् lautet somit तुद्येत.

9.6.2 तुद् wird im Optativ Par. und Ā. folgendermaßen konjugiert:

Par.

	Sg.	Dual	Plural
1.	तुदेयम् *tud-ey-am* ich möge/könnte/etc. schlagen	तुदेव *tud-e-va* wir beide mögen/könnten/etc. schlagen	तुदेम *tud-e-ma* wir mögen/könnten/etc. schlagen
2.	तुदेः *tud-e-ḥ* du mögest/könntest/etc. schlagen	तुदेतम् *tud-e-tam* ihr beide möget/könntet/etc. schlagen	तुदेत *tud-e-ta* ihr möget/könntet/etc. schlagen
3.	तुदेत् *tud-e-t* er/sie/es möge/könnte/etc. schlagen	तुदेताम् *tud-e-tām* sie beide mögen/könnten/etc. schlagen	तुदेयुः *tud-ey-uḥ* sie mögen/könnten/etc. schlagen

Ā.

	Sg.	Dual	Plural
1.	तुदेय *tud-ey-a*	तुदेवहि *tud-e-vahi*	तुदेमहि *tud-e-mahi*
2.	तुदेथाः *tud-e-thāḥ*	तुदेयाथाम् *tud-ey-āthām*	तुदेध्वम् *tud-e-dhvam*
3.	तुदेत *tud-e-ta*	तुदेयाताम् *tud-ey-ātām*	तुदेरन् *tud-e-ran*

9.6.3 Die folgenden Beispiele zeigen die Verwendung des Optativs zur Bezeichnung …

- eines Wunsches:

  मोक्षं लभेय – „Möge ich die Erlösung erlangen!“ (Oder: „Ich möchte die Erlösung erlangen.“)

- einer Möglichkeit oder Vermutung:

  तत्र धनं भवेत् – „Dort dürfte wohl/könnte Reichtum sein.“

- eines Befehls in abgemilderter Form, einer Aufforderung, einer Vorschrift oder einer Pflicht:

  काष्ठान्यानयेः – „Du mögest/solltest/mußt Holzscheite bringen (आ-नी).“

- des Irrealis der Gegenwart oder der Vergangenheit.

  Z.B.: यदि रामो गृहमागच्छेत् सीता माद्येत् – „Wenn Rāma nach Hause käme (oder: gekommen wäre), würde Sītā sich freuen (oder: hätte Sītā sich gefreut).“

9.7 Die Deklination der einsilbigen f. -ई-Stämme wie z.B. धी („Gedanke“):

	Sg.	Dual	Pl.
N.	धीः	धियौ	धियः
A.	धियम्	धियौ	धियः
I.	धिया	धीभ्याम्	धीभिः
D.	धिये/धियै	धीभ्याम्	धीभ्यः
Ab.	धियः/धियाः	धीभ्याम्	धीभ्यः
G.	धियः/धियाः	धियोः	धियाम्/धीनाम्
L.	धियि/धियाम्	धियोः	धीषु
V.	धीः	धियौ	धियः

Ausnahme: स्त्री f. („Frau“) wird wie धी dekliniert, außer in den folgenden Kasus: Sg. N. स्त्री, A. स्त्रियम्/स्त्रीम्, D. स्त्रियै, Ab./G. स्त्रियाः, L. स्त्रियाम्, V. स्त्रि; Pl. A. स्त्रियः/स्त्रीः, G. स्त्रीणाम्

Bemerkung: Als Schlußglieder von Komposita können einsilbige -ई-Stämme auch m. sein und wie die einsilbigen f. -ई-Stämme dekliniert werden, außer im D./Ab./G./L. Sg. und im G. Pl., wo nur die im f. Paradigma an erster Stelle erscheinenden Formen möglich sind. Dies gilt z.B. für सुधी („von guten Gedanken erfüllt, klug, verständig“, m.: „kluger Mann“), ein aus सु („gut“) und धी zusammengesetztes Kompositum.

9.8 Die Deklination der einsilbigen f. -ऊ-Stämme wie z.B. भू („Erde“):

	Sg.	Dual	Pl.
N.	भूः	भुवौ	भुवः
A.	भुवम्	भुवौ	भुवः
I.	भुवा	भूभ्याम्	भूभिः
D.	भुवे/भुवै	भूभ्याम्	भूभ्यः
Ab.	भुवः/भुवाः	भूभ्याम्	भूभ्यः
G.	भुवः/भुवाः	भुवोः	भुवाम्/भूनाम्
L.	भुवि/भुवाम्	भुवोः	भूषु
V.	भूः	भुवौ	भुवः

Bemerkung: Als Schlußglieder von Komposita können einsilbige -ऊ-Stämme auch m. sein und wie die einsilbigen f. -ऊ-Stämme dekliniert werden, außer im D./Ab./G./L. Sg. und im G. Pl., wo nur die im f. Paradigma an erster Stelle erscheinenden Formen möglich sind. Dies gilt z.B. für स्वयंभू („durch sich selbst seiend, selbständig“, m.: „Brahman“), ein aus स्वयम् („selbst“) und der Wurzel भू („werden, sein“) zusammengesetztes Kompositum.

Übung

नाभिनन्देत मरणं नाभिनन्देत जीवितम्।
कालमेव प्रतीक्षेत निदेशं भृतको यथा॥१॥
२ धेनू रक्षेद्धेनूनां रक्षणेन पुण्यं भवतीति द्विजातयो मन्यन्ते।
३ यदा प्रयाग आगच्छेव तदा रामाय गोपालाय च पत्त्रं लिखेव।
४ गुरूञ्शिष्यांश्चाशंसत।
५ नरा विषेणासील्लिँम्पेयुः।
६ गृहाल्लोका आगच्छन्ति।
७ यदि शास्त्रमभ्यस्येयं तदा गुरवस्तुष्येयुः।
८ पार्थिवस्याज्ञां शत्रू अत्यक्रमेताम्।
९ पद्मं श्रिया वसतिः।
१० धियो बलेन पुरुषा दुःखानि पारयन्ति।
११ यावन्न विन्दते भार्यां तावदर्धो भवेन्नरः।
१२ शिष्या गुरोर्गृहं प्राविशन्नुपाविशंश्च कटयोः।
१३ यस्यार्थास्तस्य मित्राणि।
१४ यो यद्वपति बीजं लभते सो ऽपि तस्य फलम्।

१५ यदेव रोचते तस्मै भवेत्तत्तस्य सुन्दरम्।
१६ तदभाग्यं धनस्यैव यन्नाश्रयति सज्जनम्।
१७ स्त्रियो निसर्गादेव पण्डिताः।
१८ नैष स्थाणोरपराधो यदेनमन्धो न पश्यति।
१९ यदि गङ्गाया वारिणि म्रियेध्वं तदा स्वर्गं लभेध्वम्।
२० भ्रुवोरधस्तान्नेत्रे वर्तेते।

Vokabeln

नन्द् 1. = sich freuen über (mit I., seltener mit Ab.)
अभि-नन्द् 1. = sich freuen über; sich einverstanden erklären mit (mit A.), billigen; jemanden (im A.) begrüßen
मरण n. = das Sterben, Tod
ईक्ष् 1. Ā. = sehen
प्रति-ईक्ष् 1. Ā. = erwarten, abwarten
निदेश m. = Befehl
भृतक m. = Diener
यथा = wie, wie z.B.; daß, so daß, damit; da, weil; wie wenn, als ob (Adv.)
रक्षण n. = Beschützen, Bewahren
द्विजाति m. = Brahmane
मन् 4. = denken, meinen, halten für (mit 2 A., A. und D., oder mit A. und Adv. auf -वत्); Kaus.: ehren, beachten, berücksichtigen
प्रयाग m. = Prayāga (Name des Ortes, wo Gaṅgā und Yamunā sich vereinigen, das heutige Allāhābād)
आ-गम् 1. = kommen
गोपाल m. = Gopāla (Eigenname)
शंस् 1. = preisen, loben
असि m. = Schwert
अस्[1] 4. = werfen
अभि-अस्[1] 4. = hinwerfen, zuwerfen; studieren; wiederholen
आज्ञा = Befehl
क्रम् 1. (seltener 4.) = schreiten (1.-Klasse-Präsensstamm im Par. क्राम- und im Ā. क्रम-, 4.-Klasse-Präsensstamm: क्राम्य-)
अति-क्रम् 1. (seltener 4.) = vorübergehen, vorbeikommen an (mit A.); vernachlässigen, übertreten
पद्म m. n. = Taglotusblüte
श्री f. = Pracht, Schönheit, Glück, Reichtum, Herrlichkeit, Glanz, Majestät (personifiziert als Göttin der Schönheit, des Glücks oder der Herrschaft)
वसति f. = Wohnung
धी f. = Gedanke, Verstand, Einsicht
बल n. = Macht, Stärke, Kraft
पॄ 3. = hinüberführen, hinüberbringen (über oder zu); Kaus: überwinden
यावत् = wie groß, wie weit reichend, wie lange dauernd, wieviel
तावत् = so groß, so weit reichend, so lange dauernd, soviel
अर्ध = halb; m. n.: Hälfte
यद् = welch-er/-e/es, der/die/das; als Konj.: daß, so daß, damit
तद् = er/sie/es, dies-er/-e/-es; Adv.: da(hin), dort(hin); damals, dann, darum, deshalb, also, nun, und, so

वप् 1. = säen

बीज n. = Same

सुन्दर = schön (f.: सुन्दरी)

अभाग्य = unglücklich; n.: Unglück

श्रि 1. = Par.: lehnen, legen an (oder auf); Ā.: an etwas haften, sich lehnen an; Par. und Ā.: sich zu jemandem begeben (insbesondere um Hilfe und Schutz zu suchen)

आ-श्रि 1. = kommen zu; jemanden treffen; bei jemandem Halt und Schutz suchen

सज्ज्न m. = guter, edler, wohlwollender Mensch

स्त्री f. = Frau

निसर्ग m. = Natur

पण्डित = unterrichtet, gelehrt, klug

एतद् = dies-er/-e/-es

स्थाणु m. = Stumpf, Stock eines Baumes; Pflock

एनद् = er/sie/es

अपराध m. = Schuld

अन्ध = blind

भ्रू f. = Braue

नेत्र n. = Auge

वृत् 1. Ā. = sich drehen, rollen, kreisen; sich befinden, verweilen; (vorhanden) sein; entstehen; leben

10. Lektion

10.1 Dies sind die letzten noch zu ergänzenden Satzsandhiregeln:

10.1.1 Ein anlautendes ह्- macht eine vorausgehende Tenuis der Pausaform zur Media und wird selbst zu deren stimmhafter Aspirata:
h- nach *-k* = *gh-* nach *-g*
Z.B.: वाक् („die Rede") + हि („denn") = वाग्घि *vāg ghi* („denn die Rede")
h- nach *-ṭ* = *ḍh-* nach *-ḍ*
Z.B.: प्रावृट् („die Regenzeit") + हि („denn") = प्रावृड्ढि *prāvṛḍ ḍhi* („denn die Regenzeit")
h- nach *-t* = *dh-* nach *-d*
Z.B.: तत् („dieses") + हि („denn") = तद्धि *tad dhi* („denn dieses")
h- nach *-p* = *bh-* nach *-b*
Z.B.: ककुप् („ein Gipfel") + हि („denn") = ककुब्भि *kakub bhi* („denn ein Gipfel")

10.1.2 Ein anlautendes छ्- wird nach kurzem Vokal, nach मा („nicht") und nach आ („bis, zu, bis zu") zu *cch-*:
ch- nach kurzem Vokal, nach मा und nach आ = *cch-*
Z.B.: न („nicht") + छिन्दन्ति („sie schneiden ab") = न च्छिन्दन्ति *na cchindanti* („sie schneiden nicht ab")
मा („nicht") + छद („bedecke") = मा च्छद *mā cchada* („bedecke nicht")
आ („bis zu") + छायायाः („Schatten", hier im Ab.) = आ च्छायायाः *ā cchāyāyāḥ* („bis zum Schatten")

10.2 किम् wird als Interrogativpronomen („welch-er/-e/-es, wer/was"), als Interrogativadverb („warum?") und als Fragepartikel (zur Kennzeichnung einer Entscheidungsfrage) verwendet.

Die Kasusformen des Interrogativpronomens किम् – außer N. und A. Sg. n. – unterscheiden sich von den entsprechenden Kasusformen von तद् nur darin, daß sie mit क्- anstelle von स्- bzw. त्- anlauten. Für N. und A. Sg. n. wird die Stammform किम् verwendet. Das Paradigma von किम् beginnt also folgendermaßen:

	Sg.			Dual			Pl.		
	m.	f.	n.	m.	f.	n.	m.	f.	n.
N.	कः	का	किम्	कौ	के	के	के	काः	कानि
A.	कम्	काम्	किम्	कौ	के	के	कान्	काः	कानि

Folgende Beispiele zeigen die Verwendung von किम्...

- als Interrogativpronomen in substantivischer Funktion:

  को धनेन न तुष्यति – „Wer freut sich nicht über Reichtum?"

  केन रामः पृच्छ्यते – „Von wem wird Rāma gefragt?"

  Ein Spezialfall ist die Verwendung von किम् mit dem Instrumental i.S. von: „Was soll man mit?/Was nützt bzw. nützen?"

  Z.B.: किं प्रभूतैर्धनैः – „Was soll man mit vielen Reichtümern?"

- als Interrogativpronomen in adjektivischer Funktion:

  कस्मिन्नगरे रामो जीवति – „In welcher Stadt lebt Rāma?"

  कस्य पुस्तकं पठसि – „Wessen Buch liest du?"

- in der Stammform als Interrogativadverb („warum?"):

  किं पत्रं लिखसि – „Warum schreibst du einen Brief?"

  In der Bedeutung „warum?" wird auch die Form des Ab. Sg. m. n. कस्मात् verwendet.

- als Fragepartikel (zur Kennzeichnung einer Entscheidungsfrage).

  Der vorhergehende Bespielsatz kann daher auch „Schreibst du einen Brief?" bedeuten.

10.3 Indefinitpronomina werden von den Kasusformen von किम् gebildet, indem man an diese nach den Satzsandhiregeln -अपि, -चिद् oder -चन anfügt. Z.B. sind von dem N. Sg. m. कः („welcher, wer?") die Indefinitpronomina कोऽपि („irgendeiner, irgendwer, irgend jemand, ein gewisser"), कश्चिद् (dass.) und कश्चन (dass.) abgeleitet.

10.4 Indefinitadverbien können auf dieselbe Weise von Interrogativadverbien gebildet werden. Z.B. sind von क्व („wo?") und कथम् („wie?") die Indefinitadverbien क्वापि („irgendwo") und कथंचन („irgendwie") abgeleitet.

10.5 Der Imperativ drückt in der 2. und 3. Person meist einen Befehl bzw. (bei Verneinung) ein Verbot, eine Vorschrift oder eine Forderung aus, seltener einen Wunsch, eine Bitte oder eine höfliche Aufforderung.

In der 1. Person ist das Imperativparadigma durch Formen ergänzt, die dem vedischen Konjunktivparadigma entnommen sind. Imperative in der 1.

Person (die somit eigentlich Konjunktive sind) drücken einen Willen oder eine Pflicht aus. Manchmal haben sie auch dubitative oder potentiale Bedeutung.

10.5.1 Für den Imperativ gelten spezielle (von den primären und sekundären abweichende) Personalendungen, die an den Präsensstamm angefügt werden. Thematische Verben haben z.T. andere Endungen als athematische.

Im Passiv versieht man den Passivstamm mit den jeweiligen thematischen Ā.-Personalendungen. Die 3. Sg. Imperativ Passiv lautet z.B. तुद्यताम्.

10.5.2 तुद् wird im Imperativ Par. und Ā. folgendermaßen konjugiert:

Par.

	Sg.	Dual	Pl.
1.	तुदानि *tudāni* (= *tuda-* + *-āni*) ich will/soll/etc. schlagen	तुदाव *tudāva* (= *tuda-* + *-āva*) wir beide wollen/sollen/etc. schlagen	तुदाम *tudāma* (= *tuda-* + *-āma*) wir wollen/sollen/etc. schlagen
2.	तुद *tuda* schlage!	तुदतम् *tuda-tam* ihr beide, schlagt!	तुदत *tuda-ta* schlagt!
3.	तुदतु *tuda-tu* er/sie/es schlage/ soll schlagen	तुदताम् *tuda-tām* sie beide sollen schlagen	तुदन्तु *tuda-ntu* sie sollen schlagen

Bemerkung: Die 2. Sg. Imperativ Par. thematischer Wurzeln ist identisch mit dem Präsensstamm.

Ā.

	Sg.	Dual	Pl.
1.	तुदै *tudai* (= *tuda-* + *-ai*)	तुदावहै *tudāvahai* (= *tuda-* + *-āvahai*)	तुदामहै *tudāmahai* (= *tuda-* + *-āmahai*)
2.	तुदस्व *tuda-sva*	तुदेथाम् *tud-ethām*	तुदध्वम् *tuda-dhvam*
3.	तुदताम् *tuda-tām*	तुदेताम् *tud-etām*	तुदन्ताम् *tuda-ntām*

10.5.3 Die folgenden Beispiele zeigen die Verwendung des Imperativs zur Bezeichnung …

- eines Befehls, einer Vorschrift oder einer Forderung:

  हे राम गृहं गच्छ – „He Rāma, geh ins Haus!“

  नरा देवान् पूजयन्तु – „Die Menschen sollen die Götter verehren.“

- eines Wunsches:

  सदा धर्मे रतिर्भवतु – „Es möge immer Liebe (रति) zum Gesetz vorhanden sein.“

- einer Bitte oder einer höflichen Aufforderung (insbesondere bei unpersönlich verwendeten Imperativen im Passiv):

  शीघ्रमागम्यताम् – „Komm bitte schnell (शीघ्रम्)!“ (Wörtlich: „Es werde schnell gekommen!“)

- eines Willens, einer Pflicht oder einer Möglichkeit:

  पुण्येन मोक्षं लभामहै – „Durch Verdienst wollen/sollen/können wir die Erlösung erlangen.“

- eines Zweifels:

  किं नु खलु पुस्तकं पठानि – „Sollte ich wohl (नु खलु) das Buch lesen?“

- eines Verbots (bei Verneinung):

  अद्य नगरं मा गच्छ – „Geh heute nicht (मा) in die Stadt!“

  Die Verneinung eines Imperativs wird nicht mit न, sondern mit der Partikel मा („nicht“) ausgedrückt.

10.6 Die Deklination der mehrsilbigen f. -ई-Stämme wie z.B. **नदी** („Fluß“):

	Sg.	Dual	Pl.
N.	नदी	नद्यौ	नद्यः
A.	नदीम्	नद्यौ	नदीः
I.	नद्या	नदीभ्याम्	नदीभिः
D.	नद्यै	नदीभ्याम्	नदीभ्यः
Ab.	नद्याः	नदीभ्याम्	नदीभ्यः
G.	नद्याः	नद्योः	नदीनाम्
L.	नद्याम्	नद्योः	नदीषु
V.	नदि	नद्यौ	नद्यः

Ausnahme: **लक्ष्मी** f. („Glück“) wird wie **नदी** dekliniert, außer im N. Sg. (लक्ष्मीः).

10.7 Die Deklination der mehrsilbigen f. -ऊ-Stämme wie z.B. **वधू** („Frau“):

	Sg.	Dual	Pl.
N.	वधूः	वध्वौ	वध्वः
A.	वधूम्	वध्वौ	वधूः
I.	वध्वा	वधूभ्याम्	वधूभिः
D.	वध्वै	वधूभ्याम्	वधूभ्यः
Ab.	वध्वाः	वधूभ्याम्	वधूभ्यः
G.	वध्वाः	वध्वोः	वधूनाम्
L.	वध्वाम्	वध्वोः	वधूषु
V.	वधु	वध्वौ	वध्वः

Übung

धर्मं चरत माधर्मं सत्यं वदत मानृतम्।
दीर्घं पश्यत मा ह्रस्वं परं पश्यत मापरम्॥१॥

सहायेन विना नैव कार्यं किमपि सिध्यति।

एकेन चरणेनापि गतिः कस्य प्रवर्तते॥२॥
३ त्यज हिंसां भजस्व धर्मम्।
४ अत्र च्छायायां प्रभूता विहगास्तिष्ठन्ति।
५ जुह्वा घृतमग्नौ प्रास्यानि।
६ अर्थस्य पुरुषो दासो दासस्त्वर्थो न कस्यचित्।
७ मुहूर्तमुपविशत।
८ वध्वाः स्निह्यत्यृषिः।
९ पाठस्याभ्यासाय शिष्यावागच्छतामिति गुरोराज्ञा।
१० दास्यो ऽन्नमानयन्।
११ पृथिव्या विहगा उड्डयन्ते।
१२ साधोः पत्न्या भिक्षवे रूपकाणि दीयन्ते।
१३ नदीषु मत्स्यानपश्याम।
१४ देवीर्देवांश्च पूजयेत।
१५ अपराधाद्धिंस्येते।
१६ किं रमणीयान्यपि दिनानि न स्मरथ।
१७ किं रमणीयेन दर्शनेन न माद्यसि।
१८ कस्मात् सेवकं विहससि।
१९ किमौषधैररोग्यस्य।
२० काव्यानि रचयाम कीर्तिं विन्दाम नृपतीनाश्रयामहै श्रियं लभामहा इति कवयो वदन्ति।

Vokabeln

धर्म m. = Gesetz, Recht, Ordnung, Tugend, Pflicht; Merkmal, Attribut

मा = nicht (in prohibitiven Sätzen)

अधर्म m. = Unrecht

सत्य = wahr; n.: Wahrheit; Wahrhaftigkeit; Versprechen

अनृत = unrecht, unwahr; n.: Unwahrheit, Lüge, Betrug

दीर्घ = lang, weitreichend; lange dauernd; als Adv. (दीर्घम्) auch: in die Ferne

ह्रस्व = kurz, klein; als Adv. (ह्रस्वम्) auch: in die Nähe

अपर = hinter-er/-e/-es; später/-er/-e/-es; ander-er/-e/-es; niedriger/-er/-e/-es; westlich (Pronominaladjektiv, das in gewissen Kasus wie ein -अ-Stamm dekliniert wird)

सहाय m. = Gefährte, Genosse, Gehilfe

विना = ohne (mit A., I. oder Ab.)

किम् = welch-er/-e/-es, wer/was, warum? Partikel zur Kennzeichnung einer Entscheidungsfrage

सिध्[1] 4. = gelingen

एक = eins; ein/-er/-e/-es; allein, einzig; ein und derselbe; Pl.: einige (Pronominaladjektiv, das in gewissen Kasus wie ein -अ-Stamm dekliniert wird)

चरण m. n. = Fuß; Gang, das Gehen; Lebenswandel

गति f. = Gang, Bewegung

प्र-वृत् 1. Ā. = in Gang kommen; aufbrechen; geschehen, entstehen

हिंसा = Schädigung

भज् 1. = verteilen, zuteilen; empfangen; genießen, erwählen, sich entscheiden für; lieben, verehren

जुहू f. = Zunge, Opferlöffel

प्र-अस्[1] 4. = fortschleudern, hin(ein)werfen, werfen

दास m. = Sklave, Knecht

मुहूर्त m. n. = Moment; eine „Stunde" von 48 Minuten; Adv. (मुहूर्तम्): einen Moment

वधू f. = Frau, Ehefrau

पाठ m. = Vortrag, Rezitation, Lesen, Studieren, Text

अभ्यास m. = Wiederholung; Übung, Studium

दासी f. = Sklavin, Magd

अन्न n. = Speise

आ-नी 1. = herbeibringen, herbeiführen, holen

पृथिवी f. = Erde

पत्नी f. = Herrin, Gattin

रूपक n. = Rupie

नदी f. = Fluß

मत्स्य m. = Fisch

देवी f. = Göttin

पूज् 10. = (ver)ehren, ehrfurchtsvoll empfangen oder begrüßen

हिंस् 7. 1. = schädigen

रमणीय = vergnüglich, anmutig, schön

दिन n. = Tag

दर्शन n. = Anblick

मद्[1] 4. = sich freuen an, schwelgen in (mit I., G., L., selten mit A.)

सेवक m. = Diener

हस् 1. = lachen

वि-हस् 1. = auflachen; auslachen

औषध n. = Kraut; Heilstoff aus Kräutern, Arzenei

अरोग/अरोग्य = gesund

रच् 10. = verfertigen, bilden, bewirken, verfassen

कीर्ति f. = Ruhm

11. Lektion

11.1 Die folgenden Wortsandhiregeln beschreiben Lautveränderungen beim Zusammentreffen des Endkonsonanten einer Wurzel oder eines Stamms mit Konsonanten (inbesondere mit **त्-**, **थ्-** oder **ध्-**) im Anlaut von Suffixen. Als Anwendungsfälle werden wir die Bildung des Infinitivs (vgl. 11.3), des Absolutivums I (vgl. 12.1.1), des nur von präfigierten Verben gebildeten Absolutivums II (vgl. 12.1.2), des PPP's (vgl. 13.1), des Gerundivums (vgl. 16.1) und des periphrastischen Futurs (vgl. 31.4) heranziehen. Zur Bildung dieser Verbformen dienen die Suffixe **-तुम्** (für den Infinitiv), **-त्वा** (für das Absolutivum I), **-त्य** (für das Absolutivum II), **-त** (für das PPP), **-तव्य** (für das Gerundivum) und **-ता** bzw. **-तारौ** oder **-तारः** (für das periphrastische Futur).

11.1.1 Dentale (mit Ausnahme von **-स्-**) im Anlaut eines Suffixes werden nach Retroflexen (incl. **-ष्-**) i.a. retroflex.
Z.B.: **द्विष्** („hassen") + **-त** = **द्विष्ट**

11.1.2 Konsonanten bleiben vor einem Suffix mit einem Vokal, Halbvokal oder Nasal im Anlaut i.a. unverändert. Wenn das Suffix mit einem anderen Konsonanten als einem Halbvokal oder Nasal anlautet und der Wurzel- bzw. Stammauslaut kein **-र्-** ist, so muß dieser i.a. in die Pausaform verwandelt werden. Dann fügt man das Suffix nach den Satzsandhiregeln an.
Z.B.: Pausaform von **वच्** („sprechen") + **-तुम्** = **वक्तुम्**

Folgende Ausnahmen von dieser Regel treten bei Suffixen auf, die mit **-त्-**, **-थ्-** oder **-ध्-** anlauten:

11.1.2.1 Vor den in 11.1 erwähnten Suffixen behandelt man **-म्** im Auslaut der Wurzel i.a. folgendermaßen: Vor **-तुम्**, **-तव्य** und **-ता** bzw. **-तारौ** oder **-तारः** wird es in **-न्** verwandelt und vor **-त्वा**, **-त्य** und **-त** geht es verloren.
Z.B.: **गम्** („gehen") + **-तुम्/-तव्य/-ता/-तारौ/-तारः** = **गन्तुम्/गन्तव्य/गन्ता/गन्तारौ/गन्तारः**
गम् + **-त्वा/-त्य/-त** = **गत्वा/-गत्य** (nur mit Präverb)/**गत**

11.1.2.2 **-न्** geht vor **-त्वा**, **-त्य** und vor **-त** (als Suffix des PPP's) i.a. verloren.
Z.B.: **हन्** („schlagen") + **-त्वा/-त्य/-त** = **हत्वा/-हत्य** (nur mit Präverb)/**हत**

11.1.2.3 Das BARTHOLOMAEsche Aspiratengesetz besagt, daß **-त्-** und **-थ्-** im Anlaut von Suffixen nach einer stimmhaften Aspirata im Auslaut einer Wurzel bzw. eines Stamms selbst stimmhaft werden und die Aspiration auf sich ziehen.

Z.B.: लभ् („erlangen“) + -तुम् = लब्धुम्

11.1.2.4 Bei einigen Wurzeln bzw. Stämmen wird ein auslautendes **-ज्-** vor einem mit **-त्-** oder **-थ्-** anlautenden Suffix (in Übereinstimmung mit den Pausaformregeln) zu **-क्-**, bei anderen aber zu **-ष्-**.
Z.B.: त्यज् („verlassen“) + -तुम् = त्यक्तुम्
यज् („opfern“) + -तुम् = यष्टुम्

11.1.2.5 Ein auslautendes **-छ्** wird vor einem mit **-त्-** anlautenden Suffix (entgegen der Pausaformregeln) zu **-ष्-**.
Z.B.: प्रछ् („fragen“) + -तुम् = प्रष्टुम्

11.1.2.6 Ein auslautendes **-श्** wird vor einem mit **-त्-** oder **-थ्-** anlautenden Suffix (entgegen der Pausaformregeln) zu **-ष्-**.
Z.B.: नश् („verlorengehen“) + -तुम् = नष्टुम्

11.1.2.7 Ein auslautendes **-ष्** bleibt vor einem mit **-त्-** oder **-थ्-** anlautenden Suffix erhalten (statt in die Pausaform überführt zu werden).
Z.B.: द्विष् („hassen“) + -त = द्विष्ट

11.1.2.8 Ein auslautendes **-ह्** verschmilzt mit **-त्-**, **-थ्-** oder **-ध्-** im Anlaut eines Suffixes i.a. zu **-ढ्-** **(i)** oder zu **-ग्ध्-** **(ii)**. Im Falle der Alternative (i) wird zusätzlich ein dem **-ह्** vorausgehender Kurzvokal verlängert, wenn es sich dabei nicht um ein **-ऋ-** handelt. Die Alternative (ii) ist i.a. bei Wurzeln anzutreffen, die mit **द्-** anlauten.

Z.B.: Guṇaform von रुह् („wachsen“) + -तुम् = रोढुम्
लिह् („lecken“) + -त्वा = लीढ्वा
दह् („brennen“) + -तुम् = दग्धुम्
स्निह् („Zuneigung empfinden“) + -त = स्निग्ध
मुह् („sich verwirren“) + -त्वा = मूढ्वा/मुग्ध्वा
Aber: नह् („binden“) + -तुम् = नद्धुम्

11.2 Der Bindevokal erscheint in den allgemeinen Tempora, im Prekativ und bei der Bildung gewisser anderer Verbformen (nämlich des Infinitivs, des Absolutivums I, des Desiderativums, des Gerundivums, des Partizips Präteritum Passiv und des Partizips des Perfekts Par.) in Gestalt eines **-इ-**, das einem Suffix vorgesetzt wird, wenn dieses mit einem anderen Konsonanten als **-य्-** anlautet.

Allerdings haben nicht alle Wurzeln vor solchen Suffixen den Bindevokal. Nach altindischer Grammatikertradition klassifiziert man Wurzeln als सेट् („mit -इ- vor dem Suffix"), wenn der Bindevokal in den genannten Formen immer eingefügt wird, und als अनिट् („ohne -इ- vor dem Suffix"), wenn er in den genannten Formen nie erscheint.[20]

Ferner gibt es noch Wurzeln, von denen nur einige dieser Formen mit dem Bindevokal gebildet werden müssen, und Wurzeln, die in der Formenbildung Varianten mit und ohne Bindevokal aufweisen.

Ein Sonderfall ist die सेट्-Wurzel ग्रह् („ergreifen"), für die meist -ई- (und nur in einigen wenigen Formen -इ-) als Bindevokal verwendet wird.

11.3 Der Infinitiv wird durch Anfügen von -तुम् an die i.a. guṇierte Wurzel gebildet, wobei ggf. der Bindevokal vor dem Suffix erscheint. Die Infinitive von जि („siegen"), जीव् („leben"), भू („werden, sein") und लिख् („schreiben") lauten z.B. जेतुम्, जीवितुम्, भवितुम् bzw. लेखितुम् (oder: लिखितुम्).

11.3.1 Folgende Besonderheiten der Formenbildung sind zu beachten:

- Der Infinitiv von ग्रह् („ergreifen") wird mit dem Bindevokal -ई- gebildet und lautet somit ग्रहीतुम्.
- Bei दृश् („sehen") und सृज् („schaffen") erscheint -र- als Guṇaform des Wurzelvokals, s.d. die Infinitive द्रष्टुम् und स्रष्टुम् lauten.
- Bei वह् („ziehen") und सह् („ertragen") wird der Wurzelvokal in -ओ- verwandelt, s.d. die Infinitive वोढुम् bzw. सोढुम् lauten.
- Bei Verben der 10. Klasse wird der Infinitiv vom Präsensstamm gebildet, indem man das auslautende -अ- durch den Bindevokal -इ- ersetzt und dann -तुम् anfügt. Z.B. ist चोरयितुम् der Infinitiv von चुर् („stehlen"). Die Stämme von Kausativa und Denominativa mit dem Stammsuffix -अय- werden bei der Bildung des Infinitivs entsprechend behandelt.

[20] सेट् und अनिट् sind Komposita, die aus इट् („-इ- vorgesetzt") und स- („mit") bzw. अन्- („ohne") bestehen.

11.3.2 Man verwendet den Infinitiv …

- als Ergänzung zu gewissen Verben und Nomina.

  Z.B.: बालो धावितुमारभत – „Der Junge begann (आ-रभ्) zu laufen."

  रामः सीतां त्यक्तुं न समर्थः – „Rāma ist nicht fähig (समर्थ), Sītā zu verlassen."

  In Verbindung mit dem Hilfsverb अर्ह् („verdienen") drückt der Infinitiv eine höfliche Aufforderung aus.

  Z.B.: अश्वमारोढुमर्हति देवः – „Eure Majestät (देव) möge bitte (अर्ह्) das Pferd besteigen (wörtlich: verdient, das Pferd zu besteigen)."

  In Verbindung mit den Hilfsverben आरभ् („beginnen") und शक् („können") im Passiv kann auch der Infinitiv passivische Bedeutung haben.

  Z.B.: शिष्येण वेदो ऽवगन्तुं न शक्यते – „Der Veda kann von dem Schüler nicht verstanden werden."

- zur Bezeichnung des Zwecks oder des Ziels einer Handlung.

  Z.B.: रामो गोपालं द्रष्टुं गृहं गच्छति – „Rāma geht nach Hause, um Gopāla zu sehen."

11.4 Die Deklination der auf -तृ auslautenden m. Nomina Agentis (Täternomina) wie z.B. दातृ („gebend, der Geber"):

	Sg.	Dual	Pl.
N.	दाता	दातारौ	दातारः
A.	दातारम्	दातारौ	दातॄन्
I.	दात्रा	दातृभ्याम्	दातृभिः
D.	दात्रे	दातृभ्याम्	दातृभ्यः
Ab.	दातुः	दातृभ्याम्	दातृभ्यः
G.	दातुः	दात्रोः	दातॄणाम्
L.	दातरि	दात्रोः	दातृषु
V.	दातः mit -र्-Visarga	दातारौ	दातारः

11.5 Die Deklination der auf -तृ auslautenden n. Nomina Agentis (Täternomina) wie z.B. दातृ („gebend, das Gebende"):

	Sg.	Dual	Pl.
N.	दातृ	दातृणी	दातॄणि
A.	दातृ	दातृणी	दातॄणि
I.	दातृणा	दातृभ्याम्	दातृभिः
D.	दातृणे	दातृभ्याम्	दातृभ्यः
Ab.	दातृणः	दातृभ्याम्	दातृभ्यः
G.	दातृणः	दातृणोः	दातॄणाम्
L.	दातृणि	दातृणोः	दातृषु
V.	दातृ/दातः mit -र्-Visarga	दातृणी	दातॄणि

Bemerkung: Indem man den Stammauslaut -तृ in -त्री verwandelt, kann man von dem m. oder n. Stamm des Nomen Agentis einen f. Stamm bilden, der wie die mehrsilbigen f. -ई-Stämme dekliniert wird. Der zu दातृ gehörige f. Stamm lautet z.B. दात्री („gebend, die Geberin").

Übung

१ पौरा नाटकं द्रष्टुमागच्छन्।
२ स्वर्गं लब्धुं यज्ञान्यष्टुमर्हसि।
३ तैर्नरैर्भाषा नावगन्तुं शक्यते।
४ रक्षित्रा सुखेन प्रजा वसन्ति।
५ जीवने कर्तार एव सुखमधिगच्छन्ति।
६ ईश्वरः समर्थो जनानां पीडा अपहर्तुम्।
७ नृपतयः प्रजानां रक्षितारो दुर्जनानां च शास्तारो वर्तन्ताम्।
८ शास्त्रस्य कर्त्रे पाणिनये नमः।
९ दातृभ्यो धनं लभामहे।
१० आ मूलाच्छ्रोतुमिच्छामि।

Vokabeln

पौर m. = Städter

नाटक = m.: Schauspieler; n.: Schauspiel

अर्ह् 1. = verdienen, wert sein; dürfen, müssen, können

भाषा = Rede, Sprache

शक् 5. = können

रक्षितृ = beschützend; m.: Beschützer

प्रजा = Nachkommenschaft, Kinder; Pl.: Geschöpfe; Untertanen, Volk

जीवन n. = Leben

कर्तृ = tätig, machend; m.: Täter, Macher, Urheber

अधि-गम् 1. = herankommen, gelangen zu; erlangen; lernen, studieren; verstehen

ईश्वर m. = Herr, Gebieter, Fürst, König; höchster Gott

समर्थ = angemessen, tauglich, gut, fähig

पीडा = Schmerz, Pein, Leid

अप-हृ 1. = wegnehmen, rauben, vertreiben

शास्तृ = züchtigend, beherrschend, belehrend; m.: Züchtiger, Gebieter, Lehrer

पाणिनि m. = Name eines Grammatikers

नमस् = Verehrung! (als indeklinabler Ausruf mit dem D. verwendet); n.: die Verehrung

दातृ = gebend, freigebig; m.: Geber

आ = zu, bis zu; von ... an

मूल n. = Wurzel, Grundlage, Anfang

12. Lektion

12.1 Das Absolutivum, das in der modernen Sprachwissenschaft auch als „Konverb" bezeichnet wird, ist eine infinite Verbform, die meist eine Handlung ausdrückt, die der Haupthandlung des Satzes vorangeht. Das Absolutivum kann aber auch Gleichzeitigkeit ausdrücken.

Zur wörtlichen Übersetzung verwendet man entsprechend im Deutschen ein Partizip II mit nachgestelltem „habend" oder „seiend" (wenn Vorzeitigkeit gemeint ist) oder ein Partizip I (wenn Gleichzeitigkeit gemeint ist). Z.B. sind कृत्वा („gemacht habend, machend") und गत्वा („gegangen seiend, gehend") Absolutiva von कृ bzw. गम्. Im Satzzusammenhang übersetzt man ein Absolutivum aber besser mit einem finiten Verb im Rahmen einer Haupt- oder Nebensatzkonstruktion.

Die drei Bildungstypen („Absolutiva I - III"), die im folgenden vorgestellt werden, sind bedeutungsgleich, bis auf die Tatsache, daß das Absolutivum III immer Gleichzeitigkeit ausdrückt.

12.1.1 Das Absolutivum I, das durch das Suffix **-त्वा** gekennzeichnet ist, wird nur von Verben gebildet, die keine verbalen Komposita sind. Wenn **-त्वा** ohne Bindevokal an die Wurzel antritt, wirken sich ggf. die Wortsandhiregeln 11.1.1 - 11.1.2.8 aus. Somit lauten z.B. die Absolutiva I von पच् („kochen") und लभ् („erlangen") पक्त्वा bzw. लब्ध्वा.

12.1.1.1 Folgende Besonderheiten der Formenbildung sind zu beachten:

- Vor **-त्वा** bzw. **-इत्वा** erscheint die Wurzel i.a. in der Form der „besonders schwachen Stufe". Z.B. ist उदित्वा das Absolutivum I von वद् („sagen").
- **-आ** oder ein Diphthong im Auslaut der Wurzel werden i.a. in **-ई** verwandelt. Z.B. ist पीत्वा das Absolutivum I von पा („trinken").
- Anstelle von **-ॠ** im Auslaut der Wurzel erscheint **-ईर्-** vor **-त्वा**. Wenn dem **-ॠ** jedoch ein Labial vorangeht, wird es in **-ऊर्-** verwandelt. Die Absolutiva I von तॄ („überschreiten") und पॄ („füllen") lauten z.B. तीर्त्वा bzw. पूर्त्वा.
- Bei Verben der 10. Klasse wird das Absolutivum I vom Präsensstamm gebildet, indem man das auslautende **-अ-** durch den Bindevokal **-इ-** ersetzt und dann **-त्वा** anfügt. Z.B. ist चोरयित्वा das Absolutivum I von चुर् („stehlen"). Die Stämme von Kausativa und Denominativa mit

dem Stammsuffix **-अय-** werden bei der Bildung des Absolutivums I entsprechend behandelt.

12.1.1.2 Unregelmäßig gebildete Absolutiva I:

ज्ञा („kennen“) – ज्ञात्वा
या („gehen“) – यात्वा
स्ना („sich baden“) – स्नात्वा
ध्यै („nachdenken“) – ध्यात्वा
ह्वे („rufen“) – हूत्वा

मा („messen“) – मित्वा
स्था („stehen“) – स्थित्वा
धा („setzen, stellen, legen“) – हित्वा
दा („geben“) – दत्त्वा
त्यज् („verlassen“) – त्यक्त्वा
(ohne Saṃprasāraṇa)

12.1.2 Das Absolutivum II, das nur von verbalen Komposita gebildet wird, ist durch das Suffix -य (manchmal auch durch -त्य) gekennzeichnet.

12.1.2.1 Die Bedingungen, unter denen -य oder -त्य suffigiert werden, und weitere Besonderheiten der Formenbildung sind der folgenden Übersicht zu entnehmen:

- Vor -य erscheint die Wurzel i.a. in der Form der „besonders schwachen Stufe“. Z.B. ist प्रोच्य das Absolutivum II von प्र-वच् („verkünden“).
- Anstelle von -ॠ im Auslaut der Wurzel erscheint -ईर्- vor -य. Wenn dem -ॠ jedoch ein Labial vorangeht, wird es in -ऊर्- verwandelt. Die Absolutiva II von अव-तॄ („herabsteigen“) und सम्-पॄ („sich füllen“) lauten z.B. अवतीर्य bzw. संपूर्य.
- Das Suffix -त्य erscheint bei Wurzeln mit einem Kurzvokal im Auslaut, wie z.B. im Falle von विजित्य, dem Absolutivum II von वि-जि („besiegen“).
- Bei Wurzeln, die auf -म् oder -न् auslauten, können i.a. sowohl -य als auch -त्य suffigiert werden. Vor -त्य geht der auslautende Nasal verloren. Die Absolutiva II von आ-गम् („kommen“) und अव-मन् („mißachten“) lauten z.B. आगम्य (oder आगत्य) bzw. अवमन्य (oder अवमत्य).
- Bei हन् („schlagen“) und तन् („spannen“) kann nur -त्य suffigiert werden. Die Absolutiva II von नि-हन् („niederschlagen“) und वि-तन् („ausspannen“) lauten z.B. निहत्य bzw. वितत्य.

- Bei खन् („graben") und जन् („geboren werden") kann dagegen nur -य suffigiert werden. Der auslautende Nasal geht verloren, wenn zugleich der Wurzelvokal verlängert wird. Die Absolutiva II von नि-खन् („eingraben") und प्र-जन् („geboren werden") lauten z.B. प्रजन्य (oder प्रजाय) bzw. निखन्य (oder निखाय).

- Bei Wurzeln der 10. Klasse, Kausativa und Denominativa mit dem Stammsuffix -अय- wird das Absolutivum II vom Präsensstamm bzw. vom Kausativ- oder Denominativstamm gebildet.

  Dazu ersetzt man -अय- durch -य, wenn die Wurzelsilbe prosodisch lang ist. Die Absolutiva II von वि-चिन्त् („überlegen") und प्रवेशय- („eintreten lassen"), dem Kausativum von प्र-विश् („eintreten"), lauten z.B. विचिन्त्य bzw. प्रवेश्य.

  Wenn die Wurzelsilbe prosodisch kurz ist, wird -अय- durch -अय्य ersetzt. Das Absolutivum II von आगमय- („kommen lassen"), dem Kausativum von आ-गम् („kommen"), lautet z.B. आगमय्य.

- Bei Kausativa mit dem Stammsuffix -पय- bleibt das -प्- als Kausativzeichen erhalten. Das Absolutivum II von विज्ञापय- („jem. in Kenntnis setzen"), dem Kausativum von वि-ज्ञा („erfahren"), lautet z.B. विज्ञाप्य.

12.1.3 Das Absolutivum III, das selten vorkommt, wird von beliebigen Wurzeln (mit und ohne präfigierte Kompositionsglieder) gebildet, indem man -अम् an die Wurzel anfügt.

12.1.3.1 Folgende Besonderheiten der Formenbildung sind zu beachten:

- Vokale im Auslaut der Wurzel und der Wurzelvokal -अ- vor einfachem Konsonanten werden vṛddhiert. Die Wurzelvokale -इ-, -उ- und -ऋ- vor einfachem Konsonanten werden guṇiert. Das Absolutivum III von स्मृ („sich erinnern") lautet z.B. स्मारम्.

- Bei Wurzeln, die auf -आ auslauten, wird -य्- vor -अम् eingeschoben. Das Absolutivum III von पा („trinken") lautet z.B. पायम्.

12.2 Absolutiva werden meist verwendet, um eine Folge von Handlungen auszudrücken, insbesondere dann, wenn alle denselben Agens haben. In einem solchen Fall werden gewöhnlich nicht mehrere durch च verbundene Hauptsätze aneinandergereiht. Vielmehr gibt man nur die letzte Handlung mit einem finiten Verb wieder, während alle vorhergehenden durch Absolutiva ausgedrückt werden.

Z.B.: भार्यां त्यक्त्वा वनं गत्वा वृक्षस्य मूल उपविश्य ध्यानं कृत्वा मोक्षं लभते – „Er verläßt die Gattin, geht in den Wald, setzt sich auf die Wurzel eines Baumes, meditiert und erlangt die Erlösung.“/„Nachdem er die Gattin verlassen hat, in den Wald gegangen ist, sich auf die Wurzel eines Baumes gesetzt und meditiert hat, erlangt er die Erlösung.“

Ferner kann das Absolutivum auch als Prädikat eines Modalsatzes verwendet werden und eine (im Verhältnis zur Haupthandlung) gleichzeitige Handlung ausdrücken, die die Art und Weise der Haupthandlung beschreibt oder die der Haupthandlung begleitend zugeordnet ist.

Z.B.: मण्डूका उत्प्लुत्य चलन्ति – „Die Frösche bewegen sich fort, indem sie aufspringen.“

Bei Absolutivkonstruktionen ist besonders zu beachten, daß ...

- das Absolutivum oft den Modus des Hauptverbs übernimmt.

  Z.B.: भार्यां त्यक्त्वा वनं गत्वा वृक्षस्य मूल उपविश्य ध्यानं कृत्वा मोक्षं लभस्व – „Verlaß die Gattin, geh in den Wald, setz dich auf die Wurzel eines Baumes, meditiere und erlange die Erlösung!“

  Hier steht das Hauptverb im Imperativ, s.d. auch die Absolutiva wie Imperative übersetzt werden können.

- das Subjekt des Absolutivums meist mit dem Agens des Hauptverbs identisch ist. Im Falle einer Passivkonstruktion erscheint dieser bekanntlich im Instrumental.

  Z.B.: शत्रूञ्जित्वा नृपेण कीर्तिरलभ्यत – „Der König besiegte die Feinde und erlangte Ruhm.“/„Nachdem der König die Feinde besiegt hatte, erlangte er Ruhm.“

  Es kann sich aber bei dem Subjekt des Absolutivums auch um ein anderes Satzglied als den Agens des Hauptverbs handeln. In der folgenden possessiven Satzkonstruktion z.B. erscheint das Subjekt des Absolutivums in Gestalt eines Besitz anzeigenden Genitivs:

  नृपस्य बालं दृष्ट्वा कुतूहलं भवति – „Der König sieht den Knaben und ist neugierig (wörtlicher: hat Neugierde).“/„Der König ist neugierig, nachdem er den Knaben gesehen hat.“

- die Verneinung eines Absolutivums mit einem Negationspräfix gebildet werden kann. Als Negationspräfix wird dem Absolutivum अ- vorgesetzt, wenn es konsonantisch anlautet, und अन्-, wenn es vokalisch anlautet.[21] Von der Wurzel शङ्क् („sich fürchten“) läßt sich auf diese Weise das verneinte Absolutivum I अशङ्कित्वा bilden, das z.B. folgendermaßen verwendet werden kann:

अशङ्कित्वा सीता वनं गच्छति – „Ohne sich zu fürchten, geht Sītā in den Wald.“

- manche Absolutiva i.S. von Prä- oder Postpositionen verwendbar sind. Dies gilt z.B. für die von आ-दा („an sich nehmen“) und मुच् („befreien“) gebildeten Absolutiva आदाय („mit“) bzw. मुक्त्वा („außer“).

12.3 Die auf -ऋ auslautenden m. Verwandtschaftswörter werden so wie die auf -तृ auslautenden m. Nomina Agentis dekliniert, außer im A. Sg., im N./A./V. Dual und im N./V. Pl. In diesen Kasus wird das stammauslautende -ऋ nicht vṛddhiert, sondern guṇiert. Somit ergibt sich für पितृ („Vater“) folgendes Paradigma:

	Sg.	Dual	Pl.
N.	पिता	पितरौ	पितरः
A.	पितरम्	पितरौ	पितॄन्
I.	पित्रा	पितृभ्याम्	पितृभिः
D.	पित्रे	पितृभ्याम्	पितृभ्यः
Ab.	पितुः	पितृभ्याम्	पितृभ्यः
G.	पितुः	पित्रोः	पितॄणाम्
L.	पितरि	पित्रोः	पितृषु
V.	पितः mit -र्-Visarga	पितरौ	पितरः

Ausnahmen: नप्तृ („Enkel“) und भर्तृ („Gatte“) werden genau wie die auf -तृ auslautenden m. Nomina Agentis dekliniert.

12.4 Die auf -ऋ auslautenden f. Verwandtschaftswörter werden so wie die auf -ऋ auslautenden m. Verwandtschaftswörter dekliniert, außer im A. Pl., wie das folgende Paradigma von मातृ („Mutter“) zeigt:

[21] Diese Negationspräfixe kommen sonst nur in Verbindung mit Nomina vor (und zwar in der Bedeutung „un-“ oder „nicht-“). Die Negationen von प्रिय („angenehm“) und नित्य („ewig“) lauten z.B. अप्रिय („unangenehm“) bzw. अनित्य („nicht-ewig“).

	Sg.	Dual	Pl.
N.	माता	मातरौ	मातरः
A.	मातरम्	मातरौ	मातॄः
I.	मात्रा	मातृभ्याम्	मातृभिः
D.	मात्रे	मातृभ्याम्	मातृभ्यः
Ab.	मातुः	मातृभ्याम्	मातृभ्यः
G.	मातुः	मात्रोः	मातॄणाम्
L.	मातरि	मात्रोः	मातृषु
V.	मातः mit -र्-Visarga	मातरौ	मातरः

Ausnahme: स्वसृ („Schwester") wird wie die auf **-तृ** auslautenden m. Nomina Agentis dekliniert, außer im regelmäßig gebildeten A. Pl. (**स्वसॄः**).

12.5 नृ m. („Mann") ist nur im N. Sg. (**ना**) und im G. Pl. (**नृणाम्/नॄणाम्**) gebräuchlich.

Übung

अमृतं दुर्लभं नॄणां देवानामुदकं तथा।
पितॄणां दुर्लभः पुत्रस्तक्रं शक्रस्य दुर्लभम्॥१॥
२ ह्रदे स्नात्वा व्याघ्रो वने ऽभ्राम्यत्।
३ मानुषो वेदमधिगम्य कन्यां परिणीय पुत्रं जनयित्वा सर्वं त्यक्त्वा वनं गत्वा मोक्षं लभेत।
४ मार्गे किंचिन्मित्रं दृष्ट्वा स पृच्छति।
५ तदा गोपालो मित्रमामन्त्र्य शीघ्रं गच्छति।
६ भर्तारं भर्तुश्च पितरं मातरं च पत्नी देवानिव पूजयेत्।
७ दुहितरं पितरौ रक्षेतां स्वसारं भ्रातरो मातॄः पुत्राश्च रक्षेयुः।
८ हे स्वसः पित्रोर्गृहे तिष्ठेः।
९ ह्रदस्य तीरे स्थित्वा नरश्चन्द्रं पश्यति।
१० सुखं हि दुःखान्यनुभूय शोभते।
११ कथं क्षणमेवोपविश्य सेवको नृपेणादृश्यत।
१२ वेदमनधीत्य खलो मुक्तिमलब्ध्वा नरकं गच्छेत्।
१३ रथमूढ्वाश्वेन जलमपीयत।

Vokabeln

अमृत = nicht gestorben, unsterblich; n.: Nektar, Unsterblichkeitstrank

दुर्लभ = schwer zu erlangen

नृ m. = Mann, Mensch

उदक n. = Wasser

तथा = so, auf die Weise; so auch, desgleichen; ja, gut, so ist es, so soll es geschehen

पितृ m. = Vater; Dual: Eltern

तक्र n. = Buttermilch (zur Hälfte mit Wasser gemischt)

शक्र m. = Beiname des Indra

स्ना 2. 4. = sich baden, sich reinigen

व्याघ्र m. = Tiger

मानुष m. = Mensch

वेद m. = Wissen (besonders: das heilige Wissen), der Veda

मोक्ष m. = Erlösung

मन्त्र m. = Spruch, Gebet, Zauberspruch

मन्त्रय- Ā. = sprechen, reden (Den.)

आ-मन्त्रय- Ā. = anreden; jemanden (im A.) begrüßen; sich von jemandem (im A.) verabschieden

शीघ्र = schnell

भर्तृ m. = Gatte

मातृ f. = Mutter

दुहितृ f. = Tochter

स्वसृ f. = Schwester

भ्रातृ m. = Bruder

तीर n. = Ufer

चन्द्र m. = Mond

अनु-भू 1. = empfinden, fühlen, genießen, (an sich) erfahren; vernehmen

शुभ् 1. = schmücken, verschönern; Ā.: wohl anstehen, sich gut machen, schön sein, glänzen

हि = denn, ja, nämlich, doch, allerdings, in der Tat (oft nur expletiv)

क्षण m. n. = Augenblick, kleine Weile; passender Zeitpunkt, Gelegenheit zu

इ 2. 1. 4. = gehen, kommen

अधि-इ 2. 1. 4. Ā. = studieren; Kaus. (अध्यापय-, selten Ā.): unterrichten

खल m. = Bösewicht

मुक्ति f. = Erlösung

नरक m. (selten n.) = Hölle

13. Lektion

13.1 Das Partizip Präteritum Passiv (PPP) – auch als „Partizipium Präteriti (Passivi)" oder „Partizip Perfekt Passiv" bekannt – ist ein Verbaladjektiv, das wörtlich meist mit einem deutschen Partizip II (manchmal auch mit einem deutschen Partizip I) wiedergegeben werden kann. Ferner kommen ggf. Adjektive und Substantive als deutsche Entsprechungen in Betracht. Z.B. sind von गम् („gehen"), स्था („stehen"), श्रु („hören") und मन् („meinen") die PPP's गत („gegangen"), स्थित („stehend"), श्रुत („gehört, berühmt") und मत („gemeint; n.: Meinung") abgeleitet. Je nach Kontext kann das PPP auch die Funktion eines finiten Verbs in einem Haupt- oder Nebensatz haben (vgl. 13.1.2).

13.1.1 Der Stamm des PPP's, der gebildet wird, indem man die Suffixe -त oder -न (bzw. -ता oder -ना für den f. Stamm) an die Wurzel anfügt, ist wie ein -अ-Stamm (bzw. ein -आ-Stamm) deklinierbar. Vor -त kann der Bindevokal erscheinen, während -न stets ohne Bindevokal an die Wurzel antritt.

13.1.1.1 Wenn das Suffix -त ohne den Bindevokal antritt, müssen die Wortsandhiregeln 11.1.1 - 11.1.2.8 angewendet werden. So wie das Absolutivum I wird auch das PPP auf -त von der besonders schwachen Stufe der Wurzel gebildet. -आ und Diphthonge im Auslaut der Wurzel werden i.a. in -ई verwandelt (vgl. 12.1.1.1) und es treten dieselben unregelmäßigen Veränderungen der Wurzel auf, die von der Bildung des Absolutivums I her bekannt sind (vgl. 12.1.1.2). Von Wurzeln der 10. Klasse, von Kausativa und Denominativa mit dem Stammsuffix -अय- bildet man das PPP vom Verbalstamm, dessen Stammsuffix -अय- – anders als beim Absolutivum I – durch -इ- ersetzt wird. Das PPP von चुर् („stehlen") lautet z.B. चोरित.

Unregelmäßig gebildete auf -त auslautende PPP's:

ज्ञा („kennen") – ज्ञात
या („gehen") – यात
ख्या (+आ-: „erzählen") – ख्यात
स्ना („sich baden") – स्नात
ध्यै („nachdenken") – ध्यात
ह्वे („rufen") – हूत
शास् („befehlen") – शिष्ट
खन् („graben") – खात
जन् („geboren werden") – जात

कम् („lieben") – कान्त
क्रम् („schreiten") – क्रान्त
क्लम् („ermüden") – क्लान्त
दम् („bändigen") – दान्त
तम् („ersticken") – तान्त
भ्रम् („umherschweifen") – भ्रान्त
शम् („ruhig werden") – शान्त
श्रम् („sich abmühen") – श्रान्त
सह् („bewältigen") – सोढ

नह् („binden") – नद्ध
मा („messen") – मित
स्था („stehen") – स्थित
धा („setzen, stellen, legen") – हित
शा („wetzen") – शित
सा (+वि-अव-: „sich entscheiden") – सित
शी („liegen") – शयित
जक्ष् („essen") – जग्ध
दा („geben") – दत्त
त्यज् („verlassen") – त्यक्त (ohne Saṃprasāraṇa)

13.1.1.2 Das auf -न auslautende PPP, das ebenfalls von der „besonders schwachen Stufe" der Wurzel gebildet wird, kommt vor bei ...

- Wurzeln, die auf -ॠ auslauten. Hier wird der Wurzelauslaut in -ईर्- verwandelt, nach Labialen aber in -ऊर्-. Die PPP's von कॄ („ausstreuen") und पॄ („füllen") lauten z.B. कीर्ण bzw. पूर्ण.
- einigen anderen vokalisch auslautenden Wurzeln. Hier wird -आ im Auslaut i.a. in -ई verwandelt. Kurzvokale im Auslaut werden evt. verlängert. Die PPP's von ली („verschwinden"), लू („schneiden"), हा („verlassen") und क्षि („vernichten") lauten z.B. लीन, लून, हीन bzw. क्षीण.
- Wurzeln, die auf -द् auslauten. Hier wird der Wurzelauslaut entgegen 11.1.2 wie im Satzsandhi behandelt und in -न्- verwandelt. Die PPP's von छिद् („abschneiden") und सद् („sitzen") lauten z.B. छिन्न bzw. सन्न.
- Wurzeln, die auf -ग् oder -ज् auslauten. Hier wird -ज् in -ग् verwandelt. Die PPP's von लग् („sich heften an") und भञ्ज् („brechen") lauten z.B. लग्न und भग्न.

13.1.2 Die Bedeutung des PPP's ist ...

- meist passivisch und präterital, wenn es von einem transitiven Verb gebildet ist (wobei Verben der Bewegung nicht mitzuzählen sind). Dies gilt z.B. für कृत („gemacht"), das PPP von कृ („machen").

  Der Agens eines PPP's mit passivischer Bedeutung steht im Instrumental (seltener im Genitiv).

  Z.B.: भिक्षुणेष्टा भिक्षा/भिक्षोरिष्टा भिक्षा – „das von dem Bettler gewünschte (इष्ट) Almosen"
- meist aktivisch und präterital, wenn es von einem intransitiven Verb (evt. von einem Verb der Bewegung) gebildet ist, das keinen Zustand bezeichnet. Dies gilt z.B. für गत („gegangen"), das PPP von गम् („gehen").

- aktivisch und präsentisch, wenn es von einem intransitiven Verb gebildet ist, das einen Zustand bezeichnet. Dies gilt z.B. für स्थित („stehend"), das PPP von स्था („stehen"). In seltenen Fällen hat auch das PPP eines transitiven Verbs oder eines intransitiven Verbs, das keinen Zustand bezeichnet, aktivische und präsentische Bedeutung. Das aus der Partikel सु („gut") und dem PPP von भाष् Ā. („reden, sprechen") bestehende Kompositum सुभाषित wird z.B. auch i.S. von „schön redend" oder „redegewandt" verwendet. Ferner bedeutet das PPP समुत्-पन्न von सम्-उद्-पद् („entstehen") in gewissen Kontexten nicht „entstanden", sondern „entstehend".

Die Verwendungsweise des PPP's kann …

- attributiv sein. Dann ist das PPP entweder wörtlich (vgl. 13.1) oder mit einem finiten Verb im Rahmen einer Relativsatzkonstruktion übersetzbar, wobei als Tempus im Deutschen Präteritum, Perfekt oder Plusquamperfekt (bei präteritaler Bedeutung des PPP's) oder das Präsens (bei präsentischer Bedeutung des PPP's) gewählt werden können.

  Z.B.: वृक्षात् पतितानि पत्राणि दहामि – „Ich verbrenne die Blätter, die vom Baum gefallen sind." (Wörtlich: „Ich verbrenne die vom Baum gefallenen Blätter.")

  उद्याने स्थितं वृक्षं न दहामि – „Ich verbrenne nicht den Baum, der im Garten steht." (Wörtlich: „Den im Garten stehenden Baum verbrenne ich nicht.")

  Manchmal eignet sich zur Übersetzung auch ein anderer Nebensatztyp (d.h. ein Kausalsatz, ein Temporalsatz etc.).

  Z.B.: पीपासया पीडितो भिक्षुर्वध्वा जलमयाचत – „Weil der Bettler vom Durst (पिपासा) gequält wurde (पीड्), bat er (याच्) die Frau um Wasser." (Wörtlich: „Der vom Durst gequälte Bettler bat die Frau um Wasser.")

- prädikativ sein, wobei das PPP auch in der Funktion eines finiten Verbs in einem Hauptsatz erscheinen kann.

  Z.B.: सीता नगरं गता – „Sītā ist in die Stadt gegangen."

  रामः क्षेत्रे स्थितः – „Rāma steht auf dem Feld."

  Die n. Form des von einem intransitiven Verb gebildeten PPP's kann stellvertretend für eine unpersönliche finite Passivform stehen.

  Z.B.: रामेण वने जीवितम् – „Rāma lebte im Wald."

13.2 Der Locativus absolutus ist eine dem Ablativus absolutus im Lateinischen vergleichbare Nebensatzkonstruktion. Das grammatische Subjekt des Locativus absolutus, das in unpersönlichen Konstruktionen auch wegfallen kann, steht im L. Meist ist das logische Subjekt des Locativus absolutus von dem grammatischen Subjekt des Hauptsatzes verschieden. Das Prädikat des Locativus absolutus, das auch im L. steht, ist oft ein Partizip. Es kann auch ein Adjektiv oder Substantiv sein. Mit dem grammatischen Subjekt des Locativus absolutus stimmt es in Numerus und Genus überein. Zur Übersetzung des Locativus absolutus kann ein beliebiger Nebensatztyp (temporal, kausal etc.) verwendet werden.

Z.B.: राजपुत्रे मृते नृपो ऽशोचत् – „Der König trauerte (शुच्), weil der Königssohn (राजपुत्र) gestorben war (मृ).“

चन्द्रगुप्ते नृपे सुखं जीवामः – „Weil Candragupta König ist, leben wir glücklich.“

एवं निश्चिते नगरं गच्छामः – „Wenn so entschieden worden ist (निस्-चि), gehen wir in die Stadt.“

13.3 Der Genitivus absolutus ist eine analoge Nebensatzkonstruktion, bei der Subjekt und Prädikat im Genitiv stehen. Seine Verwendung beschränkt sich auf Fälle, in denen die durch das Prädikat des Genitivus absolutus ausgedrückte Handlung die Haupthandlung begleitet oder ihr im konzessiven Sinne gegenübersteht. Dabei muß das Prädikat stets durative Bedeutung haben und nur Personen sind als Subjekt des Genitivus absolutus zulässig.

Z.B.: तस्य कुपितस्य माद्यामः – „Obwohl er zornig ist (कुप्), freuen wir uns.“

Übung

१ मूले हते हतं सर्वम्।
२ नृपे रक्षितरि सुखेन प्रजा वसन्ति।
३ सुप्तस्य सिंहस्य मुखे मृगा न प्रविशन्ति।
४ मुनिः शान्त्यां रतो ऽरण्ये तिष्ठति।
५ लोके को ऽप्युत्थितः पतति को ऽपि पतितो ऽप्युत्तिष्ठते।
६ काकाः किमपराध्यन्ति हंसैर्जग्धेषु शालिषु।
७ यन्न बालैः परिवृतं श्मशानमिव तद्गृहम्।
८ गुरोः पाठशालायां स्थितस्य शिष्येणाविनयः क्रियते।

९ अरिषु जितेषु नृपः प्रासादं प्रस्थितः।
१० सर्वनाशे समुत्पन्ने पण्डितो ऽर्धं त्यजति।

Vokabeln

हन् 2. = schlagen, treffen, verletzen, töten, vernichten
स्वप् 2. 1. = schlafen
सिंह m. = Löwe
मृग m. = Tier des Waldes, Wild; Wild aus dem Antilopen- und Hirschgeschlecht, Gazelle
मुनि m. = Weiser, Seher, Asket
शान्ति f. = Seelenruhe, innerer Friede
रम् 1. = zum Stillstand bringen (erscheint in dieser Bedeutung meist im Par.); stillstehen, ruhen, Gefallen finden an (mit I., L. oder Infinitiv)
अरण्य n. = Ferne, Fremde; Wildnis, Wald
उद्-स्था 1. = aufstehen, sich erheben
काक m. = Krähe
राध् 5. 4. = geraten, gelingen, Glück haben
अप-राध् 5. 4. = Schuld haben, sich vergehen gegen (mit G. oder L.)
हंस m. = Gans, Gänserich; Schwan (und andere verwandte Wasservögel)
जक्ष् 2. = essen, verzehren
शालि m. = Sg. und Pl.: Reis
वृ[1] 5. = verhüllen, bedecken; umschließen; hemmen, hindern, abhalten; Kaus.: zurückhalten
परि-वृ[1] 5. = bedecken; umringen; zurückhalten, hemmen; als PPP (परिवृत) auch: erfüllt; begleitet von
श्मशान n. = Leichenstätte
पाठशाला = Schule
अविनय m. = ungebührliches Benehmen
अविनयं कृ = sich ungebührlich benehmen
अरि = feindlich; m.: Feind
प्रासाद m. = erhöhter Platz zum Sitzen oder Zuschauen; oberster Stock, Turm; Palast, Tempel
प्र-स्था 1. = sich erheben; aufbrechen
सर्वनाश m. = Verlust von allem (ein aus सर्व und नाश bestehendes Kompositum)
पद्[1] 4. = fallen, abfallen, ausfallen, zusammenbrechen, umkommen; hingehen, sich wenden zu (mit A.)
सम्-उद्-पद्[1] 4. = entstehen

14. Lektion

14.1 Die folgenden Wortsandhiregeln beschreiben Lautveränderungen, die vor Verbalsuffixen eintreten, die mit einem Zischlaut anlauten. Zum Teil handelt es sich hierbei um Anwendungsfälle im Zusammenhang mit dem GRASSMANNschen Gesetz (vgl. 14.1.4). Als Beispiel werden wir die Bildung des Verbalstamms für das einfache Futur heranziehen, der aus der guṇierten Wurzel und dem Suffix **-स्य-** besteht (vgl. 14.2).

14.1.1 Vor Verbalsuffixen, die mit **-स्-** anlauten, werden auslautende **-ज्**, **-श्**, **-ष्** und **-ह्** in Übereinstimmung mit 11.1.2 in **-क्-** (als eine der beiden möglichen Pausaformvarianten) verwandelt. Aufgrund der स्-Retroflexionsregel muß dabei das **-स्-** im Anlaut des Verbalsuffixes zu **-ष्-** werden.
Z.B.: Guṇaform von विश् („eintreten") + **-स्य-** = **वेक्ष्य-**

14.1.2 Vor Verbalsuffixen, die mit **-स्-** anlauten, wird ein auslautendes **-स्** (entgegen 11.1.2) in einigen Fällen in **-त्-** verwandelt.
Z.B.: **वस्** („wohnen") + **-स्य-** = **वत्स्य-**.

14.1.3 Vor Verbalsuffixen, die mit Zischlauten anlauten, werden auslautende **-म्** und **-न्** in den Anusvāra verwandelt.
Z.B.: **यम्** („zügeln") + **-स्य-** = **यंस्य-**
मन् („meinen") + **-स्य-** = **मंस्य-**

14.1.4 Das GRASSMANNsche Gesetz besagt, daß von zwei aufeinanderfolgenden Aspirationen im Laufe der Sprachentwicklung die erste verlorengeht. Z.B. war die Wurzel **बुध्** („erwachen") ursprünglich im Anlaut aspiriert. Bei Wurzeln, die mit einer Media anlauten und die auf eine stimmhafte Aspirata oder **-ह्** auslauten, findet man in der Flexion noch Indizien dafür, daß ursprünglich der Anlaut aspiriert gewesen sein muß. Wenn nämlich von einer solchen Wurzel vor dem Anfügen eines Suffixes die Pausaform gebildet wird, verwandelt sich der Auslaut nach 2.1.2 in eine Tenuis. Dadurch kommt es zu einem Aspirationsverlust im Auslaut, der i.a. ausgeglichen wird, indem die ursprüngliche Aspiration im Anlaut wiederkehrt.
Z.B.: **बुध्** + **-स्य-** = **भोत्स्य-**

14.2 Das einfache Futur kann oft mit einem deutschen Futur I wiedergegeben werden, denn es drückt die Zukunft aus, insbesondere die nahe Zukunft, aber auch eine Absicht, einen Willen, einen Wunsch, eine Möglichkeit, eine

Erwartung, eine Hoffnung, eine Befürchtung oder eine Wahrscheinlichkeit. Somit nähert sich die Bedeutung des einfachen Futurs der des Optativs.

In der Konjugation verwendet man die bereits vom Präsens her bekannten primären Personalendungen. Da das einfache Futur zu den allgemeinen Tempora gehört, werden diese nicht an den Präsensstamm angefügt, sondern an einen speziellen Futurstamm, der aus der guṇierten Wurzel und dem Suffix **-स्य-** besteht. Das stammauslautende **-अ-** ist wie der Themavokal in der thematischen Konjugation zu behandeln. Die 1. Sg. des einfachen Futurs von **हा** („verlassen“) lautet somit im Par. **हास्यामि** und im Ā. **हास्ये** („ich werde verlassen“). Die Ā.-Formen verwendet man im einfachen Futur zugleich für das Passiv, s.d. **हास्ये** je nach Kontext auch „ich werde verlassen werden“ bedeuten kann.

14.2.1 Bei der Bildung des einfachen Futurstamms sind folgende Besonderheiten zu beachten:

- Manche Wurzeln haben vor **-स्य-** den Bindevokal **-इ-**. Dadurch erscheint das **-स्-** des Stammsuffixes in einer Lautumgebung, die eine Anwendung der **स्**-Retroflexionsregel erzwingt, d.h. anstelle von **-स्य-** wird **-इष्य-** suffigiert.

  Z.B.: Guṇaform von **भू** („werden, sein“) + **-इष्य-** = **भविष्य-**

- Bei **ग्रह्** („ergreifen“) wird der Bindevokal **-ई-** eingeschoben (Guṇaform von **ग्रह्** + **-ईष्य-** = **ग्रहीष्य-**).

- Wenn **-स्य-** ohne Bindevokal an die Wurzel antritt, muß die Wortsandhiregel 11.1.2 angewendet werden.

  Z.B.: Guṇaform von **विद्** („finden“) + **-स्य-** = **वेत्स्य-**.

- In den Wurzeln **दृश्** („sehen“) und **सृज्** („schaffen“) erscheint **-र-** anstelle von **-अर्-** als Ergebnis der Guṇierung des Wurzelvokals. Unter Berücksichtigung von 14.1.1 ergeben sich die einfachen Futurstämme **द्रक्ष्य-** bzw. **स्रक्ष्य-**.

- Bei Verben der 10. Klasse wird der einfache Futurstamm vom Präsensstamm gebildet, indem man das auslautende **-अ-** durch **-इष्य-** ersetzt.

  Z.B.: Präsensstamm von **चुर्** („stehlen“) + **-इष्य-** = **चोरयिष्य-**

  Kausativa und Denominativa mit dem Stammsuffix **-अय-** werden entsprechend behandelt.

- Diphthonge im Auslaut einer Wurzel werden in -आ verwandelt. गै („singen“) hat z.B. den Futurstamm गास्य-.

14.2.2 तुद् wird im einfachen Futur folgendermaßen konjugiert:

Par.

	Sg.	Dual	Pl.
1.	तोत्स्यामि *tot-syā-mi* ich werde schlagen	तोत्स्यावः *tot-syā-vaḥ* wir beide werden schlagen	तोत्स्यामः *tot-syā-maḥ* wir werden schlagen
2.	तोत्स्यसि *tot-sya-si* du wirst schlagen	तोत्स्यथः *tot-sya-thaḥ* ihr beide werdet schlagen	तोत्स्यथ *tot-sya-tha* ihr werdet schlagen
3.	तोत्स्यति *tot-sya-ti* er/sie/es wird schlagen	तोत्स्यतः *tot-sya-taḥ* sie beide werden schlagen	तोत्स्यन्ति *tot-sya-nti* sie werden schlagen

Ā./Passiv

	Sg.	Dual	Pl.
1.	तोत्स्ये *tot-sy-e* ich werde schlagen (oder: geschlagen werden)	तोत्स्यावहे *tot-syā-vahe* wir beide werden schlagen (oder: geschlagen werden)	तोत्स्यामहे *tot-syā-mahe* wir werden schlagen (oder: geschlagen werden)
2.	तोत्स्यसे *tot-sya-se* du wirst schlagen (oder: geschlagen werden)	तोत्स्येथे *tot-sy-ethe* ihr beide werdet schlagen (oder: geschlagen werden)	तोत्स्यध्वे *tot-sya-dhve* ihr werdet schlagen (oder: geschlagen werden)
3.	तोत्स्यते *tot-sya-te* er/sie/es wird schlagen (oder: geschlagen werden)	तोत्स्येते *tot-sy-ete* sie beide werden schlagen (oder: geschlagen werden)	तोत्स्यन्ते *tot-sya-nte* sie werden schlagen (oder: geschlagen werden)

14.3 Das Personalpronomen der 1. Person, das im G. auch in der Funktion eines Possessivpronomens („mein/-e, unser/-e") verwendet wird, ist geschlechtsneutral und hat zwei Stammformen, nämlich मद् (für den Sg.) und अस्मद् (für den Pl.). Diese kommen nur als Vorderglieder von Komposita vor.

	Sg.	Dual	Pl.
N.	अहम् ich	आवाम् wir beide	वयम् wir
A.	माम्/मा mich	आवाम्/नौ uns beide	अस्मान्/नः uns
I.	मया mit mir	आवाभ्याम् mit uns beiden	अस्माभिः mit uns
D.	मह्यम्/मे mir	आवाभ्याम्/नौ uns beiden	अस्मभ्यम्/नः uns
Ab.	मत्/मत्तः von mir	आवाभ्याम् von uns beiden	अस्मत् von uns
G.	मम/मे meiner, mein/-e,	आवयोः/नौ unser beider, unser/-e	अस्माकम्/नः unser, unser/-e
L.	मयि bei mir	आवयोः bei uns beiden	अस्मासु bei uns

Bemerkung: मा, मे, नौ und नः können nicht am Satzanfang stehen.

14.4 Das Personalpronomen der 2. Person, das im G. auch in der Funktion eines Possessivpronomens („dein/-e, euer/-e") verwendet wird, ist geschlechtsneutral und hat zwei Stammformen, nämlich त्वद् (für den Sg.) und युष्मद् (für den Pl.). Diese kommen nur als Vorderglieder von Komposita vor.

	Sg.	Dual	Pl.
N.	त्वम् du	युवाम् ihr beide	यूयम् ihr
A.	त्वाम्/त्वा dich	युवाम्/वाम् euch beide	युष्मान्/वः euch
I.	त्वया mit dir	युवाभ्याम् mit euch beiden	युष्माभिः mit euch
D.	तुभ्यम्/ते dir	युवाभ्याम्/वाम् euch beiden	युष्मभ्यम्/वः euch
Ab.	त्वत्/त्वत्तः von dir	युवाभ्याम् von euch beiden	युष्मत् von euch

G.	तव/ते deiner, dein/-e,	युवयोः/वाम् euer beider, euer/-e	युष्माकम्/वः euer, euer/-e
L.	त्वयि bei dir	युवयोः bei euch beiden	युष्मासु bei euch

Bemerkung: त्वा, ते, वाम् und वः können nicht am Satzanfang stehen.

Übung

१ युद्धे जेष्याम इति नृपतिश्चिन्तयति।
२ प्रभाते नृपः सेनया सह प्रस्थास्यति।
३ नृपतिः क्षत्रियान् युद्धाय नेष्यति।
४ क्षेत्रे जयाय शत्रुभिः सह योत्स्यते।
५ युद्धे बहवः क्षत्रिया मरिष्यन्ते।
६ कवयो ऽस्माकं गुणान् प्रथयेयुः कीर्तिं च वर्धयेयुरिति पार्थिवैरिष्यते।
७ ग्रन्थो ऽस्माभी रच्यते पुस्तकं रामेण लेखयामः।
८ तव पित्रा सह नगर्या आगच्छाम।
९ यूयं पितॄञ्श्राद्धैः प्रीणयथ वयं जलेन।
१० मयि त्वयि च पितरौ स्निह्यतः।
११ चौरो द्रक्ष्यत्याम्रतरुम्।
१२ यदि भोक्ष्यते तस्य फलानि मरिष्यति।

Vokabeln

युद्ध n. = Kampf, Schlacht

चिन्त् 10. = denken

प्रभात n. = Tagesanbruch

सेना = Heer

क्षेत्र n. = Grundstück; Feld

जय m. = Sieg

युध् 4. Ā. = (be)kämpfen

बहु = viel

मद्[2] = ich (Stamm des Personalpronomens der 1. Person im Sg.; Pl.: अस्मद्)

प्रथ् 1. = Par. (selten): ausbreiten, (sich) ausdehnen; Ā.: sich ausdehnen, sich mehren; sich verbreiten, berühmt werden; Kaus.: verbreiten, allgemein bekannt machen

वृध् 1. = erhöhen, verstärken; begeistern; Ā.: wachsen

त्वद् = du (Stamm des Personalpronomens der 2. Person im Sg.; Pl.: युष्मद्)
नगरी f. = Stadt
श्राद्ध n. = Totenspende und ein damit verbundenes Totenmahl, wobei Brahmanen bewirtet und beschenkt werden
प्री 9. = erfreuen, sich freuen; Kaus.: erfreuen
चौर m. = Dieb, Räuber
आम्र = m.: Mangobaum; n.: Mangofrucht
तरु m. = Baum
आम्रतरु m. = Mangobaum
भुज् 7. = genießen (besonders Speise), verzehren; benutzen; etwas (im A., seltner im I.) zu büßen haben, den Lohn für etwas (im A.) empfangen

15. Lektion

15.1 Die Reduplikation ist ein wichtiger morphologischer Prozeß der Verbalflexion des Sanskrits. Unter einer „Reduplikation" versteht man allgemein die teilweise oder vollständige Wiederholung der Wortwurzel, des Wortstamms oder des gesamten Wortes. Im Deutschen weisen Adjektive wie z.B. „tagtäglich" und „wortwörtlich" Reduplikationen auf.

Die bei gewissen Verbformen des Sanskrits auftretenden Reduplikationen bestehen darin, daß der vordere Teil der Wurzel bis zum Wurzelvokal (incl.) der Wurzel als Reduplikationssilbe vorgesetzt wird. Auf diese Weise bildet man das Desiderativum, das Intensivum, das Präsens von Verben der 3. Klasse, das Perfekt und den reduplizierten thematischen Aorist.

Die Reduplikationssilbe zeigt oft gewisse Veränderungen gegenüber der Wurzel, die den Wurzelvokal (vgl. 15.1.1) und den Konsonanten im Anlaut der Wurzel (vgl. 15.1.2) betreffen.

15.1.1 Für jede der Verbformen, die mit Reduplikation gebildet werden, ist der Reduplikationsvokal jeweils nach gesonderten Regeln festgelegt. Beim Desiderativum z.B., einer Verbform, die den Wunsch oder die Absicht zur Ausführung einer Handlung ausdrückt (vgl. 15.2), erscheint i.a. **-इ-** als Reduplikationsvokal. Außerdem ist der Stamm durch das Suffix **-स-** gekennzeichnet, das nach den bekannten Wortsandhiregeln an die Wurzel angefügt wird. Somit lautet das Desiderativum von **पा** („trinken") **पिपास-** („zu trinken wünschen").

15.1.2 Konsonanten im Anlaut der Wurzel werden bei allen reduplizierten Formen folgendermaßen behandelt:

a) Eine Aspirata im Anlaut der Wurzel wird durch den entsprechenden nicht aspirierten Konsonanten redupliziert. Das Desiderativum von **भा** („scheinen") lautet z.B. **बिभास-** („zu scheinen wünschen").

b) Velare im Anlaut der Wurzel werden durch die entsprechenden nicht aspirierten Palatale redupliziert. Das Desiderativum von **घस्** („essen") lautet z.B. **जिघत्स-** („zu essen wünschen").

c) Ein anlautendes **ह्-** wird durch **ज्-** redupliziert. Das Desiderativum von **हा** („verlassen") lautet z.B. **जिहास-** („zu verlassen wünschen").

d) Mehrere Konsonanten im Anlaut (außer im Falle eines Zischlauts mit nachfolgendem stimmlosen Konsonanten) werden durch den ersten (bzw.

seinen Stellvertreter i.S. von a) - c)) redupliziert. Das Desiderativum von स्ना („sich baden") lautet z.B. सिष्णास- („sich zu baden wünschen").

e) Im Falle eines Zischlauts mit nachfolgendem stimmlosen Konsonanten im Anlaut wird der stimmlose Konsonant (bzw. sein Stellvertreter i.S. von a) - b)) redupliziert. Das Desiderativum von स्था („stehen") lautet z.B. तिष्ठास- („zu stehen wünschen").

15.2 Das Desiderativum ist eine Verbform, die den Wunsch oder die Absicht zur Ausführung einer Handlung ausdrückt. Manche Desiderativa werden in einem von der desiderativen Grundbedeutung abgeleiteten Sinne verwendet. Z.B. bedeutet das von der Wurzel श्रु („hören") gebildete Desiderativum शुश्रूष- neben „zu hören wünschen" auch „gehorchen".

Desiderativa sind durch das Stammsuffix -स- und die Reduplikation der Wurzel gekennzeichnet, wobei als Reduplikationsvokal i.a. -इ- erscheint. Wenn es sich bei dem Wurzelvokal um -उ- oder -ऊ- handelt, wird jedoch -उ- redupliziert. Um z.B. das Desiderativum von दुह् („melken") zu bilden, fügt man -स- an die reduplizierte Wurzel दुदुह्- an. Dadurch ergibt sich nach 14.1.1 und 14.1.4 der Stamm दुधुक्ष-.

Man konjugiert den Desiderativstamm in den Tempora und Modi, die vom Präsensstamm gebildet werden, wie den Stamm einer thematischen Wurzel. Der einfache Futurstamm und der Konditionalstamm (vgl. 15.4) eines Desiderativums werden gebildet, indem man das -अ- im Auslaut des Desiderativstamms durch das Suffix -इष्य- ersetzt. Der Desiderativstamm und die 1. Sg. Futur Par. des Desiderativums von पच् („kochen") lauten z.B. पिपक्ष- bzw. पिपक्षिष्यामि („Ich werde zu kochen wünschen").

15.2.1 Bei der Bildung des Desiderativstamms sind folgende Besonderheiten zu beachten:

- Manche Wurzeln haben den Bindevokal vor -स-, s.d. insgesamt -इष- suffigiert wird. Das Desiderativum von वद् („sagen") lautet z.B. विवदिष-.

- Das Desiderativum von ग्रह् („ergreifen") wird – außer im Falle einer unregelmäßigen Formvariante (vgl. 15.2.1.1) – mit dem Bindevokal -ई- gebildet (जिग्रहीष-).

- **-इ** und **-उ** im Auslaut der Wurzel werden vor **-स-** verlängert. Die Desiderativa von **श्रि** („sich begeben zu") und **श्रु** („hören") lauten z.B. **शिश्रीष-** (neben **शिश्रयिष-**) bzw. **शुश्रूष-**.

- **-ऋ** und **-ॠ** im Auslaut der Wurzel werden vor **-स-** in **-ईर्-** verwandelt, nach einem Labial jedoch in **-ऊर्-**. Da im letzteren Fall der Wurzelvokal zu **-ऊ-** wird, erscheint als Reduplikationsvokal nun **-उ-**. Die Desiderativa von **कृ** („machen") und **मृ** („sterben") lauten z.B. **चिकीर्ष-** bzw. **मुमूर्ष-**.

- Bei Verben der 10. Klasse wird das Desiderativum vom Präsensstamm mit vorgesetzter Reduplikationssilbe gebildet, indem man das auslautende **-अ-** durch **-इष-** ersetzt. Kausativa und Denominativa mit dem Stammsuffix **-अय-** werden entsprechend behandelt. Die Desiderativa von **पूज्** („verehren") und dem Kausativum von **बुध्** („erwachen") lauten z.B. **पुपूजयिष-** bzw. **बुबोधयिष-**.

15.2.1.1 Unregelmäßig gebildete Desiderativa:

आप् („erlangen")	ईप्स-
गम् („gehen")	जिगमिष-/जिगांस-
ग्रह् („ergreifen")	जिग्रहीष-/जिघृक्ष-
चित् („beobachten")	चिकित्स- („heilen")
जि („siegen")	जिगीष-
दा („geben")	दित्स-
धा („setzen, stellen, legen")	धित्स-
पत् („fallen")	पिपतिष-/पित्स-
भज् („verteilen, empfangen")	भिक्ष- („betteln")
लभ् („erlangen")	लिप्स-
शक् („können")	शिक्ष- („lernen")
हन् („schlagen")	जिघांस-

15.3 Desiderative Adjektive in der Bedeutung „das zu tun wünschend, was das Verb ausdrückt" werden gebildet, indem man das auslautende **-अ-** eines Desiderativstamms in **-उ-** verwandelt. **जिज्ञासु** („zu kennen wünschend") ist z.B. ein desideratives Adjektiv von der Wurzel **ज्ञा** („kennen"). Die Kasus werden entsprechend der m., f. und n. **-उ**-Paradigmata gebildet.

Z.B.: नगरं लुलुप्सुना नृपेण कीर्तिर्नालभ्यत – „Von dem König, der die Stadt zu plündern (लुप्) wünschte (wörtlich: von dem die Stadt zu plündern wünschenden König), wurde kein Ruhm erlangt.“

15.4 Das Konditional, das die Funktion eines Irrealis der Vergangenheit (manchmal auch der Gegenwart) hat, wird vom augmentierten Futurstamm gebildet, an den man die thematischen Imperfekt-Endungen anfügt. Die Ā.-Formen haben zugleich passivische Bedeutung.

In einem konditionalen Satzgefüge wird das Konditional sowohl im Haupt- als auch im Nebensatz i.S. eines Irrealis der Vergangenheit verwendet. Im Hauptsatz kann es auch die Funktion eines Irrealis der Gegenwart haben.

Z.B.: यदि नृपः शत्रुमजेष्यत् प्रजा अतरिष्यन्त – „Wenn der König den Feind besiegt hätte, wären die Untertanen gerettet worden (oder: würden die Untertanen gerettet werden).“

15.4.1 तुद् wird im Konditional folgendermaßen konjugiert:

Par.

	Sg.	Dual	Pl.
1.	अतोत्स्यम् *a-tot-sya-m* ich hätte geschlagen (oder: würde schlagen bzw. schlüge)	अतोत्स्याव *a-tot-syā-va* wir beide hätten geschlagen (oder: würden schlagen bzw. schlügen)	अतोत्स्याम *a-tot-syā-ma* wir hätten geschlagen (oder: würden schlagen bzw. schlügen)
2.	अतोत्स्यः *a-tot-sya-ḥ* du hättest geschlagen (oder: würdest schlagen bzw. schlügest)	अतोत्स्यतम् *a-tot-sya-tam* ihr beide hättet geschlagen (oder: würdet schlagen bzw. schlüget)	अतोत्स्यत *a-tot-sya-ta* ihr hättet geschlagen (oder: würdet schlagen bzw. schlüget)
3.	अतोत्स्यत् *a-tot-sya-t* er/sie/es hätte geschlagen (oder: würde schlagen bzw. schlüge)	अतोत्स्यताम् *a-tot-sya-tām* sie beide hätten geschlagen (oder: würden schlagen bzw. schlügen)	अतोत्स्यन् *a-tot-sya-n* sie hätten geschlagen (oder: würden schlagen bzw. schlügen)

Ā./Passiv

	Sg.	Dual	Pl.
1.	अतोत्स्ये *a-tot-sy-e* ich hätte geschlagen (oder: würde schlagen bzw. schlüge), ich wäre geschlagen worden (oder: würde geschlagen werden)	अतोत्स्यावहि *a-tot-syā-vahi* wir beide hätten geschlagen (oder: würden schlagen bzw. schlügen), wir beide wären geschlagen worden (oder: würden geschlagen werden)	अतोत्स्यामहि *a-tot-syā-mahi* wir hätten geschlagen (oder: würden schlagen bzw. schlügen), wir wären geschlagen worden (oder: würden geschlagen werden)
2.	अतोत्स्यथाः *a-tot-sya-thāḥ* du hättest geschlagen (oder: würdest schlagen bzw. schlügest), du wär(e)st geschlagen worden (oder: würdest geschlagen werden)	अतोत्स्येथाम् *a-tot-sy-ethām* ihr beide hättet geschlagen (oder: würdet schlagen bzw. schlüget), ihr beide wär(e)t geschlagen worden (oder: würdet geschlagen werden)	अतोत्स्यध्वम् *a-tot-sya-dhvam* ihr hättet geschlagen (oder: würdet schlagen bzw. schlüget), ihr wär(e)t geschlagen worden (oder: würdet geschlagen werden)
3.	अतोत्स्यत *a-tot-sya-ta* er/sie/es hätte geschlagen (oder: würde schlagen bzw. schlüge), er/sie/es wäre geschlagen worden (oder: würde geschlagen werden)	अतोत्स्येताम् *a-tot-sy-etām* sie beide hätten geschlagen (oder: würden schlagen bzw. schlügen), sie beide wären geschlagen worden (oder: würden geschlagen werden)	अतोत्स्यन्त *a-tot-sya-nta* sie hätten geschlagen (oder: würden schlagen bzw. schlügen), sie wären geschlagen worden (oder: würden geschlagen werden)

15.5 Die Deklination der diphthongischen Stämme रै m. („Besitz, Gut"), गो m. f., („Rind, Kuh"), नौ f. („Schiff") und द्यो f. („Himmel"):

	Sg.	Dual	Pl.
N.	राः	रायौ	रायः
A.	रायम्	रायौ	रायः
I.	राया	राभ्याम्	राभिः
D.	राये	राभ्याम्	राभ्यः
Ab.	रायः	राभ्याम्	राभ्यः
G.	रायः	रायोः	रायाम्
L.	रायि	रायोः	रासु
V.	राः	रायौ	रायः

	Sg.	Dual	Pl.
N.	गौः	गावौ	गावः
A.	गाम्	गावौ	गाः
I.	गवा	गोभ्याम्	गोभिः
D.	गवे	गोभ्याम्	गोभ्यः
Ab.	गोः	गोभ्याम्	गोभ्यः
G.	गोः	गवोः	गवाम्
L.	गवि	गवोः	गोषु
V.	गौः	गावौ	गावः

	Sg.	Dual	Pl.
N.	नौः	नावौ	नावः
A.	नावम्	नावौ	नावः
I.	नावा	नौभ्याम्	नौभिः
D.	नावे	नौभ्याम्	नौभ्यः
Ab.	नावः	नौभ्याम्	नौभ्यः
G.	नावः	नावोः	नावाम्
L.	नावि	नावोः	नौषु
V.	नौः	नावौ	नावः

	Sg.	Dual	Pl.
N.	द्यौः	दिवौ	दिवः
A.	दिवम्	दिवौ	दिवः
I.	दिवा	द्युभ्याम्	द्युभिः
D.	दिवे	द्युभ्याम्	द्युभ्यः
Ab.	दिवः	द्युभ्याम्	द्युभ्यः
G.	दिवः	दिवोः	दिवाम्
L.	दिवि	दिवोः	द्युषु
V.	द्यौः	दिवौ	दिवः

Übung

यदि न प्रणयेद्राजा दण्डं दण्ड्येष्वतन्द्रितः ।
शूले मत्स्यानिवापक्ष्यन्दुर्बलान्बलवत्तराः ॥१॥
२ यदि शिष्यो वेदं नाधिगच्छेद्गुरुरक्रोत्स्यत्।
३ गोः क्षीरेण शिशवो मोदन्ताम्।
४ ब्राह्मणैर्नावोदधिर्न तीर्येत।
५ वेदमधिजिगमिषुः शिष्यो गुरुमागच्छत्।
६ यदि स्तेनः पित्रोर्गृहं प्रविशति तर्हि तयो रायं जिहीर्षिष्यति।

७ मित्रे पुस्तकमपिपठिषताम्।
८ मोक्षं लिप्सध्वमिति सर्वैर्गुरुभिरुच्यते।
९ गा रक्षेद्गवां रक्षणेन पुण्यं भवतीति द्विजातयो मन्यन्ते।
१० मह्यमेषा गौर्दत्ता न तुभ्यम्।

Vokabeln

प्र-नी 1. = vorwärts führen; vorführen; zum Vorschein bringen; vollbringen
राजन् m. = König, N. Sg.: **राजा**
दण्ड m. (selten n.) = Stock, Stab; Macht; Strafe
दण्डं प्र-नी = eine Strafe verhängen
दण्ड्य = zu bestrafen, strafbar; m.: der zu Bestrafende
अतन्द्रित = unermüdlich (hier adverbiell zu übersetzen)
शूल m. n. = Spieß
दुर्बल = schwach; m.: der Schwache
बलवत्तर = stärker; m.: der Stärkere
क्रुध् 4. = zornig werden, zürnen (mit dem D. oder G. der Person und dem L. der Sache)
गो = m.: Rind, Stier; f.: Kuh
क्षीर n. = Milch
शिशु m. = Kind, Junges
मुद् 1. = lustig, fröhlich sein, sich (er)freuen an (mit I. oder L.)
नौ f. = Schiff
तर्हि = damals, dann, in dem Falle
उदधि m. = Meer
रै m. (seltener f.) = Besitz, Habe, Gut, Kostbarkeit

16. Lektion

16.1 Das Gerundivum, das auch als „Partizip der Notwendigkeit (Partizipium necessitatis)“ bezeichnet wird, ist ein Verbaladjektiv mit passivischer Bedeutung und der Flexion der m., f. und n. **-अ-** bzw. **-आ-**Stämme. Es drückt die Notwendigkeit, Angemessenheit oder Möglichkeit der Ausführung einer Handlung aus und kann im Deutschen wörtlich mit einem Partizip I oder einem Infinitiv in Verbindung mit „zu“ wiedergegeben werden. Manchmal eignen sich als Übersetzungsvariante auch deutsche Verbaladjektive, die mit Suffixen wie „-bar“, „-wert“ oder „-würdig“ versehen sind. Das von der Wurzel **शुच्** („trauern, bedauern“) abgeleitete Gerundivum **शोचनीय** („zu bedauernd, zu bedauern, bedauernswert“) kann z.B. in folgendem Sinne verwendet werden:

शोचनीयो नृपो युद्धे ऽजीयत – „Der zu bedauernde (oder: bedauernswerte) König wurde im Kampf besiegt.“

यो नृपो युद्धे ऽजीयत स शोचनीयः – „Der König, der im Kampf besiegt wurde, ist zu bedauern (oder: bedauernswert).“

16.1.1 Das Gerundivum wird gebildet, indem man **-तव्य** (vgl. 16.1.1.1), **-अनीय** (vgl. 16.1.1.2) oder **-य** (vgl. 16.1.1.3) an die Wurzel anfügt.

16.1.1.1 Beim Anfügen des Suffixes **-तव्य** wird der Wurzelauslaut genauso behandelt wie bei der Bildung des Infinitivs (vgl. 11.1.2 - 11.1.2.8). Ferner ist zu beachten, daß …

- der Wurzelvokal guṇiert wird (außer in dem in 5.3.1 angesprochenen Fall).

  Z.B.: Guṇaform von **कृ** („machen“) + **-तव्य** = **कर्तव्य**

- manche Wurzeln den Bindevokal **-इ-** haben.

  Z.B.: Guṇaform von **लिख्** („schreiben“) + **-इतव्य** = **लेखितव्य**

- **ग्रह्** („ergreifen“) den Bindevokal **-ई-** hat (**ग्रह्** + **-ईतव्य** = **ग्रहीतव्य**).

- bei Wurzeln der 10. Klasse **-तव्य** an den Präsensstamm angefügt wird, dessen auslautendes **-अ-** in **-इ-** verwandelt wird.

  Z.B.: Präsensstamm von **चिन्त्** („denken“) + **-इतव्य** = **चिन्तयितव्य**

  Kausativa und Denominativa mit dem Stammsuffix **-अय-** werden entsprechend behandelt.

16.1.1.2 Beim Anfügen von **-अनीय** ist zu beachten, daß ...

- der Wurzelvokal ebenfalls i.a. guṇiert wird (außer in dem in 5.3.1 angesprochenen Fall).

  Z.B.: Guṇaform von **कृ** + **-अनीय** = **करणीय**

- bei Wurzeln der 10. Klasse **-अनीय** an den Präsensstamm angefügt wird, nachdem man zuvor das Stammsuffix **-अय-** getilgt hat.

  Z.B.: Präsensstamm von **चिन्त्** (ohne **-अय-**) + **-अनीय** = **चिन्तनीय**

  Kausativa und Denominativa mit dem Stammsuffix **-अय-** werden entsprechend behandelt.

16.1.1.3 Beim Anfügen von **-य** ist zu beachten, daß der Wurzelvokal evt. folgendermaßen verändert werden muß:

- **-आ** und Diphthonge im Auslaut der Wurzel werden in **-ए-** verwandelt. Von **दा** („geben") kann man z.B. das Gerundivum **देय** bilden.

- **-ई** im Auslaut der Wurzel wird guṇiert. **-इ** im Auslaut der Wurzel kann guṇiert werden oder erhalten bleiben. Im letzteren Fall fügt man **-त्-** vor **-य** ein.

  Z.B.: Guṇaform von **नी** („führen") + **-य** = **नेय**

  Guṇaform/durch Anfügen von **-त्-** erweiterte Wurzelform von **चि** („schichten") + **-य** = **चेय/चित्य**

- **-ऊ** im Auslaut der Wurzel wird in **-अव्-** oder **-आव्-** verwandelt. **-उ** im Auslaut der Wurzel kann in **-अव्-** bzw. **-आव्-** verwandelt werden oder erhalten bleiben. Im letzteren Fall wird **-त्-** vor **-य** eingeschoben.

  Von **भू** („werden, sein") und **श्रु** („hören") kann man z.B. die Gerundiva **भव्य** bzw. **भाव्य** und **श्रव्य** bzw. **श्राव्य** oder **श्रुत्य** bilden.

- **-ॠ** im Auslaut der Wurzel wird vṛddhiert. **-ऋ** im Auslaut der Wurzel kann vṛddhiert werden oder erhalten bleiben. Im letzteren Fall wird **-त्-** vor **-य** eingeschoben.

  Z.B.: Vṛddhiform von **तॄ** („überschreiten") + **-य** = **तार्य**

  Vṛddhiform/durch Anfügen von **-त्-** erweiterte Wurzelform von **कृ** („machen") + **-य** = **कार्य/कृत्य**

- Die Wurzelvokale **-इ-** und **-उ-** werden vor einfachem Konsonanten guṇiert.

  Z.B.: Guṇaform von भिद् („spalten") + **-य** = भेद्य

  Guṇaform von मुच् („befreien") + **-य** = मोच्य

- Der Wurzelvokal **-अ-** vor einfachem Konsonanten bleibt bei einigen Wurzeln erhalten, während er bei anderen vṛddhiert wird.

  Von गम् („gehen") und वच् („sprechen") kann man z.B. die Gerundiva गम्य bzw. वाच्य bilden.

- Bei Wurzeln der 10. Klasse wird **-य** an den Präsensstamm angefügt, nachdem man zuvor das Stammsuffix **-अय-** getilgt hat.

  Z.B.: Präsensstamm von चिन्त् (ohne **-अय-**) + **-य** = चिन्त्य

  Kausativa und Denominativa mit dem Stammsuffix **-अय-** werden entsprechend behandelt.

16.1.2 Bei Gerundivkonstruktionen ist zu beachten, daß …

- das auf **-तव्य** auslautende Gerundivum fast nur prädikativ verwendet wird, während die durch die Suffixe **-अनीय** und **-य** gekennzeichneten Gerundiva auch in attributiver Funktion vorkommen.

  Z.B.: यन्नरो ऽन्नं पचति तन्नाभिनन्दितव्यम् – „Daß der Mann das Essen kocht, das ist nicht zu billigen."

  बोधनीयः शिष्यो गुरुं गच्छति – „Der zu ermahnende (Gerundivum des Kausativums von बुध्) Schüler geht zum Lehrer."

- der Agens eines Gerundivums im Instrumental oder im Genitiv steht.

  Z.B.: यस्य रथो ऽचोर्यत स नरो भार्यया/भार्यायाः समाश्वासनीयः – „Der Mann, dessen Wagen gestohlen wurde, ist von der Gattin zu trösten (Gerundivum des Kausativums von सम्-आ-श्वस्)."

- diese einer Passivkonstruktion mit dem betreffenden Verb im Optativ oder Imperativ semantisch gleichwertig sind. Daher bieten sich anstelle der wörtlichen Wiedergabe eines Gerundivums (mit einem Partizip I oder einem Infinitiv in Verbindung mit „zu") entsprechende alternative Übersetzungsmöglichkeiten an.

  Z.B.: दूतेन पत्त्रं न पठितव्यम् – Wörtlich: „Der Brief ist vom Boten nicht zu lesen."

Die Passivkonstruktion, die diesem Satz semantisch gleichwertig ist, lautet:

दूतेन पत्त्रं न पठ्येत (oder: दूतेन पत्त्रं मा पठ्यताम्)

Die Gerundivkonstruktion kann daher auch folgendermaßen übersetzt werden: „Der Bote möge/soll den Brief nicht lesen."

Je nach Kontext ist das Gerundivum eher im optativischen oder eher im imperativischen Sinne aufzufassen.

- der N. Sg. n. eines Gerundivums in unpersönlichen Konstruktionen erscheinen kann, die den unpersönlichen Passivkonstruktionen mit einem finiten Passivverb oder einem PPP entsprechen.

  Z.B.: त्वया नगरं गन्तव्यम् – „Du mögest in die Stadt gehen."/„Geh in die Stadt!"

  Besonders beliebt ist im Sanskrit die unpersönliche Verwendung des Gerundivums von der Wurzel भू („werden, sein").

  Z.B.: नृपेण शत्रोर्बलवत्तरेण भवितव्यम् – „Der König muß stärker sein als der Feind."

16.2 Weitere Interrogativpronomina und Pronominaladjektive, die genauso oder ähnlich wie तद् (vgl. 9.2) dekliniert werden:

- कतर („welch-er/-e/-es von beiden?"), कतम („welch-er/-e/-es?"), इतर („ander-er/-e/-es") und अन्य („ander-er/-e/es") werden genauso wie तद् dekliniert. Die N. Sg.-Formen von अन्य lauten z.B. अन्यः (m.), अन्या (f.) und अन्यत् (n.).

- एक („ein/-er/-e/-es; Pl.: einige"), एकतर („ein-er/-e/-es von zweien"), विश्व („alle, jed-er/-e/-es") und सर्व („alle, jed-er/-e/-es") werden nur im N./A. Sg. n. anders dekliniert als तद्, nämlich durch Anfügen von -म् an den Stamm, s.d. sich z.B. für एक in diesen Kasus die Form एकम् ergibt.

  Bei उभय („beiderlei") kommt noch hinzu, daß die f. Formen von उभयी gebildet werden.

- Dieselbe Abweichung von dem Paradigma von तद् im N./A. Sg. n. findet man auch bei अधर („unter-er/-e/-es"), अन्तर („inner-er/-e/-es"), अपर („hinter-er/-e/-es, später-er/-e/-es, ander-er/-e/-es, niedrig-er/-e/-es"), अवर („hinter-er/-e/-es, westlich"), उत्तर („ober-er/-e/-es, nördlich"), दक्षिण („rechts, südlich"), पर („höchst-er/-e/-es, später/-er/-e/

-es, früher/-er/-e/-es, ander-er/-e/-es, entfernter, jenseitig, fremd"), पूर्व („früher/-er/-e/-es, östlich") und स्व („eigen/-er/-e/-es").

Bei diesen Pronominaladjektiven kommt noch hinzu, daß sie im Ab./L. Sg. m. n. und im N. Pl. m. wie gewöhnliche -अ-Stämme deklinierbar sind. Von अपर z.B. können in diesen Kasus neben अपरस्मात्, अपरस्मिन् und अपरे auch die Formen अपरात्, अपरे und अपराः gebildet werden.

Übung

१ पापान्यपमर्ष्टुं जलमवगाह्यर्ग्वेदः पठनीयः सामवेदो वा गेयः।
२ सर्वासु दिशासु स्वैरं चरितुं यज्ञियो ऽश्वस्त्वया मोक्तव्य इति नृपेणादिश्यत।
३ त्वदन्यो न कोऽप्यस्माभिः शंसनीयः।
४ विश्वे देवास्त्वा पालयन्तु।
५ एतद्विश्वं पाल्यम्।
६ पुरुषेणोद्यमो न त्याज्यः।
७ अन्येषां काव्यैरेष कविः कीर्तिमलभत।
८ पिपीलिकाः स्वान्यण्डानि भरन्ति।
९ दातव्यमृणमपाकर्तुं नृपो ब्राह्मणाय गां यच्छति।
१० दाराः सुताश्च सुलभा धनमेकं दुर्लभं लोके।

Vokabeln

मृज् 2. = reiben, wischen, glätten, reinigen

अप-मृज् 2. = abstreifen, abwischen

गाह् 1. = untertauchen, baden in, sich hineinbegeben in, sich vertiefen in (mit A.)

अव-गाह् 1. = untertauchen, baden in, eindringen in, sich hineinbegeben in, sich vertiefen in (mit A. oder L.)

ऋग्वेद m. = der Ṛgveda (Sammlung der Preislieder im Veda mit oder ohne die Kommentarliteratur)

सामवेद m. = Sāmaveda (Veda der heiligen Gesänge)

वा = oder

दिशा = Richtung, Himmelsgegend

स्वैरम् = aus eigenem Antrieb, nach eigenem Belieben (Adv.)

यज्ञिय = zum Opfer gehörig (oder passend)

दिश्[1] 6. = zeigen

आ-दिश्[1] 6. = anzeigen, jemanden (im D.) etwas (im A.) anweisen; bestimmen, befehlen; verkünden

अन्य = ander-er/-e/-es

विश्व = jed-er/-e/-es; Pl.: alle

पाल् 10. = bewachen, bewahren, hüten, schützen

उद्यम m. = Erhebung, Anstrengung, Mühe, Fleiß

पिपीलिका = Ameise

स्व = eigen, sein, dein, mein etc.

अण्ड n. = Ei

भृ 3. 1. = tragen, halten; besitzen; ernähren; davontragen

ऋण n. = Schuld

ऋण दा = eine Schuld abtragen

अप-आ-कृ 8. = von sich abwerfen, aufgeben; mit ऋणम्: sich einer Schuld entledigen

सुत m. = Sohn

दार m. Sg. und Pl., f. (-आ) und n. Pl. = Ehefrau

सुलभ = leicht zu erlangen

17. Lektion

17.1 Die Komparation (Steigerung) eines Nominalstamms kann u.a. durch Anfügen von **-तर** (für den Komparativ) und **-तम** (für den Superlativ) ausgedrückt werden. Diese auf **-तर** und **-तम** auslautenden Steigerungsformen werden wie m. und n. **-अ**-Stämme dekliniert. Die f. Entsprechungen sind durch die Suffixe **-तरा** und **-तमा** gekennzeichnet und werden wie **-आ**-Stämme dekliniert. Komparativ und Superlativ von **शीघ्र** („schnell“) lauten z.B. **शीघ्रतर/शीघ्रतरा** („schneller/-er/-e/-es“) bzw. **शीघ्रतम/शीघ्रतमा** („schnellst-er/-e/-es, am schnellsten“)

Bemerkungen:

17.1.1 Das Vergleichswort steht beim Komparativ im Ab. und beim Superlativ im L. Pl. oder im G. Pl.

Z.B.: **अश्वो गजाच्छीघ्रतरः** – „Ein Pferd ist schneller als ein Elefant.“

सर्वेषु शिष्येषु (oder: **सर्वेषां शिष्याणां**) **रामः पटुतमः** – „Rāma ist der klügste von allen Schülern.“

17.1.2 In gewissen Kontexten haben Komparative superlativische Bedeutung und Superlative komparativische Bedeutung, s.d. **वयसां वीर्यवत्तराः** z.B. auch i.S. von „die stärksten der Vögel (**वयस्**)“ gemeint sein kann.

17.1.3 Ein absolut (d.h. ohne Vergleichswort) verwendeter Komparativ ist manchmal mit „ziemlich“, „gar“ oder „zu“ übersetzbar. **दूरतर** kann z.B. „ziemlich weit“ oder „zu weit“ bedeuten. Komparative und Superlative ohne Vergleichswort sind aber auch oft i.S. eines Elativs aufzufassen und können mit steigernden Adverbien wie „sehr“, „äußerst“, „höchst“ oder „überaus“ wiedergegeben werden.

Z.B.: **कालिदासो विश्रुततरः** (oder: **विश्रुततमः**) **कविः** – „Kālidāsa ist ein überaus berühmter Dichter.“

17.1.4 So wie im Falle von **गजतर** („größerer bzw. besserer Elefant“) und **गजतम** („größter bzw. bester Elefant“) kann man **-तर** und **-तम** auch an Substantive anfügen, um auszudrücken, daß das, was sie bezeichnen, größer oder besser ist als andere Exemplare derselben Art oder, daß etwas das größte oder beste seiner Art ist.

17.2 Das Intensivum (oder Frequentivum) ist eine Verbform, die eine verstärkte oder wiederholte Handlung ausdrückt. Z.B. kann man von den Wurzeln **दीप्** („glänzen“), **धू** („schütteln“) und **प्रच्छ्** („fragen“) die Intensivstämme **देदीप्य-** („strahlend glänzen“), **दोधूय-** („kräftig schütteln“) bzw. **परीपृच्छ्य-** („eingehend oder wiederholt fragen“) bilden. Im Falle von Verben, die „gehen“ bedeuten (wie z.B. गम्, चर् oder या), können die entsprechenden Intensiva auch „kreuz und quer gehen“ oder „hin und her gehen“ bedeuten.

17.2.1 Bei der Bildung des Intensivstamms gibt es zwei Möglichkeiten, die beide mit einer Reduplikation der Wurzel verbunden sind. Den Bildungstyp, der an die Flexion der 3. Präsensklasse anknüpft, werden wir im Anschluß an die Darstellung der athematischen Präsensklassen behandeln (vgl. 29.2). Die andere Möglichkeit der Intensivbildung besteht darin, ähnlich wie bei der Bildung des Passivstamms **-य-** an die Wurzel anzufügen, die auch i.a. auf dieselbe Weise verändert wird wie im Passiv. Wenn sich dabei der Wurzelvokal verwandelt, richtet sich der Reduplikationsvokal nach dem Ergebnis dieses Vokalwechsels. An Intensivstämme, die so gebildet werden, können nur thematische Ā.-Personalendungen angefügt werden.

Bei beiden Bildungstypen des Intensivums ist der Vokal der Reduplikationssilbe eine in gewisser Weise verstärkte Variante des Vokals der Wurzelsilbe. Diese Verstärkung kann in einer Guṇierung, Verlängerung oder Nasalierung bestehen. **-ऋ-** als Vokal der Wurzelsilbe vor einfachem Konsonanten wird meist durch **-अरी-** redupliziert. Diese Reduplikationstypen sind in den folgenden Beispielen wiederzufinden:

स्वप् („schlafen“)	सोषुप्यते	„er/sie/es schläft wiederholt (oder: fest etc.)“
गै („singen“)	जेगीयते	„er/sie/es singt wiederholt (oder: laut etc.)“
वद् („sagen“)	वावद्यते	„er/sie/es sagt wiederholt (oder: mit Nachdruck etc.)“
गम् („gehen“)	जंगम्यते	„er/sie/es geht wiederholt (oder: kreuz und quer etc.)“
नृत् („tanzen“)	नरीनृत्यते	„er/sie/es tanzt wiederholt (oder: schwungvoll etc.)“

17.3 Die Demonstrativpronomina इदम् („dies-er/-e/-es“) und अदस् („jen-er/-e/-es“) hängen mit den bereits eingeführten Pronomina तद् und एतद् folgendermaßen bedeutungsmäßig zusammen: इदम् weist so wie एतद् auf das dem Sprecher Gegenwärtige hin, wobei एतद् die Unmittelbarkeit noch starker betont. अदस् bezieht sich auf das vom Sprecher aus gesehen Entferntere, aber evt. noch Sichtbare. तद् verweist auf das dem Sprecher nicht Gegenwärtige und ist – trotz der allgemein üblichen Übersetzung mit „dies-er/-e/-es“ – noch weniger als अदस् mit der Vorstellung von Unmittelbarkeit und Nähe verbunden.

17.3.1 Die Deklination von इदम् („dies-er/-e/-es“):

	Sg.			Dual		
	m.	f.	n.	m.	f.	n.
N.	अयम्	इयम्	इदम्	इमौ	इमे	इमे
A.	इमम्	इमाम्	इदम्	इमौ	इमे	इमे
I.	अनेन	अनया	अनेन	आभ्याम्	आभ्याम्	आभ्याम्
D.	अस्मै	अस्यै	अस्मै	आभ्याम्	आभ्याम्	आभ्याम्
Ab.	अस्मात्	अस्याः	अस्मात्	आभ्याम्	आभ्याम्	आभ्याम्
G.	अस्य	अस्याः	अस्य	अनयोः	अनयोः	अनयोः
L.	अस्मिन्	अस्याम्	अस्मिन्	अनयोः	अनयोः	अनयोः

	Pl.		
	m.	f.	n.
N.	इमे	इमाः	इमानि
A.	इमान्	इमाः	इमानि
I.	एभिः	आभिः	एभिः
D.	एभ्यः	आभ्यः	एभ्यः
Ab.	एभ्यः	आभ्यः	एभ्यः
G.	एषाम्	आसाम्	एषाम्
L.	एषु	आसु	एषु

17.3.2 Die Deklination von अदस् („jen-er/-e/-es“):

	Sg.			Dual		
	m.	f.	n.	m.	f.	n.
N.	असौ	असौ	अदः	अमू	अमू	अमू
A.	अमुम्	अमूम्	अदः	अमू	अमू	अमू
I.	अमुना	अमुया	अमुना	अमू- भ्याम्	अमू- भ्याम्	अमू- भ्याम्
D.	अमुष्मै	अमुष्यै	अमुष्मै	अमू- भ्याम्	अमू- भ्याम्	अमू- भ्याम्

Ab.	अमुष्मात्	अमुष्याः	अमुष्मात्	अमू-भ्याम्	अमू-भ्याम्	अमू-भ्याम्
G.	अमुष्य	अमुष्याः	अमुष्य	अमुयोः	अमुयोः	अमुयोः
L.	अमुष्मिन्	अमुष्याम्	अमुष्मिन्	अमुयोः	अमुयोः	अमुयोः

	Pl.		
	m.	f.	n.
N.	अमी	अमूः	अमूनि
A.	अमून्	अमूः	अमूनि
I.	अमीभिः	अमूभिः	अमीभिः
D.	अमीभ्यः	अमूभ्यः	अमीभ्यः
Ab.	अमीभ्यः	अमूभ्यः	अमीभ्यः
G.	अमीषाम्	अमूषाम्	अमीषाम्
L.	अमीषु	अमूषु	अमीषु

Übung

१ सर्वेषु पुत्रेषु रामो मम प्रियतमः।
२ रामाद्बलवत्तरेण शत्रुणा युद्धे नृपो ऽजीयत।
३ इमं ग्रन्थमवगन्तुं शिष्येण पटुतरेण भवितव्यम्।
४ यद्धान्यं त्वया व्यकीर्यत तदिमे विहगा भक्षयन्ति।
५ यद्येनास्मिँल्लोके क्रियते तस्य फलं तेन कर्त्रामुष्मिँल्लोक उपभुज्यते।
६ एभ्यो भिक्षुभ्यो ऽन्नं प्रयच्छ।
७ अमुष्या महिष्या धनानि प्रभूतानि वर्तन्ते।
८ नेयं नवा वार्त्ता।
९ यस्यां कन्यायां रामः सेष्णिह्यत इमां परिणिनीषति।
१० इमे सैनिका अमून् योधान् योयुध्यन्ते।

Vokabeln

प्रिय = lieb, erwünscht, angenehm

बलवत् = stark, mächtig

इदम् = dies-/er/-e/-es

पटु = scharf, geschickt, klug

धान्य n. (selten m.) = Sg. und Pl.: Getreide

कॄ 6. = ausstreuen, ausschütten, ausgießen

वि-कॄ 6. = ausstreuen, werfen, schleudern

भक्ष् 10. = genießen, essen, fressen, trinken

अदस् = jen-er/-e/-es

उप-भुज् 7. = genießen, essen, Nutzen ziehen aus, leben von, teilhaftig werden (auch von Unangenehmem); den Lohn für etwas (im A.) empfangen

प्र-यम् 1. = (vor)strecken; anbieten, geben

महिषी f. = Büffelkuh; (erste) Frau eines Fürsten

नव = neu

वार्त्ता = Unterhalt, Erwerb; Nachricht, Geschichte

सैनिक m. = Soldat

योध m. = Kämpfer, Krieger

18. Lektion

18.1 Die folgende Wortsandhiregel gilt für Wurzeln, in denen **-र्-** oder **-व्-** vorkommen, aber auch für Nominalstämme, die von einer Wurzel abgeleitet sind, die einen dieser beiden Konsonanten enthält (vgl. 18.2.1.2), s.d. es sich auch in diesem Fall um einen sogenannten „wurzelhaften" Konsonanten handelt:

-इ- und **-उ-** werden vor einem wurzelhaften **-र्-** oder **-व्-** meist verlängert, wenn darauf ein weiterer Konsonant folgt. Diese Regel erklärt u.a., warum der Präsensstamm von **दिव्** („spielen") **दीव्य-** lautet. Wir werden im folgenden eine weitere Anwendung dieser Wortsandhiregel im Zusammenhang mit der Deklination konsonantischer Stämme kennenlernen.

18.2 Die konsonantische Deklination beruht auf dem folgenden Endungsschema, das für alle Stämme gilt, die auf einen Konsonanten auslauten:

	Sg.		Dual		Pl.	
	m. f.	n.	m. f.	n.	m. f.	n.
N.	i.a. **-स्**	–	**-औ**	**-ई**	**-अः**	**-इ**
A.	**-अम्**	–	**-औ**	**-ई**	**-अः**	**-इ**
I.	**-आ**	**-आ**	**-भ्याम्**	**-भ्याम्**	**-भिः**	**-भिः**
D.	**-ए**	**-ए**	**-भ्याम्**	**-भ्याम्**	**-भ्यः**	**-भ्यः**
Ab.	**-अः**	**-अः**	**-भ्याम्**	**-भ्याम्**	**-भ्यः**	**-भ्यः**
G.	**-अः**	**-अः**	**-ओः**	**-ओः**	**-आम्**	**-आम्**
L.	**-इ**	**-इ**	**-ओः**	**-ओः**	**-सु**	**-सु**
V.	oft wie N.	oft wie N.	**-औ**	**-ई**	**-अः**	**-इ**

Bemerkung: Diese Endungen werden bei einstämmigen Nomina immer an denselben Stamm angefügt, während bei mehrstämmigen Nomina zwei oder drei Stämme in der Deklination verwendet werden, die jeweils bestimmten Kasus zugeordnet sind (vgl. 19.2).

18.2.1 Die regelmäßige Deklination einstämmiger konsonantisch auslautender Nomina wie z.B. **मरुत्** m. („Wind"), **वाच्** f. („Sprache"), **जगत्** n. („Welt"), **मनस्** n. („Sinn, Verstand"), **हविस्** n. („Opfergabe"), **चक्षुस्** n. („Auge") und **गिर्** f. („Wort"):

	Sg.			Dual		
	मरुत्	वाच्	जगत्	मरुत्	वाच्	जगत्
N.	मरुत्	वाक्	जगत्	मरुतौ	वाचौ	जगती
A.	मरुतम्	वाचम्	जगत्	मरुतौ	वाचौ	जगती
I.	मरुता	वाचा	जगता	मरुद्भ्याम्	वाग्भ्याम्	जगद्भ्याम्
D.	मरुते	वाचे	जगते	मरुद्भ्याम्	वाग्भ्याम्	जगद्भ्याम्
Ab.	मरुतः	वाचः	जगतः	मरुद्भ्याम्	वाग्भ्याम्	जगद्भ्याम्
G.	मरुतः	वाचः	जगतः	मरुतोः	वाचोः	जगतोः
L.	मरुति	वाचि	जगति	मरुतोः	वाचोः	जगतोः
V.	मरुत्	वाक्	जगत्	मरुतौ	वाचौ	जगती

	Pl.		
	मरुत्	वाच्	जगत्
N.	मरुतः	वाचः	जगन्ति
A.	मरुतः	वाचः	जगन्ति
I.	मरुद्भिः	वाग्भिः	जगद्भिः
D.	मरुद्भ्यः	वाग्भ्यः	जगद्भ्यः
Ab.	मरुद्भ्यः	वाग्भ्यः	जगद्भ्यः
G.	मरुताम्	वाचाम्	जगताम्
L.	मरुत्सु	वाक्षु	जगत्सु
V.	मरुतः	वाचः	जगन्ति

	Sg.			Dual		
	मनस्	हविस्	चक्षुस्	मनस्	हविस्	चक्षुस्
N.	मनः	हविः	चक्षुः	मनसी	हविषी	चक्षुषी
A.	मनः	हविः	चक्षुः	मनसी	हविषी	चक्षुषी
I.	मनसा	हविषा	चक्षुषा	मनोभ्याम्	हविर्भ्याम्	चक्षुर्भ्याम्
D.	मनसे	हविषे	चक्षुषे	मनोभ्याम्	हविर्भ्याम्	चक्षुर्भ्याम्
Ab.	मनसः	हविषः	चक्षुषः	मनोभ्याम्	हविर्भ्याम्	चक्षुर्भ्याम्
G.	मनसः	हविषः	चक्षुषः	मनसोः	हविषोः	चक्षुषोः
L.	मनसि	हविषि	चक्षुषि	मनसोः	हविषोः	चक्षुषोः
V.	मनः	हविः	चक्षुः	मनसी	हविषी	चक्षुषी

	Pl.		
	मनस्	हविस्	चक्षुस्
N.	मनांसि	हवींषि	चक्षूंषि
A.	मनांसि	हवींषि	चक्षूंषि
I.	मनोभिः	हविर्भिः	चक्षुर्भिः
D.	मनोभ्यः	हविर्भ्यः	चक्षुर्भ्यः
Ab.	मनोभ्यः	हविर्भ्यः	चक्षुर्भ्यः
G.	मनसाम्	हविषाम्	चक्षुषाम्
L.	मनःसु/मनस्सु	हविःषु/हविष्षु	चक्षुःषु/चक्षुष्षु
V.	मनांसि	हवींषि	चक्षूंषि

	गिर्		
	Sg.	Dual	Pl.
N.	गीः	गिरौ	गिरः
A.	गिरम्	गिरौ	गिरः
I.	गिरा	गीर्भ्याम्	गीर्भिः
D.	गिरे	गीर्भ्याम्	गीर्भ्यः
Ab.	गिरः	गीर्भ्याम्	गीर्भ्यः
G.	गिरः	गिरोः	गिराम्
L.	गिरि	गिरोः	गीर्षु
V.	गीः	गिरौ	गिरः

Bemerkungen:

18.2.1.1 **मनस्**, **हविस्** und **चक्षुस्** repräsentieren jeweils eine größere Deklinationsklasse mit einheitlichen Veränderungen des Stammauslauts in den Paradigmata, nämlich die n. **-अस्**-, **-इस्**- bzw. **-उस्**-Stämme. Ebenso ist das Paradigma von **गिर्** charakteristisch für die Deklination der **-र्**-Stämme.

18.2.1.2 Die Paradigmata in 18.2.1 sind folgendermaßen motiviert:

- Die Endung **-स्**, die im N. Sg. m. oder f. angefügt wird, fällt nach 2.1.1 weg.

  Im Falle von **मरुत्** erhält man daher für den N. Sg. nach Abfall des **-स्** im Auslaut von **मरुत्-स्** die Form **मरुत्**.

  वाच् hat den N. Sg. **वाक्**, denn wenn man von **वाच्-स्** die Pausaform bildet, fällt nicht nur das auslautende **-स्** ab. Man muß zusätzlich berücksichtigen, daß palatale Verschlußlaute nach 2.1.2 in -क् verwandelt werden.

Obwohl die Endung -स् im N. Sg. m. und f. bei der Bildung der Pausaform stets verschwindet, ist es sinnvoll, diesen Kasus nicht einfach als endungslos zu charakterisieren. Es wird sich nämlich zeigen, daß das -स् auf bestimmte Weise im N. Sg. von -र्-Stämmen zur Geltung kommt (s.u.).

- Vor vokalisch anlautender Endung bleibt der Stammauslaut unverändert. Alle konsonantisch anlautenden Kasusendungen lauten mit einem Konsonanten an, der kein Halbvokal oder Nasal ist. Nach 11.1.2 werden daher die entsprechenden Kasusformen gebildet, indem man den Stamm (außer im Falle von -र्-Stämmen) zunächst in die Pausaform verwandelt. Dann werden die Endungen nach den Satzsandhiregeln angefügt.

  Z.B.: I. Pl. von मरुत् = मरुत्- (Pausaform von मरुत्) + -भिः = मरुद्भिः (nach 4.2.4)

  I. Pl. von वाच् = वाक्- (Pausaform von वाच्) + -भिः = वाग्भिः (nach 4.2.4)

  I. Pl. von मनस् = मनः (Pausaform von मनस्) + -भिः = मनोभिः (nach 3.1.1)

  L. Pl. von मनस् = मनः (Pausaform von मनस्) + -सु = मनःसु/मनस्सु (nach 6.1.1)

- Jeder Stamm hat eine ganz bestimmte Pausaform, an die konsonantisch anlautende Endungen angefügt werden. Das auslautende -ज् wird z.B. bei स्रज् f. („Kranz") stets in -क् verwandelt und bei परिव्राज् m. („herumwandernder religiöser Bettler") stets in -ट्, wenn man vor konsonantisch anlautender Endung die Pausaform bildet (vgl. 2.1.2). Der I. Pl. lautet daher स्रग्भिः bzw. परिव्राड्भिः

- Die स्-Retroflexion ist bei der Formenbildung stets zu beachten.

  Z.B.: L. Pl. von वाच् = वाक्- (Pausaform von वाच्) + -सु = वाक्षु

- Im N., A. und V. Pl. n. wird vor dem Endkonsonanten (außer wenn dieser ein Nasal ist) der entsprechende Nasal eingeschoben. Vor Zischlauten und -ह् im Auslaut des Stamms, schiebt man den Anusvāra ein. Bei Stämmen, die auf -स् auslauten, wird zusätzlich der vorhergehende

Vokal verlängert. N., A. und V. Pl. von जगत् und हविस् lauten daher जगन्ति bzw. हवींषि (mit स्-Retroflexion).

- Bei गिर् wird der Vokal **-इ-** in allen Kasus mit konsonantisch anlautender Endung aufgrund von 18.1 verlängert, denn der Stammauslaut **-र्** ist hier wurzelhaft, da गिर् auf die indogermanische Wurzel *$\overset{u}{g}$͡*erə* („singen") zurückgeht, in der das **-र्** bereits vorkommt. Im I. Pl. z.B. folgt dem wurzelhaften **-र्** von गिर् ein weiterer Konsonant, nämlich das **-भ्-** im Anlaut der Endung. Daraus ergibt sich nach 18.1 die Vokalverlängerung in गीर्भिः.

  Auch der N. Sg. गीः ist mit 18.1 zu erklären, denn wenn man an den Stamm die Endung **-स्** anfügt, erscheint das stammauslautende **-र्** von गिर् in einer Umgebung, die eine Verlängerung des **-इ-** erzwingt. Aus गीर्-स् ergibt sich schließlich durch Anwendung der Pausaformregeln गीः. Um das Zustandekommen dieser Form erklären zu können, bedarf es somit der auf den ersten Blick scheinbar überflüssigen Annahme einer Endung **-स्** im N. Sg. m. und f.

  Ähnlich wie गी wird auch आशिस् f. („Segenswunsch") dekliniert (Sg. N. आशीः, V. आशीः/आशिः; Pl. I. आशीर्भिः, L. आशीःषु). Sonst sind die Paradigmata von m. und f. **-इस्**-Stämmen (und ebenso auch die von m. und f. **-उस्**-Stämmen) regelmäßig. Unregelmäßigkeiten bei den m. und f. **-अस्**-Stämmen werden in 19.1.1 behandelt.

Übung

१ शिरो रुजति।
२ भक्ताः सुहृदो ऽस्मान् सुखं लम्भयन्ति।
३ अश्रुभिर्योषितो बालाश्च मनोरथान् साधयन्ति।
४ शरदि कासुचित्सरित्सु पद्मानि दृश्यन्ते।
५ मरुतः सर्वाभ्यो दिग्भ्यो वहन्ति।
६ मनुष्याणां मनांसि जीविते सजन्ति।
७ यथा चित्तं तथा वाचो यथा वाचस्तथा क्रियाः।
८ व्याधाः स्वाभिर्गीर्भिर्मृगांस्त्रासयन्ति।
९ मधुलिड्भिरेष बालो ऽदश्यत।

१० हे शिष्य समिधो वनादाहर।
११ चक्षुषा पश्यति मानुषः।
१२ वणिग्द्विषो दुहितरं पर्यणयत्।

Vokabeln

शिरस् n. = Kopf
रुज् 6. = zerbrechen; schmerzen
भक्त = treu
सुहृद् = m.: Freund; f.: Freundin
अश्रु n. (selten m.) = Träne
योषित् f. = Frau
मनोरथ m. = Wunsch, Phantasie
साध् 1. = erfolgreich sein, zum Ziel gelangen; Kaus.: zum Ziel bringen; ausführen; erlangen, gewinnen, teilhaftig werden
शरद् f. = Herbst
सरित् f. = Fluß, Bach
मरुत् m. = Wind, Gott des Windes; Pl. auch: die Sturmgötter
दिश्[2] f. = Richtung, Himmelsrichtung, Gegend, Himmelsgegend
मनस् n. = der innere Sinn, Geist, Verstand, Gemüt, Seele, Herz, Denken
सञ्ज् 1. = heften an, hängen an (unregelmäßiger Präsensstamm: सज-)
यथा ... तथा = wie ... so
चित्त n. = Denken, Beobachten; Absicht, Wille; Herz, Gemüt, Geist
वाच् f. = Sprache, Stimme, Laut; Rede, Wort, Aussage
क्रिया = Tat, Handlung
गिर् f. = Wort, Ruf, Preis, Lob, Spruch, Ausspruch, Rede, Sprache, Stimme
त्रस् 1. 4. = (er)zittern, erschrecken vor; Kaus.: jemanden erschrecken
मधुलिह् m. = Biene
समिध् f. = Brennholz
आ-हृ 1. = herbeibringen
चक्षुस् = sehend; n.: Auge
वणिज् m. = Kaufmann
द्विष्[1] = f.: Anfeindung, Mißgunst; m.: Feind

19. Lektion

19.1 Unregelmäßige einstämmig-konsonantische Paradigmata haben die m. und f. **-अस्**-Stämme (vgl. 19.1.1) und die m. und n. **-इन्**-Stämme (vgl. 19.1.2).

19.1.1 Bei den m. und f. **-अस्**-Stämmen wird im N. Sg. das **-अ-** vor dem Visarga im Auslaut verlängert. N. und V. Sg. haben verschiedene Formen. Sonst ist das Paradigma regelmäßig. **चन्द्रमस्** m. („Mond") wird z.B. folgendermaßen dekliniert:

	Sg.	Dual	Pl.
N.	चन्द्रमाः	चन्द्रमसौ	चन्द्रमसः
A.	चन्द्रमसम्	चन्द्रमसौ	चन्द्रमसः
I.	चन्द्रमसा	चन्द्रमोभ्याम्	चन्द्रमोभिः
D.	चन्द्रमसे	चन्द्रमोभ्याम्	चन्द्रमोभ्यः
Ab.	चन्द्रमसः	चन्द्रमोभ्याम्	चन्द्रमोभ्यः
G.	चन्द्रमसः	चन्द्रमसोः	चन्द्रमसाम्
L.	चन्द्रमसि	चन्द्रमसोः	चन्द्रमःसु/चन्द्रमस्सु
V.	चन्द्रमः	चन्द्रमसौ	चन्द्रमसः

19.1.2 Bei m. und n. **-इन्**-Stämmen entfällt vor konsonantisch anlautender Endung das stammauslautende **-न्**. Unregelmäßigkeiten treten ferner im N. Sg. m. und im N., A. und V. Sg. und Pl. n. auf. N. und V. Sg. m. haben verschiedene Formen. **बलिन्** („stark") wird z.B. folgendermaßen dekliniert:

	Sg.		Dual		Pl.	
	m.	n.	m.	n.	m.	n.
N.	बली	बलि	बलिनौ	बलिनी	बलिनः	बलीनि
A.	बलिनम्	बलि	बलिनौ	बलिनी	बलिनः	बलीनि
I.	बलिना	बलिना	बलिभ्याम्	बलिभ्याम्	बलिभिः	बलिभिः
D.	बलिने	बलिने	बलिभ्याम्	बलिभ्याम्	बलिभ्यः	बलिभ्यः
Ab.	बलिनः	बलिनः	बलिभ्याम्	बलिभ्याम्	बलिभ्यः	बलिभ्यः
G.	बलिनः	बलिनः	बलिनोः	बलिनोः	बलिनाम्	बलिनाम्
L.	बलिनि	बलिनि	बलिनोः	बलिनोः	बलिषु	बलिषु
V.	बलिन्	बलि/ बलिन्	बलिनौ	बलिनी	बलिनः	बलीनि

Bemerkungen:

19.1.2.1 Von einem **-इन्**-Stamm bildet man die f. Formen durch Anfügen von **-ई**. Die Stämme auf **-इनी** wie z.B. **बलिनी**, die f. Ableitung von **बलिन्**, werden wie die mehrsilbigen Feminina auf **-ई** dekliniert.

19.1.2.2 -इन्, **-मिन्** oder **-विन्** können an ein Nomen „X" angefügt werden, um ein Adjektiv oder Substantiv in der Bedeutung „mit X versehen (oder: durch X gekennzeichnet)" bzw. „der/die/das mit X Versehene (oder: durch X Gekennzeichnete)" zu bilden. Z.B. sind von den Nomina **धन** n. („Reichtum"), **तपस्** n. („Askese") und **स्व** („eigen") die Nomina **धनिन्** („reich"), **तपस्विन्** m. („Asket") und **स्वामिन्** m. („Eigentümer") abgeleitet.

19.2 Mehrstämmige Nomina unterscheiden sich von anderen konsonantischen Stämmen darin, daß innerhalb der Deklination zwei oder drei Stämme auftreten. Zweistämmige Nomina werden dekliniert, indem man die Endungen an einen *starken* oder *schwachen* Stamm anfügt. Bei der Deklination dreistämmiger Nomina geht man entsprechend von einem *starken*, einem *mittleren* und einem *schwächsten* Stamm aus. Die Stämme sind – abhängig vom Geschlecht des betreffenden Nomens – jeweils bestimmten Kasus zugeordnet.

19.2.1. Die Verteilung der Stämme auf die Kasus ergibt sich aus dem folgenden Schema, in dem der starke Stamm mit „+" bezeichnet ist, der mittlere mit „0", und der schwache (bei zweistämmigen Nomina) bzw. der schwächste (bei dreistämmigen Nomina) mit „-".

	Sg.		Dual		Pl.	
	m. f.	n.	m. f.	n.	m. f.	n.
N.	+	- (0)	+	-	+	+
A.	+	- (0)	+	-	-	+
I.	-	-	- (0)	- (0)	- (0)	- (0)
D.	-	-	- (0)	- (0)	- (0)	- (0)
Ab.	-	-	- (0)	- (0)	- (0)	- (0)
G.	-	-	-	-	-	-
L.	-	-	-	-	- (0)	- (0)
V.	+	- (0)	+	-	+	+

Bemerkungen:

19.2.1.1 Der mittlere Stamm erscheint bei dreistämmigen m., f. und n. Nomina dort, wo die zweistämmigen den schwachen haben und die Endung kon-

sonantisch anlautet. Die Neutra haben den mittleren Stamm darüber hinaus im N., A. und V. Sg.
19.2.1.2 N., A. und V. Dual n. werden im Falle des Partizips Präsens Par. (vgl. 20.1.3) der Verben der 1., 4. und 10. Klasse, der Kausativa und der Desiderativa ausnahmsweise fast ausschließlich vom starken Stamm gebildet. Das Partizip Präsens Par. der Verben der 6. Klasse, der Denominativa und das Partizip Futur Par. (vgl. 20.1.4) können im N., A. und V. Dual n. den schwachen oder den starken Stamm haben. Hinzu kommen weitere Ausnahmen, die das Partizip Präsens Par. athematischer Verben betreffen (vgl. 29.1.1).

19.2.2 Die Lexikalisierung mehrstämmiger Nomina ist im „Sanskrit-Wörterbuch" (St. Petersburg 1852 - 1875) von O. BÖHTLINGK und R. ROTH so geregelt, daß die zweistämmigen unter dem starken Stamm aufgenommen werden, während in dem Wörterbuch „A Sanskrit-English Dictionary" (Oxford 1899) von M. MONIER-WILLIAMS der schwache Stamm als Lexem erscheint. Dreistämmige Nomina werden diesbezüglich verschieden behandelt, wobei bestimmte Endungstypen, auf die wir später eingehen werden, als Auswahlkriterium dienen. Im folgenden (insbesondere in den Vokabelangaben zu den Übungsstücken) gilt als Lexemform eines zweistämmigen Nomens stets der schwache Stamm.

19.2.3 Typen zweistämmiger Nomina, die jeweils durch eine bestimmte Flexionsweise gekennzeichnet sind, repräsentieren die Adjektive auf **-मत्** und **-वत्**, das Adjektiv **महत्** („groß"), das Personalpronomen **भवत्** („du, mein Herr"), das Partizip Präsens Par., das Partizip Futur Par., das Partizip Präteritum Aktiv, die Komparative auf **-(ई)यस्**, Richtungsadjektive auf **-आच्** und gewisse seltene Einzelfälle zweistämmiger Nomina. Ausgehend von dieser Klassifikation, die alle zweistämmigen Nomina erfaßt, werden wir in der vorliegenden und in den folgenden Lektionen für jeden einzelnen Typ die Stammbildung und Besonderheiten des Paradigmas behandeln.

19.2.3.1 Adjektive auf -मत्- und -वत् lauten im schwachen Stamm auf **-मत्** bzw. **-वत्** aus und im starken Stamm auf **-मन्त्** bzw. **-वन्त्**. Besonders zu merken sind die Endungen **-मान्** bzw. **-वान्** für den N. Sg. m. und **-मन्** bzw. **-वन्** für den V. Sg. m. Das folgende Paradigma von **धीमत्** („klug") gründet sich z.B. auf den schwachen Stamm **धीमत्** und den starken Stamm **धीमन्त्**:

	Sg.		Dual		Pl.	
	m.	n.	m.	n.	m.	n.
N.	धीमान्	धीमत्	धीमन्तौ	धीमती	धीमन्तः	धीमन्ति
A.	धीमन्तम्	धीमत्	धीमन्तौ	धीमती	धीमतः	धीमन्ति
I.	धीमता	धीमता	धीमद्भ्याम्	धीमद्भ्याम्	धीमद्भिः	धीमद्भिः
D.	धीमते	धीमते	धीमद्भ्याम्	धीमद्भ्याम्	धीमद्भ्यः	धीमद्भ्यः
Ab.	धीमतः	धीमतः	धीमद्भ्याम्	धीमद्भ्याम्	धीमद्भ्यः	धीमद्भ्यः
G.	धीमतः	धीमतः	धीमतोः	धीमतोः	धीमताम्	धीमताम्
L.	धीमति	धीमति	धीमतोः	धीमतोः	धीमत्सु	धीमत्सु
V.	धीमन्	धीमत्	धीमन्तौ	धीमती	धीमन्तः	धीमन्ति

Bemerkungen:

19.2.3.1.1 Die f. Formen werden von धीमती (= schwacher Stamm + -ई) entsprechend der Deklination der mehrsilbigen Feminina auf -ई gebildet.

19.2.3.1.2 -मत् und -वत् werden als Possessivsuffixe verwendet, die man an ein Substantiv „X" anfügen kann, um „X habend" auszudrücken.[22] Z.B. sind von धी f. („Verstand, Einsicht") und धन n. („Reichtum") die Adjektive धीमत् („verständig, einsichtig") und धनवत् („reich") abgeleitet.

Übung

१ न नृपं विना राज्यं बलवत्स्वपि मन्त्रिषु।

२ न वैद्यः प्रभुरायुषः।

३ दुर्ग्राह्यः पाणिना वायुर्दुःस्पर्शः पाणिना शिखी।

४ सर्वमुत्पादि भङ्गुरम्।

५ धनवान्बलवाँल्लोके।

६ त्यागो गुणो वित्तवतां वित्तं त्यागवतां गुणः।

७ सूर्यश्च चन्द्रमाश्च जगतो ज्योतिषी।

८ विश्वस्या भुवः सम्राट् पुरूरवा उर्वशीमप्सरसं पर्यणयत्तस्यां च पुत्रो ऽजायत।

९ नहुषो ऽचक्षुषे पयो यच्छन्ति।

१० मन्त्रिणः स्वामिने कदापि न द्रुह्येयुः।

[22]Es handelt sich in diesem Fall um eine andere Verwendung des Suffixes -वत् als die in 3.4.3 erläuterte. Dort war von dem Adverbialsuffix -वत् die Rede.

Vokabeln

राज्य n. = Königtum, Herrschaft, Reich
मन्त्रिन् m. = Minister
वैद्य m. = Arzt
प्रभु m. = Herr, Gebieter über (mit G.)
आयुस् n. = Leben
दुर्ग्राह्य = schwer zu fassen
पाणि m. = Hand
वायु m. = Wind, Luft
दुःस्पर्श = schwer zu berühren
शिखिन् m. = Feuer; Pfau
उत्पादिन् = was entsteht
भङ्गुर = zerbrechlich, vergänglich
त्याग m. = Verlassen; Meiden; Aufgeben, Hingabe; Freigebigkeit
वित्त n. = Habe, Besitz, Gut, Vermögen, Geld
सूर्य m. = Sonne
चन्द्रमस् m. = Mond
जगत् n. = Welt
ज्योतिस् n. = Licht, Intelligenz; das Licht der himmlischen ewigen Welt; Pl.: die Gestirne; Dual: die beiden Fürsten unter den Gestirnen (d.h. Sonne und Mond)
भू^{2} f. = Erde
सम्राज् m. = Allherrscher, Oberherr, Oberkönig
पुरूरवस् m. = Purūravas (Name eines alten mythischen Königs)
उर्वशी f. = Urvaśī (Name einer Apsaras)
अप्सरस् f. = Apsaras (Nymphe aus Indras Himmel)
नहुस् m. = Stamm, Geschlecht; Stammesgenosse, Nachbar
अचक्षुस् = augenlos, blind
पयस् n. = Flüssigkeit, Wasser, Milch
स्वामिन् m. = Eigentümer, Besitzer, Herr, Gebieter
कदा = wann? (Adv.)
द्रुह् 4. = schädigen, nachstellen (mit D., G., A. oder L.); wetteifern

20. Lektion

20.1 Die in 19.2.3.1 erläuterte Deklination der Adjektive auf **-मत्** und **-वत्** gilt – mit gewissen Ausnahmen – auch für das Adjektiv **महत्** („groß“), das Personalpronomen **भवत्** („du, mein Herr“), das Partizip Präsens Par., das Partizip Futur Par. und das Partizip Präteritum Aktiv, die im folgenden behandelt werden.

20.1.1 **महत्** hat im Unterschied zu den **-मत्-**/**-वत्-**Stämmen den starken Stamm **महान्त्** (mit **-आ-**). Sonst ist die Deklination analog, wie das folgende Teilparadigma zeigt:

	Sg.		Dual		Pl.	
	m.	n.	m.	n.	m.	n.
N.	महान्	महत्	महान्तौ	महती	महान्तः	महान्ति
A.	महान्तम्	महत्	महान्तौ	महती	महतः	महान्ति
V.	महन्	महत्	महान्तौ	महती	महान्तः	महान्ति

Bemerkung: Die femininen Formen werden von **महती** (= schwacher Stamm + **-ई**) entsprechend der Deklination der mehrsilbigen Feminina auf **-ई** gebildet.

20.1.2 Das Personalpronomen भवत् („du, mein Herr“) ist im Gegensatz zu **त्वम्** nicht geschlechtsneutral und wird in der Regel mit dem zugehörigen Verb in der dritten Person konstruiert.

Die m. Formen werden – so wie die Adjektive auf **-मत्** und **-वत्** – von einem schwachen Stamm auf **-अत्** (**भवत्**) und einem starken Stamm auf **-अन्त्** (**भवन्त्**) gebildet. Die Deklination der f. Formen erfolgt nach dem Vorbild der mehrsilbigen f. **-ई**-Stämme, wobei man i.a. vom schwachen Stamm mit suffigiertem **-ई** (**भवती**) ausgeht.

भवत् wird für die höfliche Anrede gegenüber **त्वम्** bevorzugt.

Z.B.: **भवानुपविशतु** – „Setz dich bitte!“/„Setzen Sie sich bitte, mein Herr!“

20.1.3 Das Partizip Präsens Par. ist ein Verbaladjektiv, das wörtlich mit einem deutschen Partizip I wiedergegeben werden kann. Das von **गम्** („gehen“) abgeleitete Partizip Präsens Par. **गच्छत्** bedeutet z.B. „gehend“. Je nach Kontext ist auch eine Übersetzung mit einem finiten Verb im Rahmen einer Nebensatzkonstruktion möglich (vgl. 20.1.3.2).

20.1.3.1 Bei der Formenbildung ist zu beachten, daß ...

- das Partizip Präsens Par. von thematischen Verben anders gebildet wird als von athematischen. (In der vorliegenden Lektion betrachten wir nur den thematischen Bildungstyp.)

- die m. und n. Formen des Partizips Präsens Par. thematischer Verben auf zwei Stämmen basieren, die gebildet werden, indem man an den Präsensstamm **-त्** (für den schwachen Stamm) bzw. **-न्त्** (für den starken Stamm) anfügt. **गम्** hat z.B. die Stämme **गच्छत्** und **गच्छन्त्**.

- **-त्** bzw. **-न्त्** auch an Kausativ-, Desiderativ- und Denominativstämme angefügt werden können. Von **गमय-** („zu gehen veranlassen"), **जिगमिष-** („zu gehen wünschen") und **देवय-** („einem Gott gleichen") kann man z.B. das Partizip Präsens Par. **गमयत्/गमयन्त्** („zu gehen veranlassend"), **जिगमिषत्/जिगमिषन्त्** („zu gehen wünschend") bzw. **देवयत्/देवयन्त्** („einem Gott gleichend") bilden.

- die m. und n. Formen des Partizips Präsens Par. thematischer Verben so wie bei den **-मत्-/-वत्**-Stämmen gebildet werden, außer in den folgenden Kasus:

  Im N. Sg. m. erscheint die Endung **-अन्** (wie z.B. bei **गच्छन्**, dem N. Sg. m. des Partizips Präsens Par. von **गम्**).

  N., A. und V. Dual n. des Partizips Präsens Par. der Verben der 1.,4. und 10. Klasse, der Kausativa und der Desiderativa werden fast ausschließlich vom starken Stamm gebildet. Für Verben der 6. Klasse und Denominativa verwendet man in diesen Fällen den starken oder den schwachen Stamm.

- der f. Stamm identisch ist mit der Form des N./A./V. Dual n. und wie die mehrsilbigen Feminina auf **-ई** dekliniert wird. Im Falle von **गम्** lautet er z.B. **गच्छन्ती**.

20.1.3.2 Das Partizip Präsens Par. drückt eine Nebenhandlung aus, die zur Haupthandlung des Satzes im Verhältnis der Gleichzeitigkeit steht. Man verwendet es ...

- attributiv i.S. eines deutschen Partizips I oder stellvertretend für ein finites Verb im Rahmen einer (temporalen, kausalen etc.) Nebensatzkonstruktion, wobei als Tempus in der Übersetzung nicht unbedingt das Präsens erscheinen muß, da der Aspekt der Gleichzeitigkeit evt. auch mit einem anderen Tempus wiedergegeben werden kann.

Z.B.: रामो वने जीवन्तं तपस्विनं गच्छति – „Rāma geht zu dem im Wald lebenden Asketen (oder: Rāma geht zu dem Asketen, der im Wald lebt)."

क्षत्रिया युद्धे युध्यन्तो बहूञ्छत्रूनमारयन् – „Die Krieger, die im Kampf kämpften, töteten viele Feinde (oder: Während die Krieger im Kampf kämpften, töteten sie viele Feinde)."

- in substantivierter Form.

  Z.B.: तत्र तिष्ठन्तं पश्यति – „Er sieht den dort Stehenden."

- prädikativ nur in Verbindung mit einer Kopula. (Dieser Einschränkung unterliegen auch die Partizipen Präsens Ā. und Passiv und die Partizipen Futur Par. und Ā.) Im Gegensatz zum PPP ist ein Partizip Präsens Par. also nicht anstelle eines finiten Verbs in einem Hauptsatz verwendbar. Der Satz „Rāma spielt mit Sītā" kann z.B. im Sanskrit mit रामः सीतया क्रीडन् वर्तते wiedergegeben werden, nicht aber mit *रामः सीतया क्रीडन्.

20.1.4 Das Partizip Futur Par. ist ein Verbaladjektiv, das im Deutschen wörtlich mit einem Infinitiv in Verbindung mit „werdend" wiedergegeben werden kann. Das von गम् abgeleitete Partizip Futur Par. गमिष्यत् bedeutet z.B. „gehen werdend".

20.1.4.1 Bei der Formenbildung ist zu beachten, daß ...

- die beiden Deklinationsstämme des Partizips Futur Par. von thematischen und von athematischen Verben gebildet werden, indem man an den Futurstamm -त् für den schwachen und -न्त् für den starken Stamm anfügt.

- die m. und n. Formen so wie beim Partizip Präsens Par. gebildet werden, außer in den Kasus N., A. und V. Dual n., wo wahlweise der starke oder der schwache Stamm erscheinen kann.

- die f. Formen vom starken oder vom schwachen Stamm mit den Endungen der mehrsilbigen Feminina auf -ई gebildet werden können. Der N. Sg. f. des Partizips Futur Par. von गम् lautet z.B. गमिष्यती oder गमिष्यन्ती.

20.1.4.2 Das Partizip Futur Par. wird genauso verwendet wie das Partizip Präsens Par., abgesehen davon, daß die im Partizip Futur Par. ausgedrückte Nebenhandlung zur Haupthandlung im Verhältnis der Nachzeitigkeit steht. Da die wörtliche Übersetzung mit einem deutschen Partizip I in Verbindung mit „werdend" sprachlich ungeschickt ist, kann man das Partizip Futur Par. im Deutschen nur mit einem finiten Verb im Rahmen einer Nebensatzkonstruktion wiedergeben. Dabei ist die Nachzeitigkeit evt. auch mit einem anderen Tempus als dem deutschen Futur I ausdrückbar. Ferner können Wendungen wie z.B. „im Begriff sein, etwas zu tun" dazu verwendet werden, eine Handlung (im Verhältnis zur Haupthandlung) als bevorstehend zu charakterisieren.

Z.B.: ग्रामं गमिष्यन्तं सेवकं ह्वयामि – „Ich rufe den Diener, der ins Dorf gehen wird."

ब्राह्मणो भिक्षां दास्यन्नगरमगच्छत् – „Der Brahmane, der im Begriff war, ein Almosen zu geben, ging in die Stadt."

20.1.5 Das Partizip Präteritum Aktiv (PPA) ist ein Verbaladjektiv, das im Deutschen wörtlich mit einem Partizip II in Verbindung mit „habend" oder „seiend" wiedergegeben werden kann. Die von कृ und गम् abgeleiteten PPA's कृतवत् und गतवत् bedeuten z.B. „gemacht habend" bzw. „gegangen seiend".

20.1.5.1 Das PPA wird vom PPP durch Anfügen von **-वत्** gebildet (vgl. die Beispiele in 20.1.5) und genauso dekliniert wie die Adjektive auf **-वत्**.

20.1.5.2 Die Verwendungsweise des PPA's kann ...

- attributiv sein. Da die wörtliche Übersetzung mit einem deutschen Partizip II in Verbindung mit „habend" oder „seiend" sprachlich ungeschickt ist, kann man das PPA in diesem Fall im Deutschen nur mit einem finiten Verb im Imperfekt, Perfekt oder Plusquamperfekt im Rahmen einer Nebensatzkonstruktion wiedergeben.

  Z.B.: कुन्तान् क्षिप्तवन्तं क्षत्रियं नापश्यम् – „Ich sah nicht den Krieger, der Speere warf/geworfen hat/geworfen hatte. (Wörtlich: Ich sah nicht den Speere geworfen habenden Krieger.)"

- prädikativ sein, wobei das PPA – so wie das PPP – auch das finite Verb in einem Hauptsatz vertreten kann.

  Z.B.: रामः पुस्तकं लिखितवान् – „Rāma schrieb ein Buch (oder: Rāma hat ein Buch geschrieben)."

20.2 Im Gegensatz zum PPA haben das Partizip Präsens Par. und das Partizip Futur Par. auch eine Ā.-Entsprechung. Das Partizip Futur Ā. wird – so wie die finiten Ā.-Formen des Futurs – auch im passivischen Sinne verwendet. Dagegen haben das Partizip Präsens Par. und das Partizip Präsens Ā. stets aktivische Bedeutung. Das Partizip Präsens Ā. wird insbesondere von Verben gebildet, die (fast) nur im Ā. konjugierbar sind. Für passivische Partizipialkonstruktionen, in denen das Partizip präsentische Bedeutung haben soll, verwendet man i.a. das Partizip Präsens Passiv.

20.2.1 Das Partizip Präsens Ā. wird unterschiedlich gebildet, je nachdem ob die zugrundeliegende Wurzel thematisch oder athematisch ist. Bei thematischer Bildungsweise fügt man **-मान** (bzw. **-माना** für den f. Stamm) mit den Endungen der m. und n. **-अ**-Stämme (bzw. der f. **-आ**-Stämme) an den Präsensstamm an. Auf diese Weise wird z.B. von **मन्** („denken, meinen") das Partizip Präsens Ā. **मन्यमान** („denkend, meinend") gebildet, das genauso wie ein Partizip Präsens Par. verwendet wird.

Z.B.: **जेष्यामीति मन्यमानः क्षत्रियो योत्स्यति** – „Der Krieger wird kämpfen, weil er denkt: ‚Ich werde siegen.'"

20.2.2 Das Partizip Präsens Passiv und das Partizip Futur Ā. weisen bei thematischen und athematischen Wurzeln jeweils das gleiche Bildungsmuster auf: Man fügt **-मान** (bzw. **-माना** für den f. Stamm) mit den Endungen der m. und n. **-अ**-Stämme (bzw. der f. **-आ**-Stämme) an den Passiv- bzw. an den Futurstamm an. Das Partizip Präsens Passiv und das Partizip Futur Passiv von **कृ** („machen") lauten z.B. **क्रियमाण** („gemacht werdend") bzw. **करिष्यमाण** („machen werdend, gemacht werden werdend").

Bis auf die passivische Bedeutung stimmt die Verwendungsweise dieser Partizipien mit der der Par.-Entsprechungen überein.

Z.B.: **कविभिः शस्यमानं नृपं जनाः शंसन्ति** – „Die Menschen preisen den König, der von den Dichtern gepriesen wird."

स ताडयिष्यमाणं बालमरक्षत् – „Er beschützte den Jungen, der im Begriff war, geschlagen zu werden."

Übung

१ कुप्यते मा कुप्यत।
२ त्वयि जीवति सुखेन वयं जीवामः।
३ स्निह्यन्तीं भार्यां त्यजन्निन्द्यते।
४ धनिनस्तपस्विभ्यो धनं यच्छन्तः शस्यन्ते।

५ कदा भवान् काश्यामवसत्।
६ कवयो व्याघ्रं हतवतो व्याधाञ्छंसन्तु।
७ कुत्रचिदारण्यको वीणाया ध्वनिं श्रुतवान्।
८ सर्वे मनुष्या अल्पेन यत्नेन महतो ऽर्थानाकाङ्क्षन्ति।
९ एभ्यः क्षुधा तत्र सीदद्भ्यो भिक्षुभ्यो ऽन्नं प्रयच्छ।
१० यद्धान्यं भवता विकीर्यते तदिमे विहगा भक्षयन्ति।
११ मृगयमाणो लभमानः।
१२ वार्यमाणस्य वाञ्छा विषयेष्वभिवर्धते।
१३ अयं नः पिता रथादवतीर्णः सख्या सह संभाषमाणस्तिष्ठति।
१४ उदधौ मग्नं म्रियमाणं भुज्युमश्विनौ नावोदहरताम्।
१५ अप्रतिषिध्यमानमनुमतम्।
१६ प्रकृतेर्गुणैर्वस्तूनि क्रियमाणानि वर्तन्ते।
१७ बालको डीयमानं खगमन्वसरत्।
१८ वर्धमानं व्याधिं तर्जयन्तं द्वेष्टारं च नोपेक्षेत।
१९ क्षेत्रे युध्यमानान् रिपूनैक्षामहि।
२० परितोष्यमाणापि न प्रसीदति।

Vokabeln

कुप् 4. = in Aufregung geraten, jemandem (im D. oder G.) zürnen
निन्द्/निद् 1. = tadeln, schmähen, verachten
धनिन् = reich
तपस् n. = Wärme, Hitze, Glut; Schmerz, Plage; Selbstpeinigung, Askese
तपस्विन् m. = Asket
भवत् = m.: du, mein Herr; f. (भवती): du, Herrin
काशी f. = Benares
आरण्यक m. = Waldbewohner, Einsiedler
वीणा = Laute
ध्वनि m. = Laut, Ton, Geräusch, Schall, Donner; Wort, Andeutung
मनुष्य m. = Mensch
अल्प = klein, gering
यत्न m. = Mühe, Sorge, Streben, Anstrengung
महत् = groß, weit, ausgedehnt; mächtig, ehrwürdig, bedeutend, wichtig
काङ्क्ष् 1. = begehren, verlangen, wünschen, ersehnen, erwarten
आ-काङ्क्ष् 1. = dass.
क्षुध् f. = Hunger
मृगय- Ā. = dem Wild nachsetzen, verfolgen, jagen; suchen (Den.)
वाञ्छा = Wunsch, Verlangen nach (mit L., G. oder A.)
विषय m. = Gebiet, Bereich; Gegenstand, Objekt; Pl.: Sinnesgenüsse

अभि-वृध् 1. Ā. = heranwachsen, größer oder stärker werden

अव-तॄ 1. = hinab-, herabsteigen, sich herablassen von; überwältigen, überwinden

भाष् 1. = reden, sprechen, plaudern, sagen

सम्-भाष् 1. = sich unterhalten, sprechen mit

मज्ज् 1. = versinken; untergehen, zugrunde gehen

भुज्यु m. = Bhujyu (Eigenname)

अश्विन् = mit Rossen versehen; m.: Rosselenker; Dual: die Aśvins (Name zweier Lichtgötter, die zuerst am Morgenhimmel erscheinen. Sie sind die Ärzte der Götter.)

उद्-हृ 1. = herausnehmen, herausziehen; retten

सिध्[2] 1. = scheuchen, vertreiben

प्रति-सिध्[2] 1. = vertreiben, abhalten von (mit Ab.), zurückhalten, verhindern, verbieten

अनु-मन् 4. = zustimmen, einwilligen, jemandem (im A.) die Erlaubnis geben, gestatten

प्रकृति f. = Natur, Wesen; Grundform; in der Sāṃkhya-Philosophie: die Urmaterie

वस्तु n. = Sitz, Ort; Gegenstand, Sache, Wertgegenstand, Reales

बालक m. = Junge, Kind

सृ 1. = rasch laufen, eilen, rennen, gleiten, fließen

अनु-सृ 1. = nachlaufen, folgen, verfolgen

व्याधि m. = Krankheit

तर्ज् 1. = drohen, bedrohen, schmähen; Kaus.: dass.

द्वेष्टृ = hassend; m.: Feind

उप-ईक्ष् 1. Ā. = zusehen, anschauen; nicht beachten, vernachlässigen

रिपु m. = Betrüger; Feind

परि-तुष् 4. = sich vollkommen zufrieden geben mit (mit I.), große Freude haben an (mit L.); Kaus.: jemanden vollkommen zufriedenstellen

सद् 1. = sitzen (unregelmäßiger Präsensstamm: **सीद-**)

प्र-सद् 1. = sich setzen, d.h. klar, hell werden (z.B. in bezug auf Wasser); heiter, ruhig, freundlich werden

21. Lektion

21.1 Komparative auf -(ई)यस् und Superlative auf -इष्ठ werden meist von Wurzeln gebildet, seltener von Nominalstämmen. प्रथीयस् („breiter/-er/-e/-es") und प्रथिष्ठ („breitest-er/-e/-es, am breitesten") gehen z.B. auf प्रथ् („ausdehnen, sich ausdehnen") zurück. In diesem Fall läßt sich den Steigerungsformen auf -(ई)यस् und -इष्ठ auch ein nicht gesteigertes Adjektiv (als „Positiv") zuordnen, das von derselben Wurzel abgeleitet ist, nämlich पृथु („breit").

Daneben gibt es aber auch Komparative und Superlative wie z.B. ज्यायस् („älter/-er/-e/-es") und ज्येष्ठ („ältest-er/-e/-es, am ältesten"), die keinen wurzelverwandten Positiv besitzen. Als Positiv zu den von ज्या („überwältigen") abgeleiteten Steigerungsformen ज्यायस् und ज्येष्ठ kommen nur Adjektive wie z.B. वृद्ध („alt") in Frage. Ebenso gibt es im Deutschen zwischen gewissen Steigerungsformen und den zugehörigen Positiven kein morphologisches Bindeglied (vgl. „gut", „besser/-er/-e/-es" und „best-er/-e/-es").

Bemerkungen:

21.1.1 Beim Anfügen von -(ई)यस् bzw. -इष्ठ an eine Wurzel kann sich der Wurzelvokal verwandeln. Z.B. wird er guṇiert, wenn man von der Wurzel क्षिप् („werfen, schleudern"), die auch dem Positiv क्षिप्र („schnell") zugrunde liegt, क्षेपीयस् („schneller/-er/-e/-es") und क्षेपिष्ठ („schnellst-er/-e/-es, am schnellsten") ableitet.

21.1.2 An Komparative und Superlative auf -(ई)यस् bzw. -इष्ठ können auch die Steigerungssuffixe -तर und -तम (vgl. 17.1) angefügt werden. Die auf diese Weise gebildeten Formen auf -(ई)यस्तर bzw. -इष्ठतर haben komparativische Bedeutung, während die Formen auf -(ई)यस्तम bzw. -इष्ठतम meist superlativische Bedeutung haben. Eine Ausnahme bildet पापिष्ठतम („schlimmer/-er/-e/-es").[23]

21.1.3. Superlative auf -इष्ठ werden wie Adjektive auf -अ dekliniert. Die f. Formen bildet man von dem Stamm auf -इष्ठा.

Komparative auf -(ई)यस् haben einen schwachen Stamm auf -(ई)यस् und einen starken Stamm auf -(ई)यांस्. Besonders zu merken sind der N. Sg. m. auf -(ई)यान् und der V. Sg. m. auf -(ई)यन्. Der mit dem Positiv

[23] पापीयस् und पापिष्ठ sind nicht von einer Wurzel abgeleitet, sondern von dem Adjektiv पाप („schlimm, böse, schlecht").

गुरु („schwer“) wurzelverwandte Komparativ गरीयस् (Superlativ: गरिष्ठ)[24] hat z.B. den schwachen Stamm गरीयस् und den starken Stamm गरीयांस्.

21.1.3.1 Die Deklination der Komparative auf -(ई)यस् wie z.B. गरीयस् („schwerer/-er/-e/-es“):

	m.		
	Sg.	Dual	Pl.
N.	गरीयान्	गरीयांसौ	गरीयांसः
A.	गरीयांसम्	गरीयांसौ	गरीयसः
I.	गरीयसा	गरीयोभ्याम्	गरीयोभिः
D.	गरीयसे	गरीयोभ्याम्	गरीयोभ्यः
Ab.	गरीयसः	गरीयोभ्याम्	गरीयोभ्यः
G.	गरीयसः	गरीयसोः	गरीयसाम्
L.	गरीयसि	गरीयसोः	गरीयःसु/गरीयस्सु
V.	गरीयन्	गरीयांसौ	गरीयांसः

	n.		
	Sg.	Dual	Pl.
N./A./V.	गरीयः	गरीयसी	गरीयांसि

In den übrigen Kasus ist die Deklination identisch mit der der Maskulina.

Bemerkung: Die f. Formen werden von गरीयसी (= schwacher Stamm + -ई) entsprechend der Deklination der mehrsilbigen Feminina auf -ई gebildet.

21.2 Richtungsadjektive auf -आच् wie z.B. प्राच् („östlich“) und अवाच् („abwärts“) haben einen schwachen Stamm auf -आच् und einen starken Stamm auf -आञ्च्. N. und V. Sg. m. lauten auf -आङ् aus, denn von den drei Konsonanten (-ञ्च्-स्), die nach dem Anfügen der Endung -स् an den starken Stamm im Auslaut aufeinandertreffen, bleibt nach 2.1.1 nur der palatale Nasal übrig, der nach 2.1.2 in den velaren verwandelt wird. Die Deklination wird im folgenden am Beispiel von प्राच् (schwacher Stamm: प्राच्, starker Stamm: प्राञ्च्) vorgeführt:

[24] गरीयस् und गरिष्ठ sind von गॄ („beschweren“) abgeleitet (vgl. CH. H. WERBA, „Verba Indoarica. Die primären und sekundären Wurzeln der Sanskrit-Sprache“, Ps. I, p. 403).

	m.		
	Sg.	Dual	Pl.
N.	प्राङ्	प्राञ्चौ	प्राञ्चः
A.	प्राञ्चम्	प्राञ्चौ	प्राचः
I.	प्राचा	प्राग्भ्याम्	प्राग्भिः
D.	प्राचे	प्राग्भ्याम्	प्राग्भ्यः
Ab.	प्राचः	प्राग्भ्याम्	प्राग्भ्यः
G.	प्राचः	प्राचोः	प्राचाम्
L.	प्राचि	प्राचोः	प्राक्षु
V.	प्राङ्	प्राञ्चौ	प्राञ्चः

	n.		
	Sg.	Dual	Pl.
N./A./V.	प्राक्	प्राची	प्राञ्चि

In den übrigen Kasus ist die Deklination identisch mit der der Maskulina.

Bemerkung: Die f. Formen werden von प्राची (= schwacher Stamm + -ई) entsprechend der Deklination der mehrsilbigen Feminina auf -ई gebildet.

21.3 Ein seltener Einzelfall eines zweistämmigen Nomens ist z.B. das Substantiv पद् m. („Fuß, Schritt, Viertel"), das mit dem schwachen Stamm पद् und dem starken Stamm पाद् regelmäßig dekliniert wird:

	Sg.	Dual	Pl.
N.	पात्	पादौ	पादः
A.	पादम्	पादौ	पदः
I.	पदा	पद्भ्याम्	पद्भिः
D.	पदे	पद्भ्याम्	पद्भ्यः
Ab.	पदः	पद्भ्याम्	पद्भ्यः
G.	पदः	पदोः	पदाम्
L.	पदि	पदोः	पत्सु
V.	पात्	पादौ	पादः

Bemerkung: पद n. („Schritt, Tritt, Spur, Stelle, Fuß, Versviertel, Wort") und पाद m. („Fuß, Pfeiler, Versviertel") werden wie gewöhnliche -अ-Stämme dekliniert.

Übung

१ प्रायेण ज्येष्ठाः पितृषु वल्लभा मतॄणां च कनीयांसः।
२ बलिषु वीरेषु भीमो बलिष्ठः।
३ सर्वेषां गुणानां विनयः श्रेष्ठो ऽविनयश्च पापिष्ठः।
४ बलीयः सर्वतो दिष्टं पुरुषस्य विशेषतः।
५ पदा मामस्पृशत्सखा।
६ जलेन पादौ क्षालयत्येष परिव्राट्।
७ मतिर्बलाद्गरीयसी।
८ प्राच्यां दिशि ज्योतींष्युद्गच्छन्ति।
९ प्राचां देशे पाटलिपुत्रं नाम महन्नगरं विद्यते।
१० अवाचीं प्रति व्रजामः।

Vokabeln

प्रायेण = meist, gewöhnlich (Adv.)

ज्येष्ठ = der/die/das vorzüglichste/oberste/beste/größte/schlimmste; vorzüglicher als (mit Ab.); ältest-er/-e/-es, am ältesten

वल्लभ = liebst-er/-e/-es, lieber als (mit Ab.), beliebt bei (mit L. oder G.); m.: Liebling, Günstling

कनीयस् = kleiner/-er/-e/-es, geringer/-er/-e/-es; jünger/-er/-e/-es

बलिन् = kräftig, stark

वीर m. = Mann, Held; Pl.: Männer, Leute

भीम = furchtbar; m.: Bhīma (Eigennname)

विनय m. = das Entfernen; Erziehung, Zucht; gutes Benehmen

श्रेष्ठ = best-er/-e/-es, am besten von oder unter (mit G. oder L.); besser, vorzüglicher, angesehener als (mit Ab.)

दिष्ट n. = Anweisung, Befehl; Bestimmung, Schicksal

विशेषतः = im einzelnen; besonders, zumal (Adv.)

पद्^{2} m. = Fuß; Schritt; Viertel

स्पृश् 6. = berühren

पाद m. = Fuß; Pfeiler; Versviertel

क्षल् 10. = waschen

परिव्राज् m. = heimat- und familienloser Asket, ein herumwandernder religiöser Bettler

मति f. = Denken, Gedanke, Meinung, Einsicht, Verstand; Absicht, Entschluß; Andacht, Gebet, Verehrung

प्राच् = nach vorne (oder nach Osten) gerichtet, vorne befindlich, östlich; m. Pl.: Bewohner des Ostens

उद्-गम् 1. = aufgehen, sich erheben, hervorkommen

देश m. = Ort, Stelle, Gegend; Land, Heimat

पाटलिपुत्र n. = Pāṭaliputra (Name einer Stadt, vermutlich identisch mit dem heutigen Patnā)

नाम = namens, nämlich, freilich, wirklich, etwa; in einem Fragesatz: doch, wohl (Adv.)

अवाच् = abwärts, nach unten gerichtet; f.: Süden

प्रति = gegen, nach, nach … hin, auf … (zu), zu … (hin); in bezug auf (mit A.)

व्रज् 1. = schreiten, wandern, (fort)gehen

22. Lektion

22.1 Die folgende Wortsandhiregel wird insbesondere für die Deklination der **-अन्**-Stämme benötigt.
-न्- im Anlaut eines Suffixes verwandelt sich nach **-च्** oder **-ज्** in **-ञ्-**:
-n- nach *-c/-j* = *-ñ-*
Z.B.: Schwächster Stamm von **राजन्** m. („König") = **राज्-** + **-न्** = **राज्ञ्**
याच् („bitten") + **-ना** (Suffix zur Bildung von Verbalsubstantiven) = **याच्ञा** („das Bitten")

22.2 Dreistämmige Nomina haben einen schwächsten, einen mittleren und einen starken Stamm, die sich entsprechend 19.2.1 auf die Kasus verteilen. Man unterscheidet folgende Flexionstypen:

- Stämme auf **-अन्** mit Ausnahme der auf **-मन्** oder **-वन्** mit vorhergehendem Konsonanten auslautenden Stämme
- Stämme auf **-मन्** oder **-वन्** mit vorhergehendem Konsonanten
- das Partizip des Perfekts Par. auf **-वस्**, dessen Bildung wir erst nach der Behandlung des Perfekts analysieren können, s.d. wir es vorläufig einfach als eine Art Adjektiv betrachten werden
- Richtungsadjektive auf **-अच्**
- unregelmäßige dreistämmige Nomina

Bemerkung: Bei der Lexikalisierung eines dreistämmigen Nomens orientieren wir uns hier an der Konvention der meisten Wörterbücher und Grammatiken, die für den jeweiligen Flexionstyp einen der Stämme oder eine Formvariante als Lexem wählen.

22.2.1 Stämme, die auf -अन् auslauten (aber nicht auf -मन् oder -वन् mit vorhergehendem Konsonanten), haben übereinstimmende m. und f. Paradigmata. Der starke Stamm lautet auf **-आन्** aus, der mittlere auf **-अ** und der schwächste auf **-न्**.

Die auf **-अन्** auslautende Lexemform, die eine hochstufige Variante des starken Stamms ist, erscheint (ohne Endung) im V. Sg. m. f. und n. Die Endungen des L. Sg. m. f. n. und des N./A./V. Dual n. können an den schwächsten Stamm oder an die Lexemform auf **-अन्** angefügt werden.

Die Stämme von **राजन्** m. („König") und **नामन्** n. („Name"), die im folgenden dekliniert werden, lauten z.B. **राजान्**, **नामान्** (stark), **राज**, **नाम** (mittel) und **राज्ञ्** bzw. **नाम्न्** (am schwächsten).

	Sg.	Dual	Pl.
N.	राजा	राजानौ	राजानः
A.	राजानम्	राजानौ	राज्ञः
I.	राज्ञा	राजभ्याम्	राजभिः
D.	राज्ञे	राजभ्याम्	राजभ्यः
Ab.	राज्ञः	राजभ्याम्	राजभ्यः
G.	राज्ञः	राज्ञोः	राज्ञाम्
L.	राज्ञि/राजनि	राज्ञोः	राजसु
V.	राजन्	राजानौ	राजानः

	Sg.	Dual	Pl.
N.	नाम	नाम्नी/नामनी	नामानि
A.	नाम	नाम्नी/नामनी	नामानि
I.	नाम्ना	नामभ्याम्	नामभिः
D.	नाम्ने	नामभ्याम्	नामभ्यः
Ab.	नाम्नः	नामभ्याम्	नामभ्यः
G.	नाम्नः	नाम्नोः	नाम्नाम्
L.	नाम्नि/नामनि	नाम्नोः	नामसु
V.	नाम/नामन्	नाम्नी/नामनी	नामानि

22.2.2 Stämme, die auf -मन् oder -वन् mit vorhergehendem Konsonanten auslauten, haben ebenfalls übereinstimmende m. und f. Paradigmata. Der starke Stamm lautet auf -आन् aus, der mittlere auf -अ und der schwächste auf -अन् (!), d.h. in allen schwächsten Kasus erscheint (anders als bei den übrigen अन्-Stämmen) zur Vermeindung von Konsonantenhäufungen die Lexemform.

Die Stämme von आत्मन् m. („Seele") und कर्मन् n. („Tat"), die im folgenden dekliniert werden, lauten z.B. आत्मान्, कर्मान् (stark), आत्म, कर्म (mittel) und आत्मन् bzw. कर्मन् (am schwächsten).

	Sg.	Dual	Pl.
N.	आत्मा	आत्मानौ	आत्मानः
A.	आत्मानम्	आत्मानौ	आत्मनः
I.	आत्मना	आत्मभ्याम्	आत्मभिः
D.	आत्मने	आत्मभ्याम्	आत्मभ्यः
Ab.	आत्मनः	आत्मभ्याम्	आत्मभ्यः

G.	आत्मनः	आत्मनोः	आत्मनाम्
L.	आत्मनि	आत्मनोः	आत्मसु
V.	आत्मन्	आत्मानौ	आत्मानः

	Sg.	Dual	Pl.
N.	कर्म	कर्मणी	कर्माणि
A.	कर्म	कर्मणी	कर्माणि
I.	कर्मणा	कर्मभ्याम्	कर्मभिः
D.	कर्मणे	कर्मभ्याम्	कर्मभ्यः
Ab.	कर्मणः	कर्मभ्याम्	कर्मभ्यः
G.	कर्मणः	कर्मणोः	कर्मणाम्
L.	कर्मणि	कर्मणोः	कर्मसु
V.	कर्म/कर्मन्	कर्मणी	कर्माणि

22.2.3 Das Partizip des Perfekts Par. auf -वस् wird in den m. und n. Formen mit drei Stämmen dekliniert, die auf -वांस् (stark), -वत् (mittel) und -उष् (am schwächsten)[25] auslauten.

Die Stämme von विद्वस् („wissend"), von denen im folgenden die m. und n. Formen gebildet werden, lauten z.B. विद्वांस् (stark), विद्वत् (mittel) und विदुष् (am schwächsten).

	Sg.		Dual		Pl.	
	m.	n.	m.	n.	m.	n.
N.	विद्वान्	विद्वत्	विद्वांसौ	विदुषी	विद्वांसः	विद्वांसि
A.	विद्वांसम्	विद्वत्	विद्वांसौ	विदुषी	विदुषः	विद्वांसि
I.	विदुषा	विदुषा	विद्वद्भ्याम्	विद्वद्भ्याम्	विद्वद्भिः	विद्वद्भिः
D.	विदुषे	विदुषे	विद्वद्भ्याम्	विद्वद्भ्याम्	विद्वद्भ्यः	विद्वद्भ्यः
Ab.	विदुषः	विदुषः	विद्वद्भ्याम्	विद्वद्भ्याम्	विद्वद्भ्यः	विद्वद्भ्यः
G.	विदुषः	विदुषः	विदुषोः	विदुषोः	विदुषाम्	विदुषाम्
L.	विदुषि	विदुषि	विदुषोः	विदुषोः	विद्वत्सु	विद्वत्सु
V.	विद्वन्	विद्वत्	विद्वांसौ	विदुषी	विद्वांसः	विद्वांसि

[25]Das Suffix -वस् der Lexemform ist der sprachgeschichtliche Vorläufer des Suffixes -उष्.

Bemerkung: Die f. Formen werden von **विदुषी** (= schwächster Stamm + **-ई**) entsprechend der Deklination der mehrsilbigen Feminina auf **-ई** gebildet.

22.2.4 Richtungsadjektive auf -अच् werden in den m. und n. Formen mit drei Stämmen dekliniert, die auf **-अञ्च्** (stark), **-अच्** (mittel) und **-ईच्** (am schwächsten) auslauten.

Die Stämme von **प्रत्यच्** („westlich“), von denen im folgenden die m. und n. Formen gebildet werden, lauten z.B. **प्रत्यञ्च्** (stark), **प्रत्यच्** (mittel) und **प्रतीच्** (am schwächsten).

	Sg.		Dual		Pl.	
	m.	n.	m.	n.	m.	n.
N.	प्रत्यङ्	प्रत्यक्	प्रत्यञ्चौ	प्रतीची	प्रत्यञ्चः	प्रत्यञ्चि
A.	प्रत्यञ्चम्	प्रत्यक्	प्रत्यञ्चौ	प्रतीची	प्रतीचः	प्रत्यञ्चि
I.	प्रतीचा	प्रतीचा	प्रत्यग्भ्याम्	प्रत्यग्भ्याम्	प्रत्यग्भिः	प्रत्यग्भिः
D.	प्रतीचे	प्रतीचे	प्रत्यग्भ्याम्	प्रत्यग्भ्याम्	प्रत्यग्भ्यः	प्रत्यग्भ्यः
Ab.	प्रतीचः	प्रतीचः	प्रत्यग्भ्याम्	प्रत्यग्भ्याम्	प्रत्यग्भ्यः	प्रत्यग्भ्यः
G.	प्रतीचः	प्रतीचः	प्रतीचोः	प्रतीचोः	प्रतीचाम्	प्रतीचाम्
L.	प्रतीचि	प्रतीचि	प्रतीचोः	प्रतीचोः	प्रत्यक्षु	प्रत्यक्षु
V.	प्रत्यङ्	प्रत्यक्	प्रत्यञ्चौ	प्रतीची	प्रत्यञ्चः	प्रत्यञ्चि

Bemerkung: Die f. Formen werden von **प्रतीची** (= schwächster Stamm + **-ई**) entsprechend der Deklination der mehrsilbigen Feminina auf **-ई** gebildet.

Übung

१ यथा राजा तथा प्रजाः।
२ जातस्य ध्रुवो मृत्युर्ध्रुवं जन्म गृतस्य च।
३ आत्मैवात्मनो बन्धुरात्मैव रिपुरात्मनः।
४ आकिंचन्यं धनं विदुषाम्।
५ अविद्वांश्चैव विद्वांश्च ब्राह्मणो दैवतं महत्।
६ अर्थिनो राजानो हिरण्येन गवन्ति।
७ कर्म बलवदिति मतिमतो दरिद्रान्पश्यतो मे मतिः।
८ ब्रह्मा जगतः स्रष्टा वेदेषु श्रूयते।

९ एकस्मिञ्जन्मनि ये शूद्रा अजायन्त त आत्मनां धर्मान्सम्यगनुतिष्ठन्तो द्वितीये जन्मनि द्विजातयो भवेयुः।
१० त्वयि राज्ञि तिष्ठत्यस्माकं सर्वासां च प्रजानां सुखं न विनश्येत्।

Vokabeln

ध्रुव = beharrend, feststehend, beständig, sicher

मृत्यु m. = Tod

जन्मन् n. = Geburt, Entstehung, Wiedergeburt

आत्मन् = eigen, sein/ihr; selbst; sich; m.: Hauch; Seele; Geist; das Selbst

बन्धु m. = Verbindung; Verwandter; Freund

आकिंचन्य n. = völlige Armut

विद्वस् = wissend, verständig, gelehrt

अविद्वस् = unwissend

दैवत n. = Gottheit

अर्थिन् = eifrig, geschäftig, begierig nach (mit I.)

हिरण्य n. = Gold

कर्मन् n. = Handlung, Tat, Werk; Schicksal (die Folge der Handlungen in einem früheren Leben)

मतिमत् = klug

दरिद्र = bettelnd, arm

ब्रह्मन्[1] m. = Frommer, Brahmane; der oberste Gott, der Schöpfer der Welt

स्रष्टृ = schaffend; m.: Schöpfer

शूद्र m. = Angehöriger des vierten Standes

सम्यच् = zusammengehörig, vereinigt, vollkommen, richtig, wahr; im A. Sg. n. (सम्यक्) als Adv.: zusammen, gerade (im Gegensatz zu „schräg“), richtig, gehörig, genau, vollständig, durchaus

अनु-स्था 1. = nach jemandem (im A. oder L.) stehenbleiben; (be)folgen; einer Sache (im A.) nachgehen, ausführen

द्वितीय = zweit-er/-e/-es

नश् 4. 1. = verlorengehen; verschwinden; zugrunde gehen

वि-नश् 4. 1. = dass.

23. Lektion

23.1 Unregelmäßige dreistämmige Nomina: Dazu gehört eine Gruppe von **-अन्**-Stämmen mit unregelmäßigem schwächsten Stamm (vgl. 23.1.1) und eine Gruppe von Nomina mit noch erheblicheren Abweichungen von den regelmäßigen Paradigmata. Diese besteht aus konsonantischen Stämmen (vgl. 23.1.2 - 23.1.7) und aus n. **-इ**-Stämmen mit einem **-इ**-/**-अन्**-Mischparadigma (vgl. 23.1.8).

23.1.1 **मघवन्** m. („Indra"), **युवन्** („ jung") und **श्वन्** m. („Hund") haben als schwächsten Stamm **मघोन्**, **यून्** bzw. **शुन्**. Sonst werden diese Nomina wie gewöhnliche **-अन्**-Stämme (vgl. 22.2.1) dekliniert.

23.1.2 **अहन्** n. („Tag") hat den starken Stamm **अहान्**, den mittleren **अहस्** und den schwächsten **अह्न्**. Besonders zu merken ist die Form des N./A./V. Sg. **अहः** (mit **र्**-Visarga).

	Sg.	Dual	Pl.
N.	अहः	अह्नी/अहनी	अहानि
A.	अहः	अह्नी/अहनी	अहानि
I.	अह्ना	अहोभ्याम्	अहोभिः
D.	अह्ने	अहोभ्याम्	अहोभ्यः
Ab.	अह्नः	अहोभ्याम्	अहोभ्यः
G.	अह्नः	अह्नोः	अह्नाम्
L.	अह्नि/अहनि	अह्नोः	अहःसु/अहस्सु
V.	अहः	अह्नी/अहनी	अहानि

23.1.3 **पथ्** m. („Weg") hat den starken Stamm **पन्थान्**, den mittleren **पथि** und den schwächsten **पथ्**. Besonders zu merken ist die Form des N./V. Sg. **पन्थाः**

	Sg.	Dual	Pl.
N.	पन्थाः	पन्थानौ	पन्थानः
A.	पन्थानम्	पन्थानौ	पथः
I.	पथा	पथिभ्याम्	पथिभिः
D.	पथे	पथिभ्याम्	पथिभ्यः
Ab.	पथः	पथिभ्याम्	पथिभ्यः

G.	पथः	पथोः	पथाम्
L.	पथि	पथोः	पथिषु
V.	पन्थाः	पन्थानौ	पन्थानः

23.1.4 अप् f. („Wasser") ist nur im Pl. deklinierbar, hat aber Sg.-Bedeutung. Der starke Stamm lautet आप्, der mittlere अत् und der schwächste अप्. Der L. Pl. wird ausnahmsweise vom schwächsten Stamm gebildet.

	Pl.
N.	आपः
A.	अपः
I.	अद्भिः
D.	अद्भ्यः
Ab.	अद्भ्यः
G.	अपाम्
L.	अप्सु
V.	आपः

23.1.5 पुंस् m. („Mann") hat den starken Stamm पुमांस्, den mittleren पुम् und den schwächsten पुंस्. Besonders zu merken sind N. und V. Sg. पुमान् bzw. पुमन्. Ferner ist zu beachten, daß die स्-Retroflexionsregel bei der Formenbildung nicht angewendet wird.

	Sg.	Dual	Pl.
N.	पुमान्	पुमांसौ	पुमांसः
A.	पुमांसम्	पुमांसौ	पुंसः
I.	पुंसा	पुंभ्याम्	पुंभिः
D.	पुंसे	पुंभ्याम्	पुंभ्यः
Ab.	पुंसः	पुंभ्याम्	पुंभ्यः
G.	पुंसः	पुंसोः	पुंसाम्
L.	पुंसि	पुंसोः	पुंसु
V.	पुमन्	पुमांसौ	पुमांसः

23.1.6 अनडुह् m. („Stier") hat den starken Stamm अनड्वाह्, den mittleren अनडुत् und den schwächsten अनडुह्. Besonders zu merken sind N. und V. Sg. अनड्वान् bzw. अनड्वन्.

	Sg.	Dual	Pl.
N.	अनड्वान्	अनड्वाहौ	अनड्वाहः
A.	अनड्वाहम्	अनड्वाहौ	अनडुहः
I.	अनडुहा	अनडुद्भ्याम्	अनडुद्भिः
D.	अनडुहे	अनडुद्भ्याम्	अनडुद्भ्यः
Ab.	अनडुहः	अनडुद्भ्याम्	अनडुद्भ्यः
G.	अनडुहः	अनडुहोः	अनडुहाम्
L.	अनडुहि	अनडुहोः	अनडुत्सु
V.	अनड्वन्	अनड्वाहौ	अनड्वाहः

23.1.7 Die Wurzel हन् („schlagen, töten“) kann in der Bedeutung „Mörder/-in“ oder „tötend“ als Schlußglied eines Kompositums wie z.B. ब्रह्महन् („Brahmanen tötend, Brahmanenmörder“) vorkommen und wird in diesem Fall dreistämmig dekliniert. Der starke Stamm lautet °हन् (bzw. °हान् im N./A./V. Pl. n.), der mittlere °ह und der schwächste °घ्न्. Besonders zu merken sind N. und V. Sg. m. °हा bzw. °हन्. Ferner ist zu beachten, daß die न्-Retroflexionsregel bei der Formenbildung keinen Einfluß auf das -न् im Auslaut des schwächsten Stamms °घ्न् hat.

	Sg.		Dual	
	m.	n.	m.	n.
N.	ब्रह्महा	ब्रह्मह	ब्रह्महणौ	ब्रह्मघ्नी/ब्रह्महणी
A.	ब्रह्महणम्	ब्रह्मह	ब्रह्महणौ	ब्रह्मघ्नी/ब्रह्महणी
I.	ब्रह्मघ्ना	ब्रह्मघ्ना	ब्रह्महभ्याम्	ब्रह्महभ्याम्
D.	ब्रह्मघ्ने	ब्रह्मघ्ने	ब्रह्महभ्याम्	ब्रह्महभ्याम्
Ab.	ब्रह्मघ्नः	ब्रह्मघ्नः	ब्रह्महभ्याम्	ब्रह्महभ्याम्
G.	ब्रह्मघ्नः	ब्रह्मघ्नः	ब्रह्मघ्नोः	ब्रह्मघ्नोः
L.	ब्रह्मघ्नि/ब्रह्महणि	ब्रह्मघ्नि/ब्रह्महणि	ब्रह्मघ्नोः	ब्रह्मघ्नोः
V.	ब्रह्महन्	ब्रह्मह/ब्रह्महन्	ब्रह्महणौ	ब्रह्मघ्नी/ब्रह्महणी

	Pl.	
	m.	n.
N.	ब्रह्महणः	ब्रह्महाणि
A.	ब्रह्मघ्नः	ब्रह्महाणि
I.	ब्रह्महभिः	ब्रह्महभिः
D.	ब्रह्महभ्यः	ब्रह्महभ्यः
Ab.	ब्रह्महभ्यः	ब्रह्महभ्यः

G.	ब्रह्मघ्नाम्	ब्रह्मघ्नाम्
L.	ब्रह्महसु	ब्रह्महसु
V.	ब्रह्महणः	ब्रह्महाणि

Bemerkung: Die f. Formen werden von °घ्नी (= schwächster Stamm + -ई) entsprechend der Deklination der mehrsilbigen Feminina auf -ई gebildet.

23.1.8 Gewisse n. -इ-Stämme werden vor den vokalisch anlautenden Endungen der konsonantischen Deklination (außer im N./A./V. Dual und Pl.) wie n. -अन्-Stämme dekliniert. N., A., V. und die Kasus, die in der konsonantischen Deklination eine konsonantisch anlautende Endung haben, bildet man wie bei gewöhnlichen n. -इ-Stämmen. अक्षि n. („Auge") wird z.B. folgendermaßen dekliniert:

	Sg.	Dual	Pl.
N.	अक्षि	अक्षिणी	अक्षीणि
A.	अक्षि	अक्षिणी	अक्षीणि
I.	अक्ष्णा	अक्षिभ्याम्	अक्षिभिः
D.	अक्ष्णे	अक्षिभ्याम्	अक्षिभ्यः
Ab.	अक्ष्णः	अक्षिभ्याम्	अक्षिभ्यः
G.	अक्ष्णः	अक्ष्णोः	अक्ष्णाम्
L.	अक्ष्णि/अक्षणि	अक्ष्णोः	अक्षिषु
V.	अक्षि/अक्षे	अक्षिणी	अक्षीणि

Übung

१ बलवन्तावनड्वाहौ लाङ्गलं वहेताम्।
२ शिवास्ते पन्थानः।
३ हृद्येष पुमान्परं ब्रह्म ध्यायति।
४ केन पथा भवान्सख्या सहागच्छत्।
५ पुंभिः सह स्त्रीरगमयद्राजा।
६ हे युवन्पन्थानं मे दर्शय।
७ अद्भिः पादौ क्षालयत्येष परिव्राट्।
८ एकेनाक्ष्णा यो न किंचित्पश्यति तं काणं वदन्ति।

९ एते पुमांसो हृदयेषु पापं गूहयन्ति।
१० ब्रह्मघ्ना सह न संभाषेत न च तमध्यापयेद्याजयेद्वा।

Vokabeln

अनडुह् m. = Stier
लाङ्गल n. = Pflug
शिव = freundlich, günstig, heilsam, angenehm; glücklich; m.: Name eines Gottes
पथ् m. = Pfad, Weg
हृद् n. = Herz
पुंस् m. = Mann, Mensch, Diener
ब्रह्मन्[2] n. = Andacht, Frömmigkeit; heiliger Spruch (besonders die Silbe *om*); Gebet; heilige Weisheit; der unpersönliche höchste Gott, das Brahman, das Absolute
ध्यै 1. 2. = denken (an), nachdenken (über) (2.-Klasse-Präsensstamm: ध्या-)
युवन् = jung; m.: Jüngling
अप् f. Pl. = Wasser, Gewässer
अक्षि n. = Auge
काण = einäugig
हृदय n. = Herz
गुह् 1. = verbergen, verhüllen, geheim halten (unregelmäßiger Präsensstamm: गूह-)
ब्रह्महन् = Brahmanen tötend; m.: Brahmanenmörder
यज् 1. = opfern (mit dem A. des Gottes); Kaus.: opfern lassen, jemandem (im A.) zum Opfer verhelfen, für jemanden als Opferpriester tätig sein

24. Lektion

24.1 Die Zahlwörter werden in Kardinalzahlwörter (vgl. 24.1.1), Ordinalzahlwörter (vgl. 24.1.2) und Zahladverbien (vgl. 24.1.3) eingeteilt.

24.1.1 Die Kardinalzahlwörter, zu denen Bezeichnungen für die Null (wie z.B. शून्य n. oder बिन्दु m.) nicht gerechnet werden, können in elementare und abgeleitete unterteilt werden. Elementar sind die Zahlwörter für 1 bis 9, für die Vielfachen von 10 bis 90 (10, 20, 30 etc.) und für die (im folgenden bis 10000000 angegebenen) Zehnerpotenzen ab 100 (100, 1000, 10000 etc.). Aus den elementaren Zahlwörtern ergeben sich die abgeleiteten durch die Bildung von Komposita (vgl. 24.1.1.2) oder Nominalphrasen (vgl. 24.1.1.3).

एक = 1
द्वि = 2
त्रि = 3
चतुर् = 4
पञ्चन्[26] = 5
षष् = 6
सप्तन् = 7
अष्टन् = 8
नवन् = 9
दशन् = 10
विंशति = 20
त्रिंशत् = 30
चत्वारिंशत् = 40
पञ्चाशत् = 50
षष्टि = 60
सप्तति = 70
अशीति = 80
नवति = 90
शत = 100
सहस्र = 1000
अयुत = 10000
लक्ष = 100000
प्रयुत = 1000000
कोटि = 10000000

24.1.1.1 Die Deklination der Kardinalzahlwörter: Von den Kardinalzahlwörtern, die teilweise wie Adjektive und teilweise wie Substantive verwendet werden (vgl. 24.1.1.4), können alle Kasus gebildet werden. Sie sind aber nicht alle in allen Numeri und Genera deklinierbar. Die folgende Tabelle gibt einen Überblick über den Formenbestand der Kardinalzahlwörter:

Kardinalzahlwort für ...	Kasus	Numerus	Genus
1	alle	Sg., Pl. („einige")	m., f., n.
2	alle	Dual	m., f., n.
3 - 4	alle	Pl.	m., f., n.
5 - 19	alle	Pl.	keines
20 - 99	alle	Sg.	f.
Zehnerpotenzen ab 100	alle	Sg., Dual, Pl.	n., aber: कोटि f.

Das Paradigma von एक (1) wurde (ohne den im n. Sg. mit dem N. identischen V.) bereits eingeführt (vgl. 16.2). Wie man द्वि (2), त्रि (3), चतुर् (4),

[26] Die Wahl von पञ्चन् als Lexemform weist auf die Verwandtschaft mit den -अन्-Stämmen in der Deklination hin.

पञ्चन् (5), षष् (6) und अष्टन् (8) dekliniert, ist unten angegeben. Von den Zahlwörtern für 1 bis 10 fehlen dann nur noch सप्तन् (7), नवन् (9) und दशन् (10), die wie पञ्चन् (5) dekliniert werden.

Von den Vielfachen von 10 zwischen 20 und 90 (20, 30, 40, ..., 90) werden diejenigen, die auf -इ auslauten, wie die Feminina auf -इ dekliniert und die konsonantisch auslautenden wie die einstämmigen konsonantisch auslautenden Feminina.

Die Zahlwörter für Zehnerpotenzen ab 100 werden (bis auf den f. -इ-Stamm कोटि) wie n. -अ-Stämme dekliniert. Zusammen mit den folgenden Paradigmata, die neu eingeführt werden, ist somit die Deklination aller elementaren Kardinalzahlwörter geklärt.

	द्वि (2)	
	m.	f./n.
N.	द्वौ	द्वे
A.	द्वौ	द्वे
I.	द्वाभ्याम्	द्वाभ्याम्
D.	द्वाभ्याम्	द्वाभ्याम्
Ab.	द्वाभ्याम्	द्वाभ्याम्
G.	द्वयोः	द्वयोः
L.	द्वयोः	द्वयोः
V.	द्वौ	द्वे

	त्रि (3)		
	m.	f.	n.
N.	त्रयः	तिस्रः	त्रीणि
A.	त्रीन्	तिस्रः	त्रीणि
I.	त्रिभिः	तिसृभिः	त्रिभिः
D.	त्रिभ्यः	तिसृभ्यः	त्रिभ्यः
Ab.	त्रिभ्यः	तिसृभ्यः	त्रिभ्यः
G.	त्रयाणाम्	तिसृणाम्	त्रयाणाम्
L.	त्रिषु	तिसृषु	त्रिषु
V.	त्रयः	तिस्रः	त्रीणि

	चतुर् (4)		
	m.	f.	n.
N.	चत्वारः	चतस्रः	चत्वारि
A.	चतुरः	चतस्रः	चत्वारि
I.	चतुर्भिः	चतसृभिः	चतुर्भिः
D.	चतुर्भ्यः	चतसृभ्यः	चतुर्भ्यः
Ab.	चतुर्भ्यः	चतसृभ्यः	चतुर्भ्यः
G.	चतुर्णाम्	चतसृणाम्	चतुर्णाम्
L.	चतुर्षु	चतसृषु	चतुर्षु
V.	चत्वारः	चतस्रः	चत्वारि

	पञ्चन् (5)	षष् (6)	अष्टन् (8)
N.	पञ्च	षट्	अष्ट/अष्टौ
A.	पञ्च	षट्	अष्ट/अष्टौ
I.	पञ्चभिः	षड्भिः	अष्टभिः/अष्टाभिः
D.	पञ्चभ्यः	षड्भ्यः	अष्टभ्यः/अष्टाभ्यः
Ab.	पञ्चभ्यः	षड्भ्यः	अष्टभ्यः/अष्टाभ्यः
G.	पञ्चानाम्	षण्णाम्	अष्टानाम्
L.	पञ्चसु	षट्सु	अष्टसु/अष्टासु
V.	पञ्च	षट्	अष्ट/अष्टौ

24.1.1.2 Die Glieder eines Kompositums zur Bezeichnung von Kardinalzahlen werden in der Stammform nach Satzsandhiregeln miteinander verbunden und sie erscheinen in den Komposita für zweistellige Zahlen in derselben Reihenfolge wie in den deutschen Entsprechungen. Das Zahlwort für 14 lautet z.B. चतुर्दशन्. Im Falle der Komposita für mehr als zweistellige Zahlen ist die Reihenfolge der Kompositionsglieder teilweise genauso geregelt wie im Deutschen. In dem Zahlwort द्विसहस्रचतुःशतत्र्यशीति (2483) stehen z.B. die Vielfachen der höchsten Zehnerpotenz vorn. Dann kommen die Vielfachen der nächstkleineren Zehnerpotenz, bis man schließlich zu den Einern und Zehnern gelangt. Abweichend vom Deutschen kann aber im Sanskrit bei Zahlen, die in der Zifferndarstellung eine Null (oder mehrere aufeinanderfolgende Nullen) zwischen zwei von Null verschiedenen Zahlen enthalten, der Teil hinter der (letzten) Null im Kompositum als Vorderglied erscheinen. 101 kann z.B. mit एकशत wiedergegeben werden, 1001 mit एकसहस्र. Diese Art der Zahlendarstellung führt manchmal zu Mehrdeutigkeiten. Während एकशत stets

101 bedeutet und एकसहस्र stets 1001, ist अष्टशत je nach Kontext additiv (108) oder multiplikativ (800) aufzufassen.

Um in solchen Fällen die additive Bedeutungsvariante unmißverständlich auszudrücken, fügt man das Wort अधिक („vermehrt um“) nach den Satzsandhiregeln in das Kompositum ein. अष्टाधिकशत kann nur 108 (wörtlich: „100 vermehrt um 8“) bedeuten.

Das Gegenteil von अधिक, nämlich ऊन („vermindert um“), wird zur Umschreibung eines Zahlworts mit einem Subtraktionsausdruck verwendet, wobei auch die Einbindung von ऊन ins Kompositum nach den Satzsandhiregeln erfolgt. नवदशन्, das reguläre Zahlwort für 19 (s.u.), kann z.B. mit एकोनविंशति (wörtlich: „20 vermindert um 1“) umschrieben werden. ऊन dient auch ohne das vorgesetzte Zahlwort एक zur Bezeichnung von „vermindert um 1“, s.d. ऊनविंशति bereits ein vollständiger Ausdruck für die Zahl 19 ist.

Bei manchen Zahlwörtern verändert sich der Auslaut, wenn sie in Komposita als Vorderglieder vorkommen.

- पञ्चन्, सप्तन्, अष्टन्, नवन् und दशन् verlieren ihr auslautendes -न्.
- एक wird nur vor दशन् zu एका- (एकादशन् – 11).
- षष् wird nur vor दशन् zu षो-, wobei zusätzlich der Anlaut von दशन् retroflex wird (षोडशन् – 16).
- द्वि, त्रि und अष्टन् werden vor den Zahlwörtern für 10, 20 und 30 zu द्वा-, त्रयस्- bzw. अष्टा- (z.B. त्रयोदशन् – 13).

  Vor dem Zahlwort für 80 bleiben sie unverändert, bis auf die Verwandlung von अष्टन् in अष्ट- und Veränderungen, die durch den Sandhi entstehen (z.B. त्र्यशीति – 83).

  Vor den Zahlwörtern für 40, 50, 60, 70 und 90 können sie ihre ursprüngliche Gestalt behalten oder in द्वा-, त्रयस्- bzw. अष्टा- verwandelt werden.

Somit ergeben sich folgende Komposita für die Zahlen von 11 bis 19: एकादशन् (11), द्वादशन् (12), त्रयोदशन् (13), चतुर्दशन् (14), पञ्चदशन् (15), षोडशन् (16), सप्तदशन् (17), अष्टादशन् (18), नवदशन् (19)

24.1.1.3 Nominalphrasen zur Bezeichnung von Kardinalzahlen können folgendermaßen gebildet werden:

- Zahlwörter werden additiv – meist in Verbindung mit च („und“) – aneinandergereiht.

  Z.B.: नव च नवतिश्च/नवतिर्नव – 99 (wörtlich: „9 und 90/90 [und] 9“)

- Bei den o.g. Komposita mit अधिक oder ऊन kann der vordere Teil des Kompositums bis अधिक bzw. ऊन incl. auch abgetrennt und dem Rest des Kompositums in adjektivischer Funktion hinzugefügt werden.

  Z.B.: एकाधिकं शतम् (als alternative Bezeichnung für एकाधिकशतम्) – 101

  पञ्चोनं शतम् (als alternative Bezeichnung für पञ्चोनशतम्) – 95

- Multiplikative Zahlendarstellungen in Form von Nominalphrasen können sich daraus ergeben, daß gewisse Zahlwörter wie zählbare Begriffe behandelt werden. Dabei steht der kleinere Faktor (als Anzahlbegriff) in adjektivischer Funktion unmittelbar vor dem größeren, der im Falle einer Multiplikation mit 2 im Dual erscheint und sonst im Pl.

  Z.B.: द्वे शते – 200 (wörtlich: „2 [mal] 100“)

  त्रीणि सहस्राणि – 3000 (wörtlich: „3 [mal] 1000“)

  पञ्च पञ्चाशतः – 250 (wörtlich: „5 [mal] 50“)

24.1.1.4 Zur Verwendungsweise der Kardinalzahlwörter ist zu beachten, daß . . .

- die Zahlwörter für 1 bis 19 meist in adjektivischer Funktion erscheinen, wobei im Falle von 1 bis 4 Kasus, Numerus und Genus dem Bezugswort entsprechen, während die geschlechtsneutralen und nur im Pl. deklinierbaren Zahlwörter für 5 bis 19 mit dem Bezugswort nur in Kasus und Numerus übereinstimmen.

  Z.B.: त्रीणि मित्राणि – „3 Freunde“

  पञ्च पुस्तकान्यपठम् – „Ich las 5 Bücher.“

- die Zahlwörter für 20 bis 99 in adjektivischer oder substantivischer Funktion vorkommen. Da sie stets f. Sg. sind, ist bei adjektivischer Verwendung nur eine Übereinstimmung mit dem Bezugswort im Kasus erforderlich.

  Z.B.: षष्ट्यां वर्षेषु – „in 60 Jahren“

Wenn diese Zahlwörter als Substantive verwendet werden, wird der Begriff für die gezählten Dinge im G. Pl. als Apposition hinzugefügt oder er erscheint in der Stammform in einem Kompositum mit dem Zahlwort als Schlußglied. Ein zweistämmiges Nomen hat als Vorderglied eines solchen Kompositums die Form des schwachen Stamms und ein dreistämmiges die Form des mittleren Stamms.

Z.B.: चत्वारिंशन्नराणाम् – „40 Männer"

गोविंशतिः – „20 Kühe"

- die Zahlwörter für die Zehnerpotenzen ab 100 (d.h. 100, 1000, 10000 etc.) stets wie Substantive behandelt werden, wobei der Begriff für die gezählten Dinge im gleichen Kasus im Pl. steht oder im G. Pl. Er kann auch in der Stammform in einem Kompositum mit dem Zahlwort als Schlußglied erscheinen. Ein zweistämmiges Nomen hat als Vorderglied eines solchen Kompositums die Form des schwachen Stamms und ein dreistämmiges die Form des mittleren Stamms.

  Z.B.: शतं राजानाम् / राजशतम् – „100 Könige"

  Ferner ist zu beachten, daß Zahlwörter für die Zehnerpotenzen ab 100 manchmal wie zählbare Begriffe behandelt (vgl. 24.1.1.3) und auch im Pl. i.S. von unbestimmten Zahlwörtern verwendet werden.

  Z.B.: चत्वारि सहस्राणि वर्षाणाम् – „4000 Jahre"

  सहस्राणि धेनूनाम् – „Tausende von Kühen"

24.1.2 Die Ordinalzahlwörter, deren m. und n. Formen wie **-अ**-Stämme dekliniert werden, sind bis auf **प्रथम** („der/das erste", f.: **प्रथमा**) von den Kardinalzahlwörtern abgeleitet. Dabei nehmen **द्वितीय** („der/das zweite"), **तृतीय** („der/das dritte") und **तुरीय** („der/das vierte") eine Sonderstellung ein, da sie durch andere Suffixe gekennzeichnet sind als die höheren Ordinalzahlwörter und ihre f. Entsprechungen – so wie bei **प्रथम** – auf **-आ** auslauten (**द्वितीया**, **तृतीया** und **तुरीया**).

Die höheren Ordinalzahlwörter und eine Variante des Ordinalzahlwortes für „der/das vierte", nämlich **चतुर्थ** (f.: **चतुर्थी**), werden i.a. von den Kardinalzahlwörtern durch (i) Auslautverkürzungen, durch (ii) Verwandlung auslautender Vokale oder mit den Suffixen (iii) **-थ**, (iv) **-म** oder (v) **-तम** abgeleitet, wobei die f. Entsprechungen auf **-ई** auslauten bzw. auf **-थी**, **-मी** oder **-तमी** und wie die mehrsilbigen Feminina auf **-ई** dekliniert werden. In gewissen Fällen erscheinen ferner (vi) Kardinalzahlwörter in unveränderter Form in der Funktion von Ordinalzahlwörtern.

Welche Ordinalzahlwörter den jeweiligen Bildungstypen entsprechen, zeigt die folgende Übersicht:

1. प्रथम, f.: प्रथमा
2. द्वितीय, f.: द्वितीया
3. तृतीय, f.: तृतीया
4. चतुर्थ, f.: °थी (iii) / तुरीय, f.: °ईया
5. पञ्चम (i) + (iv)
6. षष्ठ, f.: षष्ठी (iii)
7. सप्तम (i) + (iv)
8. अष्टम (i) + (iv)
9. नवम (i) + (iv)
10. दशम (i) + (iv)
11. एकादश, f.: एकादशी (i)
12. द्वादश, f.: द्वादशी (i)
20. विंशतितम (v) / विंश, f.: विंशी (i)
30. त्रिंशत्तम (v) / त्रिंश, f.: विंशी (i)
40. चत्वारिंशत्तम (v) / चत्वारिंश, f.: चत्वारिंशी (i)
50. पञ्चाशत्तम (v) / पञ्चाश, f.: पञ्चाशी (i)
60. षष्टितम (v)
61. एकषष्टितम (v) / एकषष्ट, f.: एकषष्टी (ii)
70. सप्ततितम (v) / सप्तत, f.: सप्तती (ii)
80. अशीतितम (v) / अशीत, f.: अशीती (ii)
90. नवतितम (v) / नवत, f.: नवती (ii)
100. शततम (v)
200. द्विशततम (v) / द्विशत, f.: द्विशती (vi)
300. त्रिशततम (v) / त्रिशत, f.: त्रिशती (vi)
1000. सहस्रतम (v)

24.1.3 Die Zahladverbien, die am häufigsten im Sanskrit vorkommen, sind …

- सकृत् („einmal"), द्विस् („zweimal"), त्रिस् („dreimal"), चतुस् („viermal"), पञ्चकृत्वस् („fünfmal"), षट्कृत्वस् („sechsmal") etc.

- एकधा („einfach, auf eine Art"), द्विधा/द्वेधा („zweifach, auf 2 Arten"), त्रिधा/त्रेधा („dreifach, auf 3 Arten"), चतुर्धा, („vierfach, auf 4 Arten"), पञ्चधा („fünffach, auf 5 Arten"), षोढा/षड्धा („sechsfach, auf 6 Arten") etc.

Übung

१ धेनूनां सहस्रेषु वत्सो मातरं विन्दति।
२ सप्तानामृषीणां[27] शरीराणि दिवि राजमानानि दृश्यन्ते।
३ चत्वारो वेदा विद्यन्ते।
४ सांप्रतं चत्वारि सहस्राणि नव शतानि त्र्यशीतिश्च कलियुगस्य वर्षाण्यतिक्रान्तानि।
५ शून्य संख्या।
६ षण्णां भ्रातॄणां रामो ज्येष्ठः।
७ त्वं मे द्वितीयं हृदयं त्वममृतं ममाङ्गे।
८ त्रीणि लक्षाणि गवां षोडश ग्रामाश्च रामेण ब्राह्मणेभ्यो दत्तानि।
९ अधुनाष्टादश शतानि चत्वारि च शकानां राज्ञो[28] वर्षाणि गतानि।
१० विनये रामः प्रथमस्तिष्ठति।

Vokabeln

वत्स m. = Kalb, Junges, Kind

शरीर n. (selten m.) = Leib, Körper; Person

द्यो/दिव् m. f. = Himmel

राज् 1. = herrschen; glänzen

सांप्रतम् = jetzt (Adv.)

कलियुग n. = das Weltalter Kali

वर्ष m. n. = Regen; Jahr; Pl.: Regenzeit

शून्य = leer; n.: Leere; Nichts; die absolute Leere (bei den Buddhisten); Null (auch als Zeichen)

संख्या = Zahl, Zahlwort

अङ्ग n. = Glied, Teil, Körper; Bestandteil

शक m. = Pl.: Name des Volkes der Indoscythen, nach dem die Śaka-Ära (शककाल) benannt ist, die 78 n. Chr. begann und von König Śālivāhana begründet wurde

[27] Gemeint sind die Sterne des großen Bären.

[28] Der Ablativ ist hier im zeitlichen Sinne gemeint: „nach dem König der Śakas"

25. Lektion

25.1 Die beiden folgenden Wortsandhiregeln beziehen sich auf Veränderungen, die im Auslaut der Präsensstämme athematischer Wurzeln beim Anfügen einer Personalendung auftreten:

25.1.1 Vor vokalisch anlautender Endung werden stammauslautende **-इ-** und **-ई-** oft in **-इय्-** verwandelt und **-उ-** und **-ऊ-** in **-उव्-**, besonders wenn sie wurzelhaft sind oder zwei Konsonanten vorausgehen. Die 1. Sg. Präsens Ā. von ब्रू 2. („sprechen"), die durch Anfügen von **-ए** an den mit der Wurzel identischen schwachen Präsensstamm gebildet wird, lautet daher ब्रुवे („ich spreche").

25.1.2 Vor den Endungen für die 2. Sg. Präsens Par. (**-सि**) und Ā. (**-से**) bleibt ein **-स्** im Auslaut des Präsensstamms i.a. erhalten[29], wohingegen nach 11.1.2 (in Verbindung mit 6.1.1) auch eine Verwandlung in den Visarga der Pausaform möglich wäre. Daher lauten z.B. die 2. Sg. Präsens Par. von शास् 2. („befehlen") und die 2. Sg. Präsens Ā. von आस् 2. („sitzen") शास्सि bzw. आस्से.

25.2 Die athematischen Präsensklassen (d.h. die 2., 3., 5., 7., 8. und 9.) sind gekennzeichnet durch ...

- das Fehlen des Themavokals,
- eine Stammabstufung in der Konjugation (vgl. 25.2.1),
- spezielle athematische Personalendungen (vgl. 25.2.2 - 25.2.3) und
- ein anderes Moduszeichen für den Optativ Par. als in der thematischen Konjugation (vgl. 25.2.3).

25.2.1 In den athematischen Paradigmata der Tempora und Modi, die auf dem Präsensstamm basieren (d.h. des Präsens, des Imperfekts, des Imperativs und des Optativs), erscheinen zwei Präsensstämme, nämlich ein *starker* und ein *schwacher*. Diese werden je nach Präsensklasse verschieden gebildet und sie sind nicht durch den Themavokal gekennzeichnet.

Die für die meisten Wurzeln gültige Verteilung der Stämme auf die vom Präsensstamm gebildeten Formen ergibt sich aus dem folgenden Schema, in dem der starke Stamm mit „+" und der schwache mit „-" bezeichnet ist:

[29] Für die Wurzel अस् 2. („sein") gilt dies nicht (vgl. 26.1.1).

		Par.			Ā.		
		Sg.	Dual	Pl.	Sg.	Dual	Pl.
Präsens	1.	+	-	-	-	-	-
	2.	+	-	-	-	-	-
	3.	+	-	-	-	-	-
Imperfekt	1.	+	-	-	-	-	-
	2.	+	-	-	-	-	-
	3.	+	-	-	-	-	-
Imperativ	1.	+	+	+	+	+	+
	2.	-	-	-	-	-	-
	3.	+	-	-	-	-	-
Optativ	1	-	-	-	-	-	-
	2.	-	-	-	-	-	-
	3.	-	-	-	-	-	-

25.2.2 In dem folgenden Schema sind die primären und sekundären Personalendungen und die Imperativendungen der thematischen Konjugation zusammengestellt, die mit den angegebenen Abweichungen auch für athematische Wurzeln gelten. In einigen athematischen Präsensklassen kommen vereinzelt noch weitere Abweichungen vom thematischen Endungsschema hinzu.

Personal-endungen		Par.			Ā.		
		Sg.	Dual	Pl.	Sg.	Dual	Pl.
Primäre	1.	-मि	-वः	-मः	-ए	-वहे	-महे
	2.	-सि	-थः	-थ	-से	-एथे athem.: -आथे	-ध्वे
	3.	-ति	-तः	-न्ति athem.: -अन्ति	-ते	-एते athem.: -आते	-न्ते athem.: -अते
Sekundäre	1.	-म् athem.: -अम्	-व	-म	-इ	-वहि	-महि
	2.	-स्	-तम्	-त	-थाः	-एथाम् athem.: -आथाम्	-ध्वम्
	3.	-त्	-ताम्	-न् athem.: -अन्	-त	-एताम् athem.: -आताम्	-न्त athem.: -अत

Imperativische	1.	-आनि	-आव	-आम	-ऐ	-आवहै	-आमहै
	2.	– athem.: -धि/-हि	-तम्	-त	-स्व	-एथाम् athem.: -आथाम्	-ध्वम्
	3.	-तु	-ताम्	-न्तु athem.: -अन्तु	-ताम्	-एताम् athem.: -आताम्	-न्ताम् athem.: -अताम्

Bemerkungen:

25.2.2.1 Für die 2. Sg. Imperativ Par. athematischer Wurzeln wird i.a. bei konsonantischem Stammauslaut **-धि** suffigiert und bei vokalischem Stammauslaut **-हि**.

25.2.2.2 Die Personalendungen fügt man in der athematischen Konjugation nach den Wortsandhiregeln an den Präsensstamm an, wobei in einigen Präsensklassen noch weitere Regeln für die Verwandlung des Stammauslauts zu beachten sind. Die 3. Sg. Präsens Par. von **अद्** 2. („essen“), die nach 11.1.2 von dem (in diesem Fall mit der Wurzel identischen) starken Stamm gebildet wird, lautet z.B. **अत्ति** (= Pausaform des starken Stamms + **-ति**).

Eine Ausnahme bilden die 2. und 3. Sg. Imperfekt Par. der Wurzeln, deren starker Präsensstamm (der diesen Formen zugrunde liegt) auf einen Dental oder auf **-स्** auslautet. Normalerweise fallen aufgrund von 2.1.1 die Personalendungen **-स्** (für die 2. Sg. Imperfekt Par.) und **-त्** (für die 3. Sg. Imperfekt Par.) bei konsonantischem Stammauslaut einfach ab.

Ein Dental oder **-स्** im Auslaut des starken Stamms werden jedoch in der 2. Sg. Imperfekt Par. in den Visarga oder in **-त्** verwandelt und in der 3. Sg. Imperfekt Par. in **-त्**. **शास्** 2. („befehlen“) und **रुध्** 7. („zurückhalten“) haben z.B. die starken Präsensstämme **शास्-** bzw. **रुणध्-**, s.d. die 2. Sg. Imperfekt Par. **अशाः** (oder: **अशात्**) bzw. **अरुणः** (oder: **अरुणत्**) lautet und die 3. Sg. Imperfekt Par. **अशात्** bzw. **अरुणत्**.

25.2.3 Für den Optativ werden in der athematischen Konjugation dieselben Personalendungen verwendet wie in der thematischen (vgl. 9.6.1), außer in der 1. Sg. Par. (**-म्** statt **-अम्**).

Im Ā. tritt zwischen Präsensstamm und Personalendung dasselbe Moduszeichen wie in der thematischen Konjugation, nämlich **-ई-** (bzw. **-ईय्-** vor vokalisch anlautender Endung). Im Par. erscheint dagegen das Moduszeichen **-या-**, dessen auslautendes **-आ** vor der Endung **-उः** (mit **-र्**-Visarga) für die 3. Pl. verlorengeht (**-या-** + **-उः** = **-युः**).

Von द्विष् („hassen“) wird z.B. die 3. Sg. Optativ Par. (द्विष्यात्) gebildet, indem man an den mit der Wurzel identischen schwachen Präsensstamm द्विष्- das Moduszeichen -या- und daran die Personalendung -त् anfügt.

25.3 Die 2. Präsensklasse ist dadurch gekennzeichnet, daß die Wurzel als schwacher und die guṇierte Wurzel als starker Präsensstamm verwendet wird. Von dieser Art der Stammbildung weichen die unregelmäßigen Verben der 2. Klasse (vgl. 26.1) jedoch teilweise erheblich ab.

Unregelmäßige Personalendungen erscheinen ...

- bei शास् („befehlen“) und bei den Wurzeln der 2. Klasse, die durch Reduplikation aus anderen (im klassischen Sanskrit evt. nicht mehr erhaltenen) Wurzeln hervorgegangen sind und bei denen die 3. Pl. Präsens Par. auf -अति auslautet, die 3. Pl. Imperativ Par. auf -अतु und die 3. Pl. Imperfekt Par. auf -उः (mit -र्-Visarga). Dies gilt z.B. für चकास् („glänzen“), जक्ष् („essen“), जागृ („wachsam sein“) und दरिद्रा („arm sein“).

- bei der Wurzel विद् („wissen“), von der die 3. Pl. Imperfekt Par. stets mit der Endung -उः (अविदुः) gebildet wird.

- bei द्विष् („hassen“) und den auf -आ auslautenden Wurzeln der 2. Klasse, von denen die 3. Pl. Imperfekt Par. entweder regelmäßig oder mit der Endung -उः gebildet wird, wobei das auslautende -आ vor -उः entfällt. Die 3. Pl. Imperfekt Par. von या („gehen“) lautet daher z.B. अयान् oder अयुः.

Folgende *Sonderregeln für die Behandlung von Vokalen im Stammauslaut* sind zu beachten:

- Ein -ऋ im Auslaut des schwachen Stamms wird vor vokalisch anlautender Endung wie im Satzsandhi behandelt und in -र् verwandelt (vgl. 8.1.1). Die 3. Pl. Präsens Par. von जागृ („wachsam sein“) lautet z.B. जाग्रति.

- Bei der Wurzel इ („gehen“) erscheint als starker Stamm stets ए-, während die regelmäßige Form des schwachen Stamms इ- vor vokalisch anlautender Endung in य्- verwandelt wird. Wenn das Präverb अधि hinzutritt (अधि-इ Ā. = „studieren“), lautet der starke Stamm अध्ये- und als schwache Stämme verwendet man अधी- vor konsonantisch anlautender Endung und (in Übereinstimmung mit 25.1.1) अधीय्- (= अधि + इय्-) vor vokalisch anlautender Endung.

25.3.1 Als Konjugationsbeispiele werden im folgenden die vom Präsensstamm gebildeten Tempora und Modi von द्विष् („hassen“) und इ („gehen“) vorgeführt, wobei im Falle von इ die Ā.-Formen in Verbindung mit dem Präfix अधि (vgl. 25.3) angegeben sind.

	Präsens					
	Par.			Ā.		
	Sg.	Dual	Pl.	Sg.	Dual	Pl.
1.	द्वेष्मि	द्विष्वः	द्विष्मः	द्विषे	द्विष्वहे	द्विष्महे
2.	द्वेक्षि	द्विष्ठः	द्विष्ठ	द्विक्षे	द्विषाथे	द्विड्ढ्वे
3.	द्वेष्टि	द्विष्टः	द्विषन्ति	द्विष्टे	द्विषाते	द्विषते

	Imperfekt					
	Par.			Ā.		
	Sg.	Dual	Pl.	Sg.	Dual	Pl.
1.	अद्वेषम्	अद्विष्व	अद्विष्म	अद्विषि	अद्विष्वहि	अद्विष्महि
2.	अद्वेट्	अद्विष्टम्	अद्विष्ट	अद्विष्ठाः	अद्विषाथाम्	अद्विड्ढ्वम्
3.	अद्वेट्	अद्विष्टाम्	अद्विषन्/ अद्विषुः	अद्विष्ट	अद्विषाताम्	अद्विषत

	Optativ					
	Par.			Ā.		
	Sg.	Dual	Pl.	Sg.	Dual	Pl.
1.	द्विष्याम्	द्विष्याव	द्विष्याम	द्विषीय	द्विषीवहि	द्विषीमहि
2.	द्विष्याः	द्विष्यातम्	द्विष्यात	द्विषीथाः	द्विषीयाथाम्	द्विषीध्वम्
3.	द्विष्यात्	द्विष्याताम्	द्विष्युः	द्विषीत	द्विषीयाताम्	द्विषीरन्

	Imperativ					
	Par.			Ā.		
	Sg.	Dual	Pl.	Sg.	Dual	Pl.
1.	द्वेषाणि	द्वेषाव	द्वेषाम	द्वेषै	द्वेषावहै	द्वेषामहै
2.	द्विड्ढि	द्विष्टम्	द्विष्ट	द्विक्ष्व	द्विषाथाम्	द्विड्ढ्वम्
3.	द्वेष्टु	द्विष्टाम्	द्विषन्तु	द्विष्टाम्	द्विषाताम्	द्विषताम्

	Präsens					
	Par.			Ā.		
	Sg.	Dual	Pl.	Sg.	Dual	Pl.
1.	एमि	इवः	इमः	अधीये	अधीवहे	अधीमहे
2.	एषि	इथः	इथ	अधीषे	अधीयाथे	अधीध्वे
3.	एति	इतः	यन्ति	अधीते	अधीयाते	अधीयते

	Imperfekt					
	Par.			Ā.		
	Sg.	Dual	Pl.	Sg.	Dual	Pl.
1.	आयम्	ऐव	ऐम	अध्यैयि	अध्यैवहि	अध्यैमहि
2.	ऐः	ऐतम्	ऐत	अध्यैथाः	अध्यैयाथाम्	अध्यैध्वम्
3.	ऐत्	ऐताम्	आयन्	अध्यैत	अध्यैयाताम्	अध्यैयत

	Optativ					
	Par.			Ā.		
	Sg.	Dual	Pl.	Sg.	Dual	Pl.
1.	इयाम्	इयाव	इयाम	अधीयीय	अधीयीवहि	अधीयीमहि
2.	इयाः	इयातम्	इयात	अधीयीथाः	अधीयीया-थाम्	अधीयीध्वम्
3.	इयात्	इयाताम्	इयुः	अधीयीत	अधीयीया-ताम्	अधीयीरन्

	Imperativ					
	Par.			Ā.		
	Sg.	Dual	Pl.	Sg.	Dual	Pl.
1.	अयानि	अयाव	अयाम	अध्ययै	अध्ययावहै	अध्ययामहै
2.	इहि	इतम्	इत	अधीष्व	अधीयाथाम्	अधीध्वम्
3.	एतु	इताम्	यन्तु	अधीताम्	अधीयाताम्	अधीयताम्

25.3.2. Die Formenbildung in den athematischen Präsensklassen läßt sich anhand der untenstehenden Pfeil-Diagramme verdeutlichen, bei denen man die Verwandlungen, die der Präsensstamm und die Endung durch die Anwendung von Wortsandhiregeln durchlaufen, Schritt für Schritt entlang der Pfeile nachvollziehen kann. Die an diesen Verwandlungen beteiligten Wortsandhiregeln sind jeweils den Beschriftungen der Pfeile zu entnehmen. Auf diese Weise wird im folgenden die Bildung einiger besonders diffiziler Formen von Wurzeln der 2. Klasse dargestellt:

2. Sg. Präsens Par. von द्विष् (vgl. 25.3.1):

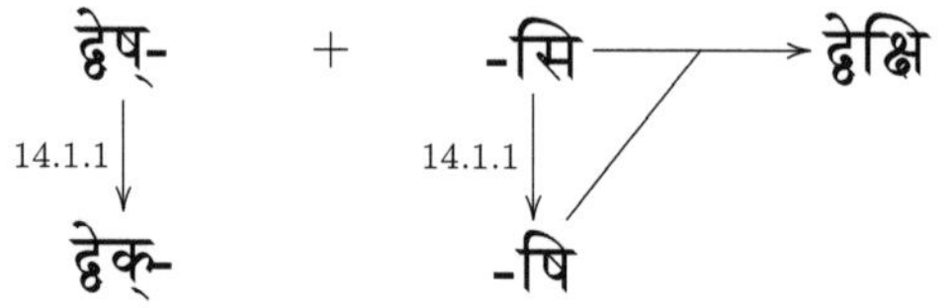

3. Sg. Präsens Par. von द्विष्:

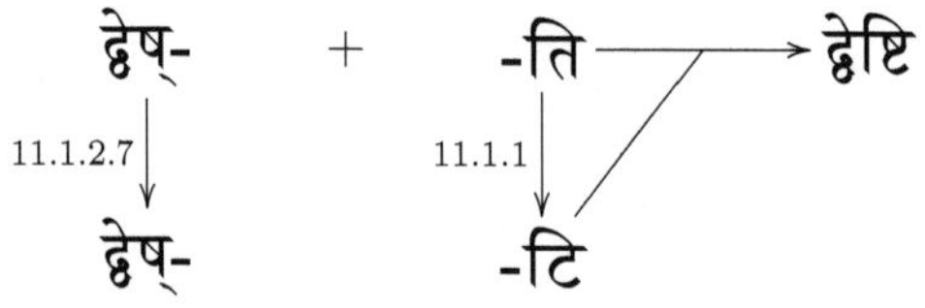

2. Pl. Präsens Ā. von द्विष्:

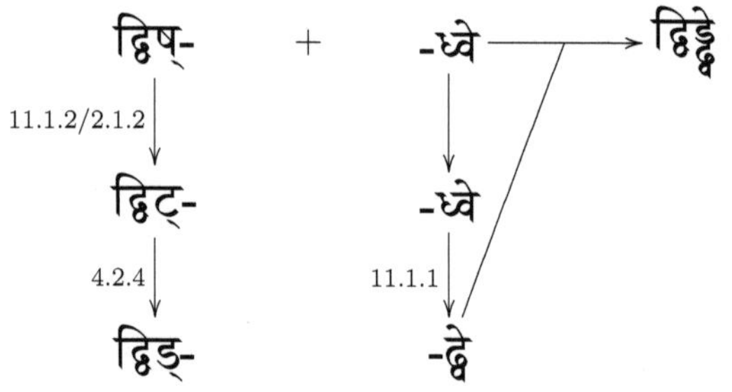

2. Sg. Imperativ Par. von द्विष्:

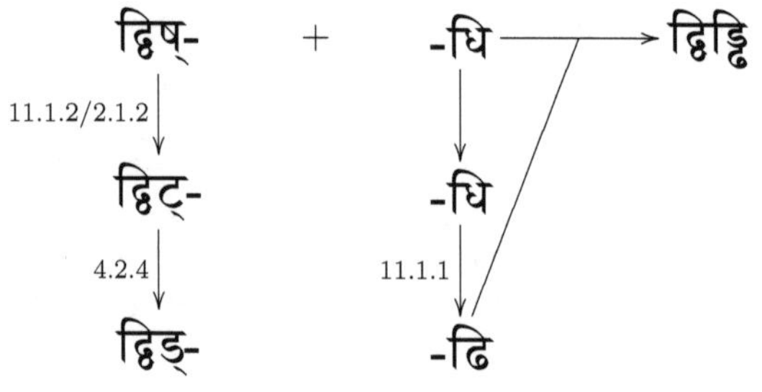

2. Sg. Präsens Par. von दुह् („melken“):

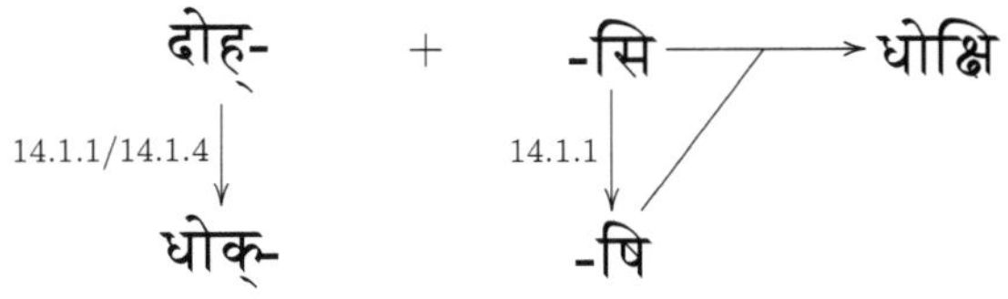

3. Sg. Präsens Par. von दुह्:

दोह्- + -ति $\xrightarrow{11.1.2.8}$ दोग्धि

2. Pl. Präsens Ā. von दुह्:

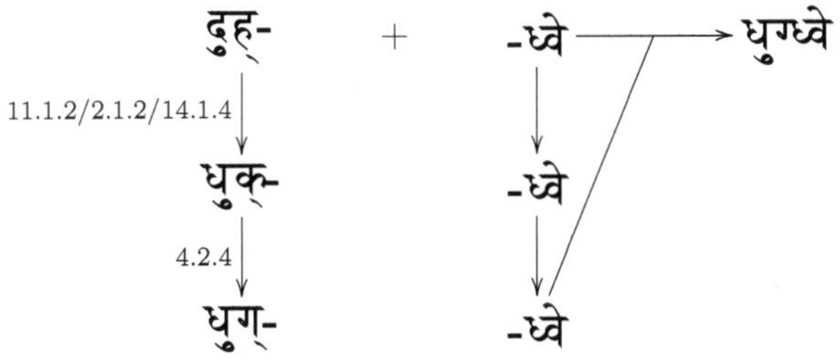

2. Sg. Präsens Ā. von आस् („sitzen“):

आस्- + -से $\xrightarrow{25.1.2}$ अस्से

3. Sg. Präsens Ā. von आस्:

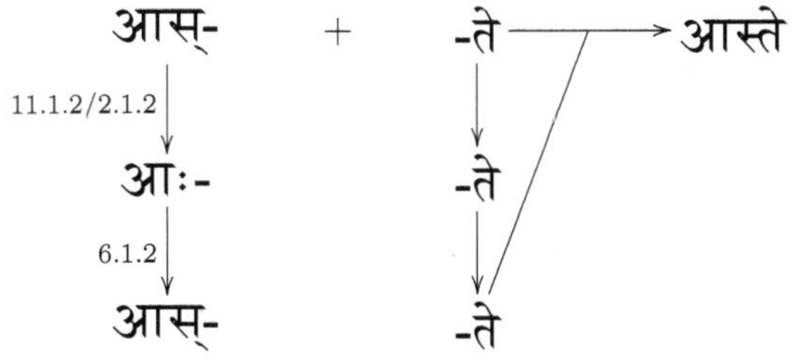

2. Pl. Präsens Ā. von **आस्**:

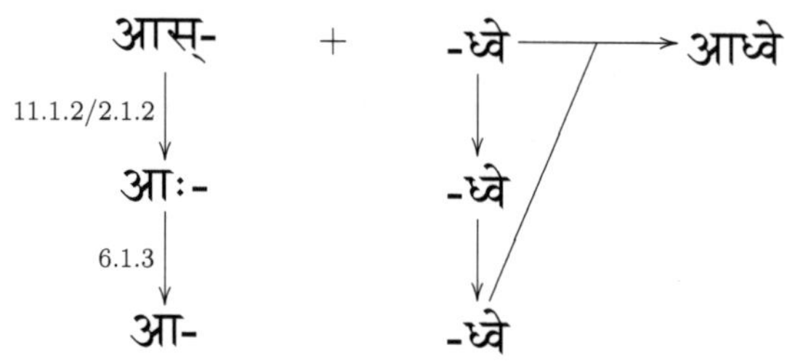

1. Sg. Imperfekt Par. von **इ** (vgl. 25.3.1):

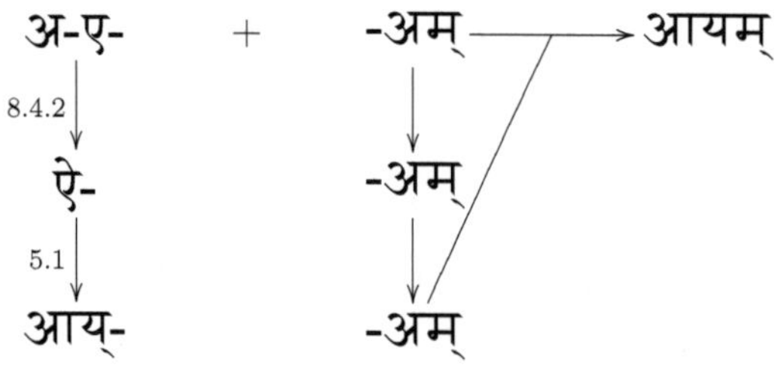

1. Sg. Imperativ Par. von **इ**:

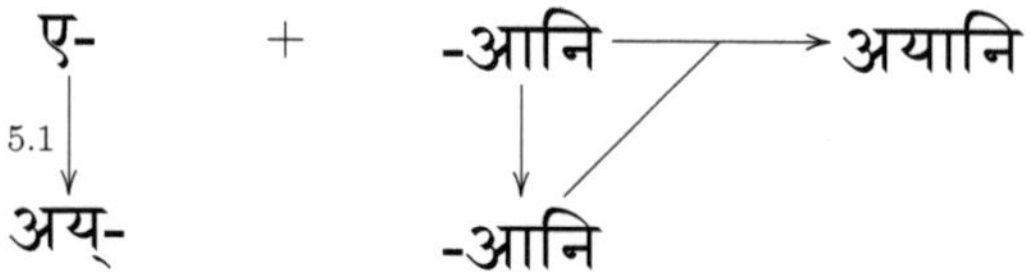

1. Sg. Imperfekt Ā. von **अधि-इ**:

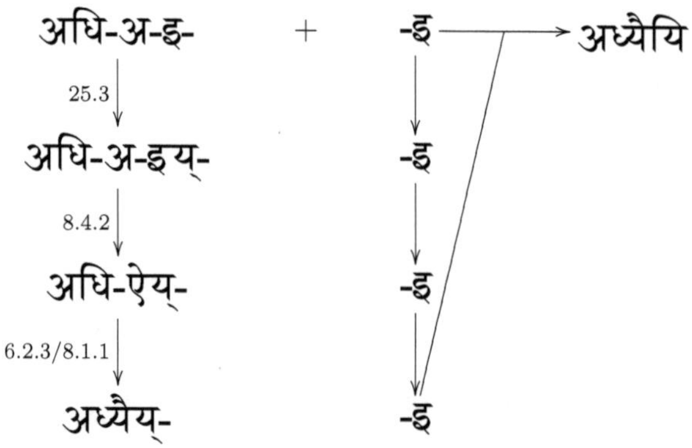

2. Sg. Präsens Par. von लिह् („lecken“):

लेह्- + -सि ⟶ लेक्षि

14.1.1 ↓ लेह्- ⟶ लेक्-

14.1.1 ↓ -सि ⟶ -षि

लेक्- -षि

3. Sg. Präsens Par. von लिह्:

लेह्- + -ति $\xrightarrow{11.1.2.8}$ लेढि

2. Pl. Präsens Par. von लिह्:

लिह्- + -थ $\xrightarrow{11.1.2.8}$ लीढ

Bemerkung: Wie die Form धुग्ध्वे (2. Pl. Präsens Ā. von दुह्) zeigt, gilt das GRASSMANNsche Gesetz 14.1.4 nicht immer, denn von den beiden Aspirationen in धुग्ध्वे müßte nach 14.1.4 die erste verschwinden.

Übung

उद्यन्तु शतमादित्या उद्यन्तु शतमिन्दवः।
न विना विदुषां वाक्यैर्नश्यत्याभ्यन्तरं तमः ॥१॥
२ श्येनः कपोतानत्तीति स्थितिरेषा सनातनी।
३ त्यजत मानमलं बत विग्रहैर्न पुनरेति गतं चतुरं वयः।
४ गुणी गुणं वेत्ति न वेत्ति निर्गुणः।
५ देशमाख्याति भाषणम्।
६ गतो ऽस्तमर्को भातीन्दुर्यान्ति वासाय पक्षिणः।
७ यथा सूर्य उदये भाति तथा पापान्यपहत्य गङ्गाया जलादुत्प्लुता नरा विभान्ति।
८ यो ऽस्मान्द्वेष्टि यं च वयं द्विष्मस्तमेभिर्मन्त्रैर्मारयामः।
९ पण्डितस्य गृहे शास्त्रमध्यैयि।
१० श्रीमद्भी राजभिराहूताः पण्डिताः सभां यन्ति।
११ पितरं मा द्वेषावहै।
१२ गृहमैम।

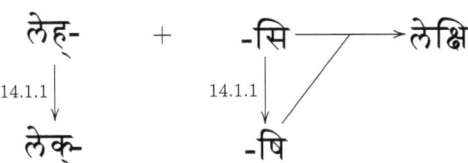

१३ ब्राह्मणं मा द्विष्ट।
१४ गङ्गामितः।
१५ काशीमयानि।
१६ शत्रुमद्विषाताम्।

Vokabeln

उद्-इ 2. 1. 4. = hinaufgehen, aufgehen, hervorkommen, sich erheben, erscheinen
आदित्य m. = Sonnengott, Sonne
इन्दु m. = Tropfen; Mond
वाक्य n. = Sg. und Pl.: Ausspruch, Rede, Worte; Satz
आभ्यन्तर = im Inneren befindlich, innerlich, inner-er/-e/-es
तमस् n. = Finsternis
श्येन m. = großer Raubvogel: Adler, Falke oder Habicht
अद् 2. = essen, verzehren, genießen
स्थिति f. = das Stehen; Stellung, Rang; Fortbestehen; Zustand, Ordnung, Regel
सनातन = ewig, unvergänglich, beständig (f.: सनातनी)
मान m. = Meinung, Absicht, Stolz, Ehre; Unmut, Groll
अलम् = genug, gehörig, tüchtig; genug mit (mit I.) (Adv.)
बत = ach! wehe!
विग्रह m. = Trennung; Feindschaft, Krieg
चतुर = schnell, rasch; geschickt, gewandt; lieblich, reizend
वयस् n. = Speise; Kraft; Jugend, Alter, Lebensalter
गुणिन् = mit einem Faden (bzw. einer Schnur oder einem Strick) versehen; Eigenschaften (bzw. Vorzüge oder Tugenden) besitzend
विद्[2] 2. = wissen, kennen, erkennen
निर्गुण = ohne Strick; qualitätslos; ohne Vorzug, gemein, schlecht
आ-ख्या 2. = erzählen, anzeigen, angeben
भाषण n. = Reden, Sprechen, Schwatzen, Rede
अस्तम् = heimwärts; mit गम्: untergehen (von Gestirnen, insbesondere der Sonne) (Adv.)
भा 2. = scheinen, glänzen, strahlen
अर्क m. = Strahl, Sonne
या 2. = gehen, sich bewegen, fahren, reiten, kommen, gelangen zu, aufbrechen, sich entfernen
वास m. = das Haltmachen, das Übernachten, Wohnstätte
पक्षिन् m. = Vogel
उदय m. = das Emporsteigen; Aufgang (von Gestirnen)
अप-हन् 2. = wegschlagen, ausschlagen, abwehren, vertreiben, tilgen
प्लु 1. Ā. = schwimmen, sich baden
उद्-प्लु 1. Ā. = auftauchen, aufspringen
वि-भा 2. = erscheinen, erglänzen; in seinem Glanze erscheinen
द्विष्[2] 2. 6. = hassen, feindlich sein (mit A., G. oder D.)
श्रीमत् = prächtig, schön, vornehm, reich, in hohem Ansehen stehend

26. Lektion

26.1 Die unregelmäßigen Verben der 2. Präsensklasse sind durch Ausnahmen bei der Stammbildung gekennzeichnet, die sich nicht auf die Sonderregeln für die Behandlung stammauslautender Vokale in der 2. Klasse (vgl. 25.3) zurückführen lassen. Im folgenden werden die wichtigsten unregelmäßigen Verben der 2. Klasse vorgestellt:

26.1.1 Die Wurzel अस् („sein“) kommt – abgesehen von ihrer Verwendung als Hilfsverb im periphrastischen Futur (vgl. 31.4) – nur im Par. vor und wird mit den Stämmen **अस्-** (stark) und **स्-** (schwach) konjugiert. Der starke Stamm erscheint in allen Imperfektformen (nicht nur im Sg.), wobei in der 2. und 3. Sg. **-ई-** vor der Personalendung eingeschoben wird. Unregelmäßige Stammbildungen kommen ferner in der 2. Sg. im Präsens und im Imperativ vor.

	Präsens Par.			Imperfekt Par.		
	Sg.	Dual	Pl.	Sg.	Dual	Pl.
1.	अस्मि	स्वः	स्मः	आसम्	आस्व	आस्म
2.	असि	स्थः	स्थ	आसीः	आस्तम्	आस्त
3.	अस्ति	स्तः	सन्ति	आसीत्	आस्ताम्	आसन्

	Optativ Par.			Imperativ Par.		
	Sg.	Dual	Pl.	Sg.	Dual	Pl.
1.	स्याम्	स्याव	स्याम	असानि	असाव	असाम
2.	स्याः	स्यातम्	स्यात	एधि	स्तम्	स्त
3.	स्यात्	स्याताम्	स्युः	अस्तु	स्ताम्	सन्तु

26.1.2 Bei अन् („atmen“), श्वस् (dass.), जक्ष् („essen“), रुद् („weinen“) und स्वप् („schlafen“) fügt man vor Endungen, die mit einem anderen Konsonanten als **-य्-** anlauten, **-इ-** ein und vor den Endungen der 2. und 3. Sg. Imperfekt Par. **-ई-** oder **-अ-**. रुद् wird z.B. im Par. folgendermaßen konjugiert:

	Präsens Par.			Imperfekt Par.		
	Sg.	Dual	Pl.	Sg.	Dual	Pl.
1.	रोदिमि	रुदिवः	रुदिमः	अरोदम्	अरुदिव	अरुदिम
2.	रोदिषि	रुदिथः	रुदिथ	अरोदीः/अरोदः	अरुदितम्	अरुदित
3.	रोदिति	रुदितः	रुदन्ति	अरोदीत्/अरोदत्	अरुदिताम्	अरुदन्

	Optativ Par.			Imperativ Par.		
	Sg.	Dual	Pl.	Sg.	Dual	Pl.
1.	रुद्याम्	रुद्याव	रुद्याम	रोदानि	रोदाव	रोदाम
2.	रुद्याः	रुद्यातम्	रुद्यात	रुदिहि	रुदितम्	रुदित
3.	रुद्यात्	रुद्याताम्	रुद्युः	रोदितु	रुदिताम्	रुदन्तु

Bemerkung: Die Endung der 2. Sg. Imperativ Par. (**-हि** oder **-धि**) lautet in jedem Fall mit einem anderen Konsonanten als **-य्-** an, s.d. auch diese Form mit einem **-इ-** vor der Endung gebildet wird. Da der schwache Stamm nun durch das **-इ-** erweitert ist und somit vokalisch auslautet, kommt nur **-हि** als Endung in Frage (vgl. 25.2.2.1).

26.1.3 Bei ब्रू („sprechen") fügt man in den starken Formen vor allen konsonantisch anlautenden Endungen **-ई-** ein.

	Präsens					
	Par.			Ā.		
	Sg.	Dual	Pl.	Sg.	Dual	Pl.
1.	ब्रवीमि	ब्रूवः	ब्रूमः	ब्रुवे	ब्रूवहे	ब्रूमहे
2.	ब्रवीषि	ब्रूथः	ब्रूथ	ब्रूषे	ब्रुवाथे	ब्रूध्वे
3.	ब्रवीति	ब्रूतः	ब्रुवन्ति (vgl. 25.1.1)	ब्रूते	ब्रुवाते	ब्रुवते

	Imperfekt					
	Par.			Ā.		
	Sg.	Dual	Pl.	Sg.	Dual	Pl.
1.	अब्रवम्	अब्रूव	अब्रूम	अब्रुवि	अब्रूवहि	अब्रूमहि
2.	अब्रवीः	अब्रूतम्	अब्रूत	अब्रूथाः	अब्रुवाथाम्	अब्रूध्वम्
3.	अब्रवीत्	अब्रूताम्	अब्रुवन्	अब्रूत	अब्रुवाताम्	अब्रुवत

	Optativ					
	Par.			Ā.		
	Sg.	Dual	Pl.	Sg.	Dual	Pl.
1.	ब्रूयाम्	ब्रूयाव	ब्रूयाम	ब्रुवीय	ब्रुवीवहि	ब्रुवीमहि
2.	ब्रूयाः	ब्रूयातम्	ब्रूयात	ब्रुवीथाः	ब्रुवीयाथाम्	ब्रुवीध्वम्
3.	ब्रूयात्	ब्रूयाताम्	ब्रूयुः	ब्रुवीत	ब्रुवीयाताम्	ब्रुवीरन्

	Imperativ					
	Par.			Ā.		
	Sg.	Dual	Pl.	Sg.	Dual	Pl.
1.	ब्रवानि	ब्रवाव	ब्रवाम	ब्रवै	ब्रवावहै	ब्रवामहै
2.	ब्रूहि	ब्रूतम्	ब्रूत	ब्रूष्व	ब्रुवाथाम्	ब्रूध्वम्
3.	ब्रवीतु	ब्रूताम्	ब्रुवन्तु	ब्रूताम्	ब्रुवाताम्	ब्रुवताम्

26.1.4 Die auf **-उ** auslautenden Wurzeln der 2. Klasse werden i.a. vor konsonantisch anlautender Endung in den starken Formen vṛddhiert. Einige dieser Wurzeln, wie z.B. स्तु („preisen") und रु („brüllen"), sind jedoch auch wie ब्रू (vgl. 26.1.3) konjugierbar. Für स्तु ergibt sich somit folgendes Paradigma:

	Präsens					
	Par.			Ā.		
	Sg.	Dual	Pl.	Sg.	Dual	Pl.
1.	स्तौमि/स्तवीमि	स्तुवः	स्तुमः	स्तुवे	स्तुवहे	स्तुमहे
2.	स्तौषि/स्तवीषि	स्तुथः	स्तुथ	स्तुषे	स्तुवाथे	स्तुध्वे
3.	स्तौति/स्तवीति	स्तुतः	स्तुवन्ति (vgl. 25.1.1)	स्तुते	स्तुवाते	स्तुवते

	Imperfekt					
	Par.			Ā.		
	Sg.	Dual	Pl.	Sg.	Dual	Pl.
1.	अस्तवम्	अस्तुव	अस्तुम	अस्तुवि	अस्तुवहि	अस्तुमहि
2.	अस्तौः / अस्तवीः	अस्तुतम्	अस्तुत	अस्तुथाः	अस्तुवाथाम्	अस्तुध्वम्
3.	अस्तौत्/ अस्तवीत्	अस्तुताम्	अस्तुवन्	अस्तुत	अस्तुवाताम्	अस्तुवत

	Optativ					
	Par.			Ā.		
	Sg.	Dual	Pl.	Sg.	Dual	Pl.
1.	स्तुयाम्	स्तुयाव	स्तुयाम	स्तुवीय	स्तुवीवहि	स्तुवीमहि
2.	स्तुयाः	स्तुयातम्	स्तुयात	स्तुवीथाः	स्तुवीयाथाम्	स्तुवीध्वम्
3.	स्तुयात्	स्तुयाताम्	स्तुयुः	स्तुवीत	स्तुवीयाताम्	स्तुवीरन्

	Imperativ					
	Par.			Ā.		
	Sg.	Dual	Pl.	Sg.	Dual	Pl.
1.	स्तवानि	स्तवाव	स्तवाम	स्तवै	स्तवावहै	स्तवामहै
2.	स्तुहि	स्तुतम्	स्तुत	स्तुष्व	स्तुवाथाम्	स्तुध्वम्
3.	स्तौतु/स्तवीतु	स्तुताम्	स्तुवन्तु	स्तुताम्	स्तुवाताम्	स्तुवताम्

26.1.5 Von शी Ā. („liegen“) bildet man den Präsensstamm sowohl in den starken als auch in den schwachen Formen durch Guṇierung der Wurzel. In der 3. Pl. Präsens Ā. (शेरते), Imperfekt Ā. (अशेरत) und Imperativ Ā. (शेरताम्) wird vor der Personalendung ein **-र्-** eingeschoben.

	Präsens Ā.			Imperfekt Ā.		
	Sg.	Dual	Pl.	Sg.	Dual	Pl.
1.	शये	शेवहे	शेमहे	अशयि	अशेवहि	अशेमहि
2.	शेषे	शयाथे	शेध्वे	अशेथाः	अशयाथाम्	अशेध्वम्
3.	शेते	शयाते	शेरते	अशेत	अशयाताम्	अशेरत

	Optativ Ā.			Imperativ Ā.		
	Sg.	Dual	Pl.	Sg.	Dual	Pl.
1.	शयीय	शयीवहि	शयीमहि	शयै	शयावहै	शयामहै
2.	शयीथाः	शयीयाथाम्	शयीध्वम्	शेष्व	शयाथाम्	शेध्वम्
3.	शयीत	शयीयाताम्	शयीरन्	शेताम्	शयाताम्	शेरताम्

26.1.6 हन् („schlagen“) hat den Stamm **हन्-** in den starken Formen und in den schwachen Formen vor den mit **-म्-**, **-व्-** oder **-य्-** anlautenden Endungen. Sonst erscheinen in den schwachen Formen die Stämme **ह-** (vor anderen konsonantisch anlautenden Endungen) und **घ्न्-** (vor vokalisch anlautenden Endungen). Unregelmäßig ist die 2. Sg. Imperativ Par. जहि.

	Präsens Par.			Imperfekt Par.		
	Sg.	Dual	Pl.	Sg.	Dual	Pl.
1.	हन्मि	हन्वः	हन्मः	अहनम्	अहन्व	अहन्म
2.	हंसि (vgl. 14.1.3)	हथः	हथ	अहन्	अहतम्	अहत
3.	हन्ति	हतः	घ्नन्ति	अहन्	अहताम्	अघ्नन्

	Optativ Par.			Imperativ Par.		
	Sg.	Dual	Pl.	Sg.	Dual	Pl.
1.	हन्याम्	हन्याव	हन्याम	हनानि	हनाव	हनाम
2.	हन्याः	हन्यातम्	हन्यात	जहि	हतम्	हत
3.	हन्यात्	हन्याताम्	हन्युः	हन्तु	हताम्	घ्नन्तु

26.1.7 शास् („befehlen") hat den Stamm शास्- in den starken Formen und in den schwachen Formen vor vokalischer anlautender Endung. Vor konsonantisch anlautender Endung erscheint in den schwachen Formen der Stamm शिष्-, außer in der 2. Sg. Imperativ Par., die folgendermaßen gebildet wird:

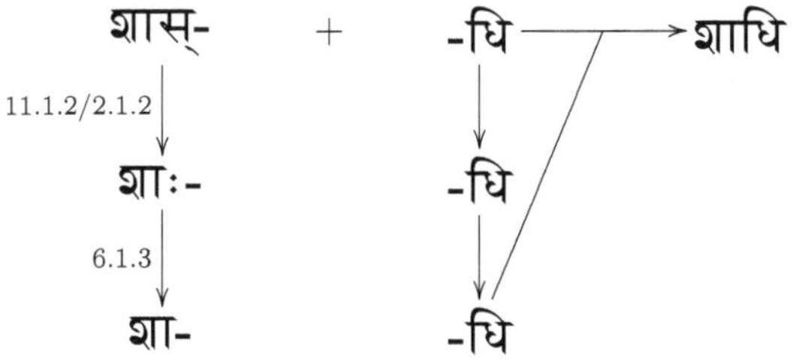

	Präsens Par.			Imperfekt Par.		
	Sg.	Dual	Pl.	Sg.	Dual	Pl.
1.	शास्मि	शिष्वः	शिष्मः	अशासम्	अशिष्व	अशिष्म
2.	शास्सि (vgl. 25.1.2)	शिष्ठः	शिष्ठ	अशाः / अशात्	अशिष्टम्	अशिष्ट
3.	शास्ति	शिष्टः	शासति (vgl. 25.3)	अशात्	अशिष्टाम्	अशासुः (vgl. 25.3)

	Optativ Par.			Imperativ Par.		
	Sg.	Dual	Pl.	Sg.	Dual	Pl.
1.	शिष्याम्	शिष्याव	शिष्याम	शासानि	शासाव	शासाम
2.	शिष्याः	शिष्यातम्	शिष्यात	शाधि	शिष्टम्	शिष्ट
3.	शिष्यात्	शिष्याताम्	शिष्युः	शास्तु	शिष्टाम्	शासतु (vgl. 25.3)

26.1.8 अद् („essen") hat den Stamm अद्- in allen schwachen und starken Formen, außer in der 2. Sg. Imperfekt Par. आदः (= अ-अद- + -स्) und der 3. Sg. Imperfekt Par. आदत् (= अ-अद- + -त्). Aufgrund von 25.2.2.2 müßten diese Formen eigentlich *आः (oder *आत्) und *आत् lauten.

26.1.9 चक्ष् Ā. („erscheinen, sehen, sagen“) hat den Stamm चक्ष्- in allen schwachen und starken Formen, außer vor Endungen, die mit -स्- oder Dentalen anlauten. In diesen Fällen lautet der Stamm चष्-. Für die 2. und die 3. Sg. Präsens Ā. ergeben sich somit die Formen चक्षे (vgl. 14.1.1) und चष्टे (vgl. 11.1.2.7 und 11.1.1). Die 2. Pl. Präsens Ā. wird folgendermaßen gebildet:

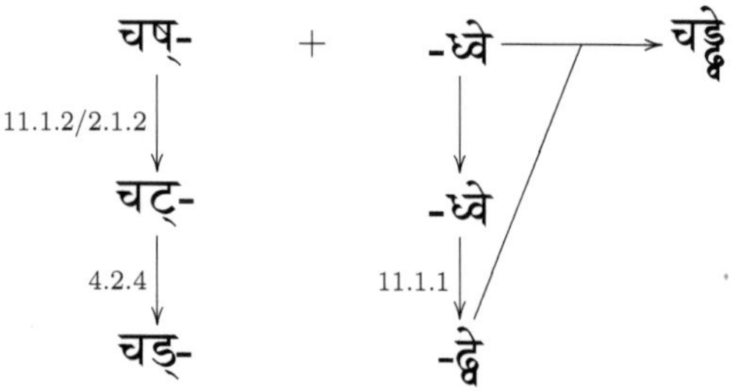

26.1.10 मृज् („wischen“) hat den starken Stamm मार्ज्- und den schwachen Stamm मृज्-.

Vor Endungen, die mit -त्- oder -थ्- anlauten, verwandelt sich aufgrund von 11.1.2.4 das stammauslautende -ज्- in -ष्- und vor den nach 2.1.1 abfallenden Endung -त् und -स् der 2. und 3. Sg. Imperfekt Par. in die nach 2.1.2 mögliche Pausaformvariante -ट्. Daher lauten die 3. Sg. Präsens Par. und die 2./3. Sg. Imperfekt Par. मार्ष्टि bzw. अमार्ट्.

Bei der Bildung der 2. Sg. Imperativ Par. मृड्ढि wird das Suffix -धि nach 11.1.2, 4.2.4 und 11.1.1 an die ebenfalls auf -ट् auslautende Pausaform des schwachen Stamms मृट्- angefügt.

26.1.11 वश् („wollen“) hat den starken Stamm वश्- und den schwachen Stamm उश्-.

Vor Endungen, die mit -त्- oder -थ्- anlauten, verwandelt sich aufgrund von 11.1.2.6 das stammauslautende -श्- in -ष्- und vor den nach 2.1.1 abfallenden Endung -त् und -स् der 2. und 3. Sg. Imperfekt Par. in die nach 2.1.2 mögliche Pausaformvariante -ट्. Daher lauten die 3. Sg. Präsens Par. und die 2./3. Sg. Imperfekt Par. वष्टि bzw. अवट्.

Bei der Bildung der 2. Sg. Imperativ Par. उड्ढि wird das Suffix -धि nach 11.1.2, 4.2.4 und 11.1.1 an die ebenfalls auf -ट् auslautende Pausaform des schwachen Stamms उट्- angefügt.

26.1.12 सू Ā. („gebären“) hat in den starken und schwachen Formen den Stamm सू-. Die 1. Sg. Imperativ Ā. lautet z.B. सुवै (vgl. 25.1.1).

Übung

कमले कमला शेते हरः शेते हिमालये।
क्षीराब्धौ च हरिः शेते मन्ये मत्कुणशङ्कया॥१॥
२ गच्छ गच्छसि चेत्कान्त पन्थानः सन्तु ते शिवाः।
३ नासौ धर्मो यत्र नो सत्यमस्ति।
४ धन्यास्ते पृथिवीपालाः सुखं ये निशि शेरते।
५ अरक्षितारं राजानं घ्नन्ति दोषाः।
६ कूपस्तृषां हन्ति सततं न तु वारिधिः।
७ खण्डितः पण्डितः स्यात्।
८ सेवको राजानमुपेत्य शाधि मामिति ब्रूयात्।
९ सुन्दरि समाश्वसिहि समाश्वसिहीत्युर्वशीं पुरूरवा अब्रवीत्।
१० बद्धमपि राजानं निर्दया यवना असिनाघ्नन्।
११ किं रोदिषि।
१२ मा रुदिहि।
१३ असाव धीरौ।
१४ अश्वं हन्युः।
१५ सिंहं जहि।
१६ बहवो ब्राह्मणा वने ऽस्मिन्नासन्।
१७ एधि धर्मवान्।
१८ राजानः पृथिवीं शासति।
१९ गां दुग्ध।
२० देवमस्तौः।
२१ गङ्गायास्तीरे ऽशयि।
२२ बालो ऽरोदत्।

Vokabeln

कमल m. n. = Lotusblüte

कमला = Beiname der Göttin Lakṣmī

शी 2. 1. Ā. = liegen, schlafen

हर m. = Beiname des Gottes Śiva

हिमालय m. = der Himālaya (Schneestätte)

क्षीराब्धि m. = das Milchmeer

हरि m. = Beiname des Gottes Viṣṇu oder des Helden Kṛṣṇa

मत्कुण m. = Wanze

शङ्का = Besorgnis, Furcht vor (mit Ab. oder L.); Verdacht; Zweifel

मत्कुणशङ्का = Furcht vor Wanzen

चेद् = und; wenn (Konj.)
कम् (ohne Präsensstamm) = wünschen, begehren, lieben
अस्[2] 2. = sein
नो = nicht, und nicht
धन्य = beute- oder schätzereich, glückbringend, glücklich
पृथिवीपाल m. = Fürst, König
निश् f. = Nacht
अरक्षितृ = nicht schützend; m.: Nichtbeschützer
कूप m. = Grube, Höhle, Brunnen
तृषा = Durst; Gier, heftiges Verlangen
सततम् = stets, immer; mit einer Negation: niemals (Adv.)
वारिधि m. = Meer
खण्ड m. n. = Stück, Teil, Abschnitt
खण्डय- = zerstückeln; verletzen; täuschen, hintergehen (Den.)
उप-इ 2. 1. 4. = herankommen, gelangen zu, sich hinbegeben zu, sich nähern
शास् 2. 1. = strafen, züchtigen, beherrschen, befehlen, unterweisen, belehren
ब्रू 2. = sprechen, sagen, reden, mitteilen
श्वस्[2] 2. 1. = schnaufen, schnauben, zischen, atmen
सम्-आ-श्वस्[2] 2. 1. = aufatmen, sich beruhigen, guten Mutes werden
निर्दय = lieblos, unbarmherzig, heftig
यवन m. = Grieche; später auch: Mohammedaner, Westländer, Europäer, Ausländer
रुद् 2. 6. 1. = weinen
धीर = entschlossen
दुह् 2. 6. 4. = melken, Vorteil ziehen aus; Milch geben, spenden, gewähren

27. Lektion

27.1 Die 3. Präsensklasse ist dadurch gekennzeichnet, daß man bei der Stammbildung in den starken und schwachen Formen zuerst die Wurzel redupliziert. Der schwache Stamm ist mit der reduplizierten Wurzel identisch. Zur Bildung des starken Stamms muß zusätzlich der Vokal der Wurzelsilbe guṇiert werden. Bei der Reduplikation werden Konsonanten im Anlaut der Wurzel ensprechend 15.1.2 behandelt. Der Reduplikationsvokal ist mit dem Wurzelvokal identisch, außer in den folgenden Fällen:

- Wenn der Wurzelvokal lang ist, erscheint in der Reduplikationssilbe der entsprechende Kurzvokal. **भी** („sich fürchten") hat z.B. den schwachen Stamm **बिभी-** und den starken Stamm **बिभे-**.
- Anstelle des Wurzelvokals **-ऋ-** erscheint in der Reduplikationssilbe **-इ-**. **भृ** („tragen") hat z.B. den schwachen Stamm **बिभृ-** und den starken Stamm **बिभर्-**.

Unregelmäßige Personalendungen erscheinen ...

- in der 3. Pl. Präsens Par. (**-अति**), in der 3. Pl. Imperativ Par. (**-अतु**) und in der 3. Pl. Imperfekt Par. (**-उः** mit **-र्**-Visarga).
- bei der Wurzel **हु** („opfern") in der 2. Sg. Imperativ Par. Obwohl der Stamm vokalisch auslautet, wird diese Form (entgegen 25.2.2.1) mit der Endung **-धि** gebildet (**जुहुधि**).

Folgende *Sonderregeln für die Behandlung von Vokalen im Stammauslaut* sind zu beachten:

- Vor der Endung **-उः** der 3. Pl. Imperfekt Par. wird ein Vokal im Auslaut des Stamms guṇiert. Die 3. Pl. Imperfekt Par. von **हु** („opfern") lautet z.B. **अजुहवुः**. Die Bildung dieser Form ist folgendermaßen zu erklären:

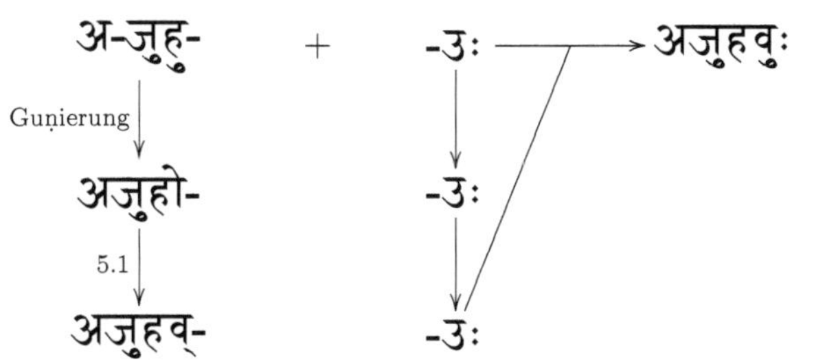

- **-ई-** im Auslaut des schwachen Stamms wird nur dann (entsprechend 25.1.1) vor vokalisch anlautender Endung in **-इय्-** verwandelt, wenn zwei Konsonanten vorausgehen. Sonst behandelt man sowohl **-ई-** als auch **-उ-** und **-ऋ-** im Auslaut des schwachen Stamms vor vokalisch anlautender Endung wie im Satzsandhi, dem zufolge die entsprechenden Halbvokale an ihre Stelle treten (vgl. 8.1.1). Für die 3. Pl. Präsens Par. von ह्री („sich schämen"), भी („sich fürchten"), हु („opfern") und भृ („tragen") ergeben sich somit die Formen जिह्रियति, बिभ्यति, जुह्वति und बिभ्रति.

27.1.1 Als Konjugationsbeispiel werden im folgenden die vom Präsensstamm gebildeten Tempora und Modi von हु („opfern") vorgeführt.

	Präsens					
	Par.			Ā.		
	Sg.	Dual	Pl.	Sg.	Dual	Pl.
1.	जुहोमि	जुहुवः	जुहुमः	जुह्वे	जुहुवहे	जुहुमहे
2.	जुहोषि	जुहुथः	जुहुथ	जुहुषे	जुह्वाथे	जुहुध्वे
3.	जुहोति	जुहुतः	जुह्वति	जुहुते	जुह्वाते	जुह्वते

	Imperfekt					
	Par.			Ā.		
	Sg.	Dual	Pl.	Sg.	Dual	Pl.
1.	अजुहवम्	अजुहुव	अजुहुम	अजुह्वि	अजुहुवहि	अजुहु-महि
2.	अजुहोः	अजुहुतम्	अजुहुत	अजुहुथाः	अजुह्वा-थाम्	अजुहु-ध्वम्
3.	अजुहोत्	अजुहुताम्	अजुहवुः	अजुहुत	अजुह्वा-ताम्	अजुह्वत

	Optativ					
	Par.			Ā.		
	Sg.	Dual	Pl.	Sg.	Dual	Pl.
1.	जुहुयाम्	जुहुयाव	जुहुयाम	जुह्वीय	जुह्वीवहि	जुह्वीमहि
2.	जुहुयाः	जुहुयातम्	जुहुयात	जुह्वीथाः	जुह्वीयाथाम्	जुह्वीध्वम्
3.	जुहुयात्	जुहुयाताम्	जुहुयुः	जुह्वीत	जुह्वीयाताम्	जुह्वीरन्

	Imperativ					
	Par.			Ā.		
	Sg.	Dual	Pl.	Sg.	Dual	Pl.
1.	जुहवानि	जुहवाव	जुहवाम	जुहवै	जुहवावहै	जुहवामहै
2.	जुहुधि	जुहुतम्	जुहुत	जुहुष्व	जुह्वाथाम्	जुहुध्वम्
3.	जुहोतु	जुहुताम्	जुह्वतु	जुहुताम्	जुह्वाताम्	जुह्वताम्

27.1.2 Die unregelmäßigen Verben der 3. Klasse sind durch Ausnahmen bei der Stammbildung gekennzeichnet, die sich nicht auf die Sonderregeln für die Behandlung stammauslautender Vokale in der 3. Klasse (vgl. 27.1) zurückführen lassen. Im folgenden werden die wichtigsten unregelmäßigen Verben der 3. Klasse vorgestellt:

27.1.2.1 दा („geben“) hat die Stämme **दद्-** (schwach) und **ददा-** (stark). Bei der Bildung des schwachen Stamms wird also nach der Reduplikation der Vokal der Wurzelsilbe getilgt. Unregelmäßig ist ferner die 2. Sg. Imperativ Par. **देहि**.

	Präsens					
	Par.			Ā.		
	Sg.	Dual	Pl.	Sg.	Dual	Pl.
1.	ददामि	दद्वः	दद्मः	ददे	दद्वहे	दद्महे
2.	ददासि	दत्थः	दत्थ	दत्से	ददाथे	दद्ध्वे
3.	ददाति	दत्तः	ददति	दत्ते	ददाते	ददते

	Imperfekt					
	Par.			Ā.		
	Sg.	Dual	Pl.	Sg.	Dual	Pl.
1.	अददाम्	अदद्व	अदद्म	अददि	अदद्वहि	अदद्महि
2.	अददाः	अदत्तम्	अदत्त	अदत्थाः	अददाथाम्	अदद्ध्वम्
3.	अददात्	अदत्ताम्	अददुः	अदत्त	अददाताम्	अददत

	Optativ					
	Par.			Ā.		
	Sg.	Dual	Pl.	Sg.	Dual	Pl.
1.	दद्याम्	दद्याव	दद्याम	ददीय	ददीवहि	ददीमहि
2.	दद्याः	दद्यातम्	दद्यात	ददीथाः	ददीयाथाम्	ददीध्वम्
3.	दद्यात्	दद्याताम्	दद्युः	ददीत	ददीयाताम्	ददीरन्

	Imperativ					
	Par.			Ā.		
	Sg.	Dual	Pl.	Sg.	Dual	Pl.
1.	ददानि	ददाव	ददाम	ददै	ददावहै	ददामहै
2.	देहि	दत्तम्	दत्त	दत्स्व	ददाथाम्	दद्ध्वम्
3.	ददातु	दत्ताम्	ददतु	दत्ताम्	ददाताम्	ददताम्

27.1.2.2 धा („setzen, stellen, legen") hat die Stämme दध्- (schwach) und दधा- (stark). Bei der Bildung des schwachen Stamms wird also nach der Reduplikation der Vokal der Wurzelsilbe getilgt. Unregelmäßig ist auch die 2. Sg. Imperativ Par. धेहि. Außerdem wird der schwache Stamm vor Endungen, die mit -त्- oder -थ्- anlauten, ausnahmsweise nicht nach dem Bartholomaeschen Aspiratengesetz 11.1.2.3 behandelt. Stattdessen geht man nach 11.1.2 vor und bildet von दध्- die Pausaform, an die nach den Satzsandhiregeln die Endung antritt. Die 2. Pl. Präsens Par. ergibt sich z.B. auf folgende Weise:

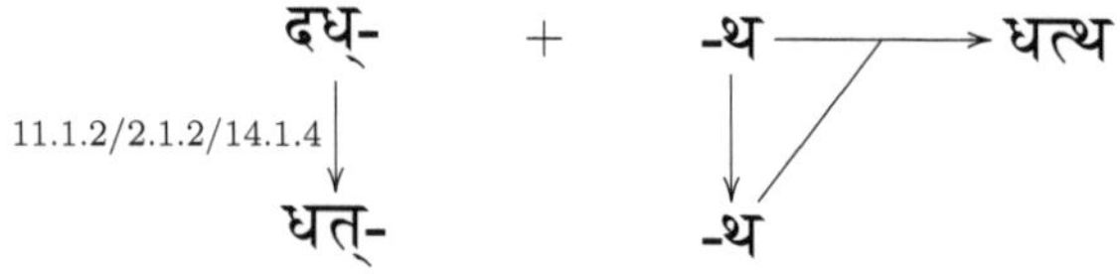

Die 2. Pl. Präsens Ā., die im Widerspruch zum Grassmannschen Gesetz (14.1.4) zwei Aspirationen enthält, wird folgendermaßen gebildet:

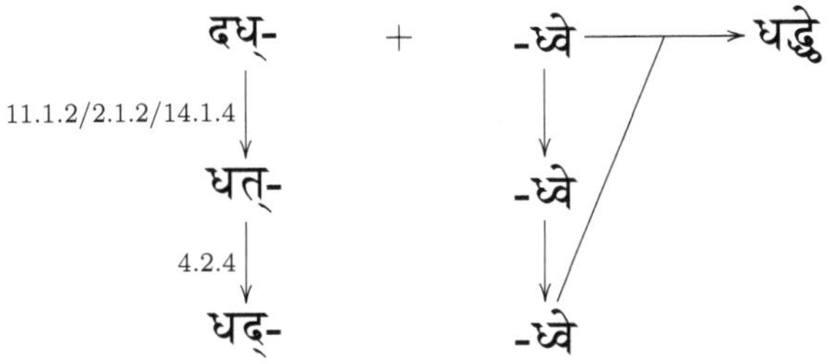

	Präsens					
	Par.			Ā.		
	Sg.	Dual	Pl.	Sg.	Dual	Pl.
1.	दधामि	दध्वः	दध्मः	दधे	दध्वहे	दध्महे
2.	दधासि	धत्थः	धत्थ	धत्से	दधाथे	धद्ध्वे
3.	दधाति	धत्तः	दधति	धत्ते	दधाते	दधते

	Imperfekt					
	Par.			Ā.		
	Sg.	Dual	Pl.	Sg.	Dual	Pl.
1.	अदधाम्	अदध्व	अदध्म	अदधि	अदध्वहि	अदध्महि
2.	अदधाः	अधत्तम्	अधत्त	अधत्थाः	अदधाथाम्	अधद्ध्वम्
3.	अदधात्	अधत्ताम्	अदधुः	अधत्त	अदधाताम्	अदधत

	Optativ					
	Par.			Ā.		
	Sg.	Dual	Pl.	Sg.	Dual	Pl.
1.	दध्याम्	दध्याव	दध्याम	दधीय	दधीवहि	दधीमहि
2.	दध्याः	दध्यातम्	दध्यात	दधीथाः	दधीयाथाम्	दधीध्वम्
3.	दध्यात्	दध्याताम्	दध्युः	दधीत	दधीयाताम्	दधीरन्

	Imperativ					
	Par.			Ā.		
	Sg.	Dual	Pl.	Sg.	Dual	Pl.
1.	दधानि	दधाव	दधाम	दधै	दधावहै	दधामहै
2.	धेहि	धत्तम्	धत्त	धत्स्व	दधाथाम्	धद्ध्वम्
3.	दधातु	धत्ताम्	दधतु	धत्ताम्	दधाताम्	दधताम्

27.1.2.3 मा Ā. („messen") hat die Stämme **मिम्-** (stark), **मिमी-** (schwach, vor konsonantisch anlautender Endung) und **मिम्-** (schwach, vor vokalisch anlautender Endung). Somit ergeben sich z.B. für die 1. und 3. Sg. Präsens Ā. die Formen **मिमे** und **मिमीते**. Die 1. Sg. Imperativ Ā. lautet **मिमै**.

27.1.2.4 हा („verlassen") hat die Stämme **जहा-** (stark), **जहि-/जही-** (schwach, vor konsonantisch anlautender Endung, außer im Optativ Par.) und **जह्-** (schwach, vor vokalisch anlautender Endung und im Optativ Par.).

Folgende Beispiele lassen die Verwendung der verschiedenen schwachen Stämme erkennen: **जहिमः/जहीमः** (1. Pl. Präsens Par.), **जह्याम्** (1. Sg. Optativ Par.) und **अजहुः** (3. Pl. Imperfekt Par.)

Die 2. Sg. Imperativ Par. kann sowohl von den jeweiligen schwachen Stämmen als auch vom starken Stamm gebildet werden (**जहिहि/जहीहि, जहाहि**).

27.2 Die 5. Präsensklasse ist durch die Stammsuffixe **-नो-** (stark) bzw. **-नु-** (schwach) gekennzeichnet, die (außer im Falle von 27.2.2) an die unveränderte Wurzel angefügt werden. **सु** („auspressen") hat z.B. die Stämme **सुनो-** (stark) und **सुनु-** (schwach).

Eine *Abweichung von den regelmäßigen Personalendungen* tritt in der 2. Sg. Imperativ Par. auf. Diese Form ist bei vokalisch auslautenden Wurzeln der 5. Klasse wie z.B. **सु** identisch mit dem schwachen Stamm (**सुनु**). Von konsonantisch auslautenden Wurzeln der 5. Klasse wie z.B. **आप्-** („erlangen") wird die 2. Sg. Imperativ Par. dagegen regelmäßig gebildet (**आप्नुहि**).

Folgende *Sonderregel für die Behandlung von Vokalen im Stammauslaut* ist zu beachten: Das Stammsuffix **-नु-** kann erhalten bleiben oder in **-न्व्-**, **-नुव्-** oder **-न्-** verwandelt werden. Ob eine (oder keine) dieser möglichen Auslautveränderungen auftritt, hängt von dem Wurzelauslaut und dem Anlaut der Personalendung ab. Da z.B. die Wurzel **सु** („auspressen") vokalisch auslautet und die Endung für die 3. Pl. Präsens Par. vokalisch anlautet, wird **-नु-** in **-न्व्-** verwandelt (**सुन्वन्ति**). Die allgemeinen Regeln für die Verwandlung des Stammsuffixes ergeben sich aus dem folgenden Schema:

Wurzelauslaut	Anlaut der Personalendung		
	Vokal	-म्- oder -व्-	anderer Konsonant als -म्- oder -व्-
Vokal	-न्व्-	-नु-/-न्-	-नु-
Konsonant	-नुव्-	-नु-	-नु-

27.2.1 Als Konjugationsbeispiele werden im folgenden die vom Präsensstamm gebildeten Tempora und Modi von सु („auspressen") und आप् („erlangen") vorgeführt.

	Präsens					
	Par.			Ā.		
	Sg.	Dual	Pl.	Sg.	Dual	Pl.
1.	सुनोमि	सुनुवः / सुन्वः	सुनुमः / सुन्मः	सुन्वे	सुनुवहे/ सुन्वहे	सुनुमहे/ सुन्महे
2.	सुनोषि	सुनुथः	सुनुथ	सुनुषे	सुन्वाथे	सुनुध्वे
3.	सुनोति	सुनुतः	सुन्वन्ति	सुनुते	सुन्वाते	सुन्वते

	Imperfekt					
	Par.			Ā.		
	Sg.	Dual	Pl.	Sg.	Dual	Pl.
1.	असुनवम्	असुनुव/ असुन्व	असुनुम/ असुन्म	असुन्वि	असुनुवहि/ असुन्वहि	असुनु-महि/ असुन्-महि
2.	असुनोः	असुनु-तम्	असुनुत	असुनुथाः	असुन्वा-थाम्	असुनु-ध्वम्
3.	असुनोत्	असुनु-ताम्	असुन्वन्	असुनुत	असुन्वा-ताम्	असुन्-वत

	Optativ					
	Par.			Ā.		
	Sg.	Dual	Pl.	Sg.	Dual	Pl.
1.	सुनुयाम्	सुनुयाव	सुनुयाम	सुन्वीय	सुन्वीवहि	सुन्वीमहि
2.	सुनुयाः	सुनुयातम्	सुनुयात	सुन्वीथाः	सुन्वीयाथाम्	सुन्वीध्वम्
3.	सुनुयात्	सुनुयाताम्	सुनुयुः	सुन्वीत	सुन्वीयाताम्	सुन्वीरन्

	Imperativ					
	Par.			Ā.		
	Sg.	Dual	Pl.	Sg.	Dual	Pl.
1.	सुनवानि	सुनवाव	सुनवाम	सुनवै	सुनवावहै	सुनवामहै
2.	सुनु	सुनुतम्	सुनुत	सुनुष्व	सुन्वाथाम्	सुनुध्वम्
3.	सुनोतु	सुनुताम्	सुन्वन्तु	सुनुताम्	सुन्वाताम्	सुन्वताम्

	Präsens Par.			Imperfekt Par.		
	Sg.	Dual	Pl.	Sg.	Dual	Pl.
1.	आप्नोमि	आप्नुवः	आप्नुमः	आप्नवम्	आप्नुव	आप्नुम
2.	आप्नोषि	आप्नुथः	आप्नुथ	आप्नोः	आप्नुतम्	आप्नुत
3.	आप्नोति	आप्नुतः	आप्नुवन्ति	आप्नोत्	आप्नुताम्	आप्नुवन्

	Optativ Par.			Imperativ Par.		
	Sg.	Dual	Pl.	Sg.	Dual	Pl.
1.	आप्नुयाम्	आप्नुयाव	आप्नुयाम	आप्नवानि	आप्नवाव	आप्नवाम
2.	आप्नुयाः	आप्नुयातम्	आप्नुयात	आप्नुहि	आप्नुतम्	आप्नुत
3.	आप्नुयात्	आप्नुयाताम्	आप्नुयुः	आप्नोतु	आप्नुताम्	आप्नुवन्तु

27.2.2 Ein unregelmäßiges Verb der 5. Klasse, das die einzige Ausnahme bei der Stammbildung darstellt, ist श्रु („hören"). Die Stämme lauten शृणु- (schwach) und शृणो- (stark). Darüber hinaus gibt es keine Abweichungen von der regelmäßigen Flexion.

Übung

१ राज्ञो बिभ्यति लोका राजानः पुनर्वैरिभ्यः।
२ शतं रूपकान् दद्यान्न विवदेत्।
३ न तत्परस्य संदध्यात्प्रतिकूलं यदात्मनः।
४ यत्स्वाधीनं यदपि सुलभं तेन तुष्टिं विधेहि।
५ यदोजसा न लभते क्षत्रियो न तदश्नुते।
६ ते धन्या ये न शृण्वन्ति दीनाः प्रणयिनां गिरः।
७ दुर्बला अपि बुद्धैः प्रभावेन महान्तं दुःखानामुदधिं तरितुं शक्नुवन्ति।
८ पण्डितः शिष्येभ्यः शास्त्रं व्यवृणोत्।
९ यज्ञेष्वृत्विजः सोमं सुन्वताम्।
१० ये द्वे कालं विधत्तस्ते महती ज्योतिषी स्तवीमि।
११ त्वां न जहिमः।
१२ एतस्मिन्नग्नौ ब्राह्मणा अन्नं जुह्वति।

Vokabeln

भी 3. 1. = sich fürchten vor (mit Ab. oder G., seltener mit I. oder A.)

वैरिन् m. = Feind

वि-वद् 1. = Widerspruch erheben, sich mit jemandem (im I.) über etwas (im L.) streiten

धा 3. = setzen, stellen, legen

सम्-धा 3. = zusammensetzen; jemandem etwas zufügen

प्रतिकूल = unangenehm

स्वाधीन = worüber man selbst verfügen kann, was in der eigenen Gewalt steht, von sich selbst abhängig, unabhängig, frei

तुष्टि f. = Zufriedenheit

वि-धा 3. = verteilen, gewähren; schaffen, hervorbringen; bereiten, tun, machen; bestimmen, anordnen

ओजस् n. = Sg. und Pl.: Kraft, Stärke

अश् 5. = erreichen, erlangen

दीन = traurig, betrübt, niedergeschlagen; schwach, gering

प्रणयिन् = lieb, geliebt; m.: Liebling, lieber Freund

प्रभाव m. = Macht

वि-वृ[1] 5. = aufdecken, zeigen, offenbaren, erklären

ऋत्विज् = zur rechten Zeit opfernd; m.: Priester

सोम m. = Soma-Pflanze, Soma-Saft; der Mond, der Mondgott

सु[1] 5. = auspressen, keltern

हा 3. = verlassen, im Stich lassen, jemandem (im D.) etwas (im A.) überlassen, aufgeben, vermeiden, hintansetzen, ablegen, abtun, verlieren

हु 3. = opfern, ins Feuer gießen, werfen (auch von Dingen, die nicht gerade im Feuer dargebracht werden)

28. Lektion

28.1 Die folgende Wortsandhiregel, die als letzte noch zu ergänzen ist, wird für die Formenbildung bei Verben der 7. Präsensklasse benötigt. Im Auslaut des schwachen Präsensstamms dieser Verben erscheinen stets zwei Konsonanten, von denen der vorletzte ein Nasal oder der Anusvāra ist. Diese Konsonantengruppe behandelt man im Wortsandhi nicht nach 11.1.2 (in Verbindung mit 2.1.1), wenn eine mit **-त्-**, **-थ्-** oder **-ध्-** anlautende Endung folgt. Vor derartigen Endungen wird vielmehr zuerst der auslautende Konsonant des schwachen Präsensstamms (statt nach 11.1.2 und 2.1.1 verlorenzugehen) in die Pausaform verwandelt. Ändert sich der auslautende Konsonant durch die Bildung der Pausaform, so tritt als nächstes an die Stelle des vorausgehenden Nasals oder des Anusvāras der dem Konsonanten der Pausaform entsprechende Nasal. Dann wird die Personalendung nach den Regeln des Satzsandhis angefügt.

Dabei ist folgende Ausnahme zu beachten: Stimmhafte Aspiratae im Auslaut des schwachen Präsensstamms werden vor einer mit **-त्-** oder **-थ्-** anlautenden Endung nach 11.1.2.3 (Bartholomaesches Aspiratengesetz) behandelt.

Die 2. Pl. Präsens Ā. von **युज्** („anspannen", schwacher Präsensstamm: **युञ्ज्-**) und die 2. Pl. Präsens Par. von **रुध्** 7. („zurückhalten", schwacher Präsensstamm: **रुन्ध्-**) bildet man z.B. folgendermaßen:

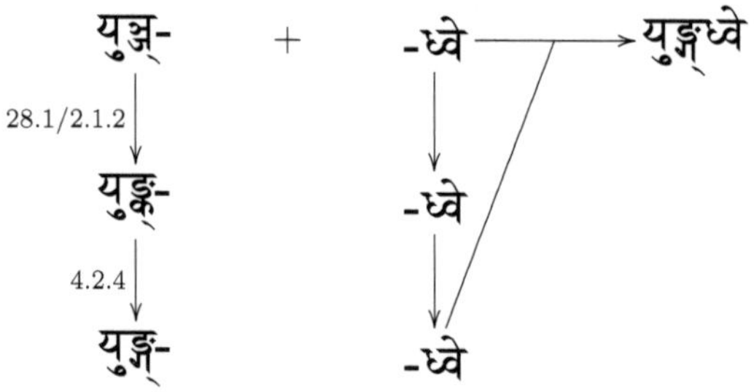

रुन्ध्- + **-थ** $\xrightarrow{11.1.2.3}$ **रुन्द्ध**

28.2 Die 7. Präsensklasse, der nur konsonantisch auslautende Wurzeln angehören, ist dadurch gekennzeichnet, daß man zur Bildung des schwachen Stamms vor dem Endkonsonanten der Wurzel den entsprechenden Nasal einschiebt. Bei Wurzeln, die auf **-ह्** oder einen Zischlaut auslauten, wird stattdessen der Anusvāra eingeschoben. Der schwache Stamm ist mit der Wurzel identisch, wenn diese vor dem Endkonsonanten bereits einen Nasal oder den

Anusvāra enthält. Die schwachen Stämme von भिद् („spalten"), पिष् („zermalmen") und हिंस् („schädigen") lauten daher भिन्द्-, पिंष्- bzw. हिंस्-.

Wenn die Wurzel weder einen Nasal noch den Anusvāra als vorletzten Laut enthält, wird der starke Stamm gebildet, indem man vor dem Endkonsonanten -न- oder (nach 6.1.4) -ण- einschiebt. Ein Nasal oder der Anusvāra als vorletzter Laut in der Wurzel werden bei der Bildung des starken Stamms durch -न- bzw. -ण- ersetzt. Somit haben भिद्, पिष् und हिंस् die starken Stämme भिनद्-, पिनष्- bzw. हिनस्-.

Folgende *Sonderregeln für die Behandlung von Konsonanten im Stammauslaut* sind zu beachten:

- Bei der Bildung der 2. Sg. Imperativ Par. von हिंस् („schädigen") wird der Wurzelauslaut in -द् verwandelt und der Anusvāra (entsprechend 28.1) in -न्-, s.d. sich die Form हिन्द्धि ergibt.
- Die स्-Retroflexionsregel (6.1.5) hat bei der Formenbildung keinen Einfluß auf den Auslaut der Wurzel हिंस्.

28.2.1 Als Konjugationsbeispiele werden im folgenden die vom Präsensstamm gebildeten Tempora und Modi von भिद् („spalten") und हिंस् („schädigen") vorgeführt.

	Präsens					
	Par.			Ā.		
	Sg.	Dual	Pl.	Sg.	Dual	Pl.
1.	भिनद्मि	भिन्द्वः	भिन्द्मः	भिन्दे	भिन्द्वहे	भिन्द्महे
2.	भिनत्सि	भिन्त्थः	भिन्त्थ	भिन्त्से	भिन्दाथे	भिन्द्ध्वे
3.	भिनत्ति	भिन्त्तः	भिन्दन्ति	भिन्त्ते	भिन्दाते	भिन्दते

	Imperfekt					
	Par.			Ā.		
	Sg.	Dual	Pl.	Sg.	Dual	Pl.
1.	अभिन-दम्	अभिन्द्व	अभिन्द्म	अभिन्दि	अभिन्द्-वहि	अभिन्द्-महि
2.	अभिनः / अभिनत्	अभिन्त्-तम्	अभिन्त्त	अभिन्त्थाः	अभिन्दा-थाम्	अभिन्द्-ध्वम्
3.	अभिनत्	अभिन्त्-ताम्	अभिन्दन्	अभिन्त्त	अभिन्दा-ताम्	अभिन्दत

	Optativ					
	Par.			Ā.		
	Sg.	Dual	Pl.	Sg.	Dual	Pl.
1.	भिन्द्याम्	भिन्द्याव	भिन्द्याम	भिन्दीय	भिन्दी-वहि	भिन्दी-महि
2.	भिन्द्याः	भिन्द्या-तम्	भिन्द्यात	भिन्दीथाः	भिन्दीया-थाम्	भिन्दी-ध्वम्
3.	भिन्द्यात्	भिन्द्या-ताम्	भिन्द्युः	भिन्दीत	भिन्दीया-ताम्	भिन्दीरन्

	Imperativ					
	Par.			Ā.		
	Sg.	Dual	Pl.	Sg.	Dual	Pl.
1.	भिनदानि	भिनदाव	भिनदाम	भिनदै	भिनदावहै	भिनदामहै
2.	भिन्द्धि	भिन्त्तम्	भिन्त्त	भिन्त्स्व	भिन्दाथाम्	भिन्द्ध्वम्
3.	भिनत्तु	भिन्ताम्	भिन्दन्तु	भिन्ताम्	भिन्दाताम्	भिन्दताम्

	Präsens Par.			Imperfekt Par.		
	Sg.	Dual	Pl.	Sg.	Dual	Pl.
1.	हिनस्मि	हिंस्वः	हिंस्मः	अहिनसम्	अहिंस्व	अहिंस्म
2.	हिनस्सि	हिंस्थः	हिंस्थ	अहिनः / अहिनत्	अहिंस्तम्	अहिंस्त
3.	हिनस्ति	हिंस्तः	हिंसन्ति	अहिनत्	अहिंस्ताम्	अहिंसन्

	Optativ Par.			Imperativ Par.		
	Sg.	Dual	Pl.	Sg.	Dual	Pl.
1.	हिंस्याम्	हिंस्याव	हिंस्याम	हिनसानि	हिनसाव	हिनसाम
2.	हिंस्याः	हिंस्यातम्	हिंस्यात	हिन्द्धि	हिंस्तम्	हिंस्त
3.	हिंस्यात्	हिंस्याताम्	हिंस्युः	हिनस्तु	हिंस्ताम्	हिंसन्तु

28.3 Die 8. Präsensklasse, der außer der unregelmäßigen Wurzel कृ („machen“, vgl. 28.3.1) nur auf -न् auslautende Wurzeln angehören, ist durch die Stammsuffixe -उ- (schwach) und -ओ- (stark) gekennzeichnet, die (außer bei कृ) an die unveränderte Wurzel angefügt werden. Die Stämme von तन् („spannen“) lauten z.B. तनु- (schwach) und तनो- (stark).

Eine *Abweichung von den regelmäßigen Personalendungen* tritt in der 2. Sg. Imperativ Par. auf. Diese Form ist – so wie bei den vokalisch auslautenden Wurzeln der 5. Klasse – identisch mit dem schwachen Stamm. Die 2. Sg. Imperativ Par. von तन् lautet z.B. तनु.

Die *Sonderregel für die Behandlung von Vokalen im Stammauslaut*, die bei vokalisch auslautenden Wurzeln der 5. Klasse zu beachten ist (vgl. 27.2), ist auf das **-उ-** im Auslaut des schwachen Stamms der Verben der 8. Klasse übertragbar, d.h. es wird vor vokalisch anlautender Endung in **-व्-** verwandelt und bleibt erhalten, wenn die Endung mit einem anderen Konsonanten als **-म्-** oder **-व्-** anlautet. Vor Endungen, die mit **-म्-** oder **-व्-** anlauten, kann es erhalten bleiben oder wegfallen. Die regelmäßigen Paradigmata haben somit die gleiche Gestalt wie bei den vokalisch auslautenden Wurzeln der 5. Klasse.

28.3.1 Ein unregelmäßiges Verb der 8. Klasse, das die einzige Ausnahme bei der Stammbildung darstellt, ist कृ („machen"). Die Stämme lauten **कुरु-** (schwach) und **करो-** (stark). Das **-उ-** im Auslaut des schwachen Stamms wird in der Flexion wie bei den anderen Verben der 8. Klasse behandelt, abgesehen davon, daß es vor Endungen, die mit **-म्-**, **-व्-** oder **-य्-** anlauten, stets verlorengeht.

	Präsens					
	Par.			Ā.		
	Sg.	Dual	Pl.	Sg.	Dual	Pl.
1.	करोमि	कुर्वः	कुर्मः	कुर्वे	कुर्वहे	कुर्महे
2.	करोषि	कुरुथः	कुरुथ	कुरुषे	कुर्वाथे	कुरुध्वे
3.	करोति	कुरुतः	कुर्वन्ति	कुरुते	कुर्वाते	कुर्वते

	Imperfekt					
	Par.			Ā.		
	Sg.	Dual	Pl.	Sg.	Dual	Pl.
1.	अकरवम्	अकुर्व	अकुर्म	अकुर्वि	अकुर्वहि	अकुर्महि
2.	अकरोः	अकुरु- तम्	अकुरुत	अकुरुथाः	अकुर्वा- थाम्	अकुरु- -ध्वम्
3.	अकरोत्	अकुरु- ताम्	अकुर्वन्	अकुरुत	अकुर्वा- ताम्	अकुर्वत

	Optativ					
	Par.			Ā.		
	Sg.	Dual	Pl.	Sg.	Dual	Pl.
1.	कुर्याम्	कुर्याव	कुर्याम	कुर्वीय	कुर्वीवहि	कुर्वीमहि
2.	कुर्याः	कुर्यातम्	कुर्यात	कुर्वीथाः	कुर्वीयाथाम्	कुर्वीध्वम्
3.	कुर्यात्	कुर्याताम्	कुर्युः	कुर्वीत	कुर्वीयाताम्	कुर्वीरन्

	Imperativ					
	Par.			Ā.		
	Sg.	Dual	Pl.	Sg.	Dual	Pl.
1.	करवाणि	करवाव	करवाम	करवै	करवावहै	करवामहै
2.	कुरु	कुरुतम्	कुरुत	कुरुष्व	कुर्वाथाम्	कुरुध्वम्
3.	करोतु	कुरुताम्	कुर्वन्तु	कुरुताम्	कुर्वाताम्	कुर्वताम्

28.4 Die 9. Präsensklasse ist durch die Stammsuffixe -नी- (schwach) und -ना- (stark) gekennzeichnet, die an die Wurzel antreten, wobei sie aufgrund der न्-Retroflexion (6.1.4) ggf. in -णी- bzw. -णा- verwandelt werden. अश् („essen") hat z.B. die Stämme अश्नी- (schwach) und अश्ना- (stark). Beim Anfügen der Stammsuffixe treten folgende Veränderungen der Wurzel auf:

- -ऊ und -ॠ im Auslaut der Wurzel werden gekürzt. Die 3. Sg. Präsens Par. von लू („schneiden") und पॄ („füllen") lautet z.B. लुनाति bzw. पृणाति.

- Ein Nasal als vorletzter Laut in der Wurzel geht verloren. Die 3. Sg. Präsens Par. von ज्ञा („kennen") lautet z.B. जानाति.

Eine *Abweichung von den regelmäßigen Personalendungen* tritt in der 2. Sg. Imperativ Par. auf. Diese Form wird bei konsonantisch auslautenden Wurzeln der 9. Klasse wie z.B. अश् („essen") gebildet, indem man die Endung -आन direkt an die Wurzel (ohne das Stammsuffix -नी-) anfügt (अशान). Von vokalisch auslautenden Wurzeln der 9. Klasse wie z.B. क्री („kaufen") wird die 2. Sg. Imperativ Par. dagegen regelmäßig gebildet (क्रीणीहि).

Folgende *Sonderregel für die Behandlung von Vokalen im Stammauslaut* ist zu beachten: Vor vokalisch anlautender Endung wird das Stammsuffix -नी- (bzw. -णी-) in -न्- (bzw. -ण्-) verwandelt. Die 3. Pl. Präsens Par. von पुष् („nähren") lautet z.B. पुष्णन्ति.

28.4.1 Als Konjugationsbeispiel werden im folgenden die vom Präsensstamm gebildeten Tempora und Modi von अश् („essen“) vorgeführt:

	Präsens					
	Par.			Ā.		
	Sg.	Dual	Pl.	Sg.	Dual	Pl.
1.	अश्नामि	अश्नीवः	अश्नीमः	अश्ने	अश्नीवहे	अश्नीमहे
2.	अश्नासि	अश्नीथः	अश्नीथ	अश्नीषे	अश्नाथे	अश्नीध्वे
3.	अश्नाति	अश्नीतः	अश्नन्ति	अश्नीते	अश्नाते	अश्नते

	Imperfekt					
	Par.			Ā.		
	Sg.	Dual	Pl.	Sg.	Dual	Pl.
1.	आश्नाम्	आश्नीव	आश्नीम	आश्नि	आश्नीवहि	आश्नीमहि
2.	आश्नाः	आश्नीतम्	आश्नीत	आश्नीथाः	आश्नाथाम्	आश्नीध्वम्
3.	आश्नात्	आश्नीताम्	आश्नन्	आश्नीत	आश्नाताम्	आश्नत

	Optativ					
	Par.			Ā.		
	Sg.	Dual	Pl.	Sg.	Dual	Pl.
1.	अश्नीयाम्	अश्नीयाव	अश्नीयाम	अश्नीय	अश्नीवहि	अश्नीमहि
2.	अश्नीयाः	अश्नीया-तम्	अश्नीयात	अश्नीथाः	अश्नीया-थाम्	अश्नीध्वम्
3.	अश्नीयात्	अश्नीया-ताम्	अश्नीयुः	अश्नीत	अश्नीया-ताम्	अश्नीरन्

	Imperativ					
	Par.			Ā.		
	Sg.	Dual	Pl.	Sg.	Dual	Pl.
1.	अश्नानि	अश्नाव	अश्नाम	अश्नै	अश्नावहै	अश्नामहै
2.	अशान	अश्नीतम्	अश्नीत	अश्नीष्व	अश्नाथाम्	अश्नीध्वम्
3.	अश्नातु	अश्नीताम्	अश्नन्तु	अश्नीताम्	अश्नाताम्	अश्नताम्

28.4.2 Ein unregelmäßiges Verb der 9. Klasse, das die einzige Ausnahme bei der Stammbildung darstellt, ist ग्रह् („ergreifen"). Die Stämme lauten गृह्णी- (schwach) und गृह्णा- (stark).

Übung

यद्यदाचरति श्रेष्ठस्तत्तदेवेतरो जनः।
स यत्प्रमाणं कुरुते लोकस्तदनुवर्तते॥१॥
अतिथिर्बालकश्चैव स्त्रीजनो नृपतिस्तथा।
एते वित्तं न जानन्ति जामाता चैव पञ्चमः॥२॥
जानाते यन्न चन्द्रार्कौ जानते यन्न योगिनः।
जानीते यन्न भर्गो ऽपि तज्जानाति कविः स्वयम्॥३॥
४ नीचो वदति न कुरुते न वदति सुजनः करोत्येव।
५ श्वः कार्यमद्य कुर्वीत।
६ पूर्वे वयसि तत्कुर्याद्येन वृद्धः सुखं वसेत्।
७ न हिंस्यात्सर्वाणि भूतानि।
८ बलिनो बलिनः स्निह्यन्त्यबलं तु निगृह्णते।
९ स्वकीयान्भुञ्जते मत्स्याः स्वान्यपत्यानि फणाधराः।
१० को जानीते कदा कस्य मृत्योः कालो भविष्यति।
११ अण्डानि बिभ्रति स्वानि न भिन्दन्ति पिपीलिकाः।
१२ नाश्वं न रथं जीर्णो भुङ्क्ते न च स्त्रियम्।
१३ वरं वृणीष्वेति देवा ब्रुवन्ति।

Vokabeln

आ-चर् 1. = herankommen, sich nähern; gebrauchen; verfahren; tun, ausüben, vollbringen

इतर = ander-er/-e/-es

प्रमाण n. = Maß, Maßstab; Richtschnur; Beweismittel, Beweis

अनु-वृत् 1. Ā. = folgen; befolgen

अतिथि m. = Gast

स्त्रीजन m. = das Frauenvolk

ज्ञा 9. = kennen, wissen, verstehen

जामातृ m. = Schwiegersohn; Schwager

चन्द्रार्क m. Dual = Sonne und Mond (Kompositum)

योगिन् m. = Yogin, Anhänger des Yoga

भर्ग m. = Beiname des Gottes Śiva und des Gottes Brahman

स्वयम् = selbst, von selbst, von sich aus, aus eigenem Antrieb (indeklinables Pronomen)
नीच = niedrig, tief, gemein
सुजन m. = guter Mensch
पूर्व = vorder-er/-e/-es, vorangehend, früher/-er/-e/-es; östlich
वृद्ध = erwachsen; alt
भूत n. = Wesen, Geschöpf
अबल = schwach
ग्रह् 9. = ergreifen, nehmen, festhalten
नि-ग्रह् 9. = niederhalten, an sich ziehen, zurückhalten, unterdrücken, bändigen
स्वकीय = eigen; m. Pl.: Angehörige, Freunde
अपत्य n. = Abkömmling, Nachkommenschaft, Kind
फणाधर m. = Haubenschlange, Schlange
भिद् 7. = spalten, brechen, durchstechen, zerschlagen, vernichten, entzweien
जॄ 4. = gebrechlich werden, in Verfall kommen, altern
वृ² 9. 5. = wählen; wünschen

29. Lektion

29.1 Wie man die Partizipien Präsens Par. und Ā. von thematischen Wurzeln bildet und wie sie zu übersetzen sind, wurde bereits erläutert (vgl. 20.1.3 - 20.1.3.2, 20.2 - 20.2.1). Im folgenden werden wir auf die Bildung dieser Partizipien von athematischen Wurzeln eingehen.

29.1.1 Das Partizip Präsens Par. athematischer Wurzeln hat einen schwachen und einen starken Stamm, die durch Anfügen von **-अत्** (schwach) und **-अन्त्** (stark) an den schwachen Präsensstamm gebildet werden. Die Stämme des Partizips Präsens Par. von **द्विष्** 2. („hassen") lauten z.B. **द्विषत्** (schwach) und **द्विषन्त्** (stark).

Ein Vokal im Auslaut des schwachen Präsensstamms einer athematischen Wurzel wird bei der Bildung des Partizips Präsens Par. genauso behandelt wie beim Anfügen einer vokalisch anlautenden Personalendung. Die Wurzel **सु** 5. („auspressen") z.B. hat den schwachen Präsensstamm **सुनु-**, der sich vor vokalisch anlautender Personalendung in **सुन्व्-** verwandelt (vgl. 27.2). Entsprechend lauten die Stämme des Partizips Präsens Par. **सुन्वत्** (schwach) und **सुन्वन्त्** (stark).

Der (mit der Form des N./A./V. Dual n. identische) f. Stamm wird – anders als bei thematischen Wurzeln (vgl. 20.1.3.1) – i.a. vom schwachen Stamm des Partizips Präsens Par. durch Anfügen von **-ई** gebildet. Das Partizip Präsens Par. von **अस्** 2. („sein") hat z.B. den f. Stamm **सती**. Bei Wurzeln der 2. Klasse auf **-आ** erscheint jedoch in den f. Formen des Partizips Präsens Par. sowohl die starke als auch die schwache Stammbildungsvariante. **या** 2. („gehen") hat z.B. die f. Stämme **याती** und **यान्ती**.

Das von einer athematischen Wurzel gebildete Partizip Präsens Par. wird i.a. genauso dekliniert wie das von einer thematischen Wurzel gebildete (vgl. 20.1.3.1). In den Paradigmata des Partizips Präsens Par. von Wurzeln der 3. Klasse und von Wurzeln der 2. Klasse, die eine Reduplikation enthalten (vgl. 25.3), erscheint jedoch in allen Kasus die schwache Stammbildungsvariante, außer im N., A. und V. Pl. n., die vom starken oder vom schwachen Stamm gebildet werden können, wie die folgenden Teilparadigmata des Partizips Präsens Par. von **दा** 3. („geben") zeigen:

	m.		
	Sg.	Dual	Pl.
N./V.	ददत्	ददतौ	ददतः
A.	ददतम्	ददतौ	ददतः

	n.		
	Sg.	Dual	Pl.
N./A./V.	ददत्	ददती	ददति/ददन्ति

In den übrigen Kasus ist die Deklination identisch mit der der Maskulina.

29.1.2 Das Partizip Präsens Ā. athematischer Wurzeln wird gebildet, indem man **-आन** (bzw. **-आना** für den f. Stamm) mit den Endungen der m. und n. **-अ**-Stämme (bzw. der f. **-आ**-Stämme) an den schwachen Präsensstamm anfügt. Dabei wird ein Vokal im Auslaut des schwachen Präsensstamms genauso behandelt wie beim Anfügen einer vokalisch anlautenden Personalendung an den schwachen Präsensstamm. Das Partizip Präsens Ā. von ब्रू 2. („sprechen") lautet z.B. ब्रुवाण (bzw. ब्रुवाणा).

29.2 Das Intensivum (oder Frequentivum) kann – wie bereits angedeutet – auch noch anders gebildet werden als auf die in 17.2.1 beschriebene Weise. Die Reduplikationssilbe ist bei diesem andersartigen nur im Par. verwendeten Bildungstyp ebenfalls durch eine Guṇierung, eine Nasalierung o.ä. verstärkt. Es fehlt allerdings das Stammsuffix **-य-**, das die bisher behandelten Intensiva kennzeichnet. Außerdem wird die Wurzelsilbe in den vom Präsensstamm gebildeten Tempora und Modi bei dieser Art der Intensivbildung genauso behandelt wie bei den Verben der 3. Klasse, d.h. man guṇiert z.B. in der 1. - 3. Sg. Präsens Par. den Wurzelvokal. Die Endungen für die 3. Pl. Präsens, Imperativ und Imperfekt Par. sind ebenfalls **-अति**, **-अतु** bzw. **-उर्** etc.

Hinzu kommt, daß vor den Endungen der 1. - 3. Sg. Präsens Par., der 2. und 3. Sg. Imperfekt Par. und der 3. Sg. Imperativ Par. ein **-ई-** eingefügt werden kann. Die 3. Sg. Präsens Par. und die 3. Sg. Imperfekt Par. des Intensivums von धू 5. („schütteln") können somit z.B. auch दोधोति (oder दोधवीति) bzw. अदोधोत् (oder अदोधवीत्) lauten.

29.3 Das Perfekt erscheint im Sanskrit als Vergangenheitstempus und kann im Deutschen – so wie Imperfekt und Aorist – mit einer Präteritum- oder Perfektform wiedergegeben werden. Anders als das Perfekt in anderen indogermanischen Sprachen ist es nicht immer im resultativen Sinne gemeint. Seine Funktion ist aus der Sicht der altindischen Grammatikertradition vielmehr dadurch charakterisiert, daß es meist als Erzähltempus (vorzugsweise in der 3. Person) verwendet wird. In persönlichen Erlebnisschilderungen oder in Dialogen ist es weniger gebräuchlich.

Zur Bildung von Perfektformen werden besondere Personalendungen an einen Perfektstamm angefügt, der meist eine Reduplikation enthält. Die Art der Stammbildung variiert je nach Wurzeltyp. Manche Wurzeln werden im Perfekt mit nur einem Stamm konjugiert, während man für andere im Sg. im Par. einen starken Stamm verwendet und in den übrigen Formen einen schwachen. Es können auch mehrere starke Stammbildungsvarianten im Sg. im Par. erscheinen.

Neben dieser Flexionsweise gibt es noch eine periphrastische (vgl. 31.2). Sie dient insbesondere zur Bildung des Perfekts von Wurzeln der 10. Klasse, von Kausativa, Desiderativa, Denominativa, Intensiva und von Wurzeln, die mit einem von **अ-** verschiedenen prosodisch langen Vokal anlauten. Unter den mit **आ-** anlautenden Wurzeln gibt es jedoch nur eine, deren Perfekt periphrastisch gebildet wird, nämlich **आस्** („sitzen").

29.3.1 Die Personalendungen des Perfekts lauten folgendermaßen:

	Par.				Ā.		
	Sg.	Dual	Pl.		Sg.	Dual	Pl.
1.	-अ	-व	-म	1.	-ए	-वहे	-महे
2.	-थ	-अथुः	-अ	2.	-से	-आथे	-ध्वे
3.	-अ	-अतुः	-उः	3.	-ए	-आते	-रे

Bemerkungen:

29.3.1.1 Der Visarga im Auslaut der 2. und 3. Dual und der 3. Pl. Par. ist ein **-र्**-Visarga.

29.3.1.2 Die Endung der 3. Pl. Ā. **-रे** wird fast immer mit dem Bindevokal **-इ-** (**-इरे**) angefügt. Er erscheint meist auch vor allen anderen konsonantisch anlautenden Personalendungen des Perfekts, außer bei ...

- den Wurzeln **द्रु** („laufen"), **श्रु** („hören"), **स्तु** („preisen"), **स्रु** („fließen"), **कृ** („machen"), **भृ** („tragen"), **वृ** („wählen") und **सृ** („eilen"), von denen alle Perfektformen mit konsonantisch anlautender Endung außer der 3. Pl. Ā. ohne den Bindevokal gebildet werden.

- Wurzeln auf **-ऋ**, deren 2. Sg. Par. meist ohne den Bindevokal gebildet wird. Man fügt ihn jedoch bei **ऋ** („bewegen, aufregen") vor allen konsonantisch anlautenden Endungen ein.

- **अनिट्**-Wurzeln, die auf einen Vokal – außer auf **-ऋ** – auslauten, und bei **अनिट्**-Wurzeln mit mittlerem **-अ-**, deren 2. Sg. Par. wahlweise mit oder ohne Bindevokal gebildet wird.

29.3.1.3 In der 2. Pl. Ā. erscheint die Endung **-ढ्वे** anstelle von **-ध्वे**, wenn **-उ-** oder **-ऋ-** unmittelbar vorausgehen. Wird die 2. Pl. Ā. mit dem Bindevokal gebildet, wobei diesem ein Halbvokal oder **-ह्** unmittelbar vorausgehen, kann sowohl **-ध्वे** als auch **-ढ्वे** suffigiert werden.
29.3.1.4 Die Ā.-Formen werden auch für das Passiv verwendet.

29.3.2 Der Perfektstamm wird meist durch eine Reduplikation von der Wurzel gebildet, wobei manchmal noch der Wurzelvokal verändert werden muß (vgl. 29.3.2.2). Konsonanten im Anlaut der Wurzel redupliziert man nach 15.1.2. Für den Reduplikationsvokal gelten im Perfekt besondere Regeln (vgl. 29.3.2.1).

29.3.2.1 Der Reduplikationsvokal ist i.a. der kurze Wurzelvokal. Ein anlautender Vokal kann auch durch eine Silbe bestehend aus einem Vokal und einem darauffolgenden Konsonanten redupliziert werden. In der untenstehenden Tabelle sind alle Fälle aufgelistet, die bei der Reduplikation des Wurzelvokals auftreten können:

Wurzelvokal		Reduplikationsvokal bzw. Reduplikationssilbe
अ	im Anlaut	अ, aber: Im Falle einer prosodisch langen Wurzel wird आन् redupliziert.
	im Inlaut	अ, aber: Wenn dem अ ein य् (व्) vorausgeht, wird meist इ (उ) redupliziert.
आ		अ
इ	im Anlaut	इ im schwachen Stamm, aber: Im starken Stamm wird इय् redupliziert.
	im In- und Auslaut	इ
ई		इ, aber: Bei दी („scheinen, glänzen“) wird ई redupliziert.
उ	im Anlaut	उ im schwachen Stamm, aber: Im starken Stamm wird उव् redupliziert.
	im In- und Auslaut	उ
ऊ		उ
ऋ	im Anlaut	आन्, aber: Bei der Wurzel ऋ („bewegen“) wird अ redupliziert (vgl. 29.3.2.2).
	im In- und Auslaut	अ
ॠ		अ

ऌ		अ
ए/ऐ	im Inlaut	इ
	im Auslaut	अ
ओ/औ	im Inlaut	उ
	im Auslaut	अ

29.3.2.2 Die Behandlung des Wurzelvokals bei der Bildung des Perfekts ohne Stammabstufung ergibt sich aus der untenstehenden Tabelle. In der äußersten linken Spalte ist mit Hilfe von Symbolen die Lautgestalt der Wurzeln angegeben, deren Perfekt ohne Stammabstufung gebildet wird, wobei die zur 10. Klasse gehörigen Wurzeln mit periphrastischer Perfektbildung (vgl. 29.3) nicht berücksichtigt sind.[30] „K“ steht für „Konsonant“, „+K“ für mehrere aufeinanderfolgende Konsonanten, „(+)K“ für einen oder mehrere aufeinanderfolgende Konsonanten, „V_k“ für „kurzer Vokal“ und „V_l“ für „langer Vokal“. Die beiden letzten unter (iii) angegebenen Lautgestalten (+)KV_k+K und (+)KV_l(+)K beziehen sich also auf konsonantisch an- und auslautende prosodisch lange Wurzeln.

Perfekt ohne Stammabstufung

Lautgestalt der Wurzel	Behandlung des Wurzelvokals	Beispiel mit zugehörigem Perfektstamm
(i) अK, आ(+)K	Er verschmilzt mit dem Reduplikationsvokal zu आ-.	अस् („sein“): आस्- आप् („erlangen“): आप्-
(ii) ऋ	Das Perfekt wird von einer Formvariante dieser Wurzel gebildet, nämlich von अर्. Deren Wurzelvokal (अ-) verschmilzt mit dem Reduplikationsvokal zu आ-.	ऋ („bewegen“): आर्-
(iii) अ+K, (+)KV_k+K, (+)KV_l(+)K	Er bleibt unverändert.	अर्च् („ehren“): आनर्च्- बन्ध् („binden“): बबन्ध्- जीव् („leben“): जिजीव्-

[30] Bei चिन्त् („denken“) z.B. ergibt sich die periphrastische Perfektbildung nur aus der Zugehörigkeit zur 10. Klasse, während nach der obenstehenden Tabelle die (dem Typ (iii) entsprechende) Lautgestalt dieser Wurzel die nicht-abgestufte Bildungsweise erwarten ließe.

29.3.2.3 Die in der Tabelle in 29.3.2.2 als Beispiele angegebenen Wurzeln werden folgendermaßen konjugiert:

	अस्		
	nur Par.		
	Sg.	Dual	Pl.
1.	आस	आसिव	आसिम
2.	आसिथ	आसथुः	आस
3.	आस	आसतुः	आसुः

	आप्					
	Par.			Ā.		
	Sg.	Dual	Pl.	Sg.	Dual	Pl.
1.	आप	आपिव	आपिम	आपे	आपिवहे	आपिमहे
2.	आपिथ	आपथुः	आप	आपिषे	आपाथे	आपिध्वे
3.	आप	आपतुः	आपुः	आपे	आपाते	आपिरे

	ऋ		
	nur Par.		
	Sg.	Dual	Pl.
1.	आर	आरिव	आरिम
2.	आरिथ	आरथुः	आर
3.	आर	आरतुः	आरुः

	अर्च्					
	Par.			Ā.		
	Sg.	Dual	Pl.	Sg.	Dual	Pl.
1.	आनर्च	आनर्चिव	आनर्चिम	आनर्चे	आनर्चि-वहे	आनर्चि-महे
2.	आनर्चिथ	आनर्चथुः	आनर्च	आनर्चिषे	आनर्चाथे	आनर्चिध्वे
3.	आनर्च	आनर्चतुः	आनर्चुः	आनर्चे	आनर्चाते	आनर्चिरे

	बन्ध्					
	Par.			Ā.		
	Sg.	Dual	Pl.	Sg.	Dual	Pl.
1.	बबन्ध	बबन्धिव	बबन्धिम	बबन्धे	बबन्धिवहे	बबन्धिमहे
2.	बबन्धिथ	बबन्धथुः	बबन्ध	बबन्धिषे	बबन्धाथे	बबन्धिध्वे
3.	बबन्ध	बबन्धतुः	बबन्धुः	बबन्धे	बबन्धाते	बबन्धिरे

	जीव्					
	Par.			Ā.		
	Sg.	Dual	Pl.	Sg.	Dual	Pl.
1.	जिजीव	जिजीविव	जिजीविम	जिजीवे	जिजीवि-वहे	जिजीवि-महे
2.	जिजीविथ	जिजीव-थुः	जिजीव	जिजीविषे	जिजीवाथे	जिजीवि-ध्वे/ जिजीवि-ढ्वे
3.	जिजीव	जिजीव-तुः	जिजीवुः	जिजीवे	जिजीवाते	जिजीवि-रे

Übung

दमयन्ती तु रूपेण तेजसा वपुषा श्रिया।
सौभाग्येन च लोकेषु यशः प्राप सुमध्यमा ॥१॥
तस्याः समीपे तु नलं प्रशशंसुः कुतूहलात्।
नैषधस्य समीपे तु दमयन्तीं पुनः पुनः ॥२॥
अशक्नुवन्नलः कामं तदा धारयितुं हृदा।
अन्तःपुरसमीपस्थे वन आस्ते रहो गतः ॥३॥

४ अतिथिमर्चयित्वा नृपस्ततः कुशलमव्ययं पप्रच्छ।

५ जानन्नपि यः पापं न नियच्छतीशः सन्स तेनैव कर्मणा संप्रयुज्यते।

६ नष्टं समुद्रे पतितं नष्टं वाक्यमशृण्वति।

७ हे नृप नगरमरिभ्यो ररक्षिथ।

८ आसीनो व्रजति दूरं शयानो गच्छति सर्वतः।

९ गजो वने चंक्रमीति।

Vokabeln

दमयन्ती f. = Damayantī (Eigenname)
तेजस् n. = Schärfe, Schneide; Feuer, Glanz; glänzendes Aussehen, Schönheit
वपुस् n. = ungewöhnlich schöne Erscheinung; Schönheit; Gestalt; Körper
सौभाग्य n. = Glück, Beliebtheit; Schönheit
यशस् n. = Ansehen, Ehre, Würde, Ruhm
आप् 5. = erreichen, erlangen, antreffen
प्र-आप् 5. = gelangen zu, erreichen, zuteil werden
सुमध्यमा = die, die eine schöne Taille hat
समीप n. = Nähe, Anwesenheit
नल m. = Nala (Eigenname)
प्र-शंस् 1. = laut verkünden, preisen, loben
कुतूहल n. = Neugier; Vergnügen, Lust, Eifer
निषध m. Pl. = Niṣadha (Name eines Volkes)
नैषध m. = Fürst der Niṣadha (Bezeichnung für Nala, den Helden der Nala-Episode des Mahābhārata)
अशक्नुवत् = nicht könnend, unfähig (Partizip Präsens Par. von शक् mit Negationspräfix अ-)
धृ 1. = halten, tragen, festhalten, zurückhalten; erhalten, bewahren; (besonders den Geist oder die Gedanken) fest gerichtet halten auf (mit L. oder D.); Kaus.: dass.
अन्तःपुरसमीपस्थ = in der Nähe des Frauengemachs (oder Harems) befindlich
आस् 2. 1. = sitzen, sich setzen, verharren, sich befinden (unregelmäßiges Partizip Präsens Ā.: आसीन)
रहस् n. = Einsamkeit, einsamer Ort
अर्च् 1. = strahlen, glänzen; singen, preisen; jemanden ehren, jemandem seine Achtung erweisen; Kaus.: strahlen machen; jemandem seine Achtung erweisen
कुशल n. = Gesundheit, Wohlbefinden
अव्यय = unveränderlich, unvergänglich, keinem Wechsel unterworfen, gleichmäßig fortdauernd
नि-यम् 1. = anhalten; zurückhalten, zügeln, bändigen
ईश = imstande seiend; m.: Herr
युज् 7. = anschirren, anspannen; anwenden, (insbesondere den Geist oder die Gedanken) auf etwas (im L.) richten; verbinden mit (mit I.); Passiv: passen, jemandem (im L. oder G.) recht sein, logisch richtig sein
सम्-प्र-युज् 7. = anschirren; Passiv: teilhaft werden (mit I.)
दूर = fern, entfernt, weit; n.: die Ferne, Entfernung
सर्वतस् = von (auf oder nach) allen Seiten, überall; vollständig, vollkommen (Adv.)

30. Lektion

30.1 Wurzeln, deren Perfekt mit Stammabstufung gebildet wird, haben im Sg. im Par. einen starken Stamm oder zwei starke Stämme, während den übrigen Formen ein schwacher Stamm zugrundeliegt. Bei manchen Wurzeln kann die 2. Sg. Par. sowohl von einem starken als auch vom schwachen Stamm gebildet werden.

Abgestufte Perfektstämme sind genauso wie nicht-abgestufte durch eine Reduplikation der Wurzel gekennzeichnet, außer bei gewissen Wurzeln, deren schwacher Stamm keine Reduplikation enthält. Für Konsonanten im Anlaut der Wurzel gelten (mit gewissen Ergänzungen) die Reduplikationsregeln in 15.1.2. Die Wahl des Reduplikationsvokals bzw. der Reduplikationssilbe ist genauso geregelt wie im Falle nicht-abgestufter Perfektstämme (vgl. 29.3.2.1).

Der folgenden Tabelle ist zu entnehmen, wie die Behandlung des Wurzelvokals und gewisse Besonderheiten der Reduplikation bei abgestufter Stammbildung von der Lautgestalt der Wurzel abhängen. Nicht berücksichtigt sind Wurzeln der 10. Klasse, weil deren Perfekt unabhängig von ihrer Lautgestalt periphrastisch gebildet wird (vgl. 31.2). Die verwendeten Symbole sind dieselben wie in 29.3.2.2, wobei zu beachten ist, daß sich mehrere Vorkommnisse des Symbols „K“ in einem Ausdruck zur Kennzeichnung der Lautgestalt einer Wurzel auch auf verschiedene Konsonanten beziehen können. Mit dem Kürzel „Stellvertr. i. d. Red.“ (ausgeschrieben: „Stellvertreter in der Reduplikation“) soll angedeutet werden, daß der Konsonant im Anlaut der Wurzel nicht mit demselben Konsonanten redupliziert wird, sondern mit dem nach 15.1.2 dafür vorgesehenen Stellvertreter.

Perfekt mit Stammabstufung

Lautgestalt der Wurzel	Sonderregeln für die Reduplikation	Behandlung des Wurzelvokals		Beispiele mit zugehörigen Perfektstämmen: **a)** = stark, **b)** = schwach
		in der 1. - 3. Sg. Par.	in allen anderen Formen	
(i) इ, उ, (+)K {इ, ई, उ, ऊ, ऋ, ॠ}		Er wird in der 1. Sg. Par. guṇiert oder vṛddhiert, in der 2. Sg. Par. guṇiert und in der 3. Sg. Par. vṛddhiert.	Er bleibt unverändert, außer in den folgenden Fällen: Bei Wurzeln auf -ऋ, die mit mehreren Konsonanten anlauten, und meist auch bei Wurzeln auf -ॠ wird er guṇiert. Vor vokalisch anlautender Endung und vor dem Bindevokal werden die Wurzelvokale -इ und -ई in -य् verwandelt, nach zwei Konsonanten aber in -इय्-, -उ und -ऊ in -उव्- und -ऋ nach einfachem Konsonanten in -र्-. Die Wurzel इ („gehen“) bildet eine Ausnahme, denn sie wird vor vokalisch anlautender Endung und vor dem Bindevokal nicht in -य्-, sondern in -इय्- verwandelt. -इय्- verschmilzt mit der Reduplikationssilbe zu ईय्-.	इ („gehen“): **a)** इये-, इयै-, **b)** ई- bzw. ईय्- नी („führen“): **a)** निने-, निनै-, **b)** निनी- bzw. निन्य्- श्रि („sich begeben zu“): **a)** शिश्रे-, शिश्रै-, **b)** शिश्रि- bzw. शिश्रिय्- हु („opfern“): **a)** जुहो-, जुहौ-, **b)** जुहु- bzw. जुहुव्- श्रु („hören“): **a)** शुश्रो-, शुश्रौ-, **b)** शुश्रु- bzw. शुश्रुव्- कृ („machen“): **a)** चकर्-, चकार्-, **b)** चकृ- bzw. चक्र्- स्मृ („sich erinnern“): **a)** सस्मर्-, सस्मार्-, **b)** सस्मर्- कॄ („ausstreuen“): **a)** चकर्-, चकार्-, **b)** चकर्-

(ii) इK, उK, ऋK, (+)K{इ, उ, ऋ}K		Er wird guṇiert.	Er bleibt unverändert.	इष् („wünschen"): **a)** इयेष्-, **b)** ईष्- उष् („brennen"): **a)** उवोष्-, **b)** ऊष्- ऋध् („gedeihen"): **a)** आनर्ध्-, **b)** आनृध्- तुद् („schlagen"): **a)** तुतोद्-, **b)** तुतुद्- दृश् („sehen"): **a)** ददर्श्-, **b)** ददृश्-
(iii) (+)K{आ, Diphthong}		Wenn er ein Diphthong ist, wird er durch -आ ersetzt. In der 1. und 3. Sg. Par. tritt die Endung -औ an die Stelle des stammauslautenden -आ. Die 2. Sg. Par. kann vom starken Stamm oder vom schwachen (d.h. von der reduplizierten Wurzel ohne das stammauslautende -आ) gebildet werden, wobei im Falle der schwachen Form der Bindevokal vor der Endung eingeschoben wird.	Er geht verloren. Die konsonantisch anlautenden Endungen werden in den schwachen Formen mit dem Bindevokal angefügt.	दा („geben"): **a)** ददा-, **b)** दद्- गै („singen"): **a)** जगा-, **b)** जग्-

(iv) +KअK	Wenn dem Wurzelvokal **-य्-**, **-व्-** oder **-र्-** vorausgehen, können bei der Reduplikation Saṃprasāraṇa-Veränderungen auftreten (vgl. 30.1.1).	wie bei den Wurzeln vom Typ (i)	Er bleibt unverändert, außer in den folgenden Fällen: Durch Saṃprasāraṇa-Einfluß können – je nachdem, ob dem Wurzelvokal **-य्-**, **-व्-** oder **-र्-** vorausgehen – **-इ-**, **-उ-** bzw. **-ऋ-** an seine Stelle treten (vgl. 30.1.1).	**क्रम्** („schreiten"): **a) चक्रम्-**, **चक्राम्- b) चक्रम्-** **व्यध्** („durchbohren"): **a) विव्यध्-**, **विव्याध्- b) विविध्-** **स्वप्** („schlafen"): **a) सुष्वप्-**, **सुष्वाप्- b) सुषुप्-** **ग्रह्** („ergreifen"): **a) जग्रह्-**, **जग्राह्- b) जगृह्-** **त्वर्** („eilen"): **b) तत्वर्-**
(v) गम्, **जन्**, **हन्**, **खन्**, **घस्**		wie bei den Wurzeln vom Typ (i)	Er geht verloren. An- und auslautender Konsonant verschmelzen nach Wortsandhiregeln, wobei im Falle von **हन्** zusätzlich zu beachten ist, daß das **ह्-** im Anlaut (auch im starken Stamm) in **घ्-** verwandelt wird. **जन्** wird (nach 22.1) zu **-ज्ञ्-** kontrahiert und **घस्** (nach 11.1.2, 2.1.2 und 6.1.5) zu **-क्ष्-**.	**गम्** („gehen"): **a) जगम्-**, **जगाम्-**, **b) जग्म्-** **जन्** („geboren werden"): **b) जज्ञ्-** **हन्** („schlagen"): **a) जघन्-**, **जघान्-**, **b) जघ्न्-** **खन्** („graben"): **a) चखन्-**, **चखान्-**, **b) चख्न्-** **घस्** („essen"): **a) जघस्-**, **जघास्-**, **b) जक्ष्-**
(vi) KअK, keine der Wurzeln vom Typ (v), Stellvertr. i. d. Red.		wie bei den Wurzeln vom Typ (i)	Er bleibt unverändert.	**हस्** („lachen"): **a) जहस्-**, **जहास्-**, **b) जहस्-**

(vii) Kअ्K, keine der Wurzeln vom Typ (v), kein Stellvertr. i. d. Red., kein **य्-** oder **व्-** im Anlaut	Die Dual- und Pl.-Formen im Par. und die Ā.-Formen werden stets ohne Reduplikation gebildet. Die 2. Sg. Par. kann mit oder ohne Reduplikation gebildet werden, wobei im letzteren Fall die Personalendung mit dem Bindevokal antritt.	Er wird in der 1. und 3. Sg. Par. wie bei den Wurzeln vom Typ (i) behandelt. Dasselbe gilt für die 2. Sg. Par., die aber auch ohne Reduplikation gebildet werden kann. In diesem Fall tritt die Personalendung mit dem Bindevokal an und der Wurzelvokal wird in **-ए-** verwandelt.	Er wird in **-ए-** verwandelt.	**पच्** („kochen"): **a) पपच्-**, **पपाच्-**, **b) पेच्-**
(viii) यK, वK	Bei der Reduplikation treten Saṃprasāraṇa-Veränderungen auf (vgl. 30.1.1).	wie bei den Wurzeln vom Typ (i)	Die durch Saṃprasāraṇa-Einfluß im Anlaut der Wurzelsilbe entstandenen Vokale **-इ-** bzw. **-उ-** verschmelzen mit dem jeweiligen Reduplikationsvokal zu **ई-** bzw. **ऊ-** (vgl. 30.1.1)	**यज्** („opfern"): **a) इयज्-**, **इयाज्-**, **b) ईज्-** **वच्** („sprechen"): **a) उवच्-**, **उवाच्-**, **b) ऊच्-**

Bemerkungen:

30.1.1 Die meisten Wurzeln vom Typ (viii) und einige Wurzeln vom Typ (iv), bei denen dem Wurzelvokal य् oder व् vorausgehen, haben Perfektstämme, die durch Saṃprasāraṇa gebildet werden. Im Falle der Wurzel ग्रह् („ergreifen“) gilt dies zumindest für den schwachen Perfektstamm.

Die Saṃprasāraṇa-Bildung des starken Perfektstamms beginnt mit der Reduplikation der Wurzel. Bei Wurzeln, die mit einer Konsonantengruppe anlauten, wiederholt man – entgegen den üblichen Reduplikationsregeln – nicht nur einen Konsonanten aus der Konsonantengruppe (bzw. seinen Stellvertreter) im Anlaut der Reduplikationssilbe, sondern die gesamte Konsonantengruppe. Dann wird die Reduplikationssilbe den Erfordernissen des Saṃprasāraṇa angepaßt. Bei der Saṃprasāraṇa-Bildung des schwachen Perfektstamms geht man umgekehrt vor. Zuerst wird die Wurzel den Erfordernissen des Saṃprasāraṇa angepaßt und dann redupliziert.

Wie die untenstehenden schematischen Darstellungen des Stammbildungsverfahrens zeigen, kommt es nur im Falle des schwachen Stamms darauf an, ob vor य oder व ein weiterer Konsonant im Anlaut der Wurzel erscheint. Die Bildung des starken Stamms läßt sich mit einem einzigen Pfeildiagramm verdeutlichen, wenn man das Symbol „(K)“ für einen evt. noch hinzutretenden Konsonanten verwendet.

Starker Perfektstamm:

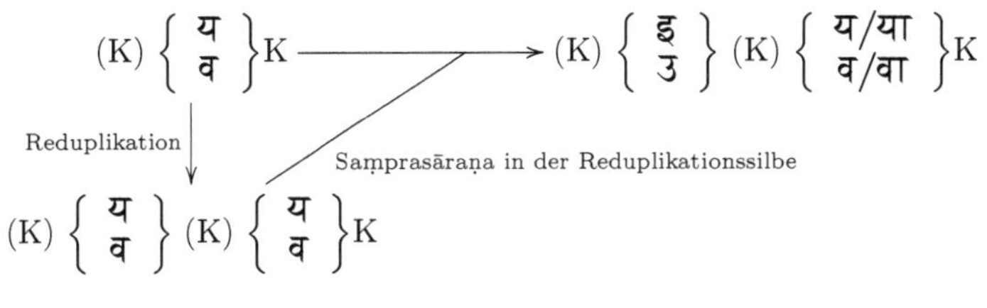

Schwacher Perfektstamm:

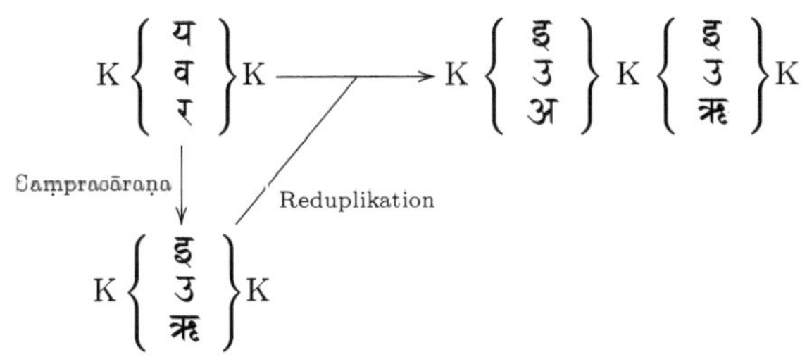

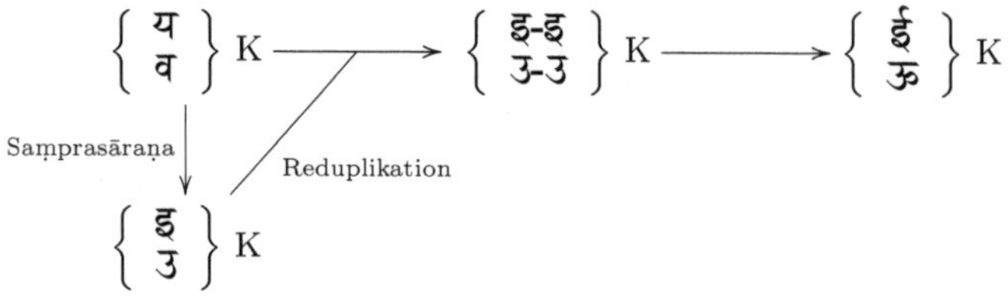

Auf diese Weise werden z.B. die Perfektstämme der folgenden in 30.1 angegebenen Wurzeln vom Typ (iv) bzw. (viii) gebildet: व्यध् („durchbohren“, 1. Sg. Par.: विव्यध/विव्याध, 2. Sg. Par.: विव्यधिथ, 3. Sg. Par.: विव्याध, 1. Pl. Par.: विविधिम), स्वप् („schlafen“, 1. Sg. Par.: सुष्वप/सुष्वाप, 2. Sg. Par.: सुष्वपिथ, 3. Sg. Par.: सुष्वाप, 1. Pl. Par.: सुषुपिम), यज् („opfern“, 1. Sg. Par.: इयज/इयाज, 2. Sg. Par.: इयजिथ/इयष्ठ, 3. Sg. Par.: इयाज, 1. Pl. Par. ईजिम), वच् („sprechen“, 1. Sg. Par.: उवच/उवाच, 2. Sg. Par.: उवचिथ/उवक्थ, 3. Sg. Par.: उवाच, 1. Pl. Par.: ऊचिम)

Der Saṃprasāraṇa-Effekt tritt bei ग्रह् („ergreifen“) im schwachen Perfektstamm auf, nicht aber im starken (3. Sg. Par.: जग्राह, 3. Sg. Ā.: जगृहे).

30.1.2 Bei Wurzeln mit zwei Formvarianten wie z.B. ग्रन्थ्/ग्रथ् („knüpfen“) und दम्भ्/दभ् („betrügen“) kann das Perfekt manchmal unterschiedlich gebildet werden, je nachdem von welcher Formvariante man ausgeht. Während ग्रन्थ् und दम्भ् dem Wurzeltyp mit nicht abgestufter Perfektbildung entsprechen (vgl. 29.3.2.2), liegt bei den schwachen Perfektstämmen von ग्रथ् und दभ् (ग्रेथ्- bzw. देभ्-) die Bildungsweise ohne Reduplikation (Typ (vii)) zugrunde. ग्रथ् (eigentlich eine Typ-(iv)-Wurzel) gehört zu einer Gruppe von Wurzeln, deren schwache Perfektstämme ausnahmsweise nach dem Muster von Typ (vii) gebildet werden (vgl. 31.1).

30.1.3 Im folgenden werden einige der in 30.1 angegebenen Wurzeln im Perfekt konjugiert:

	इ		
	Par.		
	Sg.	Dual	Pl.
1.	इयय/इयाय	ईयिव	ईयिम
2.	इययिथ/इयेथ	ईयथुः	ईय
3.	इयाय	ईयतुः	ईयुः

	नी					
	Par.			Ā.		
	Sg.	Dual	Pl.	Sg.	Dual	Pl.
1.	निनय/ निनाय	निन्यिव	निन्यिम	निन्ये	निन्यिवहे	निन्यिमहे
2.	निनयिथ/ निनेथ	निन्यथुः	निन्य	निन्यिषे	निन्याथे	निन्यिध्वे/ निन्यिढ्वे
3.	निनाय	निन्यतुः	निन्युः	निन्ये	निन्याते	निन्यिरे

	कृ					
	Par.			Ā.		
	Sg.	Dual	Pl.	Sg.	Dual	Pl.
1.	चकर/चकार	चकृव	चकृम	चक्रे	चकृवहे	चकृमहे
2.	चकर्थ	चक्रथुः	चक्र	चकृषे	चक्राथे	चकृढ्वे
3.	चकार	चक्रतुः	चक्रुः	चक्रे	चक्राते	चक्रिरे

	इष्					
	Par.			Ā.		
	Sg.	Dual	Pl.	Sg.	Dual	Pl.
1.	इयेष	ईषिव	ईषिम	ईषे	ईषिवहे	ईषिमहे
2.	इयेषिथ	ईषथुः	ईष	ईषिषे	ईषाथे	ईषिध्वे
3.	इयेष	ईषतुः	ईषुः	ईषे	ईषाते	ईषिरे

	उष्		
	Par.		
	Sg.	Dual	Pl.
1.	उवोष	ऊषिव	ऊषिम
2.	उवोषिथ	ऊषथुः	ऊष
3.	उवोष	ऊषतुः	ऊषुः

	ऋध्					
	Par.			Ā.		
	Sg.	Dual	Pl.	Sg.	Dual	Pl.
1.	आनर्ध	आनृधिव	आनृधिम	आनृधे	आनृधिवहे	आनृधिमहे
2.	आनर्धिथ	आनृधथुः	आनृध	आनृधिषे	आनृधाथे	आनृधिध्वे
3.	आनर्ध	आनृधतुः	आनृधुः	आनृधे	आनृधाते	आनृधिरे

	तुद्					
	Par.			Ā.		
	Sg.	Dual	Pl.	Sg.	Dual	Pl.
1.	तुतोद	तुतुदिव	तुतुदिम	तुतुदे	तुतुदिवहे	तुतुदिमहे
2.	तुतोदिथ	तुतुदथुः	तुतुद	तुतुदिषे	तुतुदाथे	तुतुदिध्वे
3.	तुतोद	तुतुदतुः	तुतुदुः	तुतुदे	तुतुदाते	तुतुदिरे

	दा					
	Par.			Ā.		
	Sg.	Dual	Pl.	Sg.	Dual	Pl.
1.	ददौ	ददिव	ददिम	ददे	ददिवहे	ददिमहे
2.	ददाथ/ददिथ	ददथुः	दद	ददिषे	ददाथे	ददिध्वे
3.	ददौ	ददतुः	ददुः	ददे	ददाते	ददिरे

	व्यध्					
	Par.			Ā.		
	Sg.	Dual	Pl.	Sg.	Dual	Pl.
1.	विव्यध/विव्याध	विविधिव	विविधिम	विविधे	विविधिवहे	विविधिमहे
2.	विव्यधिथ	विविधथुः	विविध	विविधिषे	विविधाथे	विविधिध्वे
3.	विव्याध	विविधतुः	विविधुः	विविधे	विविधाते	विविधिरे

	त्वर्		
	Ā.		
	Sg.	Dual	Pl.
1.	तत्वरे	तत्वरिवहे	तत्वरिमहे
2.	तत्वरिषे	तत्वराथे	तत्वरिध्वे/तत्वरिढ्वे
3.	तत्वरे	तत्वराते	तत्वरिरे

	गम्					
	Par.			Ā.		
	Sg.	Dual	Pl.	Sg.	Dual	Pl.
1.	जगम/ जगाम	जग्मिव	जग्मिम	जग्मे	जग्मिवहे	जग्मिमहे
2.	जगमिथ/ जगन्थ	जग्मथुः	जग्म	जग्मिषे	जग्माथे	जग्मिध्वे
3.	जगाम	जग्मतुः	जग्मुः	जग्मे	जग्माते	जग्मिरे

	हस्					
	Par.			Ā.		
	Sg.	Dual	Pl.	Sg.	Dual	Pl.
1.	जहस/ जहास	जहसिव	जहसिम	जहसे	जहसिवहे	जहसिमहे
2.	जहसिथ	जहसथुः	जहस	जहसिषे	जहसाथे	जहसिध्वे
3.	जहास	जहसतुः	जहसुः	जहसे	जहसाते	जहसिरे

	पच्					
	Par.			Ā.		
	Sg.	Dual	Pl.	Sg.	Dual	Pl.
1.	पपच/पपाच	पेचिव	पेचिम	पेचे	पेचिवहे	पेचिमहे
2.	पपक्थ/पेचिथ	पेचथुः	पेच	पेचिषे	पेचाथे	पेचिध्वे
3.	पपाच	पेचतुः	पेचुः	पेचे	पेचाते	पेचिरे

	वच्					
	Par.			Ā.		
	Sg.	Dual	Pl.	Sg.	Dual	Pl.
1.	उवच/उवाच	ऊचिव	ऊचिम	ऊचे	ऊचिवहे	ऊचिमहे
2.	उवचिथ/उवक्थ	ऊचथुः	ऊच	ऊचिषे	ऊचाथे	ऊचिध्वे
3.	उवाच	ऊचतुः	ऊचुः	ऊचे	ऊचाते	ऊचिरे

Übung

विदर्भनगरीं गत्वा दमयन्त्यास्तदान्तिके।
निपेतुस्ते गरुत्मन्तः सा ददर्श च तान्खगान्॥१॥
सा तानद्भुतरूपान्वै दृष्ट्वा सखीगणावृता।
हृष्टा ग्रहीतुं खगमांस्त्वरमाणोपचक्रमे॥२॥
अथ हंसा विससृपुः सर्वतः प्रमदावने।
एकैकशस्तदा कन्यास्तान्हंसान्समुपाद्रवन्॥३॥
श्रुत्वा तु पार्थिवाः सर्वे दमयन्त्याः स्वयंवरम्।
अभिजग्मुस्ततो भीमं राजानो भीमशासनात्॥४॥
ततस्ते शुश्रुवुः सर्वे नारदस्य वचो महत्।
श्रुत्वैव चाब्रुवन्हृष्टा गच्छामो वयमप्युत॥५॥
एवमुक्तस्तु वैदर्भ्या नलस्तां प्रत्युवाच ह।
नलं मां विद्धि कल्याणि देवदूतमिहागतम्॥६॥

७ शिष्या विद्यां बोद्धुमीषुः।
८ सीता रामेण सह विवाहमीषे।
९ सूपमाम्राणि चादिम।
१० जेता योध इषू अरावास।
११ राजातिथिमानर्च।
१२ रामो गोपालं विद्यायां प्रत्यास।
१३ योगेन तृप्तिमन्वीषिव।
१४ रविरुदियाय।

Vokabeln

विदर्भ m. Pl. = Vidarbha (Name eines Volkes)
विदर्भनगरी f. = die Stadt der Vidarbha
अन्तिक n. = Nähe
नि-पत् 1. = herabfliegen
गरुत्मत् m. = Vogel
अद्भुत = geheimnisvoll, wunderbar
अद्भुतरूप = als adjektivisch verwendetes Kompositum: wunderbare Schönheit besitzend; n.: wunderbare Schönheit
वै = hervorhebende Partikel, oft nur expletiv
गण m. = Schar, Reihe
आ-वृ[1] 5. = bedecken, verhüllen, umgeben
सखीगणावृत = umgeben von einer Schar von Freundinnen
हृष् 4. = erregt werden, sich freuen; erschrecken; PPP: entzückt, froh, munter; schaudernd
खगम m. = Vogel
त्वर् 1. Ā. = eilen
उप-क्रम् 1. (seltener 4.) Ā. = herantreten; sich anschicken, anfangen, beginnen
अथ = darauf, dann, da; ferner, darum; aber, jedoch, dagegen; wenn aber; gesetzt, daß (Adv., satzverbindende Partikel)
सृप् 1. = schleichen, gleiten, kriechen, schlüpfen in
वि-सृप् 1. = umherschleichen; auseinandergehen, sich zerstreuen, sich ausbreiten
प्रमदावन n. = Vergnügunshain der Frauen eines Fürsten
एकैकशस् = einzeln (Adv.)
द्रु 1. = laufen, eilen
सम्-उप-द्रु 1. = hineilen zu, losstürzen auf
स्वयंवर m. = Selbstwahl, freie Wahl, die den Mädchen des Kriegerstandes gestattete freie Wahl eines Gatten
अभि-गम् 1. = heran-, herbeikommen, sich nähern, kommen, gehen zu
शासन n. = Strafe; Befehl, Anweisung, Geheiß, Gebot, Auftrag
भीमशासन n. = Bhīmas Befehl
नारद m. = Nārada (Eigenname)
वचस् n. = Rede, Wort
उत = und, auch (Partikel, die in ähnlichem Sinne wie अपि verwendet wird)
वैदर्भी f. = eine Fürstin der Vidarbha
प्रति-वच् 2. = antworten
ह = das vorgergehende Wort leicht hervorhebende Partikel, oft nur expletiv
कल्याण = schön, gut, trefflich, glücklich (f.: कल्याणी)
दूत m. = Bote
देवदूत m. = Götterbote
बुध् 1. 4. = erwachen, merken, achten auf, wahrnehmen, erfahren, wissen
सीता = Sītā (Eigennname)
विवाह m. = Heirat, Hochzeit
सूप m. = Brühe, Suppe
जेतृ = besiegend; m.: Sieger
इषु m. f. = Pfeil
प्रति-अस्[2] 2. = jemandem gleichkommen, mit jemandem wetteifern (mit A.)

योग m. = Anschirren, Fahrt, Gespann; Ausrüstung; Anwendung, Gebrauch; Mittel; Unternehmung, Tat; Verbindung, Zusammenhang; Anspannung der Kräfte, Bemühung, Fleiß; Sammlung, Konzentration der Geistestätigkeit, Meditation; Name eines philosophischen Systems

तृप्ति f. = Sättigung, Zufriedenheit

अनु-इष् 6. = suchen, durchsuchen, streben nach

रवि m. = Sonne

31. Lektion

31.1 Unregelmäßige Bildungen und Verwendungsweisen von Perfektformen:

- Bei einigen Wurzeln muß oder kann der schwache Perfektstamm nach dem Muster von Typ (vii) (vgl. 30.1) ohne Reduplikation gebildet werden, obwohl sie von ihrer Lautstruktur her einem anderen Stammbildungstyp zuzuordnen sind. Dies gilt z.B. für die Typ-(vi)-Wurzel भज् („verteilen“, schwacher Stamm: भेज्-), die Typ-(iv)-Wurzeln त्रस् („zittern“, schwacher Stamm: तत्रस्- oder त्रेस्-) und भ्रम् („umherschweifen“, schwacher Stamm: बभ्रम्- oder भ्रेम्-), und für die dem Typ ohne Stammabstufung entprechende Wurzel राज्- („glänzen“, Perfektstamm: रराज्- oder wahlweise auch रेज्- in den schwachen Formen). Die Typ-(viii)-Wurzel यम् 1. („zügeln“, schwacher Stamm: येम्-) hat ferner unregelmäßig (nämlich ohne Saṃprasāraṇa) gebildete starke Stämme (ययम्- und ययाम्-).

  Bei allen diesen Wurzeln kann in der 2. Sg. Perfekt Par. (entsprechend dem Typ (vii)) auch der unreduplizierte schwache Stamm erscheinen, wobei die Personalendung mit dem Bindevokal antritt.[31]

- Das Perfekt von ह्वे („rufen“) wird von einer Formvariante der Wurzel gebildet (die auch dem PPP हूत zugrunde liegt), nämlich von हू. Die Perfektstämme lauten जुहव्-/जुहाव्- (stark) und जुहू- bzw. जुहुव्- (schwach).

- Bei der Bildung des Perfekts von जि („siegen“, schwacher Stamm: जिगि-), हि („antreiben“, schwacher Stamm: जिघि-) und चि („schichten“, schwacher Stamm: चिकि-) wird der Anlaut der Wurzel verändert. Die Flexionsweise entspricht sonst der der Wurzeln vom Typ (i) (vgl. 30.1). जि wird z.B. folgendermaßen im Perfekt konjugiert:

[31] Weitere Beispiele dieser Art erwähnt WHITNEY in seiner „Sanskrit Grammar“ (s. §794 h).

	Par.			Ā.		
	Sg.	Dual	Pl.	Sg.	Dual	Pl.
1.	जिगय/ जिगाय	जिग्यिव	जिग्यिम	जिग्ये	जिग्यि-वहे	जिग्यि-महे
2.	जिगयिथ/ जिगेथ	जिग्यथुः	जिग्य	जिग्यिषे	जिग्याथे	जिग्यि-ध्वे/ जिग्यि-ढ्वे
3.	जिगाय	जिग्यतुः	जिग्युः	जिग्ये	जिग्याते	जिग्यिरे

Auch bei der Wurzel हन् („schlagen"), deren Perfektstämme in 30.1 (Wurzeltyp (v)) angegeben sind, wird der Anlaut im Perfekt verwandelt, nämlich in -घ्-.

• भू („werden, sein") hat nur einen Perfektstamm, nämlich बभू- (bzw. बभूव्- vor Vokalen). Somit ergibt sich folgendes Paradigma:

	Par.			Ā.		
	Sg.	Dual	Pl.	Sg.	Dual	Pl.
1.	बभूव	बभूविव	बभूविम	बभूवे	बभूविवहे	बभूविमहे
2.	बभूविथ	बभूवथुः	बभूव	बभूविषे	बभूवाथे	बभूविध्वे/ बभूविढ्वे
3.	बभूव	बभूवतुः	बभूवुः	बभूवे	बभूवाते	बभूविरे

• Die Perfektformen von विद् („wissen", schwacher Stamm: विद्, starker Stamm: वेद्) werden ohne Reduplikation gebildet und haben präsentische Bedeutung. वेद bedeutet also z.B. (ebenso wie die entsprechenden Präsensformen वेद्मि bzw. वेत्ति) „ich (bzw. er/sie/es) weiß".

	Par.		
	Sg.	Dual	Pl.
1.	वेद	विद्व	विद्म
2.	वेत्थ	विदथुः	विद
3.	वेद	विदतुः	विदुः

• Von der Wurzel अह् („sagen"), die im Perfekt nur in der 2. und 3. Sg. und Dual und in der 3. Pl. Par. konjugierbar ist, können keine Präsensformen gebildet werden. Dafür haben die Perfektformen sowohl präsentische als auch perfektische Bedeutung. आह kann also „er/sie/es sagt" oder „er/sie/es sagte (bzw. hat gesagt)" bedeuten.

	Par.		
	Sg.	Dual	Pl.
2.	आत्थ	आहथुः	
3.	आह	आहतुः	आहुः

31.2 Das periphrastische Perfekt dient zur Bildung des Perfekts von Wurzeln der 10. Klasse, von Kausativa, Desiderativa, Denominativa, Intensiva und von Wurzeln, die mit einem von अ- verschiedenen prosodisch langen Vokal anlauten. Unter den mit आ- anlautenden Wurzeln gibt es jedoch nur eine, deren Perfekt periphrastisch gebildet wird, nämlich आस् („sitzen").

Auch das Perfekt reduplizierter Wurzeln wie z.B. चकास् („glänzen") muß oft periphrastisch gebildet werden. Von विद् („wissen"), भृ („tragen"), हु („opfern") und einigen anderen Wurzeln kann man das Perfekt periphrastisch oder auf herkömmliche Art bilden.

31.2.1 Periphrastische Perfektformen bestehen aus zwei Teilen. Der erste Bestandteil wird gebildet, indem man das Suffix -आम् an den Kausativ-, Desiderativ-, Denominativ-, Intensiv- oder Präsensstamm anfügt.

Der zweite Bestandteil ist eine der (gewöhnlichen) Perfektformen von अस्, भू oder कृ, die sich an die Form auf -आम् anschließt. Dabei tritt im Falle des mit den Perfektformen von भू oder कृ gebildeten periphrastischen Perfekts der Anusvāra an die Stelle des -म् im Auslaut des Suffixes -आम्.

Um z.B. die 3. Sg. periphrastisches Perfekt Par. des Denominativums von कथा („Erzählung") zu bilden, fügt man zunächst -आम् an den Denominativstamm कथय- („erzählen") an. Dann wird कथयाम् mit einer der Perfektformen आस, चकार oder बभूव kombiniert. Die 3. Sg. periphrastisches Perfekt Par. von कथय- lautet also कथयामास, कथयांबभूव oder कथयांचकार („er/sie/es erzählte bzw. hat erzählt").

Das mit den Perfektformen von भू oder कृ gebildete periphrastische Perfekt kann man auch getrennt schreiben (कथयां बभूव/कथयां चकार). Diese Schreibweise betont den eigenständigen Charakter der Form auf -आम्, bei der es sich vermutlich um den A. eines Verbalnomens auf -आ handelt. Im wörtlichen Sinne bedeutet demnach z.B. die von आस् („sitzen") gebildete 3. Sg. periphrastisches Perfekt Ā. आसांचक्रे/आसां चक्रे „er/sie/es machte das Sitzen bzw. hat das Sitzen gemacht". Folgende Besonderheiten der Formenbildung sind zu beachten:

- Bei einigen athematischen Wurzeln wird das periphrastische Perfekt vom schwachen Präsensstamm gebildet, bei anderen vom starken. Im Falle von विद् („wissen") geht man z.B. vom schwachen Präsensstamm aus (3. Sg. Par. z.B.: विदांचकार), im Falle von हु („opfern") degegen vom starken (3. Sg. Par. z.B.: जुहवांचकार).

- Die Perfektformen von अस् und भू kommen als zweite Bestandteile des periphrastischen Perfekts nur im Par. vor. Das Perfekt von कृ erscheint dagegen als zweiter Bestandteil des periphrastischen Perfekts sowohl im Par. als auch im Ā., wobei die Ā.-Formen für das periphrastische Perfekt von Wurzeln gewählt werden, die (fast) nur im Ā. konjugierbar sind.

31.3 Das Partizip des Perfekts erscheint in einer Par.- und in einer Ā.-Variante. Die Deklination der Par.-Formen wurde bereits vorgestellt (vgl. 22.2.3). Wie solche Partizipien von der Wurzel gebildet werden, ist erst jetzt nach der Einführung des Perfekts vollständig erklärbar, denn man benötigt dazu den Perfektstamm der betreffenden Wurzel.

31.3.1 Das Partizip des Perfekts Par. ist bedeutungsgleich mit dem PPA und wird auch genauso verwendet, außer im Falle von विद्वस् (vgl. 22.2.3), dem Partizip des Perfekts Par. von विद् („wissen"), das präsentische Bedeutung hat („wissend").

Wie bereits am Beispiel von विद्वस् erläutert (vgl. 22.2.3), ist das Deklinationsparadigma dreistämmig (mit einem starken Stamm auf -वांस्, einem mittleren auf -वत् und einem schwächsten auf -उष्). Das Suffix -वस् der Lexemform und die Stammsuffixe -वांस् und -वत् werden i.a. an den schwachen Perfektstamm angefügt. Ist dieser einsilbig, treten sie mit dem Bindevokal an. Auf diese Weise kann man z.B. von den Wurzeln नी („führen"), तुद् („schlagen"), कृ („machen"), दा („geben") und वच् („sprechen") die Partizipien निनीवस् („geführt habend"), तुतुद्वस् („geschlagen habend"), चकृवस् („gemacht habend"), ददिवस् („gegeben habend") und ऊचिवस् („gesprochen habend") bilden. Der N. Sg. m. des Partizips des Perfekts Par. von वच् lautet z.B. ऊचिवान्, der I. Pl. m. ऊचिवद्भिः.

Das Stammsuffix -उष् wird immer ohne den Bindevokal angefügt. Ein Vokal im Auslaut des schwachen Perfektstamms wird dabei wie vor einer vokalisch anlautenden Personalendung im Perfekt behandelt. Die Formen für den I. Sg. m. von वच् und कृ lauten daher z.B. ऊचुषा bzw. चक्रुषा.

Folgende Ausnahmen sind zu beachten:

- Die Suffixe -वस्, -वांस् und -वत् der Lexemform und des starken bzw. mittleren Stamms (die wir im folgenden mit -व्° abkürzen) werden bei

विद् („wissen“) immer ohne den Bindevokal an den schwachen Perfektstamm विद्- angefügt, obwohl dieser einsilbig ist.

- Der Bindevokal kann vor -व्° beliebig eingeschoben werden bei गम् („gehen “, जग्मिव्°/जगन्व्°), हन् („schlagen“, जघ्निव्°/जघन्व्°) und दृश् („sehen“, ददृशिव्°/ददृश्व्°). Dabei ist zu beachten, daß – außer im Falle von दृश् – die Formen ohne Bindevokal von einem der starken Perfektstämme abgeleitet sind. Dies gilt auch für die entsprechenden Formen von खन् („graben“, चखन्व्°), die allerdings ohne den Bindevokal gebildet werden.

31.3.2 Das Partizip des Perfekts Ā. kann aktivische oder passivische Bedeutung haben und wie ein PPA oder PPP verwendet werden. Es wird gebildet, indem man -आन an den schwachen Perfektstamm anfügt, dessen Auslaut genauso behandelt wird wie beim Anfügen einer vokalisch anlautenden Personalendung im Perfekt. Das Partizip des Perfekts Ā. von कृ („machen“) lautet also z.B. चक्राण („gemacht habend, gemacht“).

31.4 Das periphrastische Futur bezeichnet aus der Sicht der altindischen Grammatikertradition Handlungen, die zu einem bestimmten Termin (wie z.B. „morgen“) stattfinden werden. Im klassischen Sanskrit ist jedoch zwischen dem periphrastischen und dem einfachen Futur kaum noch ein Bedeutungsunterschied erkennbar.

31.4.1 Um das periphrastische Futur Par. in der 1. und 2. Person zu bilden, fügt man (ggf. mit dem Bindevokal -इ-) zunächst das Suffix -ता an die guṇierte Wurzel an und daran wiederum die Formen des Präsens Par. von अस् („sein“) in der 1. bzw. 2. Person. -म् im Auslaut einer Wurzel wird in allen Formen des periphrastischen Futurs wie bei der Bildung des Infinitivs oder des Gerundivums auf -तव्य behandelt und in -न्- verwandelt (vgl. 11.1.2.1).

Im periphrastischen Futur Ā. der 1. und 2. Person treten an die Stelle der Par.-Formen von अस् Präsens-Ā.-Formen dieser Wurzel, die nur im Zusammenhang mit dem periphrastischen Futur als Hilfsverben vorkommen.

In der 3. Person hat das periphrastische Futur im Par. und Ā. dieselben Formen: Im Sg. wird (ggf. mit dem Bindevokal -इ-) -ता an die guṇierte Wurzel angefügt, im Dual -तारौ und im Pl. -तारः. (Diese Suffixe erscheinen auch im Auslaut der m. Nomina Agentis auf -तृ im N. Sg., Dual und Pl.)

Um z.B. कृ („machen“) im periphrastischen Futur zu konjugieren, fügt man in der 1. und 2. Person an die mit dem Suffix -ता versehene guṇierte

Wurzel कर्ता- die jeweilige Präsensform von अस् in der 1. und 2. Person an. In der 1. und 2. Sg. verschmilzt dabei das auslautende -आ des Suffixes -ता mit dem अ- im Anlaut der Präsensformen von अस् zu -आ-. In der 3. Person werden -ता, -तारौ und -तारः an die gunierte Wurzel कर्- angefügt. Somit ergibt sich folgendes Paradigma:

	Par.			Ā.		
	Sg.	Dual	Pl.	Sg.	Dual	Pl.
1.	कर्तास्मि	कर्तास्वः	कर्तास्मः	कर्ताहे	कर्तास्वहे	कर्तास्महे
2.	कर्तासि	कर्तास्थः	कर्तास्थ	कर्तासे	कर्तासाथे	कर्ताध्वे
3.	कर्ता	कर्तारौ	कर्तारः	कर्ता	कर्तारौ	कर्तारः

Übung

तच्छ्रुत्वा नृपतिर्भीमो दमयन्तीसखीगणात्।
चिन्तयामास तत्कार्यं सुमहत्स्वां सुतां प्रति॥१॥
स संनिमन्त्रयामास महीपालान्विशां पते।
अनुभूयतामयं वीराः स्वयंवर इति प्रभो॥२॥[32]
तस्य दृष्ट्वैव ववृधे कामस्तां चारुहासिनीम्।
सत्यं चिकीर्षमाणस्तु धारयामास हृच्छयम्॥३॥
गतेषु पार्थिवेन्द्रेषु भीमः प्रीतो महामनाः।
विवाहं कारयामास दमयन्त्या नलस्य च॥४॥
अक्षद्यूते नलं जेता भवान् हि सहितो मया।
निषधान् प्रतिपद्यस्व जित्वा राज्यं नलं नृपम्॥५॥
६ घृतमप्सु जुहवांचकार।
७ विद्वानेव विजानाति विदुषां परिश्रमम्।
८ चक्षुष्यपहते ऽन्धो बभूव ततः सो ऽन्धो ऽपि चंक्रम्यमाणः कूपे पपात।
९ गृहमाजग्मिवांसं भर्तारं भार्यावन्दत।
१० श्व आगन्तास्थ।
११ सेनापतौ यशो गन्ता न तु योधान्कथंचन।

[32]Die Vokative विशां पते und प्रभो haben nichts mit der Handlung zu tun, die in dem vorliegenden Vers (einem Zitat aus der Nala-Geschichte des Mahābhārata-Epos) geschildert wird. Sie richten sich an den König Yudhiṣṭhira, dem Bṛhadaśva in der Rahmen-Handlung die Nala-Geschichte erzählt.

Vokabeln

दमयन्तीसखीगण m. = Damayantīs Freundinnenkreis

सु-²/सू- = gut, wohl, recht, schön, überaus, sehr (verstärkende Partikel, steht häufig am Anfang eines Kompositums vor Adjektiven und Substantiven)

सुमहत् = sehr wichtig

सुता = Tochter

सम्-नि-मन्त्रय- = jemanden einladen (Den.)

मही f. = Erde

पाल m. = Wächter, Hüter

महीपाल m. = Fürst, König (Erdenhüter)

विश्² f. = Niederlassung, Haus, Gemeinde, Stamm, Volk; Pl.: Untertanen, Leute

पति m. = Herr, Gebieter, Gatte

चारु = angenehm, lieblich, schön

हासिन् = lachend

चारुहासिनी f. = die lieblich Lachende

हृच्छय m. = Liebe, der Liebesgott

सत्यं कृ = etwas wahr machen, erfüllen, ein Versprechen halten

इन्द्र m. = der Gott Indra, Höchster, Erster, Oberster

पार्थिवेन्द्र m. = Oberster der Könige

प्रीत = erfreut

महामनस् = stolz, hohen Sinnes, großgesinnt

द्यूत n. = Spiel, Würfelspiel, Glücksspiel

अक्षद्यूत n. = Würfelspiel

सहित = verbunden, vereinigt, zusammen mit (mit I.)

प्रति-पद् 4. Ā. = betreten, sich begeben zu; erlangen, erhalten; erfahren; versprechen; anerkennen; antworten

वि-ज्ञा 9. = erkennen, erfahren, wissen

परिश्रम m. = Ermüdung, Anstrengung

सेनापति m. = Heerführer

32. Lektion

32.1 Nominale Komposita bestehen aus einem oder (im Falle der Dvandva-Komposita) aus mehreren Vordergliedern und einem Schlußglied, die selbst auch wieder Komposita sein können. Die Vorderglieder erscheinen i.a. in der Stammform, wobei zweistämmige Vorderglieder die Form des schwachen und dreistämmige die Form des mittleren Stamms annehmen. In der Kompositionsfuge gilt meist der Satzsandhi. Ferner sind folgende Lautveränderungen der Kompositionsglieder zu berücksichtigen, die sich nicht auf den Satzsandhi zurückführen lassen:

- Ein **-न्** im Auslaut des Vordergliedes geht verloren. Dies gilt nicht nur für die dreistämmigen Nomina auf **-अन्** wie z.B. **राजन्** („König"), deren mittlerer Stamm ohnehin durch den Ausfall des auslautenden **-न्** gekennzeichnet ist, sondern auch für die einstämmigen Nomina auf **-इन्** wie z.B. **मन्त्रिन्** („Minister").

- **महत्** („groß") hat als Vorderglied eines Bahuvrīhi- oder Karmadhāraya-Kompositums (vgl. 33.1 und 34.1) die Form **महा-**.

- Ein auslautendes **-अ** des Vordergliedes kann vor **ओष्ठ** („Lippe") ausfallen. Z.B. verschmelzen **अधर** („unter-er/-e/-es") und **ओष्ठ** zu **अधरोष्ठ** oder **अधरौष्ठ** („Unterlippe").

- **-इस्** und **-उस्** im Auslaut des Vordergliedes werden – entgegen den Satzsandhiregeln – vor stimmlosen Velaren und Labialen nicht in **-इः** bzw. **-उः** verwandelt, sondern in **-इष्** bzw. **-उष्** (vgl. 6.2.3). Z.B. verschmelzen **चक्षुस्** („Auge") und **पीडा** („Schmerz, Leid") zu **चक्षुष्पीडा** („Augenleiden").

- **-अस्** im Auslaut bleibt in diesen Fällen zuweilen unverändert, statt nach den Satzsandhiregeln in **-अः** verwandelt zu werden (vgl. 6.2.3). Z.B. verschmelzen **नमस्** („Verehrung") und **कार** („Tat, Handlung") zu **नमस्कार** („Ehrerweisung"). Dagegen wird der Auslaut von **यशस्** („Ruhm") bei der Bildung des Kompositums **यशःखण्डिन्** („Ruhm zerstörend") nach den Regeln des Satzsandhis behandelt.

- Im Falle von **अहन्** („Tag") als Vorderglied wird **-अस्** im Auslaut des mittleren Stamms **अहस्** manchmal zu **-अर्** vor stimmhaften Lauten. Z.B. verschmelzen **अहन्** (bzw. **अहस्**) und **-निश** („Nacht") zu **अहर्निश** („Tag und Nacht").

- In gewissen Fällen ist bei der Bildung von Komposita die न्- oder die स्-Retroflexionsregel anzuwenden (vgl. 6.2.3). Z.B. verschmelzen भूमि („Erde") und -स्थ („stehend") zu भूमिष्ठ („auf der Erde stehend").
- Schlußglieder werden zuweilen in -अ-Stämme verwandelt. Z.B. verschmelzen महत् („groß") und राजन् („König") zu महाराज („großer König").

32.1.1 Das Dvandva[33] ist der einzige Kompositionstyp, bei dem auch mehrere Vorderglieder mit einem Schlußglied verbunden werden können. (Alle anderen Komposita bestehen nur aus einem Vorderglied und einem Schlußglied, die aber möglicherweise selbst auch wieder Komposita sind.) Die Kompositionsglieder werden in der Übersetzung koordiniert, d.h. mit „und" (ggf. besser mit „oder") verbunden. Daraus erklärt sich auch der von altindischen Grammatikern eingeführte Sanskrit-Terminus „Dvandva" („Paar"). Hinsichtlich Numerus und Genus gibt es Unterschiede zwischen den Dvandvas, je nachdem zu welchem der folgenden drei Typen sie gehören:

32.1.1.1 Das gewöhnliche Dvandva besteht aus zwei oder mehr Gliedern, wobei (im Unterschied zu den adjektivischen Dvandvas) jedes ein Substantiv oder ein substantivisch verwendetes Wort ist. Es hat eine Dual- oder Pluralendung, je nachdem ob es sich auf zwei oder mehr als zwei Gegenstände bezieht. Das Genus des gewöhnlichen Dvandas ist mit dem des Schlußgliedes identisch.

देवमनुष्यौ besteht z.B. aus den Gliedern देव („Gott") und मनुष्य („Mensch") und wird naheliegenderweise mit „Gott und Mensch" wiedergegeben. Für das aus जय („Sieg") und पराजय („Niederlage") bestehende Dvanda जयपराजयौ bietet sich in manchen Kontexten eher die Übersetzung i.S. einer Alternative an („Sieg oder Niederlage").

Bei einem Dvandva im Pl., das aus mehr als zwei Gliedern besteht, kann jedes einzelne pluralische oder singularische Bedeutung haben. नराश्वरथदन्तिनः bedeutet z.B. „Männer (नर), Pferde (अश्व), Wagen (रथ) und Elefanten (दन्तिन्)", wenn man davon ausgeht, daß jedes einzelne Glied im pluralischen Sinne gemeint ist. Ebensogut kann aber auch jedes dieser Glieder singularische Bedeutung haben.

Bei einem Dvandva im Pl., das aus zwei Gliedern besteht, muß dagegen mindestens eines pluralische Bedeutung haben. आचार्यशिष्याः („Lehrer und Schüler") kann sich somit auf mehrere Lehrer (आचार्य) und mehrere Schüler

[33] Die Bezeichnung „*der* Dvandva" ist ebenfalls korrekt.

(शिष्य) oder auf mehrere Lehrer und einen Schüler oder auf einen Lehrer und mehrere Schüler beziehen.

Bei einem bestimmten unregelmäßig gebildeten Dvandvatyp ist der Numerus des Vordergliedes bezeichnet. Es handelt sich dabei um Dvandvas, die aus zwei Verwandtschaftswörtern bestehen, von denen das erste in der Stammform auf -ऋ auslautet. In einem solchen Dvandva erscheint es jedoch ausnahmsweise nicht in der Stammform, sondern im N. Sg., wie z.B. im Falle des aus पितृ („Vater") und पुत्र („Sohn") zusammengesetzten Dvandvas पितापुत्रौ („Vater und Sohn").

32.1.1.2 Das kollektive Dvandva unterscheidet sich vom gewöhnlichen Dvandva darin, daß das letzte Glied im Sg. steht und sein Genus n. ist, wie z.B. im Falle des Dvandvas कृताकृतम् („das Getane und das Ungetane"), das aus dem PPP कृत („getan", n.: „das Getane") und dem PPP (mit Negationspräfix) अकृत („ungetan", n.: „das Ungetane") besteht.

32.1.1.3 Das adjektivische Dvandva setzt sich aus Eigenschaftsnamen (d.h. aus Adjektiven, Partizipien, Gerundiva, Pronominalia oder Zahlwörtern) zusammen und stimmt aufgrund seiner adjektivischen Verwendungsweise in Kasus, Numerus und Genus mit einem Bezugswort überein. In dem Ausdruck पद्भ्यां दक्षिणसव्याभ्याम् („mit beiden Füssen, dem linken und dem rechten") erscheint z.B. das aus दक्षिण („recht-er/-e/-es") und सव्य („link-er/-e/-es") bestehende Kompositum दक्षिणसव्य in Verbindung mit dem I. Dual von पद् („Fuß").

32.1.2 „Determinatives Kompositum" (oder: „Tatpuruṣa") ist ein Oberbegriff für die Kompositionstypen „Kasus-Tatpuruṣa" und „Karmadhāraya". Man nennt Kasus-Tatpuruṣas auch „Tatpuruṣas im engeren Sinne" oder einfach nur „Tatpuruṣas", wenn klar ist, daß nicht von determinativen Komposita i.a. die Rede ist.

32.1.2.1 Der Kasus-Tatpuruṣa hat ein deklinierbares Wort als Vorderglied und ein deklinierbares Wort oder eine Wurzel als Schlußglied. Die von altindischen Grammatikern eingeführte Bezeichnung „Tatpuruṣa", die aus dem Demonstrativum तद् und dem Substantiv पुरुष („Diener") besteht, kann selbst als ein Kasus-Tatpuruṣa betrachtet und mit „dessen Diener" übersetzt werden. Wie dieses Beispiel bereits zeigt, sind Kasus-Tatpuruṣas dadurch gekennzeichnet, daß das Vorderglied das Schlußglied i.S. eines obliquen Kasusverhältnisses näher bestimmt. (Als oblique Kasus gelten alle Kasus außer

N. und V.) Auch im Deutschen gibt es Komposita dieser Art wie z.B. „Königssohn“ (= „Sohn des Königs“), „todgeweiht“ (= „dem Tod geweiht“) oder „allwissend“ (= „alles wissend“) etc.

Die Auflösung eines Kasus-Tatpuruṣas (d.h. die Zerlegung des Kompositums in einen gleichbedeutenden Ausdruck, in dem die Glieder getrennt erscheinen, wobei das Vorderglied mit der zugehörigen Kasusendung versehen ist) ist nicht immer eindeutig. Im Falle des Kasus-Tatpuruṣas संगरान्त, das aus den Gliedern संगर („Kampf“) und अन्त („Ende, Tod“) besteht, kann das Kasusverhältnis – je nach Kontext – genitivisch oder lokativisch aufzufassen sein, d.h. i.S. von „Ende des Kampfes“ (संगरस्यान्त) oder „Tod im Kampf“ (संगरे ऽन्त). Auch bei einigen der folgenden Beispiele sind evt. noch andere als die hier angegebenen Auflösungen denkbar:

ग्रामगत – „ins Dorf gegangen“ – ग्रामं गत (mit A.)[34]

पितृसम – „dem Vater gleich“ – पित्रा सम (mit I.)[35]

कर्णसुख – „für das Ohr angenehm“ – कर्णाय सुख (mit D.)

स्वर्गपतित – „vom Himmel gefallen“ – स्वर्गात्पतित (mit Ab.)

राजपुत्र – „Königssohn“ – राज्ञः पुत्र (mit G.)

पूर्वाह्णकृत – „am Vormittag getan“ – पूर्वाह्णे कृत (mit L.)

Vereinzelt ist das intendierte oblique Kasusverhältnis direkt ausgedrückt. Das Vorderglied erscheint dann nicht in der Stammform, sondern in der betreffenden Kasusform, wie z.B. im Falle des grammatischen Terminus परस्मै-पद („Wort für einen anderen“), der aus dem D. Sg. von पर („ander-er/-e/-es“) und पद („Wort“) besteht.

Auch wenn es sich bei dem Schlußglied um eine Wurzel handelt, steht das Vorderglied bei der Auflösung des Kompositums in einem obliquen Kasus. Die Wurzel kann in diesem Fall wie ein Partizip oder Nomen Agentis übersetzt werden. Der aus वेद („Veda“) und विद् („wissen, kennen“) bestehende Kasus-Tatpuruṣa वेदविद् („den Veda kennend, Kenner des Veda“) ist z.B. i.S. von वेदं विद् auflösbar.

[34]Das Vorderglied könnte bei der Auflösung aber auch im Ab. stehen: „aus dem Dorf gegangen“ – ग्रामाद्गत

[35]Das Vorderglied könnte aber auch pluralische Bedeutung haben: „den Vätern gleich“ – पितृभिः सम

Manche Wurzeln können unverändert als Schlußglied eines Kasus-Tatpuruṣas verwendet und mit Kasusendungen versehen werden, wie z.B. im Falle des als einstämmig-konsonantisches Nomen deklinierbaren Kompositums वेदविद्. Bei anderen Wurzeln muß der Auslaut verändert werden:

- An Wurzeln, die auf einen kurzen Vokal auslauten, wird -त् angefügt, s.d. man das Kompositum wie ein einstämmig-konsonantisches Nomen deklinieren kann. Auf diese Weise ergibt sich z.B. der aus लोक („Welt") und कृ („machen") bestehende Kasus-Tatpuruṣa लोककृत् („Weltenschöpfer").

- Wurzeln, die auf einen Nasal auslauten, können diesen verlieren. Dies geschieht z.B., wenn man पङ्क („Schlamm") und जन् („entstehen") zu dem Kompositum पङ्कज („aus dem Schlamm entstanden", n.: „Wasserrose") zusammenfügt.

- Ein -आ im Wurzelauslaut wird oft gekürzt. Dies geschieht z.B. im Falle von ज्ञा („kennen") bei der Bildung des Kompositums सर्वज्ञ („allwissend").

Bemerkung: Manche Kasus-Tatpuruṣas können – so wie Substantive – auch adverbiell verwendet werden, indem man sie mit der Endung des A. Sg. n. versieht. Der Kasus-Tatpuruṣa उदकार्थम्, der aus उदक („Wasser") und अर्थ („Zweck") besteht, kann z.B. als Adverb in der Bedeutung „zum Zwecke von Wasser (oder: wegen des Wassers)" vorkommen.

Übung

जरामृत्यू हि भूतानां खादितारौ वृकाविव।
बलिनां दुर्बलानां च ह्रस्वानां महतामपि॥१॥
भार्ये द्वे बहवः पुत्रा दारिद्र्यं रोगसंभवः।
जीर्णौ च मातापितरावेकैकं नरकाधिकम्॥२॥
३ अवयवप्रसिद्धेः समुदायप्रसिद्धिर्बलीयसी।
४ सुखदुःखे मनुष्याणां चक्रवत् परिवर्तेते।
५ दूरस्थो ऽपि समीपस्थो यो वै मनसि वर्तते।
६ आपदर्थं धनं रक्षेत्।
७ जन्ममृत्यू यात्येको भुनक्त्येकः शुभाशुभम्।
८ वाक्यभेदा न युज्यन्ते।

९ प्रमद्वरा गन्धर्वाप्सरसोः सुतासीत्।
१० पुत्रो गुणान्वितो मातापित्रोर्हिते सदा रतः।

Vokabeln

खादितृ m. = Esser, Verzehrer, Verspeiser
वृक m. = Wolf
दारिद्र्य n. = Armut, Not
रोग m. = Krankheit; kranke Stelle
संभव m. = Vereinigung, Beiwohnung; Enthaltensein in (mit L.); Entstehung, Ursprung; Erscheinung, Eintritt, Dasein, Möglichkeit
एकैक = jed-er/-e/-es einzelne
अवयव m. = Glied, Teil
प्रसिद्धि f. = Gelingen; Beweis; allgemeines Bekanntsein
समुदाय m. = Vereinigung, Aggregat, das Ganze
बलीयस् = stärker, kräftiger; hat mehr zu bedeuten als
चक्र n. = Rad, Scheibe, Wurfscheibe, Kreis; Gebiet, Herrschaft
परि-वृत् 1. Ā. = sich drehen; sich umwenden, sich umkehren
आपद् f. = Sg. und Pl.: Unfall, Not
भेद m. = das Zerbrechen, das Spalten; Trennung; Zwiespalt, Uneinigkeit; Unterschied, Verschiedenheit
प्रमद्वरा f. = Pramadvarā (Eigenname)
गन्धर्व m. = Gandharva (Name eines Genius); Pl.: die Gandharva, die himmlischen Sänger
अनु-इ 2. 1. 4. = nachgehen, folgen; PPP (अन्वित): nachgehend; begleitet, begabt, versehen mit
हित = gesetzt, gelegen, befindlich; geordnet; genehm, zuträglich; gewogen, günstig; n.: das Gute, Glück, Wohl, Heil

33. Lektion

33.1 Der Karmadhāraya[36] ist ein Kompositionstyp mit zwei Gliedern, von denen meist das vordere das hintere näher bestimmt und – im Unterschied zum Kasus-Tatpuruṣa – bei der Auflösung nicht in einem obliquen Kasus erscheint, wenn das Schlußglied auch keine oblique Kasusendung hat. (Das Vorderglied muß nicht einmal deklinierbar sein.) Entsprechende Beispiele im Deutschen, wo solche Komposita auch vorkommen, sind „Rotwein", „Unterarm", „Halbgott" etc.

Bestimmendes und bestimmtes Glied eines Karmadhārayas können auch in umgekehrter Reihenfolge erscheinen. Z.B. kommen insbesondere in der Dichtung Karmadhārayas vor, deren Schlußglied eine Metapher für das Vorderglied ist. Oft läuft die deutsche Übersetzung mit Hilfe eines entsprechenden Kompositums in diesen Fällen auf etwas gekünstelt wirkende Ausdrücke hinaus, wie z.B. „Mädchenperle" (कन्यारत्न – eine Bezeichnung für ein Mädchen, das mit einer Perle gleichgesetzt wird), „Augenlotus" (नेत्रकमल – eine Bezeichnung für ein Auge, das mit einem Lotus gleichgesetzt wird) oder „Augenbrauenliane" (भ्रूलता – eine Bezeichnung für eine Augenbraue, die mit einer Liane gleichgesetzt wird).

Eine Sonderform der Karmadhārayas ist der Dvigu (vgl. 33.1.2), der als determinierendes Vorderglied ein Zahlwort hat und durch besondere Endungen gekennzeichnet ist.

Ob es sich bei einem Kompositum mit deklinierbarem Vorderglied um einen Karmadhāraya oder einen Kasus-Tatpuruṣa handelt, ist anhand des folgenden formalen Unterscheidungskriteriums feststellbar: Wenn bei der Auflösung der Nominativform des Kompositums beide Glieder im N. stehen, ist es ein Karmadhāraya. Wenn dagegen bei der Auflösung der Nominativform des Kompositums das Vorderglied in einem obliquen Kasus steht, ist es ein Kasus-Tatpuruṣa. नीलोत्पल („blauer Lotus") ist z.B. ein Karmadhāraya, weil die Nominativform नीलोत्पलम् i.S. von नीलमुत्पलम् (mit beiden Gliedern im N.) aufzulösen ist. Dagegen ist राजकन्या („Königstochter") ein Kasus-Tatpuruṣa, weil die Nominativform राजकन्या i.S. von राज्ञः कन्या (mit dem Vorderglied im G.) aufzulösen ist.

Man beachte, daß sich Kasus-Tatpuruṣas allein durch das für sie geltende oblique Kasus-Verhältnis der Glieder nicht hinreichend von Karmadhārayas abgrenzen lassen. Wenn man z.B. in dem Ausdruck नीलोत्पलस्य शोभा („die Schönheit des blauen Lotus") das Vorderglied des Karmadhārayas ab-

[36] Offenbar ist dieser Terminus ein zweigliedriges Kompositum (evt. ein Kasus-Tatpuruṣa), das z.B. mit „Träger (धारय) der Handlung/des Objekts (कर्म)" übersetzt werden könnte. Was damit gemeint ist, läßt sich aber nicht mit Sicherheit sagen.

trennen will, so erscheint es auch in einem obliquen Kasus, nämlich im G. (नीलस्योत्पलस्य शोभा).

Von einem Karmadhāraya mit deklinierbarem Vorderglied nur zu fordern, daß beide Glieder bei der Auflösung im gleichen Kasus stehen müssen, wäre auch nicht ausreichend, um Karmadhārayas von Kasus-Tatpuruṣas zu unterscheiden. Wenn man nämlich in dem Ausdruck राजकन्यायाः शोभा („die Schönheit der Königstochter") das Vorderglied des Kasus-Tatpuruṣas abtrennen will, so erscheint es – genauso wie das Schlußglied – im G. (राज्ञः कन्यायाः शोभा).

33.1.1 Im folgenden wird anhand einiger Beispiele gezeigt, aus welchen Wortarten sich ein Karmadhāraya zusammensetzen kann und welche Übersetzungsmöglichkeiten sich in jedem einzelnen Fall ergeben:

(i) Adjektiv bzw. adjektivisch verwendetes Wort + Substantiv bzw. substantivisch verwendetes Wort, wie z.B. bei den Komposita ...

महाराज („Großkönig"): Adjektiv (महत्) + Substantiv (राजन्)

सप्तर्षयः („sieben Seher"): Zahlwort (सप्तन्) + Substantiv (ऋषि)

तन्मत („diese Meinung, diese Lehre"): Pronomen (तद्) + PPP (von मन्)

(ii) Substantiv bzw. substantivisch verwendetes Wort + Substantiv bzw. substantivisch verwendetes Wort, wie z.B. bei den Komposita ...

पुरुषमृग („Antilopenbock"): Substantiv (पुरुष) + Substantiv (मृग)

शमीलता („Die Schlingpflanze ‚Śamī' "): Substantiv (शमी) + Substantiv (लता)

कालहरिण („die Gazelle ‚Zeit' "): Substantiv (काल) + Substantiv (हरिण)

(iii) Substantiv bzw. substantivisch verwendetes Wort + Adjektiv bzw. adjektivisch verwendetes Wort, wie z.B. bei den Komposita ...

कुसुमसुकुमार („blumenzart, zart wie eine Blume"): Substantiv (कुसुम) + Adjektiv (सुकुमार)

कुमारपण्डित („als Knabe gelehrt"): Substantiv (कुमार) + Adjektiv (पण्डित)

दृष्टपूर्व („früher gesehen", wörtlich: „als Gesehen-er/-es früher"): PPP (von दृश्) + Pronominaladjektiv (पूर्व)

(iv) Adjektiv bzw. adjektivisch verwendetes Wort + Adjektiv bzw. adjektivisch verwendetes Wort, wie z.B. bei den Komposita ...

कृष्णसारङ्ग („schwarz gefleckt"): Adjektiv (कृष्ण) + Adjektiv (सारङ्ग)

पीतरक्त („gelbrot"): Adjektiv (पीत) + Adjektiv (रक्त)

(v) nicht deklinierbares Wort + deklinierbares Wort oder Wurzel, wie z.B. bei den Komposita ...

अतिदूर („äußerst weit"): Verbalpräfix (अति) + Adjektiv (दूर)

कुपति („schlechter Gatte"): Partikel (कु) + Substantiv (पति)

अमर्त्य („unsterblich"): Negationspräfix (अ) + Gerundivum (von मृ)

अनुक्त („ungesagt"): Negationspräfix (अन्) + PPP (von वच्)

अत्रस्थ („hier stehend"): Adverb (अत्र) + Wurzel (स्था)[37]

Bemerkungen:

33.1.1.1 Bei den Komposita des Typs (i) kann ein Adjektiv bzw. ein adjektivisch verwendetes Wort als Vorderglied niemals in der f. Stammform auftreten, auch dann nicht, wenn das Schlußglied f. ist. Das Kompositum प्रियासखी mit dem Vorderglied प्रिय („lieb", in der f. Stammform प्रिया) und dem Schlußglied सखी („Freundin") ist daher kein Karmdhāraya, sondern ein Kasus-Tatpuruṣa („Freundin der Geliebten").

33.1.1.2 Komposita des Typs (ii) (von denen einige eher kopulativen als determinativen Charakter haben) bezeichnen etwas, was sowohl unter den Begriff des Vordergliedes als auch unter den Begriff des Schlußgliedes fällt. Beide Begriffe können teilweise übereinstimmende Bedeutungsbereiche haben und somit in einer Art Kongruenzverhältnis zueinander stehen, so wie im Falle von पुरुषमृग und शमीलता. Entsprechende Komposita im Deutschen sind „Dichterfreund", „Theatermuseum" oder „Radiowecker".

Bei कालहरिण besteht dagegen zwischen den Kompositionsgliedern kein begriffliches Kongruenzverhältnis. So wie im Falle der bereits in 33.1 angesprochenen Beispiele कन्यारत्न („Mädchenperle"), नेत्रकमल („Augenlotus") etc. bezieht sich hier das Schlußglied nur im metaphorischen Sinne auf denselben Gegenstand wie das Vorderglied. Als Alternative zu der oft etwas gekünstelt wirkenden Wiedergabe solcher Karmadhārayas mit einem deutschen Kompositum eignet sich in manchen Fällen eine Nominalphrase, in der die

[37] Die Wurzel hat hier – so wie im Falle der Kasus-Tatpuruṣas (vgl. 32.1.2.1) – die Bedeutung eines Partizips oder Nomen Agentis. Die 32.1.2.1 zu entnehmenden Bestimmungen über Auslautveränderungen der Wurzel gelten hier gleichermaßen.

Glieder mit „von“ verbunden werden, wie z.B. „Perle von einem Mädchen“ (als Übersetzung für कन्यारत्न).

Bei den Komposita des Typs (ii) kann man das Begriffsverhältnis der Glieder im Sanskrit in knapper Form verdeutlichen, indem man einen Nominalsatz mit dem bestimmenden Vorderglied als Prädikat und dem bestimmten Schlußglied als Subjekt bildet. Dabei erscheinen beide Glieder im N., wie man es von einem Karmadhāraya erwartet. Das Begriffsverhältnis der Glieder in चौरवीराः („Diebsleute“) ist z.B. i.S. von चौरा एव[38] वीराः („Die Leute sind Diebe.“) aufzufassen. Im Falle von कन्यारत्न lautet der entsprechende Nominalsatz रत्नमेव कन्या („Das Mädchen ist eine Perle.“).

33.1.1.3 Komposita des Typs (iii) drücken oft einen Vergleich aus. कुसुमसुकुमार z.B. ist also in der Form des N. Sg. m. कुसुमसुकुमारः i.S. von कुसुममिव सुकुमारः („zart wie eine Blume“) auflösbar. Es zeigt sich auch hier wieder, daß beide Kompositionsglieder entsprechend der Definition der Karmadhārayas bei der Auflösung der Nominativform im N. stehen.

कुमारपण्डित, दृष्टपूर्व und die Komposita des Typs (iv) drücken dagegen ein Kongruenzverhältnis der Glieder aus (vgl. 33.1.1.2). Während कुमारपण्डित und andere Beispiele dieser Art am besten mit „als“ wiedergegeben werden („gelehrt als Knabe“), kann man z.B. im Falle von दृष्टपूर्व in der Übersetzung auch einfach die Reihenfolge der Glieder umdrehen („früher gesehen“).

33.1.2 Dvigus sind spezielle Karmadhārayas mit einem Zahlwort als Vorderglied, die eine Gesamtheit mehrerer Dinge bezeichnen. Der Begriff „Dvigu“ ist selbst ein Dvigu und bedeutet „zwei Kühe“.[39] Das Hinterglied hat eine n. Sg.-Endung oder es lautet im Stamm auf -ई aus und wird wie die mehrsilbigen Feminina auf -ई im Sg. dekliniert. Z.B. bedeuten त्रिलोक (N. Sg.: त्रिलोकम्) und त्रिलोकी (= N. Sg.) „die Dreiwelt“ (= Himmel, Erde und Unterwelt).

33.2 Avyayībhāvas sind adverbielle Komposita mit einem nicht deklinierbaren Vorderglied und einem Nomen als Hinterglied, das mit der jeweiligen Endung des A. Sg. n. versehen ist. Der Begriff „Avyayībhāva“ („Das Keinem-Wechsel-unterworfen-Sein“) deutet an, daß es sich um ein Kompositum handelt, das keinem Wechsel der Flexion mehr unterworfen ist, weil es stets in

[38] Die Partikel एव wird oft verwendet, um in einem Nominalsatz das Prädikat zu kennzeichnen. Dabei kann sie unübersetzt bleiben.

[39] -गु kommt nur am Ende von Komposita vor und hat dieselbe Bedeutung wie गो („Rind, Kuh“).

der Form des A. Sg. n. erscheint. Beispiele sind यथाकामम् („wunschgemäß“, wörtlich: „wie der Wunsch“) und यावज्जीवितम् („das ganze Leben lang“, wörtlich: „wie lange das Leben“).

Übung

तेषां भीमो महाबाहुः पार्थिवानां महात्मनाम्।
यथार्हमकरोत्पूजां ते ऽवसंस्तत्र पूजिताः ॥१॥
वयं हि देवगन्धर्वमनुष्योरगराक्षसान्।
दृष्टवन्तो न चास्माभिर्दृष्टपूर्वस्तथाविधः ॥२॥
३ यौवने देवदत्तः पुरुषव्याघ्रो ऽभवत्।
४ अत्वरा सर्वकार्येषु।
५ जीविताशा दुस्त्याज्या।
६ शस्त्रप्रहारा एव वीराणां भूषणम्।
७ देवदत्तयज्ञदत्ताभ्यामिदं कर्म कर्तव्यम्।
८ शङ्कयैव प्रकाशन्ते प्रच्छन्नपातकाः।
९ जयेदात्मानमेवादौ विजयायान्यविद्विषाम्।
१० सुकृतं च दुष्कृतं चानुभुङ्क्ते मनुष्यः।

Vokabeln

बाहु m. = Arm
महाबाहु = langarmig; m.: der Langarmige
महात्मन् = edel, hochherzig; m.: der Edle, der Hochherzige
अर्ह = verdienend, würdig (mit A. oder Infinitiv), passend, angemessen für (mit G.)
पूजा = Verehrung, Ehrerbietung, Anbetung; Auszeichnung
उरग m. = Schlange, Schlangendämon
राक्षस m. = nächtlicher Unhold
तथाविध = so beschaffen, derartig
यौवन n. = Jugend
अ- (vor Konsonanten)/अन्- (vor Vokalen) = nicht-, un-, kein, -los, ohne
त्वरा = Eile
आशा = Wunsch, Erwartung, Hoffnung
दुस्- (bzw. दुः-/दुष्-/दुर्-) = schlecht, übel, miß-, un-, schwierig, schwer (präfigierte Partikel)
शस्त्र n. = Messer, Dolch, Schwert, Waffe
प्रहार m. = Schlag, Hieb, Streich, Stoß
भूषण n. (selten m.) = Schmuck
यज्ञदत्त m. = Yajñadatta (Eigenname)

काश् 1. = sichtbar sein, erscheinen, glänzen, leuchten

प्र-काश् 1. = sichtbar werden, sich zeigen, zum Vorschein kommen, offenbar werden, erscheinen, glänzen, leuchten

छद् 1. = Kaus.: bedecken, verhüllen; PPP: bedeckt, verhüllt, verborgen, geheim

प्र-छद् 1. = dass.

पातक = zu Fall bringend; n. (selten m.): ein zur Verlust der Kaste führendes Verbrechen

आदि m. = Anfang, Beginn

विजय m. = Streit, Kampf, Sieg, Gewinn, Beute

विद्विष् m. = Feind

अनु-भुज् 7. = den Lohn für etwas (im A.) genießen; genießen, teilhaftig werden, teilnehmen an

34. Lektion

34.1 Der Bahuvrīhi ist ein adjektivisches Kompositum mit einem Substantiv als Schlußglied. Adjektivische Dvandvas, adjektivische Karmadhārayas und adjektivische Kasus-Tatpuruṣas unterscheiden sich von diesem Kompositionstyp darin, daß sie kein Substantiv als Schlußglied haben. Entsprechend seiner adjektivischen Funktion stimmt ein Bahuvrīhi mit seinem Bezugswort in Kasus, Numerus und Genus überein. Meist hat er eine possessive Bedeutung, die wörtlich mit „das habend (oder: besitzend), was das Kompositum bezeichnet“ wiedergegeben werden kann. Im Deutschen gibt es ähnliche Komposita, die allerdings ohne Bezugswort als Substantive verwendet werden, wie z.B. „Rotkehlchen“ (= ein Vogel, der ein rotes Kehlchen hat) oder „Großmaul“ (= jemand, der ein großes Maul hat). Diese in der modernen Sprachwissenschaft auch als „Bahuvrīhis“ bezeichneten Beispiele entsprechen den substantivierten Bahuvrīhis im Sanskrit. Die Bezeichnung „Bahuvrīhi“, die aus बहु („viel“) und व्रीहि m. („Reis“) besteht, ist selbst ein Bahuvrīhi und bedeutet „viel Reis habend“. In dem Ausdruck बहुव्रीहिर्देशः („das Land, das viel Reis hat, d.h. das Land, in dem es viel Reis gibt“) erscheint das Kompositum बहुव्रीहि z.B. als Attribut zu देश m. („Land“).

Entsprechend der altindischen Gelehrtentradition kann man Bahuvrīhis mit einem Relativsatzgefüge auflösen. Dieses Verfahren eignet sich insbesondere in den selteneren Fällen, in denen Bahuvrīhis keine (oder nur schwer eine) possessive Bedeutung zuzuordnen ist. Die Auflösung des Kompositums in dem Ausdruck बहुव्रीहिर्देशः führt z.B. zu dem Relativsatzgefüge बहवो व्रीहयो यस्मिन् स देशः[40] (wörtlich: „das Land, in dem viele Reiskörner sind“).

Bei den meisten Bahuvrīhis determiniert das Vorderglied das Schlußglied (oder umgekehrt) oder beide sind koordiniert, s.d. man von einem Bahuvrīhi auf der Grundlage eines Kasus-Tatpuruṣas, Karmadhārayas oder Dvandvas sprechen kann.[41] Z.B. wird aus dem Kasus-Tatpuruṣa विष्णुरूप n. („Gestalt des Viṣṇu“) in dem Ausdruck विष्णुरूपो देवः („der die Gestalt Viṣṇus besitzende Gott“) ein Bahuvrīhi, das nach altindischer Gelehrtentradition i.S. von विष्णो रूपं यस्य स देवः aufzulösen ist. Ein Beispiel für einen Bahuvrīhi auf Karmadhāraya-Grundlage ist in dem Ausdruck बहुव्रीहिर्देशः enthalten. Eher

[40] Die eigentümliche Wortstellung (mit dem Relativpronomen am Ende des Relativsatzes) enspricht genau der Formulierungsweise altindischer Gelehrter bei der Auflösung von Bahuvrīhi-Komposita.

[41] Diese Einschränkung hinsichtlich des Verhältnisses der Glieder gilt nicht für einige der in 34.2 behandelten Komposita, die oft auch zu den Bahuvrīhis gezählt werden.

selten sind Bahuvrīhis auf Dvandva-Grundlage wie z.B. das aus चक्र („Diskus") und मुसल m. n. („Keule") bestehende Kompositum in dem Ausdruck चक्रमुसलो देवः („der Diskus und Keule besitzende Gott").

34.1.1 Unter den Bahuvrīhis gibt es einige Sonderformen, die im folgenden genauer analysiert werden:

(i) Im Vorderglied kann ein Infinitiv (ohne den auslautenden Nasal) stehen. त्यक्तुकाम („zu verlassen wünschend", wörtlich: „den Wunsch habend, zu verlassen") ist z.B. ein Bahuvrīhi mit dem Infinitiv von त्यज् („verlassen") als Vorderglied.

(ii) Das Bezugswort eines Bahuvrīhis mit einem PPP als Vorderglied bezeichnet manchmal den Agens oder auch den Benefaktiv-Partizipant der im PPP ausgedrückten Handlung.

Z.B.: प्राप्तजीवनो नरः (= प्राप्तं जीवनं येन स नरः) – „der Mann, der das Leben wiedererlangt hat (PPP von प्र-आप्)"

गतायुर्नरः (= गतमायुर्यस्य स नरः) – „der Mann, dessen Leben (आयुस्) gewichen (wörtlich: gegangen) ist"

(iii) Manchmal ist es das Vorderglied, das dem Bezugswort des Bahuvrīhis im possessiven Sinne zugeordnet ist, wobei das Schlußglied nur die Art der Zugehörigkeit des vom Vorderglied Bezeichneten zu dem vom Bezugswort des Bahuvrīhis Bezeichneten ausdrückt und insofern das Vorderglied determiniert. Solche Bahuvrīhis sind z.B. इन्द्रशत्रु („Indra als Feind habend"), दण्डपाणि („einen Stock in der Hand habend") und अश्रुकण्ठ („Tränen im Hals habend").

Vom selben Typ sind Bahuvrīhis mit आदि m. („Anfang") als Schlußglied wie z.B. मरीच्यादि (wörtlich: „Marīci als Anfang habend"). Man kann in diesem Fall आदि freier mit „und die anderen" übersetzen. Z.B. bedeutet मरीच्यादयो मुनयः „Marīci und die anderen Weisen".

In Anlehnung an solche Bahuvrīhis wurde आदि später auch an einzelne Substantive oder an mehrere dvandvaartig verbundene Substantive i.S. von „etc." angefügt. Das Genus solcher Verbindungen richtet sich nach dem letzten (manchmal auch nach einem beliebigen anderen) der aufgezählten Glieder. Z.B. bedeutet तपोयोगसमाध्यादयः „Askese (तपस्), Kontemplation (योग), Gemütsruhe (समाधि) etc.".

(iv) Um auf der Grundlage eines Karmadhārayas mit einer Metapher für das Vorderglied als Schlußglied (vgl. 33.1/33.1.1.2) einen Bahuvrīhi zu bilden, muß man die Glieder des Karmadhārayas umstellen. So wird z.B. aus dem Karmadhāraya नेत्रकमल („Augenlotus") der Bahuvrīhi कमलनेत्र („lotusäugig").

34.2 Präpositionale Komposita sind – so wie Bahuvrīhis – adjektivische Komposita mit einem Substantiv als Schlußglied. Im Gegensatz zu den Bahuvrīhis haben sie jedoch keine Dvandva-, Kasus-Tatpuruṣa- oder Karmadhāraya-Grundlage. Das Vorderglied, das eine Präposition, ein Präverb, ein lokales Adverb oder ein Negationspräfix sein kann, determiniert nicht das Schlußglied, sondern es drückt ein präpositionales Verhältnis zwischen dem Schlußglied und dem Bezugswort des Kompositums aus. Unter einem अतिबोधिसत्त्वो भूतः versteht man z.B. ein Wesen (भूत), das den Bodhisattvas übergeordnet ist (und nicht etwa ein Wesen, das einen „Über-Bodhisattva" besitzt). Das Präverb अति determiniert hier also nicht das Schlußglied बोधिसत्त्व, sondern es drückt ein präpositionales Verhältnis zu dem Bezugswort भूत aus. Entsprechend ist ein अधस्पदा शिला kein Stein, der den „unteren (अधस्) Fuß" hat, sondern ein Stein unter den Füßen.

Präpositionale Komposita, bei denen das Verhältnis zum Bezugswort noch im possessiven Sinne verstanden werden kann, werden in manchen Grammatiken als Bahuvrīhis klassifiziert oder man ordnet sie sowohl den präpositionalen Komposita als auch den Bahuvrīhis zu. Das Kompositum सपुत्र („mit dem Sohn") z.B., in dem die Präposition स- („mit") als (alleinstehend nicht vorkommende) Kurzform für सह erscheint, ist kein Bahuvrīhi auf der Grundlage eines Karmadhārayas vom selben Typ wie z.B. सब्रह्मचारिन् m. („Mit-Student"). Sonst müßte es i.S. von „den Mit-Sohn besitzend" aufzufassen sein. Vielmehr drückt die Präposition hier wieder das Verhältnis des Schlußgliedes zum Bezugswort aus. Der Satz सपुत्रो रामो गृहं गच्छति bedeutet also z.B. „Rāma geht mit dem Sohn nach Hause". Da man aber सपुत्र auch im possessiven Sinne verstehen kann („den Sohn mit dabei habend"), ist es ebenso plausibel, hier von einem Bahuvrīhi zu sprechen. Andere Komposita, die als präpositionale Komposita oder als Bahuvrīhis betrachtet werden können, sind z.B. अनन्त („ohne Ende, endlos, kein Ende habend") und विफल („ohne Frucht, fruchtlos, keine Frucht habend").

Bemerkungen:

34.2.1 Die f. Form eines Bahuvrīhis oder präpositionalen Kompositums lautet meist auf -आ aus, wie z.B. im Falle von सपुत्रा („die, die einen Sohn mit dabei hat"). Insbesondere bei Schlußgliedern, die Körperteile bezeichnen, können Verwandlungen von -अ-Stämmen in -ई-Stämme auftreten, wenn das Bezugswort f. ist, wie z.B. im Falle des aus अनवद्य („tadellos") und अङ्ग n. („Glied, Körper") bestehenden f. Bahuvrīhis अनवद्याङ्गी („die, die tadellose Glieder hat").

34.2.2 An Bahuvrīhis oder präpositionale Komposita wird oft das Suffix -क angefügt, das keinen Einfluß auf die Bedeutung hat, s.d. सपुत्रक und बहुभर्तृक dasselbe bedeuten wie सपुत्र („den Sohn mit dabei habend") bzw. बहुभर्तृ („viele Gatten habend").

34.2.3 Bahuvrīhis können wie Adjektive substantiviert oder in der Form des A. Sg. n. in adverbieller Funktion verwendet werden. षट्पद („sechs Füße habend") bedeutet z.B. als m. Substantiv „Biene" (wörtlich: „Sechsfüßler"). मुक्तकण्ठ („eine gelöste Kehle habend") kann in der Form des A. Sg. n. मुक्तकण्ठम् auch als Adverb in der Bedeutung „aus vollem Halse" verwendet werden.

Übung

जगद्योनिरयोनिस्त्वं जगदन्तो निरन्तकः।
जगदादिरनादिस्त्वं जगदीशो निरीश्वरः ॥१॥
२ तथैवासीद्विदर्भेषु भीमो भीमपराक्रमः।
३ कातरा दीर्घरोगाश्च भिषजां भोगहेतवः।
४ कोशपूर्वाः सर्वारम्भाः।
५ कुस्त्री प्रफुल्लकमला गूढनक्रेव पद्मिनी।
६ हृतनयनो विषादी न विषादी भवति जात्यन्धः।
७ असारः संसारो ऽयं गिरिनदीवेगोपमं यौवनं तृणाग्निसमं जीवितं शरदभ्रच्छायासदृशा भोगाः स्वप्नसदृशो मित्रपुत्रकलत्रसंयोगः।
८ यस्तु पितृधनाय हितो नासाववश्यं पितृहितो भवति।
९ ममैतद्धनं भविश्यतीति पितृधनरक्षणात्।
१० शतायुषः पुत्रपौत्रान् वृणीष्व बहून् पशून् हस्तिहिरण्यमश्वान्।

Vokabeln

योनि m. (seltener f.) = Schoß, Ursprung
निस्- (bzw.: निः-/निष्-/निर्-) = als Präposition: hinaus, heraus, aus, weg von; als Negationspräfix im selben Sinne wie अ- oder अन्- verwendet
पराक्रम m. = Mut, Kraft, Gewalt
कातर = verzagt, mutlos, feige
भिषज् m. = Arzt
भोग m. = Speisen, Essen, Genuß
हेतु m. = Ursache; Grund; Mittel
कोश m. = Behälter; Schatz, Vorrat, Schatz- oder Vorratskammer
पूर्व = am Ende eines Bahuvrīhis: als Vorangehendes habend, folgend auf
आरम्भ m. = Unternehmung; Anfang, Beginn
कु = schlecht, gering (als präfigierte Partikel, die einen Mangel ausdrückt)
प्रफुल्ल = aufgeblüht
नक्र m. = Krokodil
पद्मिनी f. = Taglotus, Wasserrose; Lotusteich
नयन n. = das Hinführen; Auge
विषादिन् = niedergeschlagen, bestürzt, kleinmütig, verzagend
जाति f. = Geburt, Ursprung; Gattung, Art
सार m. n. = Festigkeit, Kraft, Härte; Wert; Kern, das Beste, die Hauptsache
संसार = wandernd; m.: die Wanderung durch die verschiedenen Geburten, das weltliche Dasein
गिरि m. = Berg
वेग m. = heftige Bewegung, Ruck, Flut, Schwall des Wassers, starke Strömung, Woge
उपमा = Ähnlichkeit, Vergleich, Gleichnis; am Ende eines adjektivischen Kompositums: ähnlich, vergleichbar
तृण n. = Gras, Kraut, Halm, Stroh; in übertragenem Sinne: Kleinigkeit
सम = gleich, gleichartig, ähnlich, der-/die-/das-selbe, gleichmäßig, eben (f.: समा)
अभ्र n. (selten m.) = Wolke, Luftraum
सदृश = gleich, ähnlich, entsprechend, angemessen
कलत्र n. = Ehefrau
संयोग m. = Verbindung, Zusammenhang, Vereinigung, Kontakt, freundschaftliches oder verwandtschaftliches Verhältnis
अवश्य (auch als Adv. अवश्यम्) = notwendig, jedenfalls, durchaus
पौत्र m. = Enkel
पशु m. = Vieh, Tier
हस्तिन् m. = Elefant

35. Lektion

35.1 Der Aorist, der ohne Bedeutungsunterschied neben Imperfekt und Perfekt als Tempus der Vergangenheit verwendet wird, erscheint in sieben Formen mit unterschiedlichen Stammbildungsregeln. Es handelt sich dabei um den Wurzelaorist, den thematischen Aorist, den reduplizierten thematischen Aorist, den s-Aorist, den iṣ-Aorist, den siṣ-Aorist und den sa-Aorist. In dieser Reihenfolge werden die Aoriste üblicherweise durchnumeriert, s.d. man z.B. den s-Aorist auch als „Aorist der vierten Form" bezeichnet.

Nach welcher der sieben Formen man den Aorist von einer Wurzel bildet, hängt von ihrer Lautstruktur ab (insbesondere vom Auslaut), von der Bildungsweise des Präsensstamms und ferner davon, ob sie अनिट् oder सेट् ist. Es gibt auch Wurzeln, die nach mehreren Aoristen konjugierbar sind.

Der Aorist ähnelt in morphologischer Hinsicht dem Imperfekt, denn er ist durch das Augment gekennzeichnet und (bis auf die 2. und 3. Sg. Par. und die 3. Pl. Par. in einigen Aoristen) durch sekundäre Personalendungen. Im Aorist der zweiten und dritten Form und vorwiegend auch im Aorist der ersten und siebten Form sind die Endungen thematisch, in den übrigen Aoristen dagegen athematisch. Die Ā.-Formen der Aoriste werden zugleich für das Passiv verwendet, außer im Falle der 3. Sg. Aorist Passiv, die ein eigenständiges (von den Stammbildungsregeln der Par.- und Ā.-Formen der sieben Aoriste unabhängiges) Bildungsmuster hat.

35.1.1 Der Wurzelaorist wird nur von Wurzeln gebildet, die auf -आ oder Diphthonge auslauten, sowie von भू („werden, sein").[42] Eine für den Aorist von इ („gehen") benötigte Formvariante der Wurzel, nämlich गा, wird ebenfalls nach dem Wurzelaorist konjugiert. Folgende Besonderheiten der Flexion sind zu beachten:

- Es gibt nur Par.-Formen im Wurzelaorist. Für Wurzeln, deren Aorist im Par. nach dieser Form gebildet wird, verwendet man im Ā. den s Aorist.

- Wurzeln, die auf -आ oder Diphthonge auslauten, haben die thematischen sekundären Personalendungen, außer in der 3. Pl. Diese Form wird mit der Endung -उः (mit -र्-Visarga) gebildet, vor der -आ bzw. der auslautende Diphthong verlorengehen.

  Bei der Wurzel भू fügt man die athematischen sekundären Personalendungen an.

[42]Die meisten auf -आ oder Diphthonge auslautenden Wurzeln schließen sich jedoch dem siṣ-Aorist an.

- Der Aoriststamm ist i.a. mit der augmentierten Wurzel identisch, außer in den folgenden Fällen:

- Diphthonge im Auslaut einer Wurzel werden in **-आ** verwandelt. **दो** („schneiden") hat z.B. im Wurzelaorist denselben Stamm wie **दा** („geben"), nämlich **अदा-**.

- Vor vokalisch anlautender Endung wird bei der Wurzel **भू** – entgegen 25.1.1 – einfach nur ein **-व्-** eingeschoben. Das **-ऊ** im Auslaut der Wurzel bleibt lang.

35.1.1.1 **दा** („geben") und **भू** („werden, sein") werden im Wurzelaorist folgendermaßen konjugiert:

	दा			भू		
	Sg.	Dual	Pl.	Sg.	Dual	Pl.
1.	अदाम्	अदाव	अदाम	अभूवम्	अभूव	अभूम
2.	अदाः	अदातम्	अदात	अभूः	अभूतम्	अभूत
3.	अदात्	अदाताम्	अदुः	अभूत्	अभूताम्	अभूवन्

Bemerkung: Verbformen, deren Tempus sowohl Imperfekt als auch Aorist sein könnte, sind als Imperfektformen zu betrachten, wenn die zugrundeliegende Wurzel normalerweise nach einer anderen Form des Aorists konjugiert wird, die keine Verwechselung mit Imperfektformen erlaubt. Dies gilt z.B. für **अयात्**, die (wie ein Wurzelaorist in der 3. Sg. gebildete) 3. Sg. Imperfekt Par. von **या** („gehen"). Weil der gewöhnliche Aorist der Wurzel **या** der siṣ-Aorist ist, ist **अयात्** nicht als Wurzelaorist anzusehen.

35.1.2 Der thematische Aorist wird von vielen Wurzeln der 4. Klasse gebildet und von Wurzeln der 1. und 6. Klasse, insbesondere von solchen mit unregelmäßigen Präsensstämmen. Folgende Besonderheiten der Flexion sind zu beachten:

- Ā.-Formen sind selten. Von Wurzeln, deren gewöhnlicher Aorist im Par. der thematische ist, wird im Ā. meist der s-Aorist gebildet.

- Man verwendet die sekundären thematischen Personalendungen. Der Aoriststamm besteht aus der augmentierten Wurzel und dem daran angefügten Themavokal **-अ-**, der vor den mit **-म-** oder **-व-** anlautenden Endungen verlängert wird und vor den mit **-ए-** anlautenden Endungen verlorengeht. Die 3. Sg. thematischer Aorist Par. von **गम्** („gehen") lautet z.B. **अगमत्**.

- -ऋ und -ॠ im Auslaut der Wurzel werden guṇiert. सृ („eilen") und जॄ („altern") haben z.B. die Aoriststämme असर- bzw. अजर-.
- Ein Nasal als vorletzter Laut der Wurzel geht verloren. स्कन्द् („springen") hat z.B. den Aoriststamm अस्कद-.
- Unregelmäßig sind die thematischen Aoriststämme von शास् („befehlen", अशिष-), ख्या (+ आ: „erzählen", अख्य-), ह्वे („rufen", अह्व-), दृश् („sehen", अदर्श-) und नश् („verlorengehen", अनेश-).

35.1.2.1 सिच् 6. („begießen", unregelmäßiger Präsensstamm: सिञ्च-) wird im thematischen Aorist folgendermaßen konjugiert:

	Par.			Ā.		
	Sg.	Dual	Pl.	Sg.	Dual	Pl.
1.	असिचम्	असिचाव	असिचाम	असिचे	असिचा-वहि	असिचा-महि
2.	असिचः	असिच-तम्	असिचत	असिचथाः	असिचे-थाम्	असिच-ध्वम्
3.	असिचत्	असिच-ताम्	असिचन्	असिचत	असिचे-ताम्	असिचन्त

Bemerkung: Auch der thematische Aorist wird teilweise genauso gebildet wie Imperfektformen. Z.B. haben Wurzeln der 6. Klasse mit regelmäßigem Präsensstamm im Imperfekt Formen, die man ebensogut als thematische Aoriste deuten könnte. Aber auch deren Tempus wird – so wie im Falle der mit Wurzelaoristen verwechselbaren Imperfektformen (s. vorige Bemerkung) – als Imperfekt und nicht als Aorist bestimmt, wenn die zugrundeliegende Wurzel normalerweise nach einer anderen Form des Aorists konjugiert wird, die keine Verwechselung mit Imperfektformen erlaubt. Dies gilt z.B. für अतुदत्, die (wie ein thematischer Aorist in der 3. Sg. Par. gebildete) 3. Sg. Imperfekt Par. von तुद् („schlagen"). Weil der gewöhnliche Aorist der Wurzel तुद् der s-Aorist ist, ist अतुदत् nicht als thematischer Aorist anzusehen.

35.1.3 Der reduplizierte thematische Aorist wird insbesondere von Wurzeln der 10. Klasse, von den Kausativa und den Denominativa gebildet. Daneben gibt es noch einige wenige nicht zur 10. Klasse gehörige Wurzeln, die im Aorist nach dieser Form konjugiert werden. Folgende Besonderheiten der Flexion sind zu beachten:

- Man verwendet die sekundären thematischen Personalendungen. Der Aoriststamm besteht aus der augmentierten reduplizierten Wurzel und dem daran angefügten Themavokal **-अ-**, der vor den mit **-म-** oder **-व-** anlautenden Endungen verlängert wird und vor den mit **-ए-** anlautenden Endungen verlorengeht. (Wurzeln der 10. Klasse, Kausativa und Denominativa fehlt also im reduplizierten thematischen Aorist das für sie charakteristische Stammbildungselement **-अय्-**.) Die 3. Sg. reduplizierter thematischer Aorist Par. des vom Desiderativum **भिक्ष-** („betteln um") gebildeten Kausativums **भिक्षय-** („jem. zum Bettler machen") lautet z.B. **अबिभिक्षत्** („Er/Sie/Es machte jem. zum Bettler.").

- Der Reduplikationsvokal ist i.a. **इ** oder **ई**, bei Wurzeln mit **उ** oder **ऊ** als Wurzelvokal jedoch **उ** bzw. **ऊ**.

- Die Reduplikationssilbe ist beim reduplizierten thematischen Aorist i.a. lang und die Wurzelsilbe kurz. Daher erscheint in der Reduplikationssilbe ggf. die langvokalische Variante. Der Aoriststamm des Kausativums von **जन्** („geboren werden", Kausativum: „erzeugen") lautet z.B. **अजीजन-**.

  Dabei ist zu beachten, daß eine Silbe auch dann als lang gilt, wenn sie einen kurzen Vokal hat, auf den aber zwei Konsonanten folgen (vgl. 5.3.1). Bei der Bildung des Aoriststamms des Kausativums von **भ्रम्** („umherschweifen", Kausativum: „drehen") reicht deshalb der kurze Vokal in der Reduplikationssilbe (**अबिभ्रम-**).

  Das quantitative Verhältnis von Reduplikations- und Wurzelsilbe kann auch durch Kürzung des Wurzelvokals oder durch Ausfall eines Nasals (als vorletzter Laut der Wurzelsilbe) den Erfordernissen des reduplizierten thematischen Aorists angepaßt werden. Die Aoriststämme der Kausativa von **जीव्** („leben", Kausativum: „beleben") und **क्रन्द्** („jammern", Kausativum: „jemanden zum Jammern bringen") lauten z.B. **अजीजिव-** bzw. **अचिक्रद-**.

- Wenn der Kausativstamm einer Wurzel auf **-पय-** auslautet, erscheint das Stammbildungselement **-प्-** auch im Aoriststamm, wie z.B. bei **अतिष्ठिप-**, dem reduplizierten thematischen Aoriststamm des Kausativums von **स्था** („stehen", Kausativum: „stellen").

- Wurzeln, die nicht zur 10. Klasse gehören und deren Aorist (ohne kausativische Bedeutung) nach dieser Form gebildet wird, sind z.B. **श्रि**

(„sich begeben zu“, अशिश्रिय-), द्रु („laufen“, अदुद्रुव-), कम् („lieben“, अचकम-), पत् („fallen“, अपप्त-) und वच् („sprechen“, अवोच-). Dabei sind die Aoriststämme अशिश्रिय- und अदुद्रुव- auf eine Anwendung von 25.1.1 zurückzuführen. अपप्त- ist durch Ausfall des Wurzelvokals entstanden und bei अवोच- ist die Reduplikationssilbe व- mit der Saṃprasāraṇa-Form der Wurzel उच् zu वोच् verschmolzen.

35.1.3.1 Das Kausativum von जन् („geboren werden“, Kausativum: „erzeugen“) wird im reduplizierten thematischen Aorist folgendermaßen konjugiert:

	Par.		
	Sg.	Dual	Pl.
1.	अजीजनम्	अजीजनाव	अजीजनाम
2.	अजीजनः	अजीजनतम्	अजीजनत
3.	अजीजनत्	अजीजनताम्	अजीजनन्

	Ā.		
	Sg.	Dual	Pl.
1.	अजीजने	अजीजनावहि	अजीजनामहि
2.	अजीजनथाः	अजीजनेथाम्	अजीजनध्वम्
3.	अजीजनत	अजीजनेताम्	अजीजनन्त

Übung

एवमुक्तस्तु कलिना पुष्करो नलमभ्ययात्।
कलिश्चैव वृषो भूत्वा गवां पुष्करमभ्यगात्॥१॥[43]
जुगोपात्मानमत्रस्तो भेजे धर्ममनातुरः।
अगृध्नुराददे सो ऽर्थमसक्तः सुखमन्वभूत्॥२॥
३ सजनधनधान्यं राष्ट्रं विसृष्टास्मीति राजावोचत्।
४ भरतस्तिसृषु स्त्रीषु नव पुत्रानजीजनत्।
५ महत्या सेनया सार्धं ततो युद्धमभूत्।
६ पाशान्निर्मुच्य गजं मृत्योरमूमुचन्।

[43]In der Nala-Episode des Mahābhārata, aus der das vorliegende Übungsbeispiel stammt, sorgt der Dämon Kali dafür, daß Nala beim Würfelspiel gegen seinen Bruder Puṣkara verliert.

७ न बाष्पमशकत् सोढुं नलः।
८ पद्भ्यामृषिमुपागमद्राजा।
९ क्व गताभूत्सुता तव।
१० सावित्री भर्तुः सकाशं पुनरागमत्।
११ ब्राह्मणेभ्यो यावज्जीवितमन्नमदात्।
१२ चण्डवर्मा प्राणैरेनं न व्ययूयुजत्।
१३ अपि त्वनीनयदपनीताशेषशल्यमकल्पसंधो बन्धनगृहमजीगणच्च गणकसंघैरद्यैव क्षपावसाने विवाहनीया राजदुहितेति।[44]

Vokabeln

कलि m. = die Eins-Seite des Würfels; das letzte und schlechteste Weltalter; Hader, Zwietracht (in allen Bedeutungen auch personifiziert)

पुष्कर m. = Puṣkara (Eigenname)

अभि-या 2. = herbeikommen, hingehen zu

वृष m. = Mann, Gatte, Tiermännchen; Stier; mit गवाम्: der Stier unter den Kühen (auch als Bezeichnung des Hauptwürfels beim Würfelspiel)

गा 3. = gehen, kommen zu

अभि-गा 3. = herbeikommen, gehen zu, zugehen auf

गुप् (ohne Präsensstamm) = hüten, bewahren, bewachen, schützen

अनातुर = unversehrt, gesund, unverdrossen

गृध्नु = hastig, rasch, heftig verlangend nach, gierig, begierig

आ-दा 3. = an sich nehmen, empfangen, erhalten; unternehmen, sich einer Sache hingeben

राष्ट्र n. (seltener m.) = Herrschaft, Reich, Land, Volk

सृज् 6. = entlassen, schleudern; ausgießen, entsenden; aus sich entlassen, (er)schaffen, erzeugen

वि-सृज् 6. = fortschleudern; verlassen, aufgeben

भरत m. = Bharata (Eigenname)

सार्धम् = zusammen, nebst, mit (Adv. mit I.)

निस्-मुच् 7. = befreien, lösen, aufbinden; Kaus.: befreien von (mit Ab.)

बाष्प m. = Sg.: Tränen

सह् 1. Ā. = bewältigen, siegreich sein, vermögen zu (mit Infinitiv); aushalten, ertragen

उप-गम् 1. = hinzu-, herbeikommen, gelangen zu, treffen

सावित्री f. = Sāvitrī (Eigenname)

सकाश m. = Anwesenheit, Gegenwart; im A.: zu … hin

चण्डवर्मन् m. = Caṇḍavarman (Eigenname)

प्राण m. = Hauch, Atem; Pl.: Leben

---

[44] Das Subjekt des Satzes ist अकल्पसंध („der Unberechenbare“, wörtlich: „der, dessen Absicht ohne Regel ist“).

वि-युज् 7. = trennen von (mit I.); jemanden bringen um (mit I.), rauben; Kaus.: dass.

अप-नी 1. = wegführen, entfernen, wegschaffen

शेष m. n. = Rest, Überschuß

शल्य m. n. = Pfeil- oder Speerspitze; Dorn, Stachel; alles, was peinigt und quält; Schaden, Fehler

कल्प m. = Regel, Ordnung; Weltperiode

संधा = Übereinkunft, Versprechen; Absicht; Grenze

बन्धन n. = das Binden, Gefangenschaft

बन्धनगृह m. n. = Gefängnis

गणय- = zählen, auf- oder zusammenzählen, berechnen (Den.)

गणक m. = Rechner; Astrologe

संघ m. = Schar, Menge; Gemeinde (bei den Buddhisten)

क्षपा f. = Nacht

अवसान n. = das Aufhören, Ruhe, Ende, Tod

वि-वह् 1. = entführen; wegführen (die Braut), heiraten

36. Lektion

36.1 Der athematische s-Aorist wird insbesondere von अनिट्-Wurzeln gebildet. Der Aoriststamm besteht aus der augmentierten Wurzel (mit evt. verändertem Wurzelvokal) und einem daran angefügten **-स्-**, das ggf. in **-ष्-** verwandelt wird und unter bestimmten Bedingungen auch verlorengehen kann, wie dem folgenden Überblick über die Besonderheiten der Flexion zu entnehmen ist:

- Man verwendet die sekundären athematischen Personalendungen, außer in der 2. Sg. Par. (**-ईस्**), der 3. Sg. Par. (**-ईत्**) und der 3. Pl. Par. (**-उः** mit **-र्**-Visarga).

- Der Wurzelvokal wird im Par. vṛddhiert. Im Ā. werden **-इ**, **-ई**, **-उ** und **-ऊ** im Auslaut der Wurzel guṇiert. Mittlere Vokale und ein auslautendes **-ऋ** bleiben im Ā. unverändert. Die Aoriststämme von नी („führen"), तुद् („schlagen") und कृ („machen") lauten im Par. **अनैष्-**, **अतौत्स्-** bzw. **अकार्ष्-** und im Ā. **अनेष्-**, **अतुत्स्-** bzw. **अकृष्-**. Für die auch nach dem thematischen Aorist konjugierbare Wurzel दृश् („sehen", vgl. 35.1.2) verwendet man im s-Aorist die Stämme **अद्राक्ष्-** (Par.) und **अदृक्ष्-** (Ā.).

- **-आ** und Diphthonge im Auslaut der Wurzeln, die sich im Par. dem Wurzelaorist anschließen (vgl. 35.1.1), werden bei der Bildung von s-Aorist-Ā.-Formen in **-इ** verwandelt. Der s-Aoriststamm von दा („geben") lautet z.B. **अदिष्-**.

- Das Aorist-**स्** geht verloren vor der Endung **-ध्वम्** der 2. Pl. Ā. und vor den mit **-त्-** oder **-थ्-** anlautenden Endungen, wenn ein kurzer Vokal oder ein anderer Konsonant als ein Nasal (bzw. der Anusvāra) oder **-र्-** vorausgeht. So ergeben sich z.B. für कृ die 3. Sg. s-Aorist Ā. **अकृत** und für तुद् die 2. Pl. s-Aorist Par. **अतौत्त** (statt *अतौत्स्त) und die 2. Pl. s-Aorist Ā. **अतुद्ध्वम्**.

- Anstelle der Endung **-ध्वम्** der 2. Pl. Ā. erscheint **-ढ्वम्** nach allen von अ und आ verschiedenen Vokalen. Die 2. Pl. s-Aorist Ā. von नी lautet z.B. **अनेढ्वम्**.

36.1.1 Die Wurzeln नी, तुद् und कृ, deren Aoriststämme 36.1 zu entnehmen sind, werden im s-Aorist folgendermaßen konjugiert:

	नी					
	Par.			Ā.		
	Sg.	Dual	Pl.	Sg.	Dual	Pl.
1.	अनैषम्	अनैष्व	अनैष्म	अनेषि	अनेष्वहि	अनेष्महि
2.	अनैषीः	अनैष्टम्	अनैष्ट	अनेष्ठाः	अनेषाथाम्	अनेढ्वम्
3.	अनैषीत्	अनैष्टाम्	अनैषुः	अनेष्ट	अनेषाताम्	अनेषत

	तुद्					
	Par.			Ā.		
	Sg.	Dual	Pl.	Sg.	Dual	Pl.
1.	अतौत्सम्	अतौत्स्व	अतौत्स्म	अतुत्सि	अतुत्स्वहि	अतुत्स्महि
2.	अतौत्सीः	अतौत्तम्	अतौत्त	अतुत्थाः	अतुत्साथाम्	अतुद्ध्वम्
3.	अतौत्सीत्	अतौत्ताम्	अतौत्सुः	अतुत्त	अतुत्साताम्	अतुत्सत

	कृ					
	Par.			Ā.		
	Sg.	Dual	Pl.	Sg.	Dual	Pl.
1.	अकार्षम्	अकार्ष्व	अकार्ष्म	अकृषि	अकृष्वहि	अकृष्महि
2.	अकार्षीः	अकार्ष्टम्	अकार्ष्ट	अकृथाः	अकृषाथाम्	अकृढ्वम्
3.	अकार्षीत्	अकार्ष्टाम्	अकार्षुः	अकृत	अकृषाताम्	अकृषत

36.2 Der athematische iṣ-Aorist wird insbesondere von सेट्-Wurzeln gebildet. Der Aoriststamm besteht aus der augmentierten Wurzel (mit evt. verändertem Wurzelvokal) und einem daran angefügten **-इष्-**, das in gewissen Fällen verändert wird oder verlorengeht, wie dem folgenden Überblick über die Besonderheiten der Flexion zu entnehmen ist:

- Man verwendet – wie im s-Aorist (vgl. 36.1) – die sekundären athematischen Personalendungen, außer in der 2. Sg. Par. (**-ईस्**), der 3. Sg. Par. (**-ईत्**) und der 3. Pl. Par. (**-उः** mit **-र्**-Visarga).

- Vokalisch auslautende Wurzeln werden im Par. vṛddhiert und im Ā. guṇiert. Die iṣ-Aoriststämme von पू („reinigen") lauten z.B. अपाविष्- (Par.) und अपविष्- (Ā.).

  Ein von -अ- verschiedener Wurzelvokal im Inlaut wird im Par. und im Ā. guṇiert. Der iṣ-Aoriststamm von बुध् („erwachen") lautet z.B. अबोधिष्- (Par./Ā.).

  Von den Wurzeln mit dem Wurzelvokal -अ- vor einfachem Konsonanten werden im Par. einige stets vṛddhiert, einige nie und einige beliebig, während im Ā. der Wurzelvokal bei allen unverändert bleibt. Die im Par. verwendeten iṣ-Aoriststämme von वद् („sagen"), क्रम् („schreiten") und पठ् („rezitieren") lauten z.B. अवादिष्- (mit Vṛddhierung), अक्रमिष्- (ohne Vṛddhierung) und अपाठिष्- bzw. अपठिष्- (mit oder ohne Vṛddhierung).

- Bei der Wurzel ग्रह् („ergreifen"), deren Aoriststamm im Par. und im Ā. ohne Vṛddhierung der Wurzel gebildet wird, lautet das Stammsuffix nicht -इष्-, sondern -ईष्- (अग्रहीष्-).

- Das Stammsuffix -इष्- entfällt in der 2. und 3. Sg. Par. In der 2. Pl. Ā. wird es zu -इ- verkürzt.

- Die Endung -ध्वम् der 2. Pl. Ā. kann in -ढ्वम् verwandelt werden, wenn dem -इ- des Stammsuffixes ein Halbvokal oder -ह्- vorausgeht. Die 2. Pl. Ā. von लू („schneiden") lautet z.B. अलाविध्वम् oder अलाविढ्वम्.

36.2.1 लू („schneiden") wird im iṣ-Aorist folgendermaßen konjugiert:

	Par.		
	Sg.	Dual	Pl.
1.	अलाविषम्	अलाविष्व	अलाविष्म
2.	अलावीः	अलाविष्टम्	अलाविष्ट
3.	अलावीत्	अलाविष्टाम्	अलाविषुः

	Ā.		
	Sg.	Dual	Pl.
1.	अलविषि	अलविष्वहि	अलविष्महि
2.	अलविष्ठाः	अलविषाथाम्	अलविध्वम्/अलविढ्वम्
3.	अलविष्ट	अलविषाताम्	अलविषत

36.3 Der siṣ-Aorist wird von Wurzeln gebildet, die auf **-आ**, auf Diphthonge oder auf **-अम्** auslauten. Der Aoriststamm besteht aus der augmentierten Wurzel und einem daran angefügten **-सिष्-**, das jedoch in einigen Fällen verändert wird, wie dem folgenden Überblick über die Besonderheiten der Flexion zu entnehmen ist:

- Es gibt nur Par.-Formen im siṣ-Aorist.
- Man verwendet – wie im s-Aorist (vgl. 36.1) – die sekundären athematischen Personalendungen, außer in der 2. Sg. Par. (**-ईस्**), der 3. Sg. Par. (**-ईत्**) und der 3. Pl. Par. (**-उः** mit **-र्**-Visarga).
- Das Stammsuffix **-सिष्-** wird in der 2. und 3. Sg. zu **-स्-** verkürzt.
- Diphthonge im Auslaut einer Wurzel werden in **-आ** verwandelt.

36.3.1 या („gehen") wird im siṣ-Aorist folgendermaßen konjugiert:

	Par.		
	Sg.	Dual	Pl.
1.	अयासिषम्	अयासिष्व	अयासिष्म
2.	अयासीः	अयासिष्टम्	अयासिष्ट
3.	अयासीत्	अयासिष्टाम्	अयासिषुः

36.4 Der sa-Aorist wird nur von Wurzeln gebildet, die auf **-श्**, **-ष्** oder **-ह्** auslauten und deren Wurzelvokal von **अ** oder **आ** verschieden ist. Der Aoriststamm besteht aus der augmentierten Wurzel und einem daran angefügten **-स-**, das mit dem Wurzelauslaut nach 14.1.1 zu **-क्ष-** verschmilzt. Folgende Besonderheiten der Flexion sind zu beachten:

- Man verwendet die sekundären thematischen Personalendungen, außer in der 2. und 3. Dual Ā., die mit athematischen Endungen gebildet werden.
- Das **-अ-** im Auslaut des Aoriststamms wird vor den mit **-म-** oder **-व-**

anlautenden Personalendungen verlängert. Vor der Endung **-इ** der 1. Sg. Ā. geht es verloren.

36.4.1 **दिश्** („zeigen“) wird im sa-Aorist folgendermaßen konjugiert:

	Par.		
	Sg.	Dual	Pl.
1.	अदिक्षम्	अदिक्षाव	अदिक्षाम
2.	अदिक्षः	अदिक्षतम्	अदिक्षत
3.	अदिक्षत्	अदिक्षताम्	अदिक्षन्

	Ā.		
	Sg.	Dual	Pl.
1.	अदिक्षि	अदिक्षावहि	अदिक्षामहि
2.	अदिक्षथाः	अदिक्षाथाम्	अदिक्षध्वम्
3.	अदिक्षत	अदिक्षाताम्	अदिक्षन्त

Übung

अतौत्सीद्धृदया गाढमपिषच्चोपगूहनैः ।
जानुभ्यामदमीच्चान्यान्हस्तवर्तमवीवृतत् ॥१॥
२ देवदत्त ओदनमपाक्षीत्।
३ कश्चित्कंचित्पृच्छति क्व भवानुषित इति। स आह तत्रावात्समिति।
४ सो ऽब्रवीत्किं मह्यमभक्तेति।
५ देवतां चेदविद्वान्प्रस्तोष्यसि मूर्धा ते विपतिष्यतीति मा भगवानवोचत्।
६ नाश्रौषमिति राजानं सूत वक्ष्यसि संगमे।
७ अस्तौषं तं देवं सत्येन वचसा।
८ तदह तुभ्यं ददामि यः सत्यमवादीः।
९ कस्मादकार्षीर्विप्रियं मम।
१० तदाहं किमकरवं क्वागमं किं व्यलपमिति सर्वमेव नाज्ञासिषम्।
११ इह पुरा छात्रा अवात्सुः।
१२ नरपतिराहारं निर्वर्त्यास्थानमण्डपमयासीत्।
१३ तदैव चेद्धीरकर्माकरिष्यो यदा द्यूते परिघं पर्यमृक्षः।[45]

[45] चेद् ist hier als satzverbindende Konjunktion mit „und“ zu übersetzen.

१४ शुकनासो ऽपि महान्तं कालं तं राज्यभारमनायासेनैव प्रज्ञाबलेन बभार। यथैव राजा सर्वकार्याण्यकार्षीत्तद्वदसावपि द्विगुणितप्रजानुरागश्चकार।

Vokabeln

तुद् 6. = stoßen, schlagen, stechen
गदा = Keule
गाढम् = fest, heftig (Adv.)
पिष् 7. = zerstampfen, zermalmen
उपगूहन n. = das Verstecken; das Umarmen
जानु n. (selten m.) = Knie
दम् 4. = zahm sein; bändigen, bezwingen
हस्तवर्तं वर्तय- (Kaus. von वृत्) = mit der Hand drehen oder zerkneten
अह् (nur im Perfekt) = sagen, sprechen
देवता = Gottheit
प्र-स्तु 2. = preisen; zur Sprache bringen
मूर्धन् m. = Stirn, Kopf; Gipfel, Spitze
वि-पत् 1. = zerspringen, bersten, auseinanderfliegen
भगवत् = glücklich, herrlich, erhaben, heilig
संगम m. = Zusammentreffen, Zusammenkunft, Vereinigung
विप्रिय = entzweit; unlieb, unangenehm; n.: etwas Unangenehmes
लप् 1. = schwatzen, plaudern
वि-लप् 1. = jammern, wehklagen
छात्र m. = Schüler
नरपति m. = Fürst, König
आहार m. = das Herbeiholen; das Zusich-nehmen von Nahrung; Nahrung, Speise
निस्-वृत् 1. = hervorkommen, erfolgen, geschehen; Kaus.: herausbringen, fortschaffen; hervorbringen, vollziehen, bewirken
आस्थानमण्डप m. n. = Audienzsaal
परिघ m. = Torbalken; eine eiserne oder mit Eisen beschlagene Keule
मृश् 6. = berühren; betrachten, überlegen
परि-मृश् 6. = betasten, berühren, anfassen, ergreifen; untersuchen, betrachten, erwägen
शुकनास m. = Śukanāsa (Eigenname)
आयास m. = Anstrengung; Ermüdung, Abspannung
प्रज्ञा = Einsicht, Verstand; Vorsatz, Entschluß
तद्वत् = auf diese Weise (in Korrelation mit यद्वत् und यथा); gleichfalls, ebenfalls, desgleichen, auch
द्विगुणित = verdoppelt
अनुराग m. = Färbung; Röte; Zuneigung

37. Lektion

37.1 Der Aorist Passiv ist in allen Personen – außer in der 3. Sg. – mit Aorist-Formen im Ā. ausdrückbar. Ferner kann man Aorist-Passivformen in allen anderen Personen als der 3. Sg. auch von der Form für die 3. Sg. Aorist Passiv bilden (vgl. 37.1.1 und 37.1.2).

37.1.1 Die 3. Sg. Aorist Passiv basiert bei regelmäßiger Bildungsweise auf einem Stamm, der dieselben Veränderungen des Wurzelvokals aufweist wie ein Kausativstamm: **-इ**, **-ई**, **-उ**, **-ऊ**, **-ऋ** oder **-ॠ** im Auslaut der Wurzel und ein mittleres **-अ-** vor einfachem Konsonanten werden vṛddhiert. **-इ-**, **-उ-** oder **-ऋ-** vor einfachem Konsonanten werden guṇiert. **-ए**, **-ऐ** oder **-ओ** im Wurzelauslaut werden in **-आ** verwandelt. Die nach dieser Regel evt. modifizierte Wurzel ergibt in Verbindung mit dem Augment den Aoriststamm, an den **-इ** oder – bei Aoriststämmen, die auf **-आ-** auslauten – **-यि** angefügt wird. Die Formen für die 3. Sg. Aorist Passiv von **कृ** („machen"), **पच्** („kochen"), **दा** („geben") und **गै** („singen") lauten z.B. **अकारि**, **अपाचि**, **अदायि** bzw. **अगायि**.

Man kann die 3. Sg. Aorist Passiv auch direkt von Kausativstämmen auf **-पय-** und von Denominativstämmen auf **-अय-** bilden, indem man das Stammbildungselement **-अय-** tilgt und die Endung **-इ** anfügt. Die 3. Sg. Aorist Passiv des Kausativums von **दा** („geben", Kausativstamm: **दापय-**) und des Denominativums von **अर्थ** m. („Sache, Angelegenheit", Denominativstamm: **अर्थय-**) lauten z.B. **अदापि** („er/sie/es wurde veranlaßt zu geben") bzw. **आर्थि** („er/sie/es wurde verlangt").

In seltenen Fällen sind Formen, die von intransitiven Wurzeln nach dem Muster der 3. Sg. Aorist Passiv gebildet sind, nur aktivisch übersetzbar, s.d. man eigentlich nicht mehr von einem „Aorist Passiv" sprechen kann. Z.B. kommt die von **पद्** („hingehen") gebildete Form **अपादि** auch in der Bedeutung „er/sie/es ist hingegangen" vor.

37.1.1.1 Unregelmäßige Formen für die 3. Sg. Aorist Passiv haben z.B. die Wurzeln **जन्** („geboren werden", **अजनि**), **दम्** („bändigen", **अदमि**), **लभ्** („erlangen", **अलम्भि** neben **अलाभि**) und **हन्** („schlagen", **अघानि** oder **अवधि**).

37.1.2 Von vokalisch auslautenden Wurzeln, von **ग्रह्** („ergreifen"), **दृश्** („sehen") und von **हन्** („schlagen") kann der Aorist Passiv – außer in der 3. Sg. – auch gebildet werden, indem man zunächst nach 37.1.1 die Form für die

3. Sg. Aorist Passiv bildet und dann die Endung **-इ** durch das Stammsuffix **-इष्-** und die Personalendungen des iṣ-Aorists ersetzt. Die 1. Sg. Aorist Passiv von **दा** („geben") ist also – außer mit der s-Aorist-Ā.-Form **अदिषि** – auch mit der Form **अदायिषि** ausdrückbar.

37.2 Der Injunktiv Aorist ist ein Modus, der sich formal von einem Aorist nur durch das Fehlen des Augments unterscheidet. Er wird im klassischen Sanskrit – so wie der Imperativ – in Verbindung mit der Partikel **मा** verwendet, um Verbote auszudrücken. In **मा गाः** („Geh nicht!") und **मा कार्षीः** („Mache nicht!") erscheinen z.B. der Wurzelaorist von **इ** (bzw. von **गा**) („gehen") und der s-Aorist von **कृ** („machen") ohne Augment als Injunktiv Aoriste.

37.3 Der (auch als „Benediktiv" bezeichnete) Prekativ ist ein Modus, der einen verstärkten (Segens-)Wunsch oder eine Bitte ausdrückt. Er kommt nur selten vor und kann im Gegensatz zum Optativ nicht im potentialen Sinne verwendet werden. Die 1. Sg. Prekativ Par. **भूयासम्** von der Wurzel **भू** („werden, sein") ist z.B. mit „möge ich doch werden bzw. sein" übersetzbar. **कृतार्थो भूयासम्** bedeutet somit: „Möge ich doch mein Ziel erreichen." (Wörtlich: „Möge ich doch jemand werden, der sein Ziel erreicht hat.")

37.3.1 Die Bildungsweise des Prekativs weist darauf hin, daß er sprachgeschichtlich aus einer Verbindung formaler Elemente des Optativs mit denen des Aorists der 4. und 5. Form hervorgegangen ist. Als Moduszeichen dienen z.B. die Moduszeichen des Optativs in der athematischen Konjugation mit einem im Par. hinten und im Ā. vorne angefügten **-स्-** (bzw. **-ष्-**), das dem s-Aorist entstammt.

37.3.1.1 Die Bildung des Prekativstamms:

Par.	Ā.
Das Moduszeichen -यास्- tritt an die besonders schwache Stufe der Wurzel an, wobei auslautende Vokale wie im Passiv behandelt werden (vgl. 7.3.2). Ein auslautendes -आ wird jedoch meist in -ए- verwandelt. Die Prekativstämme von बन्ध् („binden“), स्तु („preisen“) und दा („geben“) lauten z.B. im Par. बध्यास्-, स्तूयास्- bzw. देयास्-.	Das Moduszeichen -सी- bzw. -षी- (oder -सीय्- bzw. -षीय्- vor Vokalen) wird (ggf. mit dem Bindevokal -इ-) an die Wurzel angefügt. Bei manchen Wurzeln wird der Wurzelvokal wie im Ā. des Aorists der 4. Form behandelt, bei anderen wie im Aorist der 5. Form. Die Prekativstämme von कृ („machen“) und वृध् („wachsen“) lauten z.B. im Ā. कृषी- (mit der Behandlung des Wurzelvokals wie im Aorist der 4. Form) bzw. वर्धिषी- (mit der Behandlung des Wurzelvokals wie im Aorist der 5. Form).

37.3.1.2 Die Personalendungen des Prekativs sind im Par. die sekundären athematischen, außer in der 3. Pl. (-उर्). Die Par.-Personalendungen entsprechen somit denen des Optativs in der thematischen Konjugation (vgl. 9.6.1 und 25.2.3). In der 2. und 3. Sg. Par. ist zu beachten, daß das auslautende -स् des Moduszeichens verlorengeht.

Im Ā. werden die gewöhnlichen Personalendungen des Optativs verwendet, außer in der 2. und 3. Sg. und Dual. Vor den in diesen Endungen vorkommenden stimmlosen Dentalen oder Retroflexen -त्-, -थ्-, -ट्- und -ठ्- wird der entsprechende Zischlaut eingeschoben, s.d. das Stammbildungselement -स्- (bzw. -ष्-) des s-Aorists in diesen Formen gleich zweimal auftritt. In der 2. Pl. kann die Endung -ध्वम् in -ढ्वम् verwandelt werden, wenn dem Bindevokal vor dem Moduszeichen ein Halbvokal oder -ह्- vorausgeht.

37.3.1.3 **भू** („werden, sein“) wird im Prekativ folgendermaßen konjugiert:

	Par.			Ā.		
	Sg.	Dual	Pl.	Sg.	Dual	Pl.
1.	भूयासम्	भूयास्व	भूयास्म	भविषीय	भविषीवहि	भविषी-महि
2.	भूयाः	भूयास्तम्	भूयास्त	भविषीष्ठाः	भविषीया-स्थाम्	भविषी-ध्वम्/ भविषी-ढ्वम्
3.	भूयात्	भूयास्ताम्	भूयासुः	भविषीष्ट	भविषीया-स्ताम्	भविषीरन्

Übung

तृष्णां छिन्धि भज क्षमां जहि मदं पापे रतिं मा कृथाः
सत्यं ब्रूह्यनुयाहि साधुपदवीं सेवस्व विद्वज्जनम्।
मान्यान्मानय विद्विषो ऽप्यनुनय प्रच्छादय स्वान् गुणान्
कीर्तिं पालय दुःखिते कुरु दयामेतत्सतां चेष्टितम्॥१॥
क्लैब्यं मा स्म गमः पार्थ नैतत्त्वय्युपपद्यते।
क्षुद्रं हृदयदौर्बल्यं त्यक्त्वोत्तिष्ठ परंतप॥२॥
मा मुमुहत्खलु भवन्तमनन्यजन्मा।
मा ते मलीमसविकारघना मतिर्भूत्॥३॥
४ अवधि भवता दस्युः।
५ ब्राह्मणो धर्मस्य गोप्ताजनि।
६ विधेयासुर्देवाः परमरमणीयां परिणतिम्।
७ वयस्य मा कातरो भूः।
८ तपोवनवासिनामुपरोधो मा भूत्।
९ भर्तुर्विप्रकृतापि क्रोधेन मा प्रतीपं गमः।
१० किमन्यदाशास्महे केवलं वीरप्रसवा भूयाः।
११ आविर्भूतज्योतिषां ब्राह्मणानां ये व्याहारास्तेषु मा संशयो भूत्।
१२ अपरिणायके बुद्धो भूयासम्।

१३ अधिगतपरमार्थान् पण्डितान्मावमंस्थास्तृणमिव लघुलक्ष्मीर्नैव तान्संरुणद्धि।

१४ अजनि ते वै पुत्रो यजस्व मामनेनेति।

Vokabeln

तृष्णा = Durst; Gier, heftiges Verlangen

छिद् 7. = abschneiden, abhauen, einschlagen (ein Loch), abnagen, trennen, ablösen, unterbrechen, vernichten, zerstören, tilgen

क्षमा = Geduld, Nachsicht; Erde

मद m. = Erregung, Begeisterung, Freude, Lust, Rausch, Liebesrausch, Hochmutsrausch, Übermut, Dünkel, Stolz auf (mit G.)

रति f. = Ruhe; Lust, Freude, Gefallen an (mit L.); Liebesgenuß, Wollust

रतिं कृ = Gefallen finden

अनु-या 2. = hingehen zu, nachgehen, folgen, nachahmen, erreichen

पदवी f. = Fußspur, Weg, Pfad

अनु-नी 1. = geleiten, günstig stimmen, versöhnen

दुःखित = betrübt, gequält, elend, arm

दया = Teilnahme, Mitleid mit (mit G. oder L.)

सत् = dabeiseiend, vorhanden, stattfindend, sich befindend, seiend; wirklich, echt, gut, brav

चेष्टित n. = Bewegung, Gebaren, Tun und Treiben

क्लैब्य n. = Impotenz, Schwäche

पार्थ m. = Sohn der Pṛthā

उप-पद् 4. = losgehen auf, sich begeben, gelangen zu (mit A.), zuteil werden, zufallen (mit G.); stattfinden, vorkommen, entstehen, möglich, vorhanden sein; angemessen, passend, natürlich sein; gereichen, dienen zu (mit D.)

दौर्बल्य n. = Schwäche

परंतप = den Feind quälend

मुह् 4. = sich verwirren, irre werden, die Besinnung verlieren

खलु = ja, freilich, nun aber

अनन्यजन्मन् m. = Der Liebesgott (wörtlich: der aus keinem anderen Entstandene)

मलीमस = schmutzig, unrein

विकार m. = Umwandlung, Veränderung (im normalen Zustand des Gemüts), Aufregung, Liebesregung

घन = erschlagend; fest, hart, zäh; am Ende eines adjektivischen Kompositums: voll von etwas

दस्यु m. = Feind, böser Dämon; Barbar, Räuber

गोप्तृ m. = Hüter, Beschützer

परम = der/die/das fernste, äußerste, höchste, vorzüglichste (f.: परमा); auch als Vorderglied eines Kompositums in derselben Bedeutung wie das zugehörige Adv. (परमम्): in hohem Grade, überaus, sehr

परिणति f. = Umwandlung; Reife; das reife Alter; Ende, Schluß

वयस्य m. = Freund

तपोवनवासिन् = im Asketenwald lebend

उपरोध m. = Hemmung, Störung, Schädigung, Verbot

वि-प्र-कृ 8. = jemandem (im A.) ein Leid zufügen

प्रतीपम् = rückwärts, zurück, entgegen; als Adv. mit गम्: sich widersetzen

आ-शास् 2. 1. = erwünschen, erbitten, erhoffen, erwarten

केवलम् = nur (Adv.)

प्रसव m. = das Gebären, Geburt; Sg. und Pl.: Nachkommenschaft

आविस् = offenbar, sichtbar, vor Augen (Adv.)

आविर्भू 1. = offenbar werden oder sein, vor Augen treten, erscheinen

व्याहार m. = Äußerung, Gespräch, Unterhaltung

संशय m. = Zweifel, Ungewißheit über (mit L.), Gefahr

परिणायक m. = Führer

बुद्ध m. = Erwachter, Erleuchteter (d.h. einer, der durch die Erkenntnis der Wahrheit und durch gute Werke zur vollständigen Erlösung von den Banden der Existenz gelangt ist und vor seinem Eingang ins Nirvāṇa die zu einer solchen Erlösung führenden Lehren der Welt mitteilt); der historische Buddha

अव-मन् 4. = mißachten, geringschätzen

लघु = leicht, schnell, kurz, gering, schwach, unbedeutend, leise; jünger

लक्ष्मी f. = Merkmal, (gutes) Zeichen; Glück, Herrschaft, Reichtum, Schönheit, Pracht (personifiziert als die Göttin der Herrschaft, des Glücks und der Schönheit)

रुध् 7. 1. = zurückhalten, hemmen, einschließen, einsperren in (mit L.), belagern, verdecken, verstopfen, erfüllen; verhindern, wehren, verweigern; einbüßen, verlieren

सम्-रुध् 7. 1. = aufhalten, absperren, fesseln, einschließen, belagern, hindern, angreifen; vorenthalten, versagen

Anhang 1
Tabellarischer Überblick über den Satzsandhi

Nach der Art des Anlauts bzw. Auslauts, deren Verbindung im Satzsandhi geregelt ist, kann man vier Fälle unterscheiden:

(i) Vokal + Vokal

(ii) Vokal + Konsonant

(iii) Konsonant (incl. Visarga) + Vokal

(iv) Konsonant (incl. Visarga) + Konsonant

Für den Fall (ii) gibt es nur eine Regel, derzufolge eine Lautveränderung eintritt, nämlich die Verwandlung eines anlautenden **छ्-** in **च्छ्-** (vgl. 10.1.2). Die Wirkung des Satzsandhis in den übrigen Fälle ist den beiden Tabellen auf dieser und der folgenden Seite zu entnehmen.

Auslautende Vokale[46]								**Anlautende Vokale**
-a/-ā	*-i/-ī*	*-u/-ū*	*-ṛ*	*-e*	*-ai*	*-o*	*-au*	
-ā-	*-y a-*	*-v a-*	*-r a-*	*-e '-*	*-ā a-*	*-o '-*	*-āv a-*	*a-*
-ā-	*-y ā-*	*-v ā-*	*-r ā-*	*-a ā-*	*-ā ā-*	*-a ā-*	*-āv ā-*	*ā-*
-e-	*-ī-*	*-v i-*	*-r i-*	*-a i-*	*-ā i-*	*-a i-*	*-āv i-*	*i-*
-e-	*-ī-*	*-v ī-*	*-r ī-*	*-a ī-*	*-ā ī-*	*-a ī-*	*-āv ī-*	*ī-*
-o-	*-y u-*	*-ū-*	*-r u-*	*-a u-*	*-ā u-*	*-a u-*	*-āv u-*	*u-*
-o-	*-y ū-*	*-ū-*	*-r ū-*	*-a ū-*	*-ā ū-*	*-a ū-*	*-āv ū-*	*ū-*
-ar-	*-y ṛ-*	*-v ṛ-*	*-ṝ-*	*-a ṛ-*	*-ā ṛ-*	*-a ṛ-*	*-āv ṛ-*	*ṛ-*
-ai-	*-y e-*	*-v e-*	*-r e-*	*-a e-*	*-ā e-*	*-a e-*	*-āv e-*	*e-*
-ai-	*-y ai-*	*-v ai-*	*-r ai-*	*-a ai-*	*-ā ai-*	*-a ai-*	*-āv ai-*	*ai-*
-au-	*-y o-*	*-v o-*	*-r o-*	*-a o-*	*-ā o-*	*-a o-*	*-āv o-*	*o-*
-au-	*-y au-*	*-v au-*	*-r au-*	*-a au-*	*-ā au-*	*-a au-*	*-āv au-*	*au-*

[46] *-ī*, *-ū* und *-e* im Auslaut von Dualformen und das *-ī* im Auslaut von *amī* („jene“) werden nicht verändert und sie bewirken auch keine Anlautveränderung. Dasselbe gilt i.a. für Vokale im Auslaut von Interjektionen.

Auslautende Konsonanten (incl. Visarga)[47]										
-k	*-ṭ*	*-t*	*-p*	*-ṅ*	*-n*	*-m*	*-r*-Visarga oder Visarga nach Nicht-*a*-Vokal[48]	*-āḥ* mit *-s*-Visarga	*-aḥ* mit *-s*-Visarga	**Anlautende Vokale oder Konsonanten**
-g	*-ḍ*	*-d*	*-b*	*-ṅ/-ṅṅ*[49]	*-n/-nn*[49]	*-m*	*-r*	*-ā*	*-a*[50]	Vokale
-k	*-ṭ*	*-t*	*-p*	*-ṅ*	*-n*	*-ṃ*	*-ḥ*	*-āḥ*	*-aḥ*	*k-/kh-*
-g	*-ḍ*	*-d*	*-b*	*-ṅ*	*-n*	*-ṃ*	*-r*	*-ā*	*-o*	*g-/gh-*
-k	*-ṭ*	*-c*	*-p*	*-ṅ*	*-ṃś*	*-ṃ*	*-ś*	*-āś*	*-aś*	*c-/ch-*
-g	*-ḍ*	*-j*	*-b*	*-ṅ*	*-ñ*	*-ṃ*	*-r*	*-ā*	*-o*	*j-/jh-*
-k	*-ṭ*	*-ṭ*	*-p*	*-ṅ*	*-ṃṣ*	*-ṃ*	*-ṣ*	*-āṣ*	*-aṣ*	*ṭ-/ṭh-*
-g	*-ḍ*	*-ḍ*	*-b*	*-ṅ*	*-ṇ*	*-ṃ*	*-r*	*-ā*	*-o*	*ḍ-/ḍh-*
-k	*-ṭ*	*-t*	*-p*	*-ṅ*	*-ṃs*	*-ṃ*	*-s*	*-ās*	*-as*	*t-/th-*
-g	*-ḍ*	*-d*	*-b*	*-ṅ*	*-n*	*-ṃ*	*-r*	*-ā*	*-o*	*d-/dh-*
-k	*-ṭ*	*-t*	*-p*	*-ṅ*	*-n*	*-ṃ*	*-ḥ*	*-āḥ*	*-aḥ*	*p-/ph-*
-g	*-ḍ*	*-d*	*-b*	*-ṅ*	*-n*	*-ṃ*	*-r*	*-ā*	*-o*	*b-/bh-*
-ṅ	*-ṇ*	*-n*	*-m*	*-ṅ*	*-n*	*-ṃ*	*-r*	*-ā*	*-o*	*n-/m-*
-g	*-ḍ*	*-d*	*-b*	*-ṅ*	*-n*	*-ṃ*	*-r*	*-ā*	*-o*	*y-/v-*
-g	*-ḍ*	*-d*	*-b*	*-ṅ*	*-n*	*-ṃ*	*-∅*[51]	*-ā*	*-o*	*r-*
-g	*-ḍ*	*-l*	*-b*	*-ṅ*	*-l̃*	*-ṃ*	*-r*	*-ā*	*-o*	*l-*
-k	*-ṭ*	*-c (ch-)*	*-p*	*-ṅ*	*-ñ (ś-/ch-)*	*-ṃ*	*-ḥ*[52]	*-āḥ*[52]	*-aḥ*[52]	*ś-*
-k	*-ṭ*	*-t*	*-p*	*-ṅ*	*-n*	*-ṃ*	*-ḥ*[52]	*-āḥ*[52]	*-aḥ*[52]	*ṣ-/s-*
-g (gh-)	*-ḍ (ḍh-)*	*-d (dh-)*	*-b (bh-)*	*-ṅ*	*-n*	*-ṃ*	*-r*	*-ā*	*-o*	*h-*

[47] Wenn sich mit dem Auslaut auch der Anlaut verändert, ist die Veränderung des Anlauts in Klammern ergänzt.

[48] Eine Ausnahme bildet die Vokativpartikel *bhoḥ* („he!“), die ihren Visarga vor allen stimmhaften Lauten verliert.

[49] Der auslautende Nasal wird nur bei vorausgehendem Kurzvokal verdoppelt.

[50] Dies gilt nur, falls der anlautende Vokal von *a-* verschieden ist. Vor *a-* wird *-aḥ* (mit *-s*-Visarga) in *-o* verwandelt und anstelle des anlautenden *a-* erscheint der Avagraha.

[51] Zusätzlich wird ein vorausgehender Kurzvokal verlängert.

[52] Möglich ist auch eine Verwandlung des Visargas in den gleichen Zischlaut, der folgt.

Anhang 2
Komprimierter grammatischer Index

I Das Verb

Primäre und sekundäre Personalendungen: 25.2.2
Thematische Präsensklassen: 5.3 - 5.3.5
Athematische Präsensklassen
- 2. Klasse: 25.3 - 26.1.12
- 3. Klasse: 27.1 - 27.1.2.4
- 5. Klasse: 27.2. - 27.2.2
- 7. Klasse: 28.2 - 28.2.1
- 8. Klasse: 28.3 - 28.3.1
- 9. Klasse: 28.4 - 28.4.2

Spezialtempora
- Präsens Par.: 2.3 - 2.3.3
- Präsens Ā.: 5.4
- Präsens Passiv: 7.3.4 - 7.3.5
- Imperfekt: 8.4 - 8.4.3, 25.2.2.2
- Historisches Präsens: 8.4, 8.5

Modi des Präsens
- Optativ: 9.6 - 9.6.3, 25.2.3
- Imperativ: 10.5 - 10.5.3, 25.2.2.1

Allgemeine Tempora
- Einfaches Futur: 14.2 - 14.2.2
- Periphrastisches Futur: 31.4 - 31.4.1
- Konditional: 15.4 - 15.4.1
- Perfekt: 29.3. - 31.1
- Periphrastisches Perfekt: 31.2 - 31.2.1
- Aorist: 35.1 - 37.1.2

Modi des Aorists
- Injunktiv Aorist: 37.2
- Prekativ: 37.3 - 37.3.1.3

Abgeleitete Verbalstämme
- Kausativa: 6.3 - 6.3.4
- Denominativa: 6.4 - 6.4.2
- Desiderativa: 15.2 - 15.2.1.1
- Intensiva: 17.2 - 17.2.1, 29.2

Indeklinable infinite Verbformen
- Absolutivum I: 12.1.1 - 12.1.1.2
- Absolutivum II: 12.1.2 - 12.1.2.1
- Absolutivum III: 12.1.3 - 12.1.3.1
- Infinitiv: 11.3 - 11.3.2

II Das Nomen

Vokalische Deklination
- अ-Stämme: 3.3
- आ-Stämme: 6.5
- m. इ-Stämme: 7.4 - 7.4.2
- f. इ-Stämme: 8.6
- n. इ-Stämme: 8.8
- m. उ-Stämme: 7.5
- f. उ-Stämme: 8.7
- n. उ-Stämme: 8.9
- einsilbige f. ई-Stämme: 9.7
- mehrsilbige f. ई-Stämme: 10.6
- einsilbige f. ऊ-Stämme: 9.8
- mehrsilbige f. ऊ-Stämme: 10.7
- m. Nomina Agentis auf -तृ: 11.4
- n. Nomina Agentis auf -तृ: 11.5
- m. Verwandtschaftswörter auf -ऋ: 12.3
- f. Verwandtschaftswörter auf -ऋ: 12.4
- नृ („Mann“): 12.5
- Diphthongische Stämme: 15.5

Konsonantische Deklination
- **Das Endungsschema:** 18.2
- **Einstämmige Nomina:** 18.2.1 - 19.1.2.2
- **Zweistämmige Nomina**
  - Adjektive auf -मत्/-वत्: 19.2.3.1 - 19.2.3.1.2
  - महत्: 20.1.1
  - भवत्: 20.1.2
  - Part. Präsens Par.: (s.u)
  - Part. Futur Par.: (s.u.)
  - PPA: (s.u.)
  - Komparative auf -(ई)यस्: 21.1.3 - 21.1.3.1
  - Richtungsadjektive auf -आच्: 21.2
  - पद् („Fuß“): 21.3
- **Dreistämmige Nomina**
  - -अन्-Stämme: 22.2.1 - 22.2.2
  - Part. des Perfekts Par.: (s.u.)
  - Richtungsadjektive auf -अच्: 22.2.4

Unregelmäßige Stämme: 23.1 - 23.1.8

Partizipien

Part. Präsens Par.: 20.1.3 - 20.1.3.2, 29.1.1
Part. Präsens Ā.: 20.2.1, 29.1.2
Part. Präsens Passiv: 20.2.2
Part. Futur Par.: 20.1.4 - 20.1.4.2
Part. Futur Ā.: 20.2.2
PPP: 13.1 - 13.1.2
PPA: 20.1.5 - 20.1.5.2
Part. des Perfekts Par.: 22.2.3, 31.3.1
Part. des Perfekts Ā.: 31.3.2
Gerundivum: 16.1 - 16.1.2

Steigerung ...

mit -तर् und -तम: 17.1 - 17.1.4
mit -(ई)यस् und -(इ)ष्ठ: 21.1 - 21.1.3.1

III Pronomina und Pronominaladjektive

Personalpronomina und Demonstrativa

मद्/अस्मद्: 14.3
त्वद्/युष्मद्: 14.4
तद्: 9.2
एतद् und एनद्: 9.3
इदम्: 17.3 - 17.3.1
अदस्: 17.3, 17.3.2

Relativpronomen (यद्): 9.4

Interrogativpronomina (किम् etc.): 10.2, 16.2

Indefinitpronomina (किंचिद् etc.): 10.3

Indefinitadverbien (कथंचन etc.): 10.4

Pronominaladjektive: 16.2

IV Zahlwörter

Kardinalzahlwörter: 24.1.1 - 24.1.1.4
Ordinalzahlwörter: 24.1.2
Zahladverbien: 24.1.3

V Komposition

Verbalkomposita: 6.2 - 6.2.3

Nominale Komposita

Dvandva: 32.1.1 - 32.1.1.3
Kasus-Tatpuruṣa: 32.1.2.1
Karmadhāraya (incl. Dvigu): 33.1 - 33.1.2
Avyayībhāva: 33.2
Bahuvrīhi: 34.1, 34.2.1 - 34.2.3
Präpositionale Komposita: 34.2 - 34.2.3

VI Sandhi

Satzsandhiregeln

Vokal + Vokal: 4.2.1 - 4.2.3, 8.1 - 8.1.5
Vokal + Konsonant: 10.1.2
Tenuis + x: 4.2.4 - 4.2.5, 10.1.1
Nasal + x: 2.2, 9.1.1 - 9.1.3
Visarga + x: 3.1.1 - 3.1.3, 6.1.1 - 6.1.3, 7.1.1 - 7.1.4, 9.1.4

Wortsandhiregeln

Vokalwechsel: 5.1 (Diphthonge), 18.1 (-इ-/-उ-), 25.1.1 (-इ/-ई/-उ/-ऊ)

Konsonantenwechsel

Retroflexion: 6.1.4 (न्-Retrofl.), 6.1.5 (स्-Retrofl.), 11.1.1 (Retrofl. von Dentalen nach Retroflexen)
Aspiration: 11.1.2.3 (Bartholomae), 14.1.4 (Grassmann)
Konsonanten im Auslaut vor Suffixen: 11.1.2 (allgem. Regel), 11.1.2.1 - 11.1.2.8 (Suffix mit त्-/थ्-/ध्- im Anlaut), 14.1.1 - 14.1.3, 25.1.2 (Suffix mit Zischlaut im Anlaut)
Nasalassimilation: 22.1, 28.1

Anhang 3
Glossar zu den Übungsstücken[53]

अ

अ- (vor Konsonanten)/अन्- (vor Vokalen) = nicht-, un-, kein, -los, ohne [33]
अक्ष m. = Würfel [6]
अक्षि n. = Auge [23]
अग्नि m. = Feuer [7]
अङ्ग n. = Glied, Teil, Körper; Bestandteil [24]
अचक्षुस् = augenlos, blind [19]
अण्ड n. = Ei [16]
अतन्द्रित = unermüdlich [15]
अति-क्रम् 1. (seltener 4.) = vorübergehen, vorbeikommen an (mit A.), vernachlässigen, übertreten [9]
अतिथि m. = Gast [28]
अत्र = hier (Adv.) [2]
अथ = darauf, dann, da; ferner, darum; aber, jedoch, dagegen; wenn aber; gesetzt, daß (Adv., satzverbindende Partikel) [30]
अद् 2. = essen, verzehren, genießen [25]
अदस् = jen-er/-e/-es [17]
अद्भुत = geheimnisvoll, wunderbar [30]
अद्भुतरूप = als adjektivisch verwendetes Kompositum: wunderbare Schönheit besitzend; n.: wunderbare Schönheit [30]
अद्य = heute, jetzt [4]
अधर्म m. = Unrecht [10]
अधस्तात् = unter (mit G. oder Ab.) [4]
अधि-इ 2. 1. 4. Ā. = studieren; Kaus. (अध्यापय-, selten Ā.): unterrichten [12]
अधिक = größer, stärker, ärger, mehr als, vermehrt um [4]
अधि-गम् 1. = herankommen, gelangen zu; erlangen; lernen, studieren; verstehen [11]
अधुना = jetzt (Adv.) [2]
अनडुह् m. = Stier [23]
अनन्यजन्मन् m. = Der Liebesgott (wörtlich: der aus keinem anderen Entstandene) [37]
अनातुर = unversehrt, gesund, unverdrossen [35]
अनु-इ 2. 1. 4. = nachgehen, folgen; PPP (अन्वित): nachgehend; begleitet, begabt, versehen mit [32]
अनु-इष् 6. = suchen, durchsuchen, streben nach [30]
अनु-नी 1. = geleiten, günstig stimmen, versöhnen [37]
अनु-भुज् 7. = den Lohn für etwas (im A.) genießen; genießen, teilhaftig werden, teilnehmen an [33]
अनु-भू 1. = empfinden, fühlen, genießen, an sich erfahren; vernehmen [12]
अनु-मन् 4. = zustimmen, einwilligen, jemandem (im A.) die Erlaubnis geben, gestatten [20]
अनु-या 2. = hingehen zu, nachgehen, folgen, nachahmen, erreichen [37]
अनुराग m. = Färbung; Röte; Zuneigung [36]
अनु-वृत् 1. Ā. = folgen; befolgen [28]
अनु-सृ 1. = nachlaufen, folgen, verfolgen [20]
अनु-स्था 1. = nach jemandem (im A. oder L.) stehenbleiben; (be)folgen; einer Sache (im A.) nachgehen, ausführen [22]
अनृत = unrecht, unwahr; n.: Unwahrheit, Lüge, Betrug [10]
अन्त m. n. = Ende, Ziel, Lösung, Tod [4]
अन्तःपुरसमीपस्थ = in der Nähe des Frauengemachs (oder Harems) befindlich [29]
अन्तिक n. = Nähe [30]
अन्ध = blind [9]
अन्न n. = Speise [10]
अन्य = ander-er/-e/-es [16]
अप् f. Pl. = Wasser, Gewässer [23]
अप-आ-कृ 8. = von sich abwerfen, aufgeben; mit ऋणम्: sich einer Schuld entledigen [16]
अपत्य n. = Abkömmling, Nachkommenschaft, Kind [28]
अप-नी 1. = wegführen, entfernen, wegschaffen [35]
अप-मृज् 2. = abstreifen, abwischen [16]

[53]Die Nummern in eckigen Klammern beziehen sich auf die Lektionen, in denen die Vokabeln jeweils eingeführt werden.

अपर = hinter-er/-e/-es; später/-er/-e/-es; ander-er/-e/-es; niedriger/-er/-e/-es; westlich (Pronominaladjektiv, das in gewissen Kasus wie ein -अ-Stamm dekliniert wird) [10]

अप-राध् 5. 4. = Schuld haben, sich vergehen gegen (mit G. oder L.)

अपराध m. = Schuld [9]

अप-हन् 2. = wegschlagen, ausschlagen, abwehren, vertreiben, tilgen [25]

अप-हृ 1. = wegnehmen, rauben, vertreiben [11]

अपि = auch, ferner; selbst, sogar; aber [3]

अपि ... अपि = sowohl ... als auch [3]

अप्सरस् f. = Apsaras (Nymphe aus Indras Himmel) [19]

अबल = schwach [28]

अभाग्य = unglücklich; n.: Unglück [9]

अभि-अस्[1] 4. = hinwerfen, zuwerfen; studieren; wiederholen [9]

अभि-गम् 1. = heran-, herbeikommen, sich nähern, kommen, gehen zu [30]

अभि-गा 3. = herbeikommen, gehen zu, zugehen auf [35]

अभि-नन्द् 1. = sich freuen über; sich einverstanden erklären mit (mit A.), billigen; jemanden (im A.) begrüßen [9]

अभि-या 2. = herbeikommen, hingehen zu [35]

अभि-वृध् 1. Ā. = heranwachsen, größer oder stärker werden [20]

अभ्यास m. = Wiederholung; Übung, Studium [10]

अभ्र n. (selten m.) = Wolke, Luftraum [34]

अमृत = nicht gestorben, unsterblich; n.: Nektar, Unsterblichkeitstrank [12]

अरक्षितृ = nicht schützend; m.: Nichtbeschützer [26]

अरण्य n. = Ferne, Fremde; Wildnis, Wald [13]

अरि = feindlich; m.: Feind [13]

अरोग/अरोग्य = gesund [10]

अर्क m. = Strahl, Sonne [25]

अर्च् 1. = strahlen, glänzen; singen, preisen; jemanden ehren, jemandem seine Achtung erweisen; Kaus.: strahlen machen; jemandem seine Achtung erweisen [29]

अर्थ m. n. = Ziel, Zweck, Sinn, Bedeutung; Vorteil, Nutzen, Geld, Reichtum; Sache, Angelegenheit, Gegenstand [8]

अर्थिन् = eifrig, geschäftig, begierig nach (mit I.) [22]

अर्ध = halb; m. n.: Hälfte [9]

अर्ह् 1. = verdienen, wert sein; dürfen, müssen, können [11]

अर्ह = verdienend, würdig (mit A. oder Infinitiv), passend, angemessen für (mit G.) [33]

अलम् = genug, gehörig, tüchtig; genug mit (mit I.) (Adv.) [25]

अलि m. = Biene [8]

अल्प = klein, gering [20]

अव-गम् 1. = herabkommen zu (mit A. oder L.); auf etwas kommen, bemerken, erkennen, verstehen [8]

अव-गाह् 1. = untertauchen, baden in, eindringen in, sich hineinbegeben in, sich vertiefen in (mit A. oder L.) [16]

अव-तॄ 1. = hinab-, herabsteigen, sich herablassen von; überwältigen, überwinden [20]

अव-मन् 4. = mißachten, geringschätzen [37]

अवयव m. = Glied, Teil [32]

अवश्य (auch als Adv. अवश्यम्) = notwendig, jedenfalls, durchaus [34]

अवसान n. = das Aufhören, Ruhe, Ende, Tod [35]

अवाच् = abwärts, nach unten gerichtet; f.: Süden [21]

अविद्वस् = unwissend [22]

अविनय m. = ungebührliches Benehmen [13]

अविनयं कृ = sich ungebührlich benehmen [13]

अव्यय = unveränderlich, unvergänglich, keinem Wechsel unterworfen, gleichmäßig fortdauernd [29]

अश् 5. = erreichen, erlangen [27]

अशक्नुवत् = nicht könnend, unfähig (Partizip Präsens P. von शक् mit Negationspräfix अ-) [29]

अशुभ = unangenehm, schlecht, böse; n.: Unglück, Böses [3]

अश्रु n. (selten m.) = Träne [18]

अश्व m. = Pferd [3]

अश्विन् = mit Rossen versehen; m.: Rosselenker; Dual: die Aśvins (Name zweier Lichtgötter, die zuerst am Morgenhimmel erscheinen. Sie sind die Ärzte der Götter.) [20]
अस्[1] 4. = werfen [9]
अस्[2] 2. = sein [26]
असि m. = Schwert [9]
अस्तम् = heimwärts; mit गम्: untergehen (von Gestirnen, insbesondere der Sonne) (Adv.) [25]
अह् (nur im Perfekt) = sagen, sprechen [36]

आ

आ = zu, bis zu; von ... an [11]
आ-काङ्क्ष् 1. = begehren, verlangen, wünschen, ersehnen, erwarten [20]
आकिंचन्य n. = völlige Armut [22]
आ-ख्या 2. = erzählen, anzeigen, angeben [25]
आ-गम् 1. = kommen [9]
आ-चर् 1. = herankommen, sich nähern; gebrauchen; verfahren; tun, ausüben, vollbringen [28]
आचार्य m. = Lehrer [3]
आज्ञा = Befehl [9]
आत्मन् = eigen, sein/ihr; selbst; sich; m.: Hauch; Seele; Geist; das Selbst [22]
आ-दा 3. = an sich nehmen, empfangen, erhalten; unternehmen, sich einer Sache hingeben [35]
आदि m. = Anfang, Beginn [33]
आदित्य m. = Sonnengott, Sonne [25]
आ-दिश्[1] 6. = anzeigen, jemanden (im D.) etwas (im A.) anweisen; bestimmen, befehlen; verkünden [16]
आ-नी 1. = herbeibringen, herbeiführen, holen [10]
आप् 5. = erreichen, erlangen, antreffen [29]
आपद् f. = Sg. und Pl.: Unfall, Not [32]
आभ्यन्तर = im Inneren befindlich, innerlich, inner-er/-e/-es [25]
आ-मन्त्रय- Ā. = anreden; jemanden (im A.) begrüßen; sich von jemandem (im A.) verabschieden [12]
आम्र = m.: Mangobaum; n.: Mangofrucht [14]
आयास m. = Anstrengung; Ermüdung, Abspannung [36]
आयुस् n. = Leben [19]
आरण्यक m. = Waldbewohner, Einsiedler [20]
आ-रभ् 1. = unternehmen, beginnen (auch im Passiv) [7]
आरम्भ m. = Unternehmung; Anfang, Beginn [34]
आ-रुह् 1. = besteigen [6]
आर्य = edel, edel geboren; m.: Ehrenmann (im V.: Herr!) [6]
आविर्भू 1. = offenbar werden oder sein, vor Augen treten, erscheinen [37]
आविस् = offenbar, sichtbar, vor Augen (Adv.) [37]
आ-वृ[1] 5. = bedecken, verhüllen, umgeben [30]
आशा = Wunsch, Erwartung, Hoffnung [33]
आ-शास् 2. 1. = erwünschen, erbitten, erhoffen, erwarten [37]
आ-श्रि 1. = kommen zu, jemanden treffen, bei jemandem Halt und Schutz suchen [9]
आस् 2. 1. = sitzen, sich setzen, verharren, sich befinden (unregelmäßiges Partizip Präsens Ā.: आसीन) [29]
आस्थानमण्डप m. n. = Audienzsaal [36]
आहार m. = das Herbeiholen; das Zu-sich-nehmen von Nahrung; Nahrung, Speise [36]
आ-हृ 1. = herbeibringen [18]
आ-ह्वे 1. = herbeirufen [7]

इ

इ 2. 1. 4. = gehen, kommen [12]
इतर = ander-er/-e/-es [28]
इति = so; Partikel zur Kennzeichnung des Endes der wörtlichen Rede [8]
इत्थम् = so (Adv.) [4]
इदम् = dies-/er/-e/-es [17]
इन्दु m. = Tropfen; Mond [25]
इन्द्र m. = der Gott Indra, Höchster, Erster, Oberster [31]
इव = wie, gleichsam [3]
इष् 6. = wünschen, suchen (unregelmäßiger Präsensstamm: इच्छ-) [4]
इषु m. f. = Pfeil [30]
इह = hier (Adv.) [2]

ई

ईक्ष् 1. Ā. = sehen [9]

ईश = imstande seiend; m.: Herr [29]

ईश्वर m. = Herr, Gebieter, Fürst, König; höchster Gott [11]

उ

उत = und, auch (Partikel, die in ähnlichem Sinne wie अपि verwendet wird) [30]

उत्पादिन् = was entsteht [19]

उदक n. = Wasser [12]

उदधि m. = Meer [15]

उदय m. = das Emporsteigen; Aufgang (von Gestirnen) [25]

उद्-इ 2. 1. 4. = hinaufgehen, aufgehen, hervorkommen, sich erheben, erscheinen [25]

उद्-गम् 1. = aufgehen, sich erheben, hervorkommen [21]

उद्-डी 1. 4. = auffliegen [6]

उद्-प्लु 1. Ā. = auftauchen, aufspringen [25]

उद्यम m. = Erhebung, Anstrengung, Mühe, Fleiß [16]

उद्योग m. = Bemühung, Anstrengung [5]

उद्-स्था 1. = aufstehen, sich erheben [13]

उद्-हृ 1. = herausnehmen, herausziehen; retten [20]

उप-इ 2. 1. 4. = herankommen, gelangen zu, sich hinbegeben zu, sich nähern [26]

उप-ईक्ष् 1. Ā. = zusehen, anschauen; nicht beachten, vernachlässigen [20]

उप-क्रम् 1. (seltener 4.) Ā. = herantreten; sich anschicken, anfangen, beginnen [30]

उप-गम् 1. = hinzu-, herbeikommen, gelangen zu, treffen [35]

उपगूहन n. = das Verstecken; das Umarmen [36]

उप-नी 1. = zuführen, herbeiführen; führen, leiten; heimführen; zu sich nehmen, aufnehmen [8]

उप-पद् 4. = losgehen auf, sich begeben, gelangen zu (mit A.), zuteil werden, zufallen (mit G.); stattfinden, vorkommen, entstehen, möglich, vorhanden sein; angemessen, passend, natürlich sein; gereichen, dienen zu (mit D.) [37]

उप-भुज् 7. = genießen, essen, Nutzen ziehen aus, leben von, teilhaftig werden (auch von Unangenehmem); den Lohn für etwas (im A.) empfangen [17]

उपमा = Ähnlichkeit, Vergleich, Gleichnis; am Ende eines adjektivischen Kompositums: ähnlich, vergleichbar [34]

उपरोध m. = Hemmung, Störung, Schädigung, Verbot [37]

उप-विश्[1] 6. = herantreten an (mit A.); sich setzen [8]

उरग m. = Schlange, Schlangendämon [33]

उर्वशी f. = Urvaśī (Name einer Apsaras) [19]

ऋ

ऋक्ष m. = Bär [4]

ऋग्वेद m. = der Ṛgveda (Sammlung der Preislieder im Veda mit oder ohne die Kommentarliteratur) [16]

ऋछ् 6. = erreichen (unregelmäßiger Präsensstamm: ऋच्छ-) [4]

ऋण n. = Schuld [16]

ऋणं दा = eine Schuld abtragen [16]

ऋत्विज् = zur rechten Zeit opfernd; m.: Priester [27]

ऋषि m. = Seher [7]

ए

एक = eins; ein/-er/-e/-es; allein, einzig; ein und derselbe; Pl.: einige (Pronominaladjektiv, das in gewissen Kasus wie ein -अ-Stamm dekliniert wird) [10]

एकैक = jed-er/-e/-es einzelne [32]

एकैकशस् = einzeln (Adv.) [30]

एतद् = dies-er/-e/-es [9]

एनद् = er/sie/es [9]

एव = (gerade) so; gerade, eben, kaum, nur, allein, noch, schon (Partikel zur Hervorhebung des vorhergehenden Wortes) [3]

एवम् = so (Adv.) [2]

ओ

ओजस् n. = Sg. und Pl.: Kraft, Stärke [27]

ओदन m. n. = (Reis)brei [4]

औ

औषध n. = Kraut; Heilstoff aus Kräutern, Arzenei [10]

क

कट m. = Matte [7]
कथम् = wie? wie kommt es, daß ...? wie kann ...? (Adv.) [2]
कदा = wann? (Adv.) [19]
कनीयस् = kleiner/-er/-e/-es, geringer/-er/-e/-es; jünger/-er/-e/-es [21]
कन्या = Mädchen, Tochter [6]
कपोत m. = Taube [4]
कम् (ohne Präsensstamm) = wünschen, begehren, lieben [26]
कमल m. n. = Lotusblüte [26]
कमला = Beiname der Göttin Lakṣmī [26]
कम्प् 1. Ā. = zittern [5]
कर्तृ = tätig, machend; m.: Täter, Macher, Urheber [11]
कर्मन् n. = Handlung, Tat, Werk; Schicksal (die Folge der Handlungen in einem früheren Leben) [22]
कलत्र n. = Ehefrau [34]
कलह m. = Streit [6]
कलि m. = die Eins-Seite des Würfels; das letzte und schlechteste Weltalter; Hader, Zwietracht (in allen Bedeutungen auch personifiziert) [35]
कलियुग n. = das Weltalter Kali [24]
कल्प m. = Regel, Ordnung; Weltperiode [35]
कल्याण = schön, gut, trefflich, glücklich (f.: कल्याणी) [30]
कवि m. = Weiser, Dichter [7]
काक m. = Krähe [13]
काङ्क्ष् 1. = begehren, verlangen, wünschen, ersehnen, erwarten [20]
काण = einäugig [23]
कातर = verzagt, mutlos, feige [34]
काम m. = Wunsch, Liebe [6]
कारण n. = Ursache [3]
कार्य n. = Sache, Angelegenheit, Geschäft, Obliegenheit; Wirkung, Produkt [3]
काल m. = Zeit [6]
कालहार m. = Zeitverlust; Zeitgewinn, Hinzögern [3]
कालेन = im Verlauf der Zeit (Adv.) [6]
काव्य n. = Gedicht [8]
काश् 1. = sichtbar sein, erscheinen, glänzen, leuchten [33]
काशी f. = Benares [20]
काष्ठ n. = Holzscheit [7]
किम् = welch-er/-e/-es, wer/was, warum? Partikel zur Kennzeichnung einer Entscheidungsfrage [10]
कीर्ति f. = Ruhm [10]
कु- = schlecht, gering (als Partikel, die am Anfang von Komposita steht und einen Mangel ausdrückt) [34]
कुतस् = woher? weshalb? (Adv.) [2]
कुतूहल n. = Neugier; Vergnügen, Lust, Eifer [29]
कुत्र = wo(hin)? (Adv.) [2]
कुप् 4. = in Aufregung geraten, jemandem (im D. oder G.) zürnen [20]
कुशल n. = Gesundheit, Wohlbefinden [29]
कूप m. = Grube, Höhle, Brunnen [26]
कृ 8. = tun, machen, machen zu (mit 2 A.), handeln [7]
कृश = mager, schlank [3]
कॄ 6. = ausstreuen, ausschütten, ausgießen [17]
केवलम् = nur (Adv.) [37]
कोश m. = Behälter; Schatz, Vorrat, Schatz- oder Vorratskammer [34]
क्रम् 1. (seltener 4.) = schreiten (1.-Klasse-Präsensstamm im Par. क्राम- und im Ā. क्रम-, 4.-Klasse-Präsensstamm: क्राम्य-) [9]
क्रिया = Tat, Handlung [18]
क्रुध् 4. = zornig werden, zürnen (mit dem D. oder G. der Person und dem L. der Sache) [15]
क्रोध m. = Zorn [4]
क्लैब्य n. = Impotenz, Schwäche [37]
क्व = wo(hin)? (Adv.) [2]
क्षण m. n. = Augenblick, kleine Weile; passender Zeitpunkt, Gelegenheit zu [12]
क्षत्रिय m. = Krieger [8]
क्षपा f. = Nacht [35]
क्षमा = Geduld, Nachsicht; Erde [37]
क्षल् 10. = waschen [21]

क्षिप् 6. = werfen [7]
क्षीर n. = Milch [15]
क्षीराब्धि m. = das Milchmeer [26]
क्षुद्र = klein, niedrig, gemein [7]
क्षुध् f. = Hunger [20]
क्षेत्र n. = Grundstück; Feld [14]

ख

खग m. = Vogel [3]
खगम m. = Vogel [30]
खण्ड m. n. = Stück, Teil, Abschnitt [26]
खण्डय- = zerstückeln; verletzen; täuschen, hintergehen (Den.) [26]
खर m. = Esel [3]
खल m. = Bösewicht [12]
खलु = ja, freilich, nun aber [37]
खादितृ m. = Esser, Verzehrer, Verspeiser [32]

ग

गङ्गा = der Ganges [6]
गज m. = Elefant [3]
गण m. = Schar, Reihe [30]
गणक m. = Rechner; Astrologe [35]
गणय- = zählen, auf- oder zusammenzählen, berechnen (Den.) [35]
गति f. = Gang, Bewegung [10]
गदा = Keule [36]
गद्य n. = Prosa [7]
गन्धर्व m. = Gandharva (Name eines Genius); Pl.: die Gandharva, die himmlischen Sänger [32]
गम् 1. = gehen; in Verbindung mit dem A. eines Abstraktums oft durch „werden" mit dem betreffenden Adjektiv oder durch das entsprechende Verb zu übersetzen; z.B. कोपं गम्: zornig werden, zürnen (unregelmäßiger Präsensstamm: गच्छ-) [2]
गरुत्मत् m. = Vogel [30]
गा 3. = gehen, kommen zu [35]
गाढम् = fest, heftig (Adv.) [36]
गाह् 1. = untertauchen, baden in, sich hineinbegeben in, sich vertiefen in (mit A.) [16]
गिर् f. = Wort, Ruf, Preis, Lob; Spruch, Ausspruch, Rede; Sprache; Stimme [18]
गिरि m. = Berg [34]
गीत n. = Gesang [7]
गुण m. = Faden, Schnur, Strick; Eigenschaft; Vorzug, Tugend [4]
गुणिन् = mit einem Faden (bzw. einer Schnur oder einem Strick) versehen; Eigenschaften (bzw. Vorzüge oder Tugenden) besitzend [25]
गुप् (ohne Präsensstamm) = hüten, bewahren, bewachen, schützen [35]
गुरु = schwer; gewichtig, ehrwürdig; m.: Lehrer [7]
गुह् 1. = verbergen, verhüllen, geheim halten (unregelmäßiger Präsensstamm: गूह-) [23]
गृध्नु = hastig, rasch, heftig verlangend nach, gierig, begierig [35]
गृह m. n. = Haus [3]
गृहस्थ m. = Hausvater (der verheiratete und eine eigene Haushaltung führende Brahmane) [7]
गै 1. = singen [7]
गो = m.: Rind, Stier; f.: Kuh [15]
गोपाल m. = Gopāla (Eigenname) [9]
गोप्तृ m. = Hüter, Beschützer [37]
ग्रन्थ m. = Knoten; Text, Abhandlung, literarisches Erzeugnis [8]
ग्रह् 9. = ergreifen, nehmen, festhalten [28]
ग्राम m. = Dorf [4]

घ

घट m. = Topf [3]
घन = erschlagend; fest, hart, zäh; am Ende eines adjektivischen Kompositums: voll von etwas [37]
घृत n. = über dem Feuer zerlassene und wieder gestandene Butter, Schmelzbutter, Ghee [7]

च

च = und, auch; aber (Konj.) [6]
च ... च = sowohl ... als auch [6]
चक्र n. = Rad, Scheibe, Wurfscheibe, Kreis; Gebiet, Herrschaft [32]
चक्षुस् = sehend; n.: Auge [18]
चण्डवर्मन् m. = Caṇḍavarman (Eigenname) [35]

चतुर = schnell, rasch; geschickt, gewandt; lieblich, reizend [25]
चन्द्र m. = Mond [12]
चन्द्रमस् m. = Mond [19]
चर् 1. = sich bewegen, (durch)wandern, gehen; vollziehen, ausüben; leben; weiden [2]
चरण m. n. = Fuß; Gang, das Gehen; Lebenswandel [10]
चारु = angenehm, lieblich, schön [31]
चारुहासिनी f. = die lieblich Lachende [31]
चित्त n. = Denken, Beobachten; Absicht, Wille; Herz, Gemüt, Geist [18]
चिन्त् 10. = denken [14]
चुर् 10. = stehlen [5]
चेद् = und; wenn (Konj.) [26]
चेष्टित n. = Bewegung, Gebaren, Tun und Treiben [37]
चौर m. = Dieb, Räuber [14]

छ्

छद् 1. = Kaus.: bedecken, verhüllen; PPP: bedeckt, verhüllt, verborgen, geheim [33]
छात्त्र m. = Schüler [36]
छाया = Schatten [6]
छिद् 7. = abschneiden, abhauen, einschlagen (ein Loch), abnagen, trennen, ablösen, unterbrechen, vernichten, zerstören, tilgen [37]

ज्

जक्ष् 2. = essen, verzehren [13]
जगत् n. = Welt [19]
जन् 4. Ā. = geboren werden, entstehen [5]
जन m. = Mensch, Person; Volk [6]
जन्मन् n. = Geburt, Entstehung, Wiedergeburt [22]
जय m. = Sieg [14]
जरा = Alter [6]
जल n. = Wasser [3]
जाति f. = Geburt, Ursprung; Gattung, Art [34]
जानु n. (selten m.) = Knie [36]
जामातृ m. = Schwiegersohn; Schwager [28]
जि 1. = siegen, besiegen; jemanden (im A.) um etwas (im A.) bringen, jemanden (im A.) etwas (im A.) im Spiel abnehmen [8]
जीव् 1. = leben [2]
जीवन n. = Leben [11]
जीवित n. = Leben [3]
जुहू f. = Zunge, Opferlöffel [10]
जॄ 4. = gebrechlich werden, in Verfall kommen, altern [28]
जेतृ = besiegend; m.: Sieger [30]
ज्ञा 9. = kennen, wissen, verstehen [28]
ज्येष्ठ = der/die/das vorzüglichste/oberste/beste/größte/schlimmste; vorzüglicher als (mit Ab.); ältest-er/-e/-es, am ältesten [21]
ज्योतिस् n. = Licht, Intelligenz; das Licht der himmlischen ewigen Welt; Pl.: die Gestirne; Dual: die beiden Fürsten unter den Gestirnen (d.h. Sonne und Mond) [19]

ड्

डी 1. 4. = fliegen [6]

त्

तक्र n. = Buttermilch (zur Hälfte mit Wasser gemischt) [12]
तड् 2. = Kaus.: schlagen [7]
ततस् = dann, darauf, daher (Adv.) [3]
तत्र = da, dort(hin) (Adv.) [2]
तथा = so, auf die Weise; so auch, desgleichen; ja, gut, so ist es, so soll es geschehen [12]
तथाविध = so beschaffen, derartig [33]
तद् = er/sie/es, dies-er/-e/-es; als Adv.: da(hin), dort(hin); damals, dann, darum, deshalb, also, nun, und, so [9]
तदा = damals, dann, in dem Falle (Adv.) [2]
तद्वत् = auf diese Weise (in Korrelation mit यद्वत् und यथा); gleichfalls, ebenfalls, desgleichen, auch [36]
तपस् n. = Wärme, Hitze, Glut; Schmerz, Plage; Selbstpeinigung, Askese [20]
तपस्विन् m. = Asket [20]
तपोवनवासिन् = im Asketenwald lebend [37]
तमस् n. = Finsternis [25]
तरु m. = Baum [14]
तर्ज् 1. = drohen, bedrohen, schmähen; Kaus.: dass. [20]

तर्हि = damals, dann, in dem Falle [15]
तावत् = so groß, so weit reichend, so lange dauernd, soviel [9]
तीर n. = Ufer [12]
तु = aber [6]
तुद् 6. = stoßen, schlagen, stechen [36]
तुष् 4. = zufrieden sein, sich freuen über (mit I.) [5]
तुष्टि f. = Zufriedenheit [27]
तृण n. = Gras, Kraut, Halm, Stroh; in übertragenem Sinne: Kleinigkeit [34]
तृप् 4. = sich befriedigen, sich sättigen, genießen, sich an etwas freuen [8]
तृप्त = befriedigt, satt (Partizip Präteritum Passiv von तृप्) [8]
तृप्ति f. = Sättigung, Zufriedenheit [30]
तृषा = Durst; Gier, heftiges Verlangen [26]
तृष्णा = dass. [37]
तॄ 1. = über ein Gewässer setzen, überschiffen, etwas überschreiten, über etwas hinübergelangen; (sich) retten [7]
तेजस् n. = Schärfe, Schneide; Feuer, Glanz; glänzendes Aussehen, Schönheit [29]
त्यज् 1. = aufgeben, verlassen [3]
त्याग m. = Verlassen; Meiden; Aufgeben, Hingabe; Freigebigkeit [19]
त्रस् 1. 4. = (er)zittern, erschrecken vor; Kaus.: jemanden erschrecken [18]
त्वद् = du (Stamm des Personalpronomens der 2. Person im Sg.; Pl.: युष्मद्) [14]
त्वर् 1. Ā. = eilen [30]
त्वरा = Eile [33]

द्

दंश् 1. = beißen, stechen [6]
दण्ड m. (selten n.) = Stock, Stab; Macht; Strafe [15]
दण्डं प्र-नी = eine Strafe verhängen [15]
दण्ड्य = zu bestrafen, strafbar; m.: der zu Bestrafende [15]
दम् 4. = zahm sein; bändigen, bezwingen [36]
दमयन्ती f. = Damayantī (Eigenname) [29]
दमयन्तीसखीगण m. = Damayantīs Freundinnenkreis [31]
दया = Teilnahme, Mitleid mit (mit G. oder L.) [37]
दरिद्र = bettelnd, arm [22]
दर्शन n. = Anblick [10]
दस्यु m. = Feind, böser Dämon; Barbar, Räuber [37]
दा 3. = geben [7]
दातृ = gebend, freigebig; m.: Geber
दान n. = Geben, Schenken, Gabe, Spende, Freigebigkeit [4]
दार m. Sg. und Pl., f. (-आ) und n. Pl. = Ehefrau [16]
दारिद्र्य n. = Armut, Not [32]
दास m. = Sklave, Knecht [10]
दासी f. = Sklavin, Magd [10]
दिन n. = Tag [10]
दिव् 4. = spielen [6]
दिश्[1] 6. = zeigen [16]
दिश्[2] f. = Richtung, Himmelsrichtung, Gegend, Himmelsgegend [18]
दिशा = Richtung, Himmelsgegend [16]
दिष्ट n. = Anweisung, Befehl; Bestimmung, Schicksal [21]
दीन = traurig, betrübt, niedergeschlagen; schwach, gering [27]
दीर्घ = lang, weitreichend; lange dauernd; als Adv. (दीर्घम्) auch: in die Ferne [10]
दुःख = unangenehm; n.: Schmerz, Leid, Unbehagen [4]
दुःखित = betrübt, gequält, elend, arm [37]
दुःस्पर्श = schwer zu berühren [19]
दुर्ग्राह्य = schwer zu fassen [19]
दुर्जन m. = Bösewicht [6]
दुर्बल = schwach; m.: der Schwache [15]
दुर्लभ = schwer zu erlangen [12]
दुस्- (bzw. दुः-/दुष्-/दुर्-) = schlecht, übel, miß-, un-, schwierig, schwer (präfigierte Partikel) [33]
दुह् 2. 6. 4. = melken, Vorteil ziehen aus; Milch geben, spenden, gewähren [26]
दुहितृ f. = Tochter [12]
दूत m. = Bote [30]
दूर = fern, entfernt, weit; n.: die Ferne, Entfernung [29]

दृश् 4. = sehen (unregelmäßiger Präsensstamm: पश्य-) [2]
देव m. = Gott [6]
देवता = Gottheit [36]
देवदत्त m. = Devadatta (Eigenname) [6]
देवदूत m. = Götterbote [30]
देवी f. = Göttin [10]
देश m. = Ort, Stelle Gegend; Land, Heimat [21]
दैव n. = Schicksal [8]
दैवत n. = Gottheit [22]
दोष m. = Fehler, Schaden, Schuld, Laster [4]
दौर्बल्य n. = Schwäche [37]
द्यूत n. = Spiel, Würfelspiel, Glücksspiel [31]
द्यो/दिव् m. f. = Himmel [24]
द्रु 1. = laufen, eilen [30]
द्रुह् 4. = schädigen, nachstellen (mit D., G., A. oder L.); wetteifern [19]
द्विगुणित = verdoppelt [36]
द्विजाति m. = Brahmane [9]
द्वितीय = zweit-er/-e/-es [22]
द्विष्[1] = f.: Anfeindung, Mißgunst; m.: Feind [18]
द्विष्[2] 2. 6. = hassen, feindlich sein (mit A., G. oder D.) [25]
द्वेष्टृ = hassend; m.: Feind [20]

ध्

धन n. = Geld, Gut, Vermögen, Reichtum [4]
धनवत् = reich [19]
धनिन् = reich [20]
धन्य = beute- oder schätzereich, glückbringend, glücklich [26]
धर्म m. = Gesetz, Recht, Ordnung, Tugend, Pflicht; Merkmal, Attribut [10]
धा 3. = setzen, stellen, legen [27]
धान्य n. (selten m.) = Sg. und Pl.: Getreide [17]
धाव् 1. = laufen [2]
धी f. = Gedanke, Verstand, Einsicht [9]
धीर = entschlossen [26]
धृ 1. = halten, tragen, festhalten, zurückhalten; erhalten, bewahren; (besonders den Geist oder die Gedanken) fest gerichtet halten auf (mit L. oder D.); Kaus.: dass. [29]
धेनु f. = Kuh [8]
ध्यै 1. 2. = denken (an), nachdenken (über) (2.-Klasse-Präsensstamm: ध्या-) [23]
ध्रुव = beharrend, feststehend, beständig, sicher [22]
ध्वनि m. = Laut, Ton, Geräusch, Schall, Donner; Wort, Andeutung [20]

न्

न = nicht [3]
नक्र m. = Krokodil [34]
नगर n. = Stadt [3]
नगरी f. = Stadt [14]
नदी f. = Fluß [10]
नन्द् 1. = sich freuen über (mit I., seltener mit Ab.) [9]
नमस् = Verehrung! (als indeklinabler Ausruf mit dem D. verwendet); n.: die Verehrung [11]
नयन n. = das Hinführen; Auge [34]
नर m. = Mann, Mensch [4]
नरक m. (selten n.) = Hölle [12]
नरपति m. = Fürst, König [36]
नल m. = Nala (Eigenname) [29]
नव = neu [17]
नश् 4. 1. = verlorengehen; verschwinden; zugrunde gehen [22]
नहुस् m. = Stamm, Geschlecht; Stammesgenosse, Nachbar [19]
नाटक = m.: Schauspieler; n.: Schauspiel [11]
नाम = namens, nämlich, freilich, wirklich, etwa; in einem Fragesatz: doch, wohl (Adv.) [21]
नारद m. = Nārada (Eigenname) [30]
नाश m. = Untergang, Verderben, Verlust [6]
निकष m. = Probierstein [7]
नि-ग्रह् 9. = niederhalten, an sich ziehen, zurückhalten, unterdrücken, bändigen [28]
निदेश m. = Befehl [9]
निधान n. = Schatz [3]
निन्द्/निद् 1. = tadeln, schmähen, verachten [20]
नि-पत् 1. = herabfliegen [30]

नि-यम् 1. = anhalten; zurückhalten, zügeln, bändigen [29]

निर्गुण = ohne Strick; qualitätslos; ohne Vorzug, gemein, schlecht [25]

निर्दय = lieblos, unbarmherzig, heftig [26]

निश् f. = Nacht [26]

निषध m. Pl. = Niṣadha (Name eines Volkes) [29]

निस्- (bzw.: निः-/निष्-/निर्-) = als Präposition: hinaus, heraus, aus, weg von; als Negationspräfix im selben Sinne wie अ- oder अन्- verwendet [34]

निसर्ग m. = Natur [9]

निस्-मुच् 7. = befreien; lösen, aufbinden; Kaus.: befreien von (mit Ab.) [35]

निस्-वृत् 1. = hervorkommen, erfolgen, geschehen; Kaus.: herausbringen, fortschaffen; hervorbringen, vollziehen, bewirken [36]

नी 1. = führen [6]

नीच = niedrig, tief, gemein [28]

नीड m. n. = Nest [3]

नृ m. = Mann, Mensch [12]

नृप m. = König [3]

नृपति m. = König [8]

नेत्र n. = Auge [9]

नैषध m. = Fürst der Niṣadha (Bezeichnung für Nala, den Helden der Nala-Episode des Mahābhārata) [29]

नो = nicht, und nicht [26]

नौ f. = Schiff [15]

प्

पक्षिन् m. = Vogel [25]

पच् 1. = kochen [2]

पटु = scharf, geschickt, klug [17]

पठ् 1. = rezitieren; studieren, lesen [2]

पण्डित = unterrichtet, gelehrt, klug [9]

पत् 1. = fallen, fliegen [2]

पति m. = Herr, Gebieter, Gatte [31]

पत्त्र n. = Blatt, Brief [5]

पत्नी f. = Herrin, Gattin [10]

पथ् m. = Pfad, Weg [23]

पद्[1] 4. = fallen, abfallen, ausfallen, zusammenbrechen, umkommen; hingehen, sich wenden zu (mit A.) [13]

पद्[2] m. = Fuß; Schritt; Viertel [21]

पद n. (selten m.) = Schritt, Tritt, Spur; Stelle; Fuß; Versviertel; Wort [6]

पदवी f. = Fußspur, Weg, Pfad [37]

पदे पदे = auf Schritt und Tritt [6]

पद्म m. n. = Taglotusblüte [9]

पद्मिनी f. = Taglotus, Wasserrose; Lotusteich [34]

पयस् n. = Flüssigkeit, Wasser, Milch [19]

पर = höchst-er/-e/-es; später/-er/-e/-es; früher/-er/-e/-es; ander-er/-e/-es; entfernter, jenseitig, fremd (Pronominaladjektiv, das in gewissen Kasus wie ein -अ-Stamm dekliniert wird) [3]

परंतप = den Feind quälend [37]

परम = der/die/das fernste, äußerste, höchste, vorzüglichste (f.: परमा); auch als Vorderglied eines Kompositums in derselben Bedeutung wie das zugehörige Adv. (परमम्): in hohem Grade, überaus, sehr [37]

पराक्रम m. = Mut, Kraft, Gewalt [34]

परिघ m. = Torbalken; eine eiserne oder mit Eisen beschlagene Keule [36]

परिणति f. = Umwandlung; Reife; das reife Alter; Ende, Schluß [37]

परिणायक m. = Führer [37]

परि-तुष् 4. = sich vollkommen zufrieden geben mit (mit I.), große Freude haben an (mit L.); Kaus.: jemanden vollkommen zufriedenstellen [20]

परि-नी 1. = herumführen; heiraten [6]

परि-मृश् 6. = betasten, berühren, anfassen, ergreifen; untersuchen, betrachten, erwägen [36]

परि-वृ[1] 5. = bedecken; umringen; zurückhalten, hemmen; als PPP (परिवृत) auch: erfüllt; begleitet von [13]

परि-वृत् 1. Ā. = sich drehen; sich umwenden, sich umkehren [32]

परिव्राज् m. = heimat- und familienloser Asket, ein herumwandernder religiöser Bettler [21]

परिश्रम m. = Ermüdung, Anstrengung [31]

पर्वत m. = Berg [3]
पशु m. = Vieh, Tier [34]
पा 1. = trinken (unregelmäßiger Präsensstamm: पिब-) [7]
पाटलिपुत्र n. = Pāṭaliputra (Name einer Stadt, vermutlich identisch mit dem heutigen Patnā) [21]
पाठ m. = Vortrag, Rezitation, Lesen, Studieren, Text [10]
पाठशाला = Schule [13]
पाणि m. = Hand [19]
पाणिनि m. = Name eines Grammatikers [11]
पातक = zu Fall bringend; n. (selten m.): ein zur Verlust der Kaste führendes Verbrechen [33]
पाद m. = Fuß; Pfeiler; Versviertel [21]
पाप = böse, schlimm, schlecht; n.: Böses, Übel [3]
पार्थ m. = Sohn der Pṛthā [37]
पार्थिव m. = König, Fürst [3]
पार्थिवेन्द्र m. = Oberster der Könige [3]
पाल् 10. = bewachen, bewahren, hüten, schützen [16]
पाल m. = Wächter, Hüter [31]
पाश m. = Schlinge, Fessel, Strick [7]
पितृ m. = Vater; Dual: Eltern [12]
पिपीलिका = Ameise [16]
पिष् 7. = zerstampfen, zermalmen [36]
पीडा = Schmerz, Pein, Leid [11]
पुंस् m. = Mann, Mensch, Diener [23]
पुण्य = glücklich, günstig, schön, gut; n.: das Gute, das Rechte; Verdienst, Tugend [7]
पुत्र m. = Sohn [5]
पुनर् = wieder, aber (Adv.) [2]
पुरा = vormals, früher, einst (Adv.) [8]
पुरुष m. = Mann, Mensch, Person, Diener [3]
पुरूरवस् m. = Purūravas (Name eines alten mythischen Königs) [19]
पुष्कर m. = Puṣkara (Eigenname) [35]
पुष्ट = wohlgenahrt [3]
पुस्तक n. = Buch, Manuskript [6]
पूज् 10. = (ver)ehren, ehrfurchtsvoll empfangen oder begrüßen [10]
पूजा = Verehrung, Ehrerbietung, Anbetung; Auszeichnung [33]
पूर्व = vorder-er/-e/-es, vorangehend, früher/-er/-e/-es; östlich; am Ende eines Bahuvrīhis: als Vorangehendes habend, folgend auf [28,34]
पृ 3. = hinüberführen, hinüberbringen (über oder zu); Kaus: überwinden [9]
पृथिवी f. = Erde [10]
पृथिवीपाल m. = Fürst, König [26]
पृष्ठ n. = Rücken [30]
पृष्ठतस् = hinterher (Adv.) [30]
पॄ 9. 3. 6. = füllen; Ā.: sich anfüllen (unregelmäßiger 6.-Klasse-Präsensstamm: पृण-) [7]
पेय n. = Getränk [3]
पौत्र m. = Enkel [34]
पौर m. = Städter [11]
प्र-अस्[1] 4. = fortschleudern, hin(ein)werfen, werfen [10]
प्र-आप् 5. = gelangen zu, erreichen, zuteil werden [29]
प्र-काश् 1. = sichtbar werden, sich zeigen, zum Vorschein kommen, offenbar werden, erscheinen, glänzen, leuchten [33]
प्रकृति f. = Natur, Wesen; Grundform; in der Sāṃkhya-Philosophie: die Urmaterie [20]
प्रछ्/प्रच्छ् 6. = fragen (unregelmäßiger Präsensstamm: पृच्छ-) [2]
प्र-छद् 1. = s. छद्
प्र-जन् 4. = geboren werden, entstehen [6]
प्रजा = Nachkommenschaft, Kinder; Pl.: Geschöpfe; Untertanen, Volk [11]
प्रज्ञा = Einsicht, Verstand; Vorsatz, Entschluß [36]
प्रणयिन् = lieb, geliebt; m.: Liebling, lieber Freund [27]
प्रति = gegen, nach, nach ... hin, auf ... (zu), zu ... (hin); in bezug auf (mit A.) [21]
प्रति-अस्[2] 2. = jemandem gleichkommen, mit jemandem wetteifern (mit A.) [30]
प्रति-ईक्ष् 1. Ā. = erwarten, abwarten [9]
प्रतिकार/प्रतीकार m. = Vergeltung; Heilmittel, Abhilfe [3]
प्रतिकूल = unangenehm [27]
प्रति-पद् 4. Ā. = betreten, sich begeben zu; erlangen, erhalten; erfahren; versprechen; anerkennen; antworten [31]
प्रति-वच् 2. = antworten [30]

प्रति-सिध्[2] 1. = vertreiben, abhalten von (mit Ab.), zurückhalten, verhindern, verbieten [20]
प्रतीपम् = rückwärts, zurück, entgegen; mit गम्: sich widersetzen (Adv.) [37]
प्रथ् 1. = Par. (selten): ausbreiten, (sich) ausdehnen; Ā.: sich ausdehnen, sich mehren; sich verbreiten, berühmt werden; Kaus.: verbreiten, allgemein bekannt machen [14]
प्रधान = best-er/-e/-es [3]
प्र-नी 1. = vorwärts führen; vorführen; zum Vorschein bringen; vollbringen [15]
प्रफुल्ल = aufgeblüht [34]
प्रभात n. = Tagesanbruch [14]
प्रभाव m. = Macht [27]
प्रभु m. = Herr, Gebieter über (mit G.) [19]
प्र-भू[1] 1. = entstehen [6]
प्रभूत = viel, zahlreich, groß [6]
प्रमदावन n. = Vergnügunshain der Frauen eines Fürsten [30]
प्रमद्वरा f. = Pramadvarā (Eigenname) [32]
प्रमाण n. = Maß, Maßstab; Richtschnur; Beweismittel, Beweis [28]
प्र-यम् 1. = (vor)strecken, anbieten, geben [17]
प्रयाग m. = Prayāga (Name des Ortes, wo Gaṅgā und Yamunā sich vereinigen, das heutige Allāhābād) [9]
प्र-विश्[1] 6. = eintreten [8]
प्र-वृत् 1. Ā. = in Gang kommen; aufbrechen; geschehen, entstehen [10]
प्र-शंस् 1. = laut verkünden, preisen, loben [29]
प्र-सद् 1. = sich setzen, d.h. klar, hell werden (z.B. in bezug auf Wasser); heiter, ruhig, freundlich werden [20]
प्रसव m. = das Gebären, Geburt; Sg. und Pl.: Nachkommenschaft [37]
प्रसिद्धि f. = Gelingen; Beweis; allgemeines Bekanntsein [32]
प्र-स्तु 2. = preisen; zur Sprache bringen [36]
प्र-स्था 1. = sich erheben; aufbrechen [13]
प्रहार m. = Schlag, Hieb, Streich, Stoß [33]
प्राच् = nach vorne (oder nach Osten) gerichtet, vorne befindlich, östlich; m. Pl.: Bewohner des Ostens [21]
प्राण m. = Hauch, Atem; Pl.: Leben [35]
प्रायस् = meist, gewöhnlich (Adv.) [3]
प्रायेण = meist, gewöhnlich (Adv.) [21]
प्रासाद m. = erhöhter Platz zum Sitzen oder Zuschauen; oberster Stock, Turm; Palast, Tempel [13]
प्रिय = lieb, erwünscht, angenehm [17]
प्री 9. = erfreuen, sich freuen; Kaus.: erfreuen [14]
प्रीत = erfreut [31]
प्लु 1. Ā. = schwimmen, sich baden [25]

फ्

फणाधर m. = Haubenschlange, Schlange [28]
फल n. = Frucht [3]

ब्

बत = ach! wehe! [25]
बन्ध् 9. = binden; fesseln [7]
बन्धन n. = das Binden, Gefangenschaft [35]
बन्धनगृह m. n. = Gefängnis [35]
बन्धु m. = Verbindung; Verwandter; Freund [22]
बल n. = Macht, Stärke, Kraft [9]
बलवत् = stark, mächtig [17]
बलि m. = Abgabe, Geschenk, Huldigungsgabe, fromme Spende [7]
बलिन् = kräftig, stark [21]
बलीयस् = stärker, kräftiger; hat mehr zu bedeuten als [32]
बहु = viel [14]
बाल m. = Junge, Kind [5]
बालक m. = dass. [20]
बाष्प m. = Sg.: Tränen [35]
बाहु m. = Arm [33]
बीज n. = Same [9]
बुद्ध m. = Erwachter, Erleuchteter (d.h. einer, der durch die Erkenntnis der Wahrheit und durch gute Werke zur vollständigen Erlösung von den Banden der Existenz gelangt ist und vor seinem Eingang ins Nirvāṇa die zu einer solchen Erlösung führenden Lehren der Welt mitteilt); der historische Buddha [37]
बुद्धि f. = Einsicht, Verstand, Vernunft, Geist; Meinung, Ansicht, das Denken an (mit L.) [8]

बुध् 1. 4. = erwachen, merken, achten auf, wahrnehmen, erfahren, wissen [30]

ब्रह्मन्[1] m. = Frommer, Brahmane; der oberste Gott, der Schöpfer der Welt [22]

ब्रह्मन्[2] n. = Andacht, Frömmigkeit; heiliger Spruch (besonders die Silbe *om*); Gebet; heilige Weisheit; der unpersönliche höchste Gott, das Brahman, das Absolute [23]

ब्रह्महन् = Brahmanen tötend; m.: Brahmanenmörder [23]

ब्राह्मण m. = Brahmane [3]

ब्रू 2. = sprechen, sagen, reden, mitteilen [26]

भ

भक्त = treu [18]

भक्ष् 10. = genießen, essen, fressen, trinken [17]

भगवत् = glücklich, herrlich, erhaben, heilig [36]

भङ्गुर = zerbrechlich, vergänglich [19]

भजँ 1. = verteilen, zuteilen; empfangen; genießen, erwählen, sich entscheiden für; lieben, verehren [10]

भरत m. = Bharata (Eigenname) [35]

भर्ग m. = Beiname des Gottes Śiva und des Gottes Brahman [28]

भर्तृ m. = Gatte [12]

भवत् = m.: du, mein Herr; f. (भवती): du, Herrin [20]

भा 2. = scheinen, glänzen, strahlen [25]

भार m. = Last [7]

भार्या = Gattin [6]

भाष् 1. = reden, sprechen, plaudern, sagen [20]

भाषण n. = Reden, Sprechen, Schwatzen, Rede [25]

भाषा = Rede, Sprache [11]

भिक्षा = Almosen [7]

भिक्षु m. = Bettler [7]

भिद् 7. = spalten, brechen, durchstechen, zerschlagen, vernichten, entzweien [28]

भिषज् m. = Arzt [34]

भी 3. 1. = sich fürchten vor (mit Ab. oder G., seltener mit I. oder A.) [27]

भीम = furchtbar; m.: Bhīma (Eigennname) [21]

भीमशासन n. = Bhīmas Befehl [30]

भुज् 7. = genießen (besonders Speise), verzehren; benutzen; etwas (im A., seltner im I.) zu büßen haben, den Lohn für etwas (im A.) empfangen [14]

भुज्यु m. = Bhujyu (Eigenname)

भू[1] 1. = werden, sein, entstehen [6]

भू[2] f. = Erde [19]

भूत n. = Wesen, Geschöpf [28]

भूमि f. = Erde; Boden [8]

भूषण n. (selten m.) = Schmuck [33]

भृ 3. 1. = tragen, halten; besitzen; ernähren; davontragen [16]

भृतक m. = Diener [9]

भेद m. = das Zerbrechen, das Spalten; Trennung; Zwiespalt, Uneinigkeit; Unterschied, Verschiedenheit [32]

भोग m. = Speisen, Essen, Genuß [34]

भोजन n. = dass. [4]

भ्रम् 1. 4. = umherschweifen, umherirren [5]

भ्रातृ m. = Bruder [12]

भ्रू f. = Braue [9]

म

मज्ज् 1. = versinken; untergehen, zugrunde gehen [20]

मति f. = Denken, Gedanke, Meinung, Einsicht, Verstand; Absicht, Entschluß; Andacht, Gebet, Verehrung [21]

मतिमत् = klug [22]

मत्कुण m. = Wanze [26]

मत्कुणशङ्का = Furcht vor Wanzen [26]

मत्स्य m. = Fisch [10]

मद्[1] 4. = sich freuen an, schwelgen in (mit I., G., L., selten mit A.) [10]

मद्[2] = ich (Stamm des Personalpronomens der 1. Person im Sg.; Pl.: अस्मद्) [14]

मद m. = Erregung, Begeisterung, Freude, Lust, Rausch, Liebesrausch, Hochmutsrausch, Übermut, Dünkel, Stolz auf (mit G.) [37]

मधु n. = Honig [8]

मधुलिह् m. = Biene [18]

मन् 4. = denken, meinen, halten für (mit 2 A., A. und D., oder mit A. und Adv. auf -वत्); Kaus.: ehren, beachten, berücksichtigen [9]

मनस् n. = der innere Sinn, Geist, Verstand, Gemüt, Seele, Herz, Denken [18]
मनुष्य m. = Mensch [20]
मनोरथ m. = Wunsch, Phantasie [18]
मन्त्र m. = Spruch, Gebet, Zauberspruch [12]
मन्त्रय- Ā. = sprechen, reden (Den.) [12]
मन्त्रिन् m. = Minister [19]
मयूर m. = Pfau [4]
मरण n. = das Sterben, Tod [9]
मरुत् m. = Wind, Gott des Windes; Pl. auch: die Sturmgötter [18]
मलीमस = schmutzig, unrein [37]
महत् = groß, weit, ausgedehnt; mächtig, ehrwürdig, bedeutend, wichtig [20]
महात्मन् = edel, hochherzig; m.: der Edle, der Hochherzige [33]
महाबाहु = langarmig; m.: der Langarmige [33]
महामनस् = stolz, hohen Sinnes, großgesinnt [31]
महिषी f. = Büffelkuh; (erste) Frau eines Fürsten [17]
मही f. = Erde [31]
महीपाल m. = Fürst, König (Erdenhüter) [31]
मा = nicht (in prohibitiven Sätzen) [10]
मातृ f. = Mutter [12]
मान m. = Meinung, Absicht, Stolz, Ehre; Unmut, Groll [25]
मानुष m. = Mensch [12]
मार्ग m. = Weg [3]
मित्र m. n. = Freund [4]
मुक्ति f. = Erlösung [12]
मुख n. = Mund, Schnauze, Maul, Rachen, Gesicht [8]
मुच् 6. = befreien von (mit Ab.), freilassen, losmachen, aufgeben; Ā. oder Passiv: sich befreien von [6]
मुद् 1. = lustig, fröhlich sein, sich (er)freuen an (mit I. oder L.) [15]
मुनि m. = Weiser, Seher, Asket [13]
मुह् 4. = sich verwirren, irre werden, die Besinnung verlieren [37]
मुहूर्त m. n. = Moment; eine „Stunde" von 48 Minuten; Adv. (मुहूर्तम्): einen Moment [10]
मूर्धन् m. = Stirn, Kopf; Gipfel, Spitze [36]
मूल n. = Wurzel, Grundlage, Anfang [11]
मृ 6. = sterben [6]
मृग m. = Tier des Waldes, Wild; Wild aus dem Antilopen- und Hirschgeschlecht, Gazelle [13]
मृगय- Ā. = dem Wild nachsetzen, verfolgen, jagen; suchen (Den.) [20]
मृज् 2. = reiben, wischen, glätten, reinigen [16]
मृत्यु m. = Tod [22]
मृश् 6. = berühren; betrachten, überlegen [36]
मोक्ष m. = Erlösung [12]
मोह m. = Verblendung, Irrtum, Mangel an klarem Bewußtsein [6]

य्

यज् 1. = opfern (mit dem A. des Gottes); Kaus.: opfern lassen, jemandem (im A.) zum Opfer verhelfen, für jemanden als Opferpriester tätig sein [2,23]
यज्ञ m. = Opfer [4]
यज्ञदत्त m. = Yajñadatta (Eigenname) [33]
यज्ञिय = zum Opfer gehörig (oder passend) [16]
यत्न m. = Mühe, Sorge, Streben, Anstrengung [20]
यत्र = wo(hin) (Adv.) [2]
यत्र ... तत्र = wo(hin) ... dort(hin) [2]
यथा = wie, wie z.B.; daß, so daß, damit; da, weil; wie wenn, als ob (Adv.) [9]
यथा ... तथा = wie ... so [18]
यद् = welch-er/-e/es, der/die/das; als Konj.: daß, so daß, damit [9]
यदा = wann, als, wenn (Konj.) [2]
यदा ... तदा = wenn ... dann, als ... da [2]
यदि = wenn (Konj.) [8]
यम् 1. = halten, tragen; zügeln, bändigen, hinhalten, anbieten, gewähren (unregelmäßiger Präsensstamm: यच्छ-) [4]
यवन m. = Grieche; später auch: Mohammedaner, Westländer, Europäer, Ausländer [26]
यशस् n. = Ansehen, Ehre, Würde, Ruhm [29]

या 2. = gehen, sich bewegen, fahren, reiten, kommen, gelangen zu, aufbrechen, sich entfernen [25]
यावत् = wie groß, wie weit reichend, wie lange dauernd, wieviel [9]
युज् 7. = anschirren, anspannen; anwenden, (insbesondere den Geist oder die Gedanken) auf etwas (im L.) richten; verbinden mit (mit I.); Passiv: passen, jemandem (im L. oder G.) recht sein, logisch richtig sein [29]
युद्ध n. = Kampf [3]
युध् 4. Ā. = (be)kämpfen [14]
युवन् = jung; m.: Jüngling [23]
योग m. = Anschirren, Fahrt, Gespann; Ausrüstung; Anwendung, Gebrauch; Mittel; Unternehmung, Tat; Verbindung, Zusammenhang; Anspannung der Kräfte, Bemühung, Fleiß; Sammlung, Konzentration der Geistestätigkeit, Meditation; Name eines philosophischen Systems [30]
योगिन् m. = Yogin, Anhänger des Yoga [28]
योध m. = Kämpfer, Krieger [17]
योनि m. (seltener f.) = Schoß, Ursprung [34]
योषित् f. = Frau [18]
यौवन n. = Jugend [33]

र्

रक्ष् 1. = bewahren, beschützen [3]
रक्षण n. = Beschützen, Bewahren [9]
रक्षितृ = beschützend; m.: Beschützer [11]
रच् 10. = verfertigen, bilden, bewirken, verfassen [10]
रति f. = Ruhe; Lust, Freude, Gefallen an (mit L.); Liebesgenuß, Wollust [37]
रतिं कृ = Gefallen finden [37]
रथ m. = Wagen [3]
रभ् 1. = fassen, umfassen, ergreifen [7]
रम् 1. = zum Stillstand bringen (erscheint in dieser Bedeutung meist im Par.); stillstehen, ruhen, Gefallen finden an (mit I., L. oder Infinitiv) [13]
रमणीय = vergnüglich, anmutig, schön [10]
रवि m. = Sonne [30]
रहस् n. = Einsamkeit, einsamer Ort [29]
राक्षस m. = nächtlicher Unhold [33]
राज् 1. = herrschen; glänzen [24]
राजन् m. = König [15]
राज्य n. = Königtum, Herrschaft, Reich [19]
रात्रि f. = Nacht [8]
राध् 5. 4. = geraten, gelingen, Glück haben [13]
राम m. = Rāma (Eigenname) [5]
राष्ट्र n. (seltener m.) = Herrschaft, Reich, Land, Volk [35]
रिपु m. = Betrüger; Feind [20]
रुच् 1. Ā. = gefallen [5]
रुज् 6. = zerbrechen; schmerzen [18]
रुद् 2. 6. 1. = weinen [26]
रुध् 7. 1. = zurückhalten, hemmen, einschließen, einsperren in (mit L.), belagern, verdecken, verstopfen, erfüllen; verhindern, wehren, verweigern; einbüßen, verlieren [37]
रुह् 1. = wachsen [6]
रूप n. = Schönheit, Gestalt [6]
रूपक n. = Rupie [10]
रै m. (seltener f.) = Besitz, Habe, Gut, Kostbarkeit [15]
रोग m. = Krankheit; kranke Stelle [32]

ल्

लक्ष्मी f. = Merkmal, (gutes) Zeichen; Glück, Herrschaft, Reichtum, Schönheit, Pracht (personifiziert als die Göttin der Herrschaft, des Glücks und der Schönheit) [37]
लघु = leicht, schnell, kurz, gering, schwach, unbedeutend, leise; jünger [37]
लप् 1. = schwatzen, plaudern [36]
लभ् 1. Ā. = erlangen, bekommen, finden [5]
लाङ्गल n. = Pflug [23]
लिख् 6. = schreiben [5]
लिप् 6. = beschmieren [6]
लुभ् 4. = heftig begehren [6]
लोक m. = Welt; Sg. und Pl.: Menschen, Leute [7]
लोभ m. = Gier [3]

व्

वच् 2. = sprechen, sagen; (an)reden; nennen [7]
वचस् n. = Rede, Wort [30]
वणिज् m. = Kaufmann [18]
वत्स m. = Kalb, Junges, Kind [24]

वद् 1. = sagen, sprechen, reden [2]
वधू f. = Frau, Ehefrau [10]
वन n. = Wald [5]
वन्द् 1. Ā. = ehrfurchtsvoll begrüßen; preisen [7]
वप् 1. = säen [9]
वपुस् n. = ungewöhnlich schöne Erscheinung; Schönheit; Gestalt; Körper [29]
वयस् n. = Speise; Kraft; Jugend, Alter, Lebensalter [25]
वयस्य m. = Freund [37]
वर = best-er/-e/-es, besser; m. n.: Wahl, Wunsch, Gabe, Lohn, Gnade, Segen [6]
वरम् = besser als (Adv.) [4]
वर्ष m. n. = Regen; Jahr; Pl.: Regenzeit
वल्लभ = liebst-er/-e/-es, lieber als (mit Ab.), beliebt bei (mit L. oder G.); m.: Liebling, Günstling [21]
वस् 1. = wohnen, leben, sich aufhalten [2]
वसति f. = Wohnung [9]
वसन्त m. = Frühling [8]
वसु n. = Gut, Besitztum, Habe, Reichtum; Juwel, Edelstein, Perle [8]
वस्तु n. = Sitz, Ort; Gegenstand, Sache, Wertgegenstand, Reales [20]
वह् 1. = (dahin)fahren, wehen; ziehen; tragen [3]
वा = oder [16]
वाक्य n. = Sg. und Pl.: Ausspruch, Rede, Worte; Satz [25]
वाच् f. = Sprache, Stimme, Laut; Rede, Wort, Aussage [18]
वाञ्छा = Wunsch, Verlangen nach (mit L., G. oder A.) [20]
वायु m. = Wind, Luft [19]
वारि n. = Wasser [8]
वारिधि m. = Meer [26]
वार्त्ता = Unterhalt, Erwerb; Nachricht, Geschichte [17]
वास m. = das Haltmachen, das Übernachten, Wohnstätte [25]
विकार m. = Umwandlung, Veränderung (im normalen Zustand des Gemüts), Aufregung, Liebesregung [37]
वि-कॄ 6. = ausstreuen, werfen, schleudern [17]
विग्रह m. = Trennung; Feindschaft, Krieg [25]
विजय m. = Streit, Kampf, Sieg, Gewinn, Beute [33]
वि-ज्ञा 9. = erkennen, erfahren, wissen [31]
वित्त n. = Habe, Besitz, Gut, Vermögen, Geld [19]
विद्¹ 6. = finden [7]
विद्² 2. = wissen, kennen, erkennen [25]
विदर्भ m. Pl. = Vidarbha (Name eines Volkes) [30]
विदर्भनगरी f. = die Stadt der Vidarbha [30]
विद्या = Wissen [6]
विद्वस् = wissend, verständig, gelehrt [22]
विद्विष् m. = Feind [33]
वि-धा 3. = verteilen, gewähren; schaffen, hervorbringen; bereiten, tun, machen; bestimmen, anordnen [27]
विनय m. = das Entfernen; Erziehung, Zucht; gutes Benehmen [21]
वि-नश् 4. 1. = verlorengehen; verschwinden; zugrunde gehen [22]
विना = ohne (mit A., I. oder Ab.) [10]
वि-पत् 1. = zerspringen, bersten, auseinanderfliegen [36]
विपत्ति f. = Mißlingen; Unglück [8]
वि-प्र-कृ 8. = jemandem (im A.) ein Leid zufügen [37]
विप्रिय = entzweit; unlieb, unangenehm; n.: etwas Unangenehmes [36]
वि-भा 2. = erscheinen, erglänzen; in seinem Glanze erscheinen [25]
वि-युज् 7. = trennen von (mit I.); jemanden bringen um (mit I.), rauben; Kaus.: dass. [35]
वि-लप् 1. = jammern, wehklagen [36]
वि-वद् 1. = Widerspruch erheben, sich mit jemandem (im I.) über etwas (im L.) streiten [27]
वि-वह् 1. = entführen; wegführen (die Braut), heiraten [35]
विवाह m. = Heirat, Hochzeit [30]
वि-वृ¹ 5. = aufdecken, zeigen, offenbaren, erklären [27]

विश्¹ 6. = eintreten [8]
विश्² f. = Niederlassung, Haus, Gemeinde, Stamm, Volk; Pl.: Untertanen, Leute [31]
विशेषतः = im einzelnen; besonders, zumal (Adv.) [21]
विश्व = jed-er/-e/-es; Pl.: alle [16]
विष n. = Gift [6]
विषय m. = Gebiet, Bereich; Gegenstand, Objekt; Pl.: Sinnesgenüsse [20]
विषादिन् = niedergeschlagen, bestürzt, kleinmütig, verzagend [34]
वि-सृज् 6. = fortschleudern; verlassen, aufgeben [35]
वि-सृप् 1. = umherschleichen; auseinandergehen, sich zerstreuen, sich ausbreiten [30]
विहग m. = Vogel [6]
वि-हस् 1. = auflachen; auslachen [10]
वीणा = Laute [20]
वीर m. = Mann, Held; Pl.: Männer, Leute [21]
वृ¹ 5. = verhüllen, bedecken; umschließen; hemmen, hindern, abhalten; Kaus.: zurückhalten [13]
वृ² 9. 5. = wählen; wünschen [28]
वृक m. = Wolf [32]
वृक्ष m. = Baum [4]
वृत् 1. Ā. = sich drehen, rollen, kreisen; sich befinden, verweilen; (vorhanden) sein; entstehen; leben [9]
वृत्त n. = (gutes) Betragen [6]
वृथा = zufällig; vergebens, umsonst (Adv.) [8]
वृद्ध = erwachsen; alt [28]
वृध् 1. = erhöhen, verstärken; begeistern; Ā.: wachsen (im negativen Sinne auch: sich verschlimmern) [14]
वृष m. = Mann, Gatte, Tiermännchen; Stier; mit गवाम्: der Stier unter den Kühen (auch als Bezeichnung des Hauptwürfels beim Würfelspiel) [35]
वृष्टि f. = Regen [8]
वेग m. = heftige Bewegung, Ruck, Flut, Schwall des Wassers, starke Strömung, Woge [34]
वेद m. = Wissen (besonders: das heilige Wissen), der Veda [12]
वै = hervorhebende Partikel, oft nur expletiv [30]
वैदर्भी f. = eine Fürstin der Vidarbha [30]
वैद्य m. = Arzt [19]
वैरिन् m. = Feind [27]
व्याघ्र m. = Tiger [12]
व्याध m. = Jäger [6]
व्याधि m. = Krankheit [20]
व्याहार m. = Äußerung, Gespräch, Unterhaltung [37]
व्रज् 1. = schreiten, wandern, (fort)gehen [21]

श्

शंस् 1. = preisen, loben [9]
शक् 5. = können [11]
शक m. = Pl.: Name des Volkes der Indoscythen, nach dem die Śaka-Ära (शककाल) benannt ist, die 78 n. Chr. begann und von König Śālivāhana begründet wurde [24]
शक्र m. = Beiname des Indra [12]
शङ्का = Besorgnis, Furcht vor (mit Ab. oder L.); Verdacht; Zweifel [26]
शत्रु m. = Feind [7]
शप् 1. 4. = verfluchen [4]
शम् 4. 1. = ruhig werden, nachlassen, aufhören [8]
शर m. = Pfeil [6]
शरद् f. = Herbst [18]
शरीर n. (selten m.) = Leib, Körper; Person [24]
शल्य m. n. = Pfeil- oder Speerspitze; Dorn, Stachel; alles, was peinigt und quält; Schaden, Fehler [35]
शस्त्र n. = Messer, Dolch, Schwert, Waffe [33]
शान्ति f. = Seelenruhe, innerer Friede [13]
शालि m. = Sg. und Pl.: Reis [13]
शास् 2. 1. = strafen, züchtigen, beherrschen, befehlen, unterweisen, belehren [26]
शासन n. = Strafe; Befehl, Anweisung, Geheiß, Gebot, Auftrag [30]
शास्तृ = züchtigend, beherrschend, belehrend; m.: Züchtiger, Gebieter, Lehrer [11]
शास्त्र n. = Anweisung, Belehrung, Theorie, Lehrbuch [5]
शिक्ष् 1. = lernen (eigentlich ein Desiderativum von शक्) [4]

शिक्षक m. = Lehrer [4]
शिखिन् m. = Feuer; Pfau [19]
शिरस् n. = Kopf [18]
शिव = freundlich, günstig, heilsam, angenehm; glücklich; m.: Name eines Gottes [23]
शिशिर m. n. = Kälte [5]
शिशु m. = Kind, Junges [15]
शिष्य m. = Schüler [4]
शी 2. 1. Ā. = liegen, schlafen [26]
शीघ्र = schnell [12]
शुकनास m. = Śukanāsa (Eigenname) [36]
शुभ् 1. = schmücken, verschönern; Ā.: wohl anstehen, sich gut machen, schön sein, glänzen [12]
शुभ = schön, angenehm; n.: Gutes, Anmut, Schönheit [3]
शूद्र m. = Angehöriger des vierten Standes [22]
शून्य = leer; n.: Leere; Nichts; die absolute Leere (bei den Buddhisten); Null (auch als Zeichen) [24]
शूल m. n. = Spieß [15]
शेष m. n. = Rest, Überschuß [35]
श्मशान n. = Leichenstätte [13]
श्येन m. = großer Raubvogel: Adler, Falke oder Habicht [25]
श्रम् 4. = sich abmühen, müde werden [6]
श्राद्ध n. = Totenspende und ein damit verbundenes Totenmahl, wobei Brahmanen bewirtet und beschenkt werden [14]
श्रि 1. = Par.: lehnen, legen an (oder auf); Ā.: an etwas haften, sich lehnen an; Par. und Ā.: sich zu jemandem begeben (insbesondere um Hilfe und Schutz zu suchen) [9]
श्री f. = Pracht, Schönheit, Glück, Reichtum, Herrlichkeit, Glanz, Majestät (personifiziert als Göttin der Schönheit, des Glücks oder der Herrschaft) [9]
श्रीमत् = prächtig, schön, vornehm, reich, in hohem Ansehen stehend [25]
श्रु 5. = hören, erfahren; Passiv: gehört werden, bekannt sein als (श्रूयते: man hört/liest) [8]
श्रेष्ठ = best-er/-e/-es, am besten von oder unter (mit G. oder L.); besser, vorzüglicher, angesehener als (mit Ab.) [21]
श्वस्[1] = morgen (Adv.) [4]
श्वस्[2] 2. 1. = schnaufen, schnauben, zischen, atmen [26]

स्

संख्या = Zahl, Zahlwort [24]
संगम m. = Zusammentreffen, Zusammenkunft, Vereinigung [36]
संघ m. = Schar, Menge; Gemeinde (bei den Buddhisten) [35]
संतोष m. = Zufriedenheit [3]
संधा = Übereinkunft, Versprechen; Absicht; Grenze [35]
संपत्ति f. = Gelingen; Glück [8]
संभव m. = Vereinigung, Beiwohnung; Enthaltensein in (mit L.); Entstehung, Ursprung; Erscheinung, Eintritt, Dasein, Möglichkeit [32]
संयोग m. = Verbindung, Zusammenhang, Vereinigung, Kontakt, freundschaftliches oder verwandtschaftliches Verhältnis [34]
संशय m. = Zweifel, Ungewißheit über (mit L.), Gefahr [37]
संसार = wandernd; m.: die Wanderung durch die verschiedenen Geburten, das weltliche Dasein [34]
सकाश m. = Anwesenheit, Gegenwart; A.: zu ... hin [35]
सखि m. = Freund (f.: सखी) [7]
सखीगणावृत = umgeben von einer Schar von Freundinnen [30]
सज्जन m. = guter, edler, wohlwollender Mensch [9]
सज्ज् 1. = heften an, hängen an (unregelmäßiger Präsensstamm: सज-) [18]
सत् = dabeiseiend, vorhanden, stattfindend, sich befindend, seiend; wirklich, echt, gut, brav [37]
सततम् = stets, immer; mit einer Negation: niemals (Adv.) [26]
सत्य = wahr; n.: Wahrheit; Wahrhaftigkeit; Versprechen [10]
सत्यं कृ = etwas wahr machen, erfüllen, ein Versprechen halten [31]
सद् 1. = sitzen (unregelmäßiger Präsensstamm: सीद-)[20]

सदा = immer (Adv.) [2]
सदृश = gleich, ähnlich, entsprechend, angemessen [34]
सनातन = ewig, unvergänglich, beständig (f.: सनातनी) [25]
सभा = Halle, Versammlung [8]
सम = gleich, gleichartig, ähnlich, der-/die-/das-selbe, gleichmäßig, eben (f.: समा) [34]
समर्थ = angemessen, tauglich, gut, fähig [11]
सम्-आ-श्वस्[2] 2. 1. = aufatmen, sich beruhigen, guten Mutes werden [26]
समिध् f. = Brennholz [18]
समीप n. = Nähe, Anwesenheit [29]
समुदाय m. = Vereinigung, Aggregat, das Ganze [32]
सम्-उद्-पद्[1] 4. = entstehen [13]
समुद्र m. = See, Meer [8]
सम्-उप-द्रु 1. = hineilen zu, losstürzen auf [30]
सम्-धा 3. = zusammensetzen; jemandem etwas zufügen [27]
सम्-नि-मन्त्रय- = jemanden einladen (Den.) [31]
सम्-प्र-युज् 7. = anschirren; Passiv: teilhaft werden (mit I.) [29]
सम्-भाष् 1. = sich unterhalten, sprechen mit [20]
सम्यच् = zusammengehörig, vereinigt, vollkommen, richtig, wahr; im A. Sg. n. (सम्यक्) als Adv.: zusammen, gerade (im Gegensatz zu „schräg"), richtig, gehörig, genau, vollständig, durchaus [22]
सम्राज् m. = Allherrscher, Oberherr, Oberkönig [19]
सम्-रुध् 7. 1. = aufhalten, absperren, fesseln, einschließen, belagern, hindern, angreifen; vorenthalten, versagen [37]
सरित् f. = Fluß, Bach [18]
सर्प m. = Schlange [6]
सर्व = jed-er/-e/-es; Pl.: alle; n. Sg.: alles (Pronominaladjektiv, das in gewissen Kasus wie ein -अ-Stamm dekliniert wird) [3]
सर्वतस् = von (auf oder nach) allen Seiten, überall; vollständig, vollkommen (Adv.) [29]
सर्वत्र = überall, stets, in allen Fällen (Adv.) [2]

सह् 1. Ā. = bewältigen, siegreich sein, vermögen zu (mit Infinitiv); aushalten, ertragen [35]
सह = mit (mit I.) [6]
सहसा = plötzlich (Adv.) [6]
सहाय m. = Gefährte, Genosse, Gehilfe [10]
सहित = verbunden, vereinigt, zusammen mit (mit I.) [31]
सांप्रतम् = jetzt (Adv.) [24]
साध् 1. = erfolgreich sein, zum Ziel gelangen; Kaus.: zum Ziel bringen; ausführen; erlangen, gewinnen, teilhaftig werden [18]
साधु = gut; m.: Ehrenmann, Heiliger [7]
सान्त्व n. = Sg. und Pl.: gute, beschwichtigende Worte [7]
सामवेद m. = Sāmaveda (Veda der heiligen Gesänge) [16]
सार m. n. = Festigkeit, Kraft, Härte; Wert; Kern, das Beste, die Hauptsache [34]
सार्धम् = zusammen, nebst, mit (Adv. mit I.) [35]
सावित्री f. = Sāvitrī (Eigenname) [35]
सिंह m. = Löwe [13]
सिध्[1] 4. = gelingen [10]
सिध्[2] 1. = scheuchen, vertreiben [20]
सीता = Sītā (Eigenname) [30]
सु[1] 5. = auspressen, keltern [27]
सु-[2]/सू- = gut, wohl, recht, schön, überaus, sehr (verstärkende Partikel, steht häufig am Anfang eines Kompositums vor Adjektiven und Substantiven) [31]
सुख = angenehm, glücklich; n.: Genuß, Freude, Glück [4]
सुजन m. = guter Mensch [28]
सुत m. = Sohn [16]
सुता = Tochter [31]
सुन्दर = schön (f.: सुन्दरी) [9]
सुमध्यमा = die, die eine schöne Taille hat [29]
सुमहत् = sehr wichtig [31]
सुलभ = leicht zu erlangen [16]
सुवर्ण n. = Gold [5]
सुहृद् = m.: Freund; f.: Freundin [18]
सूत m. = Wagenlenker [6]
सूप m. = Brühe, Suppe [30]
सूर्य m. = Sonne [19]

सृ 1. = rasch laufen, eilen, rennen, gleiten, fließen [20]

सृज् 6. = entlassen, schleudern; ausgießen, entsenden; aus sich entlassen, (er)schaffen, erzeugen [35]

सृप् 1. = schleichen, gleiten, kriechen, schlüpfen in [30]

सेना = Heer [14]

सेनापति m. = Heerführer [31]

सेव् 1. Ā. = dienen, verehren [5]

सेवक m. = Diener [10]

सैनिक m. = Soldat [17]

सैन्य n. = Heer [3]

सोम m. = Soma-Pflanze, Soma-Saft; der Mond, der Mondgott [27]

सौभाग्य n. = Glück, Beliebtheit; Schönheit [29]

स्तु 2. = preisen, loben [7]

स्तेन m. = Dieb [5]

स्त्री f. = Frau [9]

स्त्रीजन m. = das Frauenvolk [28]

स्था 1. = stehen, sich befinden, sein, (stehen) bleiben (unregelmäßiger Präsensstamm: तिष्ठ-) [2]

स्थाणु m. = Stumpf, Stock eines Baumes; Pflock [9]

स्थिति f. = das Stehen; Stellung, Rang; Fortbestehen; Zustand, Ordnung, Regel [25]

स्ना 2. 4. = sich baden, sich reinigen [12]

स्निह् 4. = Zuneigung empfinden zu (mit G. oder L.) [6]

स्पृश् 6. = berühren [21]

स्म = eben, gerade, ja (oft nur expletiv; steht nach Präsensformen zur Bezeichnung des historischen Präsens) [8]

स्मृ 1. = sich erinnern; gedenken (mit A. oder G.) [7]

स्रष्टृ = schaffend; m.: Schöpfer [22]

स्व = eigen, sein, dein, mein etc. [16]

स्वकीय = eigen; m. Pl.: Angehörige, Freunde [28]

स्वप् 2. 1. = schlafen [13]

स्वप्न m. = Schlaf, Traum [8]

स्वयंवर m. = Selbstwahl, freie Wahl, die den Mädchen des Kriegerstandes gestattete freie Wahl eines Gatten [30]

स्वयम् = selbst, von selbst, von sich aus, aus eigenem Antrieb (indeklinables Pronomen) [28]

स्वर्ग m. = Himmel, Aufenthalt der Seligen [4]

स्वसृ f. = Schwester [12]

स्वाधीन = worüber man selbst verfügen kann, was in der eigenen Gewalt steht, von sich selbst abhängig, unabhängig, frei [27]

स्वामिन् m. = Eigentümer, Besitzer, Herr, Gebieter [19]

स्वैरम् = aus eigenem Antrieb, nach eigenem Belieben (Adv.) [16]

ह्

ह = das vorgergehende Wort leicht hervorhebende Partikel, oft nur expletiv [30]

हंस m. = Gans, Gänserich; Schwan (und andere verwandte Wasservögel) [13]

हन् 2. = schlagen, treffen, verletzen, töten, vernichten [13]

हर m. = Beiname des Gottes Śiva [26]

हरि m. = Beiname des Gottes Viṣṇu oder des Helden Kṛṣṇa [26]

हस् 1. = lachen [10]

हस्त m. = Hand [3]

हस्तवर्तं वर्तय- (Kaus. von वृत्) = mit der Hand drehen oder zerkneten [36]

हस्तिन् m. = Elefant [34]

हा 3. = verlassen, im Stich lassen, jemandem (im D.) etwas (im A.) überlassen, aufgeben, vermeiden, hintansetzen, ablegen, abtun, verlieren [27]

हासिन् = lachend [31]

हि = denn, ja, nämlich, doch, allerdings, in der Tat (oft nur expletiv) [12]

हिंस् 7. 1. = schädigen [10]

हिंसा = Schädigung [10]

हित = gesetzt, gelegen, befindlich; geordnet; genehm, zuträglich; gewogen, günstig; n.: das Gute, Glück, Wohl, Heil [32]

हिमालय m. = der Himālaya (Schneestätte) [26]
हिरण्य n. = Gold [22]
हु 3. = opfern, ins Feuer gießen, werfen (auch von Dingen, die nicht gerade im Feuer dargebracht werden) [27]
हृ 1. = (weg)nehmen, rauben, bringen, holen [6]
हृच्छय m. = Liebe, der Liebesgott [31]
हृद् n. = Herz [23]
हृदय n. = Herz [23]
हृष् 4. = erregt werden, sich freuen; erschrecken; PPP: entzückt, froh, munter; schaudernd [30]
हे = he! [7]
हेतु m. = Ursache; Grund; Mittel [34]
ह्रद m. = See [3]
ह्रस्व = kurz, klein; als Adv. (ह्रस्वम्) auch: in die Nähe [10]
ह्वे 1. = rufen [7]